数字金融之数字资产系列丛书

元宇宙
——理论、范式和实践

何诚颖　　刘　平　著

中国财经出版传媒集团
中国财政经济出版社

图书在版编目（CIP）数据

元宇宙：理论、范式和实践 / 何诚颖，刘平著. --
北京：中国财政经济出版社，2022.5
（数字金融之数字资产系列丛书）
ISBN 978-7-5223-1332-0

Ⅰ.①元…　Ⅱ.①何…②刘…　Ⅲ.①信息经济-研究　Ⅳ.①F49

中国版本图书馆 CIP 数据核字（2022）第 058607 号

责任编辑：郁东敏　　责任校对：胡永立
封面设计：中通世奥　　责任印制：刘春年

中国财政经济出版社 出版
URL：http：//www.cfeph.cn
E-mail：cfeph@cfeph.cn

社址：北京市海淀区阜成路甲 28 号　邮政编码：100142
营销中心电话：010-88191522
天猫网店：中国财政经济出版社旗舰店
网址：https：//zgczjjcbs.tmall.com
北京财经印刷厂印刷　各地新华书店经销
成品尺寸：185mm×260mm　16 开　25.75 印张　477 000 字
2022 年 5 月第 1 版　2022 年 5 月北京第 1 次印刷
定价：78.00 元
ISBN 978-7-5223-1332-0
（图书出现印装问题，本社负责调换，电话：010-88190548）
本社质量投诉电话：010-88190744
打击盗版举报热线：010-88191661　QQ：2242791300

序一

谈玄了的“元宇宙”，其实很实在

陆丹

“元宇宙”的概念在2021年初火爆，众多领先科技企业先后宣布涉足“元宇宙”。随着触觉手套、AR/VR/MR/XR、脑机、区块链（Web 3.0）、NFT等产品和服务越来越多地出现在大众视野中，人们相信，技术手段的迭代突破为“元宇宙”的发展和实现提供了可能。在热议“元宇宙”成为数字化的下一个大事件时，以下问题难以回避：

1. 虚拟世界与现实世界的关系是什么样的？

从技术发展的历史累积和未来趋势看，技术给了虚拟世界实现和想象落地的可能性，使“元宇宙”由科幻小说中的平面词汇变得生动立体起来。而面对一个凭空而起的庞大虚拟世界，我们不禁要问，虚拟世界与现实世界的关系到底是什么样的呢？平行的？超越的？互通的？兼而有之的？抑或是别的？

为此展开各种探讨是有意义有必要的，但要下定论似乎还为时尚早。毕竟，再天马行空的想象都是现实世界里人的想法，都会或多或少地受过往或者当下认知和经历的限制。

因此，如今任何一种对“元宇宙”这个庞大虚拟世界构想的描述，都可以说是另一种程度和另一种意义上的坐井观天，视野的开阔程度取决于“井口”的大小。这也是大多数新技术新内容粉墨登场时的大概率场景。所以，当下被描述的“元宇宙”只是各人心中的“元宇宙”。

当下，与其说是有个无限的“元宇宙”，不如说是在现实世界中有限认知条件下的人们对“元宇宙”有各自不同的解读。这符合“元宇宙”更多元、更少限制、更低“心理和情感成本”、更激发想象力和个性化的气质，将形成百花齐放、百舸争流的局面。

2. “元宇宙”是个充满希望、值得期待并为之付出努力的新世界吗？

基于我们目前的认知来展开对“元宇宙”的有限描述和想象时，有以下几个值得梳理的角度和脉络。

(1) 从艺术角度来看，“元宇宙”是人们对所能感知世界的一种全新升华。

纵观各种艺术形式的起源和发展脉络，既不是复制世界，也不是无源之水的“创世纪”，更不是日复一日年复一年的重复过往的“创作”，而是人们对其所感知世界的一次次升华。

每个时代，艺术形式大多都会不断扩展各自认知和表达的边界，会不断以自己独特的方式突破对现实世界表述的天花板，并且每次大的突破都会为生活在该时代中的人们带来更多感官的震撼、情感的丰富、心灵的撞击、思想上的启迪和精神上的触动。

由此可以想见，艺术视角中的“元宇宙”可能意味着更大的想象和创作空间，以及更多的创造和可能性。

在“元宇宙”里，艺术之于人类文明发展的功能性将得到进一步释放。通过技术手段和创作手法调动身体各项机能，带来身临其境甚至超越其境的感观感觉，带来更高层次的心灵震撼和体验。从这个角度说，“元宇宙”可以让人从精神载体与有形物质身体本身两方面得到艺术上的再造和升华，以此开启一个充满艺术表现力和感染力的新时代。

(2) 从构建“世界未来图景”来看，“元宇宙”可能是另一种柏拉图式的“理想国”，是用艺术手段呈现理性定义并描绘的未来理想世界。

从这个意义上来说，“元宇宙”一定会触发对人类文明开端和发展过程重要节点的思考，并对人类思想史、科学史和文化史等成旻进行重新梳理、审视和整合。通过一系列去伪存真、去粗取精，或是以重新推翻的方式来创造一个全新的世界。因此，这个时候，一定会有社会学家、政治学家、经济学家、哲学家、伦理学家和心理学家等参与其中，围绕社会体系与经济关系、伦理与道德、法制与规范等方面，展开更多地探讨。可以预见“元宇宙”打造的世界是一个现实世界中缺乏但现实世界又能接受的更为异想天开的世界景观。

在学术界众说纷纭之际，商界的感官更为敏锐，常常先人一步。当资本遇到技术，总是“相见恨晚”。

（3）从空间容量和构建方式角度来看，“元宇宙”这样一种理想世界景观或许能缓解因地球村资源紧张而引发的冲突。

历史上，将理想变为现实的过程往往伴随着激烈的资源争夺和紧张的利益冲突，任何理由都难以避免陷入竞争资源的“宿命”。国家的诞生，与人类社会的所有社会组织形式一样，都伴随着对土地资源和人口资源的整合或争夺。当国家在政治学意义上获取土地和人口资源的同时，也一定会承担对生产的组织、对生活的供给、对边境的保护等基本义务，行使收取税赋及立法执法的权力。国家的诞生虽然在常态下减少了人类不同社会组织之间相互冲突的频度，但在内乱或战争状态下，并未降低其相互冲突的烈度。所以，所谓人类文明轴心时代的开端就开启了各种“理想国”的设计，人类通过几千年的实践探索了不同定义的理想世界，文明的进程包括现代文明的进程，都在降低冲突方面做出了各种各样的努力，但在所知的世界和可见的状态下，还是很难绕过理想与有限资源的碰撞。

在“元宇宙”里，以目前的认知，人类也不可避免出现对资源的争夺，但由于“元宇宙”边界相比地球土地具有无限可拓展性，在付出生产成本的情况下可以从中生长出更多资源，因此，至少在空间意义上，“元宇宙”相比现实世界的物理限制，竞争可能没有那么激烈，冲突也没有那么直接。

当然，“元宇宙”的世界依然是人的世界，无论是从商家争夺用户角度，还是从“社会诅咒”即“社会自噬”（社会内部冲突）角度，个人与组织在创造内容资源的同时，不可避免地会发生对“元宇宙”数字资产资源的主权争夺，进而产生国家和地区间对相关主权的竞争。但现实世界的“社会诅咒”，在“元宇宙”中也许有望大大缓解。

“元宇宙”的世界对现实社会真会有这么深度的“反观”“反向”影响吗？新旧交替，年轻的一代网络在线时长越来越久。如此，“元宇宙”的“洞穴之外”景观怎能不对现实社会产生越来越大的诱惑力呢！因此，这个想象的窗户不能轻易关闭。

（4）“元宇宙”的去中心化问题。

“元宇宙”需要区块链技术支持和推动，区块链技术有助于去中心化。但会大量运用区块链技术的“元宇宙”，因此可以说在某些层面是去中心化的，而在另外某些层面是有中心并强化中心，甚至会形成某些中心垄断的，所以，对于“元宇宙”和其他需要区块链技术支持的场景，去中心化问题既不宜过于乐观，也不必过多纠结。

将“元宇宙”中使用的区块链技术，当作构建起用户之间和不同层级之间的信用、实现其低成本高效率确权、授权、保障安全和尽最大可能避免权力滥用的必要手段，就已经值得了。

3.“元宇宙”中谁能获益呢？

(1) 受益最大的应该还是个体用户，尤其是那些有想法、有愿望、有才华却因现实被“捆绑”难以施展的人。

这一点，看似匪夷所思。“元宇宙”获益方不应该首先是商业或新技术吗？是的，一定是商业获利大，但商业还有其他获利办法，一定是新技术会被资本追捧而一飞冲天，但技术进步并不每次都给人带来益处。然而这一次，因为资本加持技术搭建的“元宇宙”，史无前例的可能为个体用户更多获利，即个体用户能够在新构建的想象世界里获得更多自主行动的能力和更多的权利。

想象的世界从来不会仅止于个体的想象之境。“元宇宙”的权益一定会溢出“元宇宙”。

“元宇宙”可以为个人用户提供更多表达方式和呈现渠道。由于虚拟世界以低成本高效率的方式构建，远大于现实的世界，且在“元宇宙”世界里的实现方式和渠道竞争远没有现实世界中那么激烈，因此，“元宇宙”世界也就有了比现实世界更多的可选择性，尤其是个体用户可能获得更多的自主选择性，而非现实世界中的被动选择。

在“元宇宙”里，也许真的可以选择“隐匿于世外”“逍遥于两端”“躺平于盛景”。

(2) 由于“元宇宙”无限的资源加载可能性，一定会给个体用户越来越大的自主选择权，对教育尤其是中国教育，是大好事儿。

社会期望教育能引导人全面发展以便更好地适应经济社会的需求，但传统教育模式在人的成长过程中带来了狭隘供给和狭窄通道，造成不必要的学习竞争的紧张和压抑，让很多学生难以释放，而游戏方式的供给从中找到了商机，但很多娱乐游戏和碎片化的知识供给对学生必要的知识体系构建、思考能力和判断能力的帮助并不大，反而由于过多的在网络游戏消耗精力限制了他们在现实世界的行动能力。

但“元宇宙”不同，可以带着游戏技术支持的丰富场景和生动方式，在满足学习者个体需要的受到尊重和趣味性的同时，又突破游戏内容供给的局限以及被“商业化”带节奏的被动性，在“元宇宙”呈现更为广泛的人类世界、更为真实的知识场景和更为有用的问题梳理。因为“元宇宙”建构方式的自主选择性高而获得解决方案的能力强几乎是可以预期的。并且，随着网络技术的发展，平台的资源供给也越来越多元化，客户获取方式越来越便捷，辨别能力也越来越强大，在这样的背景下，传统的教育方式和其对人的培养路径，已经不适应当下人们对教育的需求了。

教育的本质之一是对人性的关怀和对人内在需求的尊重，但教育对人的本质，却往往在强调对社会的本质（培养社会需要的人）这方面的实践中被忽视了。教育本质的一体两面性被偏颇了。某种程度上说，教育的这种忽视，耽误了教师，更耽误了学生。

教学更多的应该是教学相长，师生互动相互成就的，而非单向的信息传输，但是现代教育受到批量标准化生产的工业观念影响，形成了班级教学的模式，做错的成本低、风险小，但个性化成长日益艰难。“元宇宙”技术的更新换代和资源供给方式，有可能进一步刺激教与学的反思，加速教育对生命价值探索的升级。

（3）一个开放的社会对“元宇宙”会抱有更加开放的态度。

一个社会如果有更丰富的资源、更广泛的资源获取渠道、更公平的获取资源的机制，且让个人在其中得以尽情发挥和实现理想的同时，又能够为社会提供源源不断的智慧成果和资源内容，这是社会乐见其成的，社会会获得滔滔不竭的生命活力。而“元宇宙”恰恰可以是任何一个开放社会正在面对的网络新技术带来的全新资源场景。

（4）有着丰富资源却又不会造成过度竞争的“元宇宙”世界，相信政府一定会支持。

当然，政府对新技术的应用和实践进行监管，是理所应当的。“元宇宙”用更加生动活泼且多方满意的方式，助力个人“尽兴”的同时，推动社会更多资源的升级和拓展，无论是对区域发展还是国力增强，都是百利而无一害的。

4. 什么样的人会先来做元宇宙？

一旦人们觉得新事物的实现有希望了，想明白了，技术条件成熟了，有资源（资本）的人就会开始尝试。

当然，现实世界中非网络专业的其他行业优秀从业者，大概率会怠惰于“元宇宙”的首发，恪守优势是所有聪明人的愚笨。最早着手的人可能也会做的比较粗糙，毕竟谈论得多且观点正确的人一旦行动起来也会有不确定性。对未来技术的行动结果进行准确前瞻是不容易的，甚至在发展初期连对新技术促发的资源图景进行基本的描述和定义也不可能。所以，第一批谈论和研究的人，是很有可能被淹没在新事物未来发展的长河里的。好在刘平教授和何诚颖教授是学者更是教育者，有着育人奉献的初心，对于“长江后浪推前浪”也是乐见其成、乐在其中的。

由此，也可见当下借助“元宇宙”进行的概念广告宣传也好，产品推广也罢，都不容易成为未来元宇宙的主体和最终形态。“元宇宙”寄托着人们对理想世界的美好愿望，不仅得突破现实世界难以实现的边界，还得避开现实世界中有限资源过度竞争带来的冲突与浪费的陷阱。

也许在未来的某天，经过多方探讨，在政府监管下能协商出更好的制度，不仅可以给人类文明和现代化尚未解决的资源可持续供给问题、社会贫富分化问题和社会公平正义问题给出有效解决方案，还可以对人作为主体性存在的根本价值提供无限技术支持。这寄托了人类可拓展、可升华、可免限制和可避冲突美好生活的新愿景。

最后，再重复一遍，想得多的人不一定做得快。最早的“元宇宙”产品一定是商用。但是，商用，又怎么样呢？难道在“元宇宙”的世界还需要再复制一个个斩不断理还乱，以伦理正确为名捍卫利益的等级秩序？

陆丹博士
三亚学院校长
吉利人才发展协同委员会　主席
2022 年 2 月 12 日于海南三亚

元宇宙与未来的世界

何诚颖　刘平

（一）

“元宇宙”有一个从科幻小说到虚拟现实的演变过程。关于“元宇宙”(Metaverse)，人们总要问一系列问题，第一个问题总是什么是“元宇宙”？它的商业模式、关联产业有哪些？对我们日常生活有什么影响？如何投资“元宇宙”概念股？每一位写书的作者也是不厌其烦地就“元宇宙”概念作一番解说。其实，每个人心目中的“元宇宙”都不尽相同，各有各的解释。拥有高学历、高智商的社会精英，也包括一部分银行、投行和投资机构，更主要的还有与区块链、数字货币、网络游戏和增强现实相关的虚拟现实科技公司会更加关注并迫切想了解“元宇宙”。

“元宇宙”一词是“Meta”（超越）和“Verse”（宇宙）的组合，意指“超越现实宇宙”。由科幻作家尼尔·斯蒂芬森于1992年在其科幻小说《Snow Crash》中首次提出。在书中，尼尔·斯蒂芬森描述了一个平行于现实世界的网络世界，并将其命名为“元界”。所有现实世界中的人，在元界中都有一个“网络分身”。这个“元界”，英文原著中叫“Metaverse”。它由“Meta”和“verse”两个词根组成，“Meta”表示“超越”“元”，“verse”表示“宇宙”(universe)。

自从《Snow Crash》讲述了经济崩溃世界中人们更愿意沉溺在“元宇宙”中寻求理想生活之后，“元宇宙”就已经有了变为现实思维基础。作为一种超沉浸式的虚拟空间，我们能够在其中开拓出属于自己的第二人生，拥有一种新的生活方式。

在中国，“元宇宙”已经在年轻人中悄然流行。电影《速度与激情》中，主人公驾驶着汽车在世界各地疾驰，剧中惩恶扬善、险象环生的情节让观众大呼过瘾。不过，无论是极速穿梭的汽车还是惊心动魄的罪犯抓捕行动，电子游戏中都已能够实现。相较于电子游戏，“元宇宙”可以做到的更多：参与者不但能切身体会汽车飞驰时的速度感，甚至可以感知凉风迎面吹来的压迫感。沉浸，是“元宇宙”概念目前最吸引人的特征之一。

“元宇宙”使我们能够将计算嵌入现实世界，并将现实世界嵌入计算之中，为任何虚拟空间带来真实的存在。最重要的是我们可以展示人性，选择自己如何体验这个世界，以及想与谁互动。2022 年，我们将能够在“元宇宙”中开会了，我们将拥有个性化的 3D 虚拟形象替我们出镜，他/她有表情、有情绪，可以皱眉、可以微笑、可以吐槽、可以怒骂，他/她就是你，你就是他/她。

当带上 VR 头显或者未来制造出的新鲜的脑机结合的工具时，虽然我们与领导、同事身在异地，却依旧可以在“元宇宙”中协同、沟通、工作。辅助翻译和转录技术，与会者无须会流畅的英语，机器能够帮你自动翻译，而 PowerPoint、Word、Excel，可以随时调用。

在“元宇宙”中，你可以和同事在虚拟的办公室走廊里偶遇，可以一起跳舞唱歌。甚至可以和意中人到“元宇宙”中邂逅约会，开展一场有趣的交往。颠覆常态的职场方式，将会在未来成为必然选择，随“液态职场”的特征越来越突出，企业和雇员之间逐渐会形成一种动态平衡的雇佣关系。

每一项技术的革命，都意味着一个新的契机、新的挑战、新的开始和新的选择。互联网的内卷、流量的见顶，已经让人对旧事物产生了疲倦感，“元宇宙”或许成为救兵，成为改变人类的生活方式和关注点。“元宇宙”不能简单等同于电子游戏，也不能等同于虚拟世界。它是创造性游玩、开放式探索以及与现实连通。

“元宇宙”将成为平行于现实世界的人类第二空间。科幻作家尼尔·斯蒂芬森 1992 年在其著作《Snow Crash》中提出：“元宇宙”是平行于现实世界的、始终在线的虚拟世界。在这个世界中，除了吃饭、睡觉需要在现实中完成，其余都可以在虚拟世界中实现。

“忽如一夜春风来，千树万树梨花开。”从 2021 年下半年起，“元宇宙”

风潮席卷了整个科技界。从 Facebook 更名“Meta”，到网易云音乐举办首个“元宇宙”上市敲锣仪式，短短几个月，仿佛所有的互联网科技公司都投身“元宇宙”事业。国内的互联网科技大厂也纷纷加入这场激烈而绚丽的战争。

美国 Facebook、微软、英伟达、高通等企业持续发力虚拟现实产业。Facebook 发布打造“元宇宙”的新计划，在公司 VR 实验室团队下成立“元宇宙”产品团队。微软提出“企业元宇宙”概念，开发 AR/VR 智能硬件设备，同时投资了社交 VR 应用程序。英伟达创建了 Omniverse 虚拟工作平台，已有 17 000 个用户体验版在建筑、娱乐、游戏等领域实现应用。韩国 2021 年 5 月成立“元宇宙”联盟，构建“元宇宙”生态系统，在现实和虚拟多个领域实现开放型“元宇宙”平台。

从国内来看，2018 年工信部发布《关于加快推进虚拟现实产业发展指导意见》，全力推动我国虚拟现实产业发展，构建了完备的虚拟现实产业链条。同时，国家“十四五”规划纲要中明确将“虚拟现实和增强现实”列入数字经济重点产业，提出以数字化转型整体驱动生产方式、生活方式和治理方式变革。

腾讯、百度、宇节跳动等一批头部企业也持续发力虚拟现实产业，腾讯提出“全真互联网”概念，并通过投资 Epic Games、Roblox 等公司布局“元宇宙”赛道，同时加大对于云、游戏和短视频内容领域的投入。2021 年 4 月，宇节跳动以近 1 亿元投资“元宇宙”游戏开发商代码乾坤，布局“元宇宙”。同年 8 月，宇节跳动斥资 90 亿元收购 VR 设备研发商 Pico 并成立 VR 事业部。凭借领先的人工智能实力与多年积累，百度则早在 2016 年开始布局 VR 产业，并结合其人工智能能力矩阵助力产业创新，加速人工智能技术在 VR 领域的应用。华为在 AR/VR 领域的技术突破加速了沉浸式体验的实现，还为 VR 内容开发者提供了平台 HUAWEIVR……

天眼查数据显示，我国现有 510 余家名称含“元宇宙”的企业，其中超 93% 的企业成立于 1 年内，注册资本在 100 万元以内和 500 万元以上的相关企业各占约 30%。从地区上看，广东省相关企业最多，有近 90 家。从行业看，租赁和商业服务业企业数量最多，有 160 家。2021 年系“元宇宙”爆发元年，全年共新增 450 余家名称含“元宇宙”的企业。2022 年 1 月 1 日至今，已有 23 家相关企业成立，平均每天成立 1 家。国际分类涵盖办公用品、医药、家具、金融物管、材料加工和广告销售等。

2021 年 3 月，Roblox 在纽交所上市首日市值突破 400 亿美元，而该公司 11 个月前估值仅 40 亿美元。据 2022 年 1 月 25 日报道，全球投资银行高盛（Goldman Sachs）预测，“元宇宙”可能是一个价值 8 万亿美元的机遇。此前，投资银行摩根士丹利 2021 年 11 月也曾预测，“元宇宙”将带来 8 万亿美元的市场机遇。彭博行业研究报告预计，“元宇宙”的市场规模将在 2024 年达到 8 000 亿美元，普华永道预计“元宇宙”在 2030 年将达到 15 000 亿美元。根据 IDC 预测，2021 年全年 VR 头显出货量将同比增长 28.9%，2025 年 VR 头显出货量将达到 2 860 万台，五年复合增长率为 41.4%。随着新技术的不断开发，“元宇宙”相关产业将迎来爆发式增长。

“元宇宙”将孕育未来文明，正像蒸汽机带来的工业文明一样。宇宙是一个现实与虚拟融合的过程。电影《头号玩家》常被认为是目前对“元宇宙”概念最为接近的表现。在电影中，现实世界的人们能够通过 VR 设备进入名为“绿洲”的虚拟世界，并在其中娱乐、工作甚至生活。

威廉·吉布森曾说过：“未来已来，只是尚未流行。”但我们相信或早或晚，该来的总归会来，“元宇宙”的未来值得期待！

（二）

人类赖以生存的空间在不断扩展，“元宇宙”作为科技革命集大成，很可能影响甚至主导 21 世纪全球性的经济大转型。这个转型和以往人类历史上经济转型有一个根本的区别，即这是一个由技术集群，而不是单一技术和若干技术对传统经济全方位创造性破坏的一个展现，远远超越了熊彼特所说的由单一产品，或者单一行业那种意义上的创造性破坏和创新。

我们现在的生存状态，除了物理生存之外，其实每个人都能感受到自己是有数字生存状态的。“元宇宙”其实是人类社会生存形态的一种进化，人类现在开始逐步地进入到数字生存的新状态。当前，人类处在物理生存和数字生存的实时混合生存状态，在这种情况下，未来几年，十几年，甚至几十年内，一定能看到国界、组织边界和公司边界不断模糊，甚至在逐步消失。相信在某些功能上或在一定意义上，那些边界是没有意义的，我们会看到更多的跨境的、跨界的合作，更普遍，更高效，更成本低。

“元宇宙”能让地球的价值和信息同时高速、自由、低成本地流动。Web

1.0 和 Web 2.0 分别对应 PC 互联网和移动互联网，主要解决的是信息的高速流动和共享。“元宇宙”增加了价值纬度，通过让价值和信息高速自由流动，在整个地球上，甚至在将来脱离地球之外的其他空间，让没有信任、没有社交关系的人和物之间，实现低成本的、远程的、实时的互联协作。

“元宇宙”是“下一代互联网”的简称，那么下一代的互联网是什么？有的认为是物联网，有的说是高速移动互联网，有的说是区块链，有的说是 AI，也有的说 AR、VR、XR。可以说将这些东西加在一起，就是下一代互联网。“元宇宙”就是现在最新的互联网科技的一个综合体。

“元宇宙”是人类整个进化史上，在大脑皮层进化极大提高了人类协作能力之后，一个人类高度协作的新阶段。和人类大脑皮层的出现一样，“元宇宙”应该是人类进化史上的第二个重大事件。“元宇宙”低成本地将不同地理空间的人协调在一起共同完成一件事，在此基础上诞生一个“超级地球人类”的巨人。这个“超级地球人类”会被“元宇宙”连接成一个巨大的生物。

相比前两代互联网，“元宇宙”的核心进化就是促进价值的自由流动。价值的自由流动远不止转账支付这样的用途，其核心的价值现在已经看到端倪：“元宇宙”的价值自由流动已经开始催生了 DAO。所谓的 DAO，它有两个定义，一种是 Distributed Autonomous Organization，分散式自治组织；另一种是 Decentralized Autonomous Organization，去中心化的或者分布式自治组织。

“元宇宙”的诞生和发展使人类生存和工作的空间发生了一次革命。在 19 世纪、20 世纪，人类的空间是在地理空间上的拓展和探险，如北极、南极、海洋、太空。因为“元宇宙”，人类进入到一个新的空间领域，即所谓的数字空间，或者说我们今天借助“元宇宙”这个概念所说的“元宇宙空间”。

这样一个空间是无限大的，是无所不在的，也是即时的，因为技术能够支持人类既可以生活与工作在我们熟悉的世代相传的物理、现实的空间，也可以生活和工作在一个虚拟空间。人类将全方位，开始在两个空间里交互地生活与工作，这是非常了不起的革命。

“元宇宙”是由 AR、VR、MR、XR 等技术支持的平行于现实世界又与之互通的虚拟网络空间。在这个空间里，所有参与者通过数字创造、数字资产、数字市场和数字货币构建起整个经济体系，在共享的基础设施、标准及协议的支撑下，个人拥有自己的虚拟身份和数字资产，用以建造虚拟世界的社会经济关系，从事生产经营活动并创造价值，满足数字消费需求。

“元宇宙”主要具有以下属性：

1. 虚实交互属性。“元宇宙”是一个空间维度上虚拟而时间维度上真实的数字世界；既有现实世界的数字化复制物，也有虚拟世界的创造物；人在其中有超越现实但又是真实的感官体验。

2. 开放创造属性。“元宇宙”把网络、硬件终端和用户囊括进来，通过海量可供开展虚拟创造活动的数字资源，创造一个永续的、广覆盖的虚拟现实系统。

3. 社会系统属性。拥有比现实世界更加多元、更强互动的社交模式；同时拥有安全、稳定、有序的虚拟社会系统，是一个与外部真实世界既紧密相连又高度独立的平行空间，更接近于未来数字社会的终极形态。

4. 经济行为属性。“元宇宙”是一个依从规则又自由独立的商品交易与资本积累的经济系统。在区块链技术支撑下，通过非同质化货币 NFT 这种不可逆的和公开透明性的“数字产权”，使数字产品真正具备唯一性和稀缺性。

5. 算力代币属性。建立在区块链平台上的数字经济体系是一种代币经济体系。代币的产生、交易、买卖、投资、借贷、保险等金融服务的操作是建立在“算力”和智能合约执行的基础之上，“元宇宙”所形成的虚拟经济社会系统的有序运行，有赖于一系列以公认的标准和协议为基础的平台推动，使“元宇宙”不同生态系统得以无缝连接，这需要支付、安全、信用、认证等技术和商业模式的支持，促进平台经济深度发展。

当然，还存在其他新的属性有待进一步的挖掘。

“元宇宙”作为下一代互联网，将覆盖并超越当前各式各样的互联网应用场景，如娱乐、社交、内容、消费、办公等，带来这些细分领域的体验升级。“元宇宙”的发展是建立在传统网络空间基础之上，带来视觉、内容、服务、流程的全面升级，形成一种新型创造者经济，如动画设计、音像制品、游戏制作、形象设计等。

“元宇宙”的实现场景是一个复杂的系统性工程，需要如 XR（拓展现实）、NFT（非同质化代币）、AI、3D、语音与手势识别、空间映射、数字孪生等系列软硬件技术综合集群支撑，这些直接相关技术的成熟度将决定“元宇宙”场景的实现进度。

把虚拟世界与现实世界连接在一起需要各种相关技术综合应用，如空间计算、边缘计算、可穿戴设备、嵌入式技术、脑机接口、微传感器等提升虚实世界交互感知的技术等，在“元宇宙”场景下，海量用户会同时在线，并以较低延迟进行实时交互，这就要求实现大量新基建技术的深度融合，如区块链、云计算、大数据、未来网络、半导体和芯片等底层技术，这些技术直接决定“元宇宙”系统能否以一种稳态运行。

高新技术的综合应用，需要强大的资金支持和大量的资本投入。资本本质上是逐利的，而“元宇宙”追求的目标是自由、平等、和谐的人类命运共同体，要在逐利的资本和“元宇宙”创建之间做平衡的选择，是人类进步的一大考验。

（三）

“元宇宙”运行规则当中，最重要的是其中的经济逻辑。“元宇宙”的规则不必和现实世界完全一致，否则“元宇宙”也就失去了它存在的必要。但是，决定现实世界运行的一些关键逻辑和规则必须要在“元宇宙”中找到对应。“元宇宙”的运行规则可能是多层次的。在诸多的规则当中，最重要的应该是其中的经济逻辑。

在思考“元宇宙”的经济逻辑之前，我们不妨先对现实世界中的经济逻辑进行一些思考。在现实世界中，经济逻辑的起点是“稀缺”。所谓“稀缺”，就是指人欲望的无限性和现实条件有限性之间的矛盾。

“元宇宙”是一个比特的世界，里面的万事万物，归根到底就是一串代码，都可以简单地修改代码来得到。在这样的情况下，稀缺本身可能就不存在了。“元宇宙”中真的不会存在“稀缺”吗？事实上，即便在“元宇宙”，稀缺也会存在，而且必须存在。稀缺性的存在，其实是人们为了提升在虚拟世界中的体验而作出的一种人为设定。即使从技术上看，人们完全可以在虚拟世界中获得任何自己想要东西，也必须人为地制造出差异化和稀缺性来。

在“元宇宙”当中设定稀缺性，其实还有一个重要的理由，就是要确立起人们建设“元宇宙”的激励基础。人们需要在合作中引入能够被用于激励的价值，而为了实现这一点，就必须首先创造出它的逻辑起点，也就是“稀缺”。

现在人们所做的很多工作，就是试图在“元宇宙”当中构建起稀缺性。例如，现在的数字水印、数字权利管理（Digital Rights Management，DRM）以及非同质化代币（Non - Fungible Token，NFT）等重要技术，其实都是为了构建“稀缺”的技术。

NFT究竟有什么用呢？究其本质，就是它可以在“元宇宙”内创造出差异化、创造出稀缺性。有了稀缺性之后，“元宇宙”经济系统就有了自己的逻辑起点。从理论上看，一切在现实世界中有的经济概念，都可以随之演化出来。

和现实世界不同的是，在“元宇宙”的经济系统发展之初，现实的世界就已经是一个既定的存在了。因此，现实世界对“元宇宙”的影响可能会成为“元宇宙”价值决定的一个重要影响因素。当各种物品的价值被确定后，“元宇宙”内的交易就可以开展起来了。当然，就像在现实世界一样，当交易的规模扩展到一定程度之后，它就不可能持续地以一种以货易货的形式存在了，基于货币的交易将会成为发展的必然。

在“元宇宙”中，如果有货币，那么它本身就是以数字形态存在的，它的质地、分割等显然不是问题。问题的关键是，它到底能否有效保证价值稳定以及能否有效地达到节约交易成本的目的。在审视可行的方案时，这两个问题就可以作为检验的指标。

每一个“元宇宙”内部都开发独立的代币，这些代币未必需要和比特币一样建筑于区块链技术之上。为了保证币值的稳定，这些代币可以采用某些资产锚定，以资产作为储配的方式来发行。这里的资产可以是现实世界当中的货币，也可以是一篮子加密货币，选取的标准应当以它们有相对稳定的价值为标准。这样，“元宇宙”内的货币体系就可以建立起来了。

需要指出的是，当把“元宇宙”内部的代币和外部的资产直接挂钩时也会引起一些副作用。因为在这种设定下，就相当于取消了“元宇宙”的货币发行独立性。如果有人将大批外部资产（如美元、人民币等）兑换为“元宇宙”内部的代币时，“元宇宙”就可能面临急速的通货膨胀，并伴随着巨大的分配失衡。

考虑到这种情况，或许可以设计一个当外部的货币流入达到一定值后，就启动“汇率”浮动的机制。让“元宇宙”内的代币对外补货币升值。通过这种机制，就可以比较好地保证“元宇宙”内部货币价值的稳定性。

在现实世界，劳动、资本和土地是最为重要的生产要素。而在“元宇宙”当中，比较关键的生产要素有三样——劳动、算力和数据。至于“元宇宙”中所谓的“土地”，更多是一种人为构建出来的稀缺性资源，如果有了足够的劳动、算力和数据，它们本身是可以被构建出来的。由于这个原因，更愿意把“土地”作为一种一般意义上的商品来看待，而不认为它是一种独立的生产要素。

与“元宇宙”相关的劳动可以分为很多种：第一种是在“元宇宙”经济体系内的劳动。作为一个虚拟的空间，“元宇宙”的价值很大程度上取决于其给人的体验。而为了保证这种体验，“元宇宙”就需要安排一些专门用于和人交互的NPC（虚拟人物）。当然，NPC由谁来做就是一种选择。一个方案是找一些AI来做NPC。但是从现在看，这些AI给人的交互体验绝对达不到《失控玩家》里面那样的水平，因而很难满足人们的需要。而另一个方案就是专门找一些人来扮演NPC。如果采用这种方案，那么NPC和人的交互活动就形成了一种劳动。和真实世界一样，这样的劳动也需要得到补偿。

“元宇宙”中，很多任务可能是需要多人协同完成的。例如，在被称为“元宇宙第一股”的Roblox游戏中，人们需要一起建设社区和城市。这种共同的建设如果是出于所有玩家自愿的，那么，这就是一种协作。但如果这种共同建设是某人要求其他人做的，那么它就成为了一种劳动的雇佣关系。这个时候，城市的建设也就成为一种在“元宇宙”内打工劳动。

“元宇宙”要运转好，需要很多相应的技术支撑。比如，程序的底层需要有人开发，BUG需要有人来处理，这些劳动，尽管不发生在“元宇宙”内部，但它们对“元宇宙”的发展却是必不可少的。

真实世界的打工人转战“元宇宙”，在里面用微软的MeshforMi - crosoft-Teams写Word，做PPT，然后拿着PPT开会。这些活动只是发生在“元宇宙”内部，但是从本质上来讲，它们依然是真实世界劳动的延伸。

上述三类劳动，第一种应该用“元宇宙”内部的代币来激励。在Axie Infinity等具有“元宇宙”概念游戏中，已经提出了“玩中赚（边玩边赚）”（play to earn，P2E）的概念。在这些游戏中，玩家或可以根据其游戏的时长来获取相应的代币，或通过打怪升级来获得独有的装备NFT数字资产，所有的这些都可以作为他们的报酬。

值得一提的是，在Axie Infinity上，有不少玩家是因疫情而失业的人。对于他们来讲，P2E就是获得收入的一个重要来源。

第二类、第三类劳动严格来说都是“元宇宙”之外的，因而他们的报酬既可以通过真实世界的货币，也可以通过代币来结算。当然，从促进“元宇宙”的发展来说，以代币结算或许是比较有利的，可促使人们以更高的频率使用“元宇宙”，从而从多个方面促进其发展。

“元宇宙”发展所需要的算力，可以通过仿照比特币网络的做法，以工作量证明来分配一定的代币作为回报。当然，在现实中，为了吸引普通用户进行分布式的算力供应，也有一些产品试图将算力的供应包装成某种形式的游戏。这样，人们就可以在游戏当中实现算力提供，并且同时获得相应报酬。

从构建看，“元宇宙”绝对不可能一蹴而就，它更可能以一个个独立项目的形式发展起来。这就好像互联网的发展并不是源自一个统一的设计，而是源自一个个独立建立的网站。不过，就像孤立的网站并没有价值一样，如果每个“元宇宙”项目都彼此独立而不能彼此联通的话，那么它们的价值也终将是有限的。唯有把各个“元宇宙”打通，让人们在它们之间自由穿梭，“元宇宙”的价值才能得到真正体现。

各个“元宇宙”项目是独立打造的，其建造者和建造规范各不相同，它们之间的代币价值如何兑换？如果从现实世界的经济理论看，这会是一个十分复杂的汇率决定问题。所幸的是，随着去中心化金融（DeFi）的发展，这个问题就有了很好的解决基础。

现在，借助于Uniswap等数字资产交易所，人们已经可以很容易地在不同的区块链项目之间实现兑换。程序都可以根据供求状况，通过可编程的方式实现。在未来，这套系统应该可以被用到跨“元宇宙”的代币兑换中去。不过，在应用到类似系统时，我们也需要对DeFi产品的运行风险做好监管和预防。

在现实中，已经有人利用不同区块链产品之间的设计差异，综合使用多种DeFi产品设计出了套利方案，公然套取了大量财富。对于类似情况，应当要提前做好预防工作；否则，一不小心就可能酿成“跨宇宙”的金融风险，其影响可能是十分巨大的。因为“元宇宙”会导致价值体系和价值基础发生变革，现在已经看到，“元宇宙”将有助于数字经济的生存与发展，“元宇宙”将来的金融活动更需要DeFi这样的金融服务给予支持。

在“元宇宙”的条件下，NFT具有广阔的前景。所有这一切都意味着大一统的、自上而下的、完全基于国家力量的价值体系需要向多元化价值体系转型。“元宇宙”将非常有效地推动传统资本从产业资本、金融资本向科技资本的转化，“元宇宙”将改造传统的资本体系。

当“元宇宙”和不同产业结合在一起时，对于这些产业就会产生巨大的推动和刺激作用。“元宇宙”将推进世界上产生一批新型的、支持“元宇宙”的企业。现在微软在转型创造 Xbox 平台，英伟达创造了 Omniverse 这样新的平台，Epic Games 也做出了贡献。在中国，不论是小米、华为还是腾讯、百度都纷纷加入“元宇宙”行列之中。

“元宇宙”不是提供了一个新的经济竞争赛道，而是在未来的经济体系中创造了新的赛道，提供了新的竞争规则。它将改变迄今为止因为工业革命形成和固化的产业结构体系与产业生态环境。

从 2021 年开始，腾讯、Facebook、微软等国内外互联网知名企业开始全力布局一个新的领域，即“元宇宙”。在它们看来，“元宇宙”是移动互联网的继任者，虚拟世界和真实世界的大门已经打开。“元宇宙”的探索将推动实体经济与数字经济深度融合，推动数字经济走向新的阶段。

（四）

“元宇宙”从概念走向流行，更注重于场景应用。从本质上看，“元宇宙”并非一个学术概念，而是由产业界、投资界推动的。毋庸置疑，2022 年是“元宇宙”从概念走向流行的年份，背后的原因值得深思。

新冠肺炎疫情暴发以来，疫情已经深深地改变了当代人的生活、生产、经济和社会的基本模式，因疫情反复对人类生存环境和生存方式的影响，人类需要有一种相应的生活与工作模式，这一点成为推动“元宇宙”的极为特殊的动力。

2008 年以来，在传统经济框架下解决传统经济所面临的问题，可以说困难重重。人们需要新的思想支持新的经济模式，解决传统经济结构性的、制度性的困境。正是有这样的原因，“元宇宙”提供了一种极具创造性的选择。

过去二三十年间，从 IT 革命开始，一直到近几年来大数据、云存储、1G 到 5G 的通信革命，以及现在正在路上的 6G 和 AI、区块链、数字孪生、量子科学革命，所有这些科技革命成果集结在一起，需要发生和建立一种综合性的、根本性的技术革命框架，集中体现所有科技成果集群式的效应。“元宇宙”是一个由数据组成的世界，分布式数据存储成为维持“元宇宙”持久运转的基本方式。

加强关键信息基础设施安全保护，强化关键数据资源保护能力，一个全新的数字时代已经到来。

理论上，我们可以把线下的一切都复刻到线上，也就是“元宇宙”的终极状态。但是从目前来看，以下领域更容易被数字化，值得大家关注：

场景一：游戏和社交的结合，有可能会诞生出下一代的抖音或微信。现在的社交平台是2D社交，传递的多是图文信息，但是我们平时和朋友一起出去玩，无论是吃饭、看电影，还是看演唱会，除了内容本身外，更是一种社交互动。特别在疫情之下，隔离使线下互动变得困难，虚拟化的社交平台就有了很强的用户需求。

场景二：零售及电商环节。我们目前的购物，多是刷一刷淘宝、抖音，或通过小红书“种草”，浏览过程中大部分接触的是图片和视频，并没有3D感。未来可能会因为“元宇宙”出现一种新的电商形态，把线下的街区复刻到线上，让用户仿佛在现实街区中逛街，走到各个不同的店铺，在虚拟销售员的帮助下选择商品。

“元宇宙”在工业互联网也有较强的应用场景。2021年初，宝马和英伟达Omniverse平台合作打造数字工厂，运用数字孪生技术实现线上测试，提升了规划流程的精度和效率，规划阶段效率提高约30%，整车制造阶段达到每56秒生产一辆车。2021年8月，特斯拉工程师还展示了如何建造数字场景，模拟真实摄像头数据，并让人工智能在其中进行模拟测试和拟合。

不要狭隘地将“元宇宙”理解为一个社交游戏平台，如果它能将我们的现实世界更加3D化，效率将会得到大幅度提升，拉近人与人之间的距离。极致沉浸的交互体验能带给人们远超2D时代的体验，生活、工业、社会和科技迭代将大大提升效率，人力成本、资源成本、时间成本和交易成本等也有望降低。

场景三：服务和广告。“元宇宙”作为新的虚拟世界，少不了协作和服务，但人们的精力是有限的，必然会带来细分领域的服务。例如，在“元宇宙”中建房子，需要建筑工程师、设计师、装修师等帮助自己建筑和场所。

在“元宇宙”中，当其中有了更多流量时，机会也会更多，广告商自然会主动找上门希望能做广告。另外，在“元宇宙”中，已经有公司开发了广告牌。根据官网的介绍，Metaverse Billboards已经在Cryptovoxel平台上拥有了140块地，且共有250多个广告牌可以供客户选择。

场景四：数字收藏品与娱乐体验。在虚拟世界也有艺术品的创作，有数字收藏品，而且当数字收藏品成为越来越稀缺和共识的事物时，未来会越来越值钱，或者成为未来交易的必需品。沉浸式的娱乐体验，必然伴随沉浸式的服务升级，其中一些道具以及一些虚拟的环境变化，都是有价值的，而其中独特和稀缺的体验必然会带来丰厚的商业价值。迪士尼公司曾表示，米老鼠有一天或许也会出现在“元宇宙”和粉丝互动，人们在家里体验迪士尼乐园也会成为现实。那时，娱乐体验便是商业机会。

场景五：销售商品及其他可能。在“元宇宙”中，跟现实社会一样，可以交易各种各样的商品，比如衣服、裤子、鞋子和定制化的物品。当人在其中沉浸式付出后，一定会有人想要定制化的商品，自然会生成商业价值。

当然，随着线上线下的融合，线上交易也可能变成线下实物。如医疗服务、办公服务、数据服务和学习服务。“元宇宙”不仅仅是一个游戏，而成为一个人们沉浸其中的空间时，就有太多待挖掘的价值了。

(五)

国内有学者将支撑“元宇宙”的六大技术支柱称为“BIGANT”，中文翻译为“大蚂蚁”。其中，“B”指区块链技术（Blockchain）；“I”指交互技术（Interactivity）；“G”指电子游戏技术（Game）；“A”指人工智能技术（AI）；“N”指网络及运算技术（Network）；“T”指物联网技术（Internet of Things）。

1. 区块链技术：区块链是支撑“元宇宙”经济体系最重要的基础，通过NFT（非同质化代币）、DAO、智能合约和DeFi的应用，将激发创作者可持续创新，催生海量内容，有效打造“元宇宙”去中心化的清结算平台和价值传递机制，保障价值归属与流转，实现“元宇宙”经济系统运行的稳定、高效、透明和确定性。

2. 交互技术：通过AR、VR等交互技术提升游戏的沉浸感。人体交互技术是制约当前“元宇宙”沉浸感的最大瓶颈所在，交互技术分为输出技术和输入技术。输出技术包括头戴式显示器、触觉、痛觉、嗅觉甚至直接神经信息传输等各种电信号转换于人体感官的技术；输入技术包括微型摄像头、位置传感器、力量传感器和速度传感器等。复合的交互技术还包括各类脑机接口，这也是交互技术的持续发展方向。

目前包括Oculus—Quest2在内的大部分产品只支持到双目4K，刷新率从

90Hz 到 120Hz，还处于较粗糙的玩具级。未来，随着以 VR、AR 为代表的人机交互技术的发展，由更加拟真、高频的人机交互方式承载的虚拟开放世界游戏，其沉浸感也有望得到大幅提升，从而缩小与“元宇宙”成熟形态之间的差距。

3. 电子游戏技术：这里所说的电游戏技术既包括游戏引擎相关的 3D 建模和实时渲染，又包括数字孪生相关的 3D 引擎和仿真技术。3D 建模和实时渲染是虚拟世界大开发、解放大众生产力的关键性技术，只有把复杂的 3D 人物事物乃至游戏解释成普罗大众可接受、可做的，才能实现“元宇宙”创作者经济的大繁荣。

数字孪生相关的 3D 引擎和仿真技术是物理世界虚拟化数字化的关键性工具，同样需要把门槛大幅拉低到普通民众都能操作的程度，才能极大加速真实世界数字化的进程。这里最大的技术门槛在于仿真技术，需要让数字孪生后的事物必须遵守物理定律、重力定律、电磁定律和电磁波定律。如光和无线电波必须遵守压力和声音的规律。电子游戏技术与交互技术的协同发展，是实现“元宇宙”用户规模爆发性增长的两大前提，前者解决的是内容极度丰富，后者解决的是沉浸感。

4. 网络及运算技术：“元宇宙”要求高同步低延时，用户从而可以获得实时、流畅的完美体验。根据独立第三方网络测试机构 Open Signal 的测试数据，4G LTE 的端到端时延可达 98 毫秒，满足视频会议、线上课堂等场景的互动需求，但远不能满足“元宇宙”对于低时延的严苛要求。VR 设备一大难题是传输时延造成的眩晕感，其指标为转动头部到转动画面的延迟，5G 带宽与传输速率的提升能有效改善时延并降低眩晕感。

根据诺基亚贝尔数据，5G 端到端时延可控制在 10ms 以内。“元宇宙”中需对大量数据进行迅速传输，需依赖强大的通讯基础设施。受限于基站数量，5G 实际传输速率或难以达到其设计水平，而根据日韩对 6G 网络技术的展望，6G 时延有望缩短至 5G 的十分之一，传输速率有望达到 5G 的 50 倍，有望真正实现“元宇宙”低延时的关键特征。

边缘计算常被认为是“元宇宙”的关键基建，通过在数据源头的附近采用开放平台，直接提供最近端的服务，从而帮助终端用户补足本地算力，提升处理效率，尽可能降低网络延迟和网络拥堵风险。

“元宇宙”要求用户可使用任何设备登录，随时随地沉浸其中，要求实时监测数据并进行大量计算，单个或少数服务器难以支撑“元宇宙”的庞大运算量。分布式计算能力有望支撑大量用户同时在线。

5. 人工智能技术：通过区块链、AI 技术降低内容创作门槛，提升游戏的可延展性。人工智能技术在“元宇宙”的各个层面、各种应用、各个场景下无处不在，包括区块链里的智能合约、交互里的 AI 识别、游戏里的代码人物、物品乃至情节的自动生成、智能网络里的 AI 能力、物联网里的 AI 数据等，还包括“元宇宙”里虚拟人物的语音语义识别与沟通、社交关系的 AI 推荐、各种 DAO 的 AI 运行、各种虚拟场景的 AI 建设和各种分析预测推理等。

在专业生产内容（PGC）方面，第一方游戏内容是建立“元宇宙”的基础场所，而目前3D 游戏在场景和人物建模上需要耗费大量人力、物力和时间。为实现“元宇宙”与现实社会高度同步，算法、算力及 AI 建模技术的进步有望提升 PGC 的生产效率。在用户生产内容（UGC）方面，第三方自由创作的内容以及闭环经济体的持续激励，是“元宇宙”延续并扩张的核心驱动力。目前游戏 UGC 创作领域编程门槛过高，创作的高定制化和易得性不可兼得，同时鲜有游戏具备闭环经济体。因此，为达到“元宇宙”所需的可延展性，需要区块链经济、AI 和综合内容平台等产业的技术突破。

6. 物联网技术：通过 5G、云计算技术支撑大规模用户同时在线，提升游戏的可进入性。“元宇宙”是大规模的参与式媒介，交互用户数量将达到亿级。目前，大型在线游戏均使用客户端软件以游戏运营商服务器和用户计算机为处理终端运行。该模式下，对计算机终端的性能要求形成了用户使用门槛，进而限制了用户触达；同时，终端服务器承载能力有限，难以支撑大规模用户同时在线。而 5G/6G 和云计算等底层技术的进步和普及，是未来突破游戏可进入性限制的关键。

物联网技术既承担了物理世界数字化的前端采集与处理职能，也承担了“元宇宙”虚实共生的虚拟世界去渗透乃至管理物理世界的职能。只有真正实现了万物互联，“元宇宙”虚实共生才真正有实现可能。物理网技术的发展，为数字孪生后的虚拟世界提供了实时精准持续的鲜活数据供给，使“元宇宙”虚拟世界里的人们足不出网就可以明察物理世界的秋毫。5G 网络的普及为物联网的爆发提供了网络基础，但电池技术、传感性技术和边缘计算等瓶颈依然制约着物联网的大规模发展，有望 5 年左右会有质的改善。

（六）

相比“元宇宙”应用所遇到的技术、数字基建等挑战，“元宇宙”的运行更重要的是需要一套完整的社会运行体系作支撑——法律规范、伦理道德、经济系统和文化制度等。“元宇宙”产业还远远达不到全产业覆盖和生态开放、经济自洽、虚实互通的理想状态，在技术层面、法律层面、道德伦理层面，都还有很长一段路要走。而打造数字孪生、数字金融等离不开现实世界的主权国家框架；“元宇宙”中通行无阻的基于区块链的数字货币与经济平台，在现实世界中会遭遇对虚拟货币的监管政策，货币自由流通便会有各种阻碍。

从技术层面讲，NFT不可分割、不可复制，所有权被系统直接认证，能避免大面积通货膨胀的出现，从而解决数字版权的确认、流通等问题。但由于网络安全、数据安全建设落后于企业技术转型，新的漏洞进入快速变化的环境越来越频繁和容易，直接威胁数据的安全性。这是“元宇宙”面临的重大挑战。

“元宇宙”在一定程度上为巨型资本金融收割行为提供了更为隐蔽的操纵空间，金融监管也需拓展至虚拟世界。以当下为立足点展望，无论谁来监管都是一个中心化组织，那么完全去中心化的“元宇宙”的公共性和社会性将遭遇阻碍。

“元宇宙”涉及的个人数据更细密，包括用户身份属性、生理反应、行为路径、社会关系、人际交互、财产资源、所处场景甚至是情感状态和脑波模式等，这些数据资源的收集、储存、管理、授权应用等都需要规范。“元宇宙”空间需要大量用户协同创作，如何确权和保障集体著作权，这些都是“元宇宙”未来必然面临的重大课题。

虽然，“元宇宙”已被定义为与工业革命相提并论的里程碑时代，但由于“元宇宙”未来的模糊性和不确定性，加之其极其庞大而复杂的全新世界形态，必须要对其发展前景保持关注和警觉。每个人仍需理性看待当前的“元宇宙”热潮，警惕任何以科技和未来为名义的“假大空”。

投资者应注意，推动新概念及其产业逐步走向成熟需要漫长时间，通向令人神往的科技需要脚踏实地打好发展地基。而具体到投资机会，建议规避没有逻辑支撑的题材炒作板块，关注以下具有确定性行业逻辑的领域：

1. 网络（通信）。5G作为具有高速率、低时延和大连接特点的新一代宽带移动通信技术，是实现人机物互联的网络基础设施。

2. 芯片（算力）。“元宇宙”的内容、网络、区块链、图形显示等功能均需要强大的算力为支撑。

3. 云与边缘计算。云计算与边缘计算为用户提供所需的计算资源，降低用户触达“元宇宙”的门槛。

4. AI。AI可以帮助创建“元宇宙”资产、艺术品和其他内容（AIGC），改进用来构建所有这些内容的软件和流程。

目前部分公司炒作的“元宇宙”概念与真实的“元宇宙”有较大差异，需要去伪存真、谨慎判断，独立思考，自主研断。

（七）

我们对“元宇宙”研究有共同兴趣，希望清楚“元宇宙”与现实世界之间的关系，“元宇宙”关联产业、商业模式及股市投资标的公司，这便是本书写作缘起之一。还有一个缘起则是在学术上的，那便是我们对于经济学以及金融学的体会。

在“元宇宙”这个特定空间中，很多消费者可以产消合一，将消费过程生产化。这与“元宇宙”的去中心化治理机制有很大的关系。“元宇宙”丰富了数字经济转型模式，融合DeFi、NFT等数字金融服务成果。雏形期的“元宇宙”仍存在诸多不确定性，产业和市场都亟须回归理性。“元宇宙”的概念布局仍集中于XR、GameFi（游戏金融）及NFT中的艺术、音乐、运动、房地产等领域，技术生态和内容生态都尚未成熟，场景入口也有待拓宽，理想愿景和现实发展间仍存在漫长的“去泡沫化”过程。

从未来发展来看，“元宇宙”的应用远远不止游戏，包括工作、生活、社交等，可能都会通过元宇宙来实现，而这将决定元宇宙对人们的生活影响是否越来越大。当然也应该看到，元宇宙发展过程中，也存在着大量的金融投机、技术瓶颈和投入产出不对等问题。从经济学的角度来看，元宇宙从产生到火爆，其背后的逻辑主线非常清晰。作为经济学者，总是认为经济学会使我们对元宇宙认识更为清醒。

本书作者之一，刘平教授是厦门大学最早的一批经济学博士，20世纪80年代初赴海外留学，学有所成，在美期间一直对3D成像、3D动捕、3D动漫及3D打印进行追踪学习，对区块链技术的应用、加密经济学、代币经济体系有着深入的研究。另一位作者，何诚颖教授分别在2011年、2019年先后去沃顿商学院、牛津大学数学学院访问学习。10多年来，他一直致力于海外资本市场最新理念在国内市场的推广和普及，围绕新兴产业、区块链、金融科技、投资银行、风险管理等资本市场热点主题，先后出版了系列研究成果，获得学术界和实务部门认可。刘平教授回国后，加强了区块链技术、区块链金融、加密数字货币、金融科技等领域的研究，从数字资产生态体系的视角研究"元宇宙"，何诚颖教授从事证券工作二十余载，更加关注"元宇宙"的投资机会。

在信息密度极高的"元宇宙"时代，创新将成为全球合作的靶点。

"春江水暖鸭先知"，"元宇宙"起于青萍之末，止于草莽之间。任何生态都属于宇宙自然体系的一部分，同样需要遵循"人法地、地法天、天法道、道法自然"的规律，需要共同制定、测试和完善我们在"元宇宙"中的游戏规则，并通过规则、规律、去中心化、分工协作、人人共创价值、实现共同富裕和共同美好。

由此可见，"构建人类命运共同体"才是"元宇宙"的终极大道和核心价值观。"元宇宙"秩序已经开始萌芽生长，对于世界各国来说，谁主导了"元宇宙"秩序的制定，谁将成为未来百年的全球领袖。

前言

元宇宙（Metaverse）是数字孪生（Digital Twin）的产物，源于数字孪生，又超越数字孪生。元宇宙通过虚拟增强的物理现实，呈现收敛性和物理持久性特征的，基于未来互联网的，具有连接感知和共享特征的多维虚拟空间。在元宇宙的发展过程中，吸纳了信息革命（5G/6G）、互联网革命（Web 3.0）、人工智能革命，以及VR、AR、MR、XR等的虚拟现实技术，同时涵盖了所有数字技术，包括区块链技术、分布式存储技术、IPFS成就，丰富了数字经济转型模式，融合DeFi、NFT等数字资产成果，向人类展现出构建与传统物理世界平行的全息数字世界的可能性。

这是一本探讨元宇宙的理论、范式和实践的书籍。这本书将围绕接口技术、Web 3.0和区块链技术这三大模块的综合应用来分析元宇宙的运行机制。

元宇宙有传统元宇宙与现代元宇宙的区别，有人认为元宇宙早已有之，没什么特别之处，近期元宇宙火爆，只是人为操作而已。传统元宇宙也称Web 2.0元宇宙，是一种中心化的元宇宙，它由接口技术、Web 2.0两大模块构成。

由接口技术、Web 3.0和区块链技术这三大模块的综合应用所产生的元宇宙是现代元宇宙，也称Web 3.0元宇宙，是一种去中心化的元宇宙。Web 3.0是下一代互联网，元宇宙也是下一代互联网，它们的共同点就在于构建一个去中心化的网络世界。

接口技术，有硬接口和软接口之分，是现实世界进入虚拟世界（元宇宙）的必备工具，无论这个元宇宙是传统式的还是现代式的，都需要相同的接口技术。换句话说，同一种接口工具既可以进入Web 2.0元宇宙，也可以进入Web 3.0元宇宙。接口技术的同一性模糊了Web 2.0元宇宙和Web 3.0元宇宙的区别。当前，各种形式元宇宙的兴起，各大企业、机构纷纷布局的元宇宙，但基本上还是属于传统的元宇宙，或者是处于向 Web 3.0 元宇宙转化的阶段。

接口技术的创新将促进元宇宙的发展，从单向的、被动的和二维的虚拟世界到三维的、沉浸式的、交互式的虚拟世界，都离不开接口技术创新发展。接口技术是各大企业、机构的必争之地，谁在接口技术上创新，谁就掌握了进入元宇宙世界大门的钥匙，占有主动权。同时，接口技术的发展将产生出接口技术产业链，创造出无限的商机。

接口技术也称终端技术，对于数字孪生体元宇宙世界来说，具体表现为 VR、AR、MR、XR 和脑机接口的虚拟现实。

去中心化是现代元宇宙，具有四个显著的特征之一，这关系到一个平行于现实世界的虚拟世界究竟由谁来构建的重大问题。如果由一家企业、一个组织、一个机构来构建，就意味着某个组织，哪怕是联合国组织，控制、垄断了虚拟的元宇宙世界。现代元宇宙世界是不需要垄断者，不需要统治者的。

在 Web 2.0 基础上所构建的元宇宙，是一个个 Web 3.0 元宇宙中的孤岛、数据要素的孤岛，是 Web 3.0 元宇宙中的一个终端。Web 2.0 元宇宙是中心化的，Web 3.0 元宇宙是去中心化的，要把无数的中心化的小元宇宙联系起来通过 Web 3.0 构成去中心化的统一的大元宇宙，还有很长的路要走。

从 Web 1.0 到 Web 3.0，从被动的数据读取到热火朝天的内容创作，数据生产量发生了爆炸式的增长，并且还将以指数形式继续增长。作为区块链技术的计算、存储以及网络三大支柱之一的存储对于 Web 3.0 与元宇宙的发展都具有重大意义。从应用角度来看数据安全与数据所有的最终归属关系着虚拟世界的稳定运行。而从经济角度来看元宇宙与 Web 3.0 世界产生的海量数据存储需求也有着巨大的商业前景。

存储的商业模式分为中心化和去中心化存储。中心化存储是将数据完整地存储在中心化的服务器上，去中心化存储则是采用分布式存储技术将数据切片分散存储在多个独立的存储供应商上。中心化存储方案以高稳定性的性能满足了企业级存储的需求。去中心化存储以其定制化存储方案和经济激励模型以及隐私性强等特点满足了长尾企业市场的特殊场景要求。

站在 Web 3.0 与元宇宙的交汇处，对数据安全性和用户数据所有权的重视，去中心化存储的重要性将愈发凸显。去中心化存储与中心化存储在存储空间来源和带宽来源以及安全性和使用方式等多个维度的差异，导致目前去中心化存储的规模和性能远远不如中心化存储系统。虽然 IPFS 和 Arweave 等项目通过不同的非中心化设计方式弥补了其不同的缺陷，并引入代币激励机制使全网存储总规模扩大，但是项目方与用户的利益不一致和费用结构等因素阻碍了项目的快速拓展。不过，随着元宇宙和Web 3.0时代的开启，网络的飞轮效应使去中心化存储能迎来应用爆发的浪潮，期待存储技术的改进和经济激励模式的优化，去中心化存储这一赛道能有长足稳定的发展。

代币经济生态体系是经济数字化过程的产物，是数字经济中最重要的组成部分。现实世界中的代币经济生态体系与虚拟现实中的代币经济生态体系是一致的，实现了数字孪生体互操作性。在代币经济生态体系中所发生的数字经济逻辑同样适用于Web 2.0元宇宙和Web 3.0元宇宙。

元宇宙中的各种账户替身（avatar，阿凡达）及其独一无二的ID（身份证明）是参与、创建数字经济生态系统的主体，区块链技术确保了阿凡达的永生，及其对数字产品的版权、数字资产的所有权不被篡改。以数据为主要生产要素的经济活动，既包含物质产品生产、流通、消费的内容，也包括数字产品的创造、交换、消费的内容。元宇宙在数字产品的创造、交换、消费的所有环节，都必须在数字世界中完成。元宇宙中的经济要素包括数字创造、数字资产、数字市场、数字货币、数字消费。DeFi（开放金融）所提供的数字资产创新工具和各种金融产品及其衍生品服务在元宇宙的经济活动场景中得到了完美的应用和拓展。比如，在元宇宙中铸造代币（货币）、应用稳定币、各种数字产品的交易、数字资产交易所、信贷、数字资产投资、保险、衍生品、数字资产管理等。

在DeFi（去中心化金融）的理论与实践中，NFT（非同质化代币）是一种存储在区块链上的独特数字资产，近年来，在虚拟世界与物理世界的各个领域中得到长足的发展，起到三个重要作用：一是赋予用户在数字世界中的所有权；二是实现了物理资产与数字资产的转化及互操作性的运作；三是启动了万众创新，铸造数字产品，投资管理数字资产的新范式。NFT是解锁元宇宙数字经济生态系统的数字钥匙。

数字货币（Cryptocurrencies）、开放式的数字金融（DeFi）、NFT形式的数字资产和元宇宙（Metaverse）四位一体，我中有你，你中有我，环环相扣，不可分割，形成数字经济生态系统发展的原动力。

元宇宙中的激励机制与治理管理机制是建立在同质化代币协议和非同质化代币协议上的。代币经济学解决了现实世界的物理资产转化为虚拟现实的数字资产的重大问题。

本书是“数字金融之数字资产系列丛书”之一，以元宇宙为坐标系，从区块链技术、IPFS 分布式存储技术、代币经济生态体系、DeFi、NFT 几个方面来分析数字资产在元宇宙经济体发展中所起的驱动作用，探索数字经济的转型模式，以促进数字经济的发展。

全书共分为 16 章，为学习、研究元宇宙数字经济生态系统的爱好者，勾画一幅蓝图，也为学习、研究金融科技、数字资产交易所、区块链金融的师生提供辅助教材。本书的主要作者系我国著名的金融科技、金融市场专家，相信读者在开卷阅读的过程中，一定可以感受到他们对于元宇宙等区块链金融的体会。也希望读者在阅读思考之余，能提出您宝贵的意见。

本书由何诚颖、刘平牵头策划，冯鲍组织统稿，参与写作的包括何牧原、吴韶颖、陈传力、肖翔、张雅鑫、毕一鸣、冯湄娜、杨烁等。傅陆鸣提供了资料收集工作。在写作过程中，我们得到了许多领导和专家的大力支持和关怀，在此谨向他们表达诚挚的谢意。

著　者

2022 年 4 月

目录

第 1 章

元宇宙综述

1.1　众说纷纭的“元宇宙”概念

2021 年，“元宇宙”概念不断被炒热并持续升温，先是号称“元宇宙”第一股的沙盒游戏——Roblox 上市，股票暴涨，市值达到了 476 亿美元，然后是游戏公司 Epic 高调融资 10 亿美元。7 月份，原 Facebook CEO 扎克伯格，公开宣布要把 Facebook 在 5 年内转型成为一家“元宇宙”公司，10 月正式改名为 Meta；字节跳动公司也不甘示弱，力压腾讯，重金收购了虚拟现实社交产品 Pixsoul；百度李彦宏在 12 月 27 日“创造者 2021”大会上宣布元宇宙产品“希壤”开始接受用户的检验，打开他们“元宇宙”的布局；微软、谷歌、英伟达、沃尔玛、苹果等各自依照自己的“元宇宙”概念布局打造他们心目中的“元宇宙”世界。

什么是元宇宙？1 万个人的心中有 1 万个“元宇宙”，难以给出一个标准答案。按照扎克伯格的思路，“元宇宙”就是一个融合了虚拟现实技术，用专属的硬件设备打造的具有超强沉浸感的交互式社交平台。微软这样的科技界巨头也加入了元宇宙之战，宣布从 2022 年开始将把虚拟体验协作平台 Mesh 直接植入 Team 当中，打造自己的“元宇宙”。

而腾讯的“元宇宙”概念则是一个独立于现实世界的虚拟数字世界，用户进入这个世界之后，可以用新的身份开启全新的自由生活。马化腾还为这个概念起了一个新的名词，叫作“全真互联网”。阿里巴巴眼中的“元宇宙”是允许商家自行搭建 3D 购物空间，让顾客进入天猫店铺后，有种云逛街的全新购物感受。作为“元宇宙”第一股的 Roblox，它的目标是建立一个让用户能够尽情创作内容，并且在虚拟社区中交流和成长的在线游戏。

有兴趣的读者可以去看一下扎克伯格拍的为 Facebook 改名的视频。视频中，扎克伯格向大家演示了在 Facebook 的规划愿景中，未来“元宇宙”究竟会呈现出的样子以及它究竟会给我们的生活带来怎样的改变。这个视频只有 11 分钟，看完就会对 Meta 的“元宇宙”有一个直观了解。同时，扎克伯格还拍摄了一个较长的视频来解释元宇宙在各个场景的应用。

每本论述“元宇宙”的中/英文书籍，都会问一个共同的问题：什么是“元宇宙”？尽管说法不同，但对“元宇宙”这一新词的解释较为一致。“元宇宙”的英文是 metaverse，拆开来看“meta”的意思是“超越”，而“verse”代表着“universe”，为“宇宙”，“meta + verse”连起来直译后就是“超越宇宙”的意思。

简单来说，我们生存的这个世界有两个宇宙：一个是我们现在生活的物理空间，或者说我们生活在宇宙当中，就是现在的物理世界；另一个超越宇宙就是和我们现在认知的物理世界平行的虚拟世界。用以前喜欢打的游戏做比喻，在元宇宙里，首先要把以前打过的那些 2D 游戏在脑海中想象成 3D，你可以任意选择自己的身份，对自己的外表、性格、动作等都可以进行任意更改，然后以自己设定好的身份进入这个游戏世界，无论是闯关还是打怪，你都可以体会到虚拟世界沉浸式的真实体验。原来线上见物不见人的游戏，如打麻将、桥牌、下围棋、中国象棋、国际象棋，现在都可以进入 3D 的沉浸式、互动式元宇宙中，既见人又见物，不亦乐乎。电影《头号玩家》就把这种想象中的虚拟数字世界表现得淋漓尽致。

游戏只是元宇宙这一盘大棋中的一个板块。在元宇宙中，除游戏之外，还涵盖工作、学习、交友、旅游等。如视频会议就不是我们现在用的 Zoom 这样的视频会议了，如用 VR chat 这款大型多人线上虚拟现实软件，与会者可以在逼真的会议场所中通过虚构的角色彼此交流。将来的会议，可以在自己家里举行，你和你的同事、亲戚好友进入一个虚拟的会议场所中交流，感觉同事等就坐在你的身边。

除了会议，在元宇宙中还可以购物。现在我们网购都是在亚马逊、京东、淘宝等购物平台下单。而在元宇宙的世界里，不需要出门就可以有非常真实的逛商场的体验。除了购物之外，如果要听演唱会、话剧、演讲，都不需要去现场，在家里就能全程参与。当然这些都是非常美好的愿景，要实现需要大量技术的支持，比如 5G/6G 移动技术、网络带宽技术、新的能源技术以及不可或缺的 VR/AR/MR 眼镜。如何把 VR/AR/MR 眼镜做得更小更便宜，让每个人都可以轻松拥有，甚至说用完就可以抛弃，或者说做到小到像隐形眼镜这样一个尺寸，也是元宇宙发展中需要解决的问题。如果网络带宽跟不上的话，那么 3D/4D 的世界就没有办法跑起来。

在目前的元宇宙里面，最关键的一点就是数字资产快速而安全的转移。这是区块链技术在元宇宙中的一个应用，DeFi 代币生态系统创新与发展的新领域也是本书所要阐述的重要内容。

如果非要给元宇宙下一个定义，目前采用比较多的是维基百科中“Metaverse”的词条：

“The Metaverse is a collective virtual shared space, created by the convergence of virtually enhanced physical reality and physically persistent virtual space, including the sum of all virtual worlds, augmented reality, and the Internet.”

翻译过来是：“元宇宙”是一个集体虚拟共享空间，由虚拟增强的物理现实和物理持久的虚拟空间融合创建，包括所有虚拟世界、增强现实和互联网的总和。

元宇宙通常用来描述想象中互联网的未来场景。它将各种持久、可共享的 3D 虚拟空间连接起来形成一个可感知的虚拟世界。

在业界，人们用元宇宙描述互联网的未来，将其描述为一个可持续、可共享、可被感知的三维虚拟空间。目前与元宇宙相关的通用标准、协议、接口等还在发展中，尚无定论。业界已经有一些机构和企业正在合作，期望为这个领域制定统一的标准和协议，让各种虚拟空间互通、共享和互用。

元宇宙是一个集体虚拟共享空间，由虚拟增强的物理现实和物理持久的虚拟空间融合创建，包括所有虚拟世界、增强现实和互联网的总和。“Metaverse”通常用于描述互联网未来迭代的概念，由连接到感知虚拟世界的持久、共享、3D 虚拟空间组成。

以下是维基百科关于元宇宙一词更新说明，时间定格在 2021 年 12 月 20 日：

“元宇宙”是互联网的假设迭代，通过传统的个人计算以及虚拟现实头显和增强现实头显，支持持久的在线 3D 虚拟环境。“Metaverse”已经以某种有限的形式出现在“第二人生”等视频游戏中。元宇宙的一些迭代涉及虚拟空间和物理空间以及虚拟经济之间的集成，当前的“Metaverse”开发集中在解决虚拟现实和增强现实设备的技术限制上。

1.2 元宇宙三大特征

经常玩网游的人可能会很不以为意，或许很多人还会想到已经上线运营快 20 年，曾经风光无限但现在已经人去楼空的网络模拟社会游戏“第二人生”，不就是早就存在的 MMORPG 游戏吗？也就是大型多人在线角色扮演游戏，搞得神乎其神，拼命制造新概念。实际上，这貌似新瓶装旧酒的“元宇宙”概念，尽管没有一个公认的定义，但是“元宇宙”却有一些公认的应该具备的特征，而这些特征才是之前的任何一款网游都不曾具备的。新晋的“元宇宙”是新生事物，它必须具备以下三个特征：

第一，“元宇宙”必须能够永远存在，只要文明不熄灭，那么“元宇宙”就会一直存在，就像真实世界一样，“元宇宙”中的用户可以更替，玩法可以变化，规则也可以调整，唯一不能变的就是这个世界本身必须永远存在，绝不能因为某个公司的破产而影响了“元宇宙”的存续。

第二，“元宇宙”必须是去中心化的，就像我们无法判断哪个国家是地球的中心一样，一个原生意义上的“元宇宙”可以存在热点区域，也可以存在贫穷和富裕，但是一定不能只有一个中心。假如“元宇宙”世界规则的解释权只属于某个公司、某个组织或者某个国家，都是不可容忍的。就如 Meta 公司 CEO 扎克伯格说的那样，元宇宙不属于某个公司、某个机构或组织，“元宇宙”是地球人共建的。要做到这一点，就必须有一个接入“元宇宙”开源的共享协议，这有点类似目前大家都在使用的国际互联网的 HTTP 协议。

第三，“元宇宙”是虚拟现实但必须能与现实相连，“元宇宙”中的经济系统也必须和真实世界的经济系统直接挂钩且具有互操作性。现实中的人在“元宇宙”中的身份 ID 所产生的影响力必须是真实的而非虚幻的。

如果我们用这三个特征来衡量一下目前打着“元宇宙”概念的应用，就会发现现在所有的应用不过就是“虚拟现实 + 社交”“虚拟现实 + 游戏”和“虚拟现实 + 购物”而已。事实上，比起前几年虚拟现实的软硬件技术，现在已经提升了不少，随着科技的发展，还可以使用最新的软硬件技术来创建一个让人耳目一新的好应用。但就像上面我们提到的几个互联网巨头的布局一样，无论多么优秀的应用，都只能吸引一部分用户而已。它可能很有趣，但它绝对不会像智能手机取代功能机、移动互联网取代传统互联网那么彻底。或者可以这么说，只要这些虚拟世界依然还是一个依附于其他系统的应用程序，它就可以被安装，也可以被卸载，当然也就可以被无情抛弃。

有操作系统这个级别的应用程序，才有可能创造一个新的生态，也只有操作系统才具有成为元宇宙的潜力。但是只是具备成为元宇宙的潜力还远远不够。在不同操作系统中进行数据迁移不是一件容易做到的事，如果你的旧手机是苹果系统而新手机是安卓系统的话，两者间的数据迁移就相当困难。为了避免在元宇宙中遭遇同样的尴尬，元宇宙就必须遵循一套相同的底层协议，无论是哪家公司开发的元宇宙应用，都必须使用这套底层协议，以确保用户的数据不会损失。而发展中的 Web 3.0 及分布式存储技术为数据迁移提供了基础设施的保证。

在小说或者电影当中，人们总是匆忙地把一个虚拟现实的头盔或者眼镜套在自己的头上，就进入虚拟世界。如果想从虚拟世界离开，摘下头盔就可以了，但是在现实中肯定不能这么做，小说和电影中的社会环境都是赛博朋克式的设定，在赛博朋克世界中人们的生活水平极低，但技术水平却极高。

我们现在的生活无论是公共设施还是居家环境都是不同的，生活水平正在变得越来越高。除了在虚拟世界中冒险以外，我们还需要美食、旅游、健身、运动等丰富多彩的业余生活。在业余生活当中还有着随时随地与互联网保持联系的需求，所以肯定无法接受回家套头盔这种操作。因此，对于可穿戴设备谁能做得更轻巧，谁就有了必然的优势。我们要么把虚拟现实眼镜做得比手机更轻巧然后淘汰手机，要么就必须接受虚拟现实演进，与手机、蓝牙耳机、智能手表、智能音箱这些设备共存的局面。

“元宇宙”在创立之初，真正能够实现“沉浸式 + 互动式”体验的应用还不多，所以与现有的应用程序保持兼容是一件非常重要的事。不戴虚拟现实眼镜时，我们依然可以使用智能手机来操作元宇宙，这与现在的手机体验没有什么不同，但是当戴上虚拟眼镜之后，那些无法虚拟化的应用程序就可以自动显示成一个浮空状态的半透明的程序界面，可以用手势或者眼神操控这些程序。

一部分语音识别操作的应用程序可以改造成虚拟场景中的助手，通过语音对话的方式实现互动，那些读书类的程序可以表现为一本真正的书，你可以像翻看纸质书籍一样去看电子书，视频软件可以显示为一台电视机的模样，你可以像操作电视机一样去操作它，那些可以支持虚拟现实设备的应用程序，就是一个独立的小世界，它们在被运行之后可能表现为一个虚拟世界的传送门，只要你走进去就可以抵达另一个全新的世界。

在“元宇宙”中，我们熟悉的软件操控方法会被彻底打破，点击、滑屏这样的操作都会被新的操控技术所取代。现在看来眼球跟踪和手势识别是非常有前景的两类接口技术，简单的操作一个眼神就能搞定，而复杂的操控需要配合手势，甚至是需要双手来共同完成。

作为一种操作系统，“元宇宙”的底层架构当然应该是开放的，甚至是开源的，就好像现在的 HTTP 协议和 TCP/IP 协议一样。应用开发商应该可以利用元宇宙提供的接口，开发出自己想要的任何应用程序，每一个应用程序都可以是与“元宇宙”连接的一个独立的小元宇宙。

应用程序可以通过虚拟界面启动，也可以通过手势启动，甚至可以通过声音来启动。在元宇宙世界里肯定会出现很多五花八门的操作，没有什么规矩是必须遵守的，这个世界是由你自由创造的。

1.3 数字孪生与“元宇宙”接口技术

1.3.1 数字孪生

数字孪生（Digital Twin），也被称为“数字映射”“数字镜像”。它的官方定义非常复杂，是这样解释的：数字孪生，是充分利用物理模型、传感器更新、运行历史等数据，集成多学科、多物理量、多尺度、多概率的仿真过程，在虚拟空间中完成映射从而反映相对应的实体装备的全生命周期过程。简单来说，数字孪生就是在一个设备或系统的基础上，创造一个数字版的“克隆体”。

这个“克隆体”也被称为“数字孪生体”。它被创建在信息化平台上，是虚拟的。

克隆（clone）不等于复制（copy），也就是说电脑上的设计图纸和三维设计软件CAD所模仿出来的三维图纸不是“数字孪生体”。数字孪生体最大的特点在于它是对实体对象（称为“本体”）的动态仿真。简单地说，数字孪生体是会“动”的。而且，数字孪生体不是随便乱“动”，它“动”的依据来自本体的物理设计模型和本体上面传感器反馈的数据以及本体运行的历史数据。本体的实时状态还有外界环境条件，都会复现到“孪生体”身上。

如果需要做系统设计改动或者想要知道系统在特殊外部条件下的反应，工程师们可以在孪生体上进行“实验”。这样一来，既避免了对本体的影响，又可以提高效率、节约成本。

除了“会动”之外，理解数字孪生还需要记住三个关键词：

• 全生命周期 • 实时/准实时 • 双向

数字孪生的三个关键词也是构建元宇宙的三个关键词：

• 恒久 • 沉浸 • 互动

数字孪生是源自工业界的概念。在工业制造领域，有一个词叫作“产品生命周期管理”（Product Life Management，PLM）。

全生命周期，是指数字孪生可以贯穿产品包括设计、开发、制造、服务、维护乃至报废回收的整个周期。它并不仅限于帮助企业把产品更好地造出来，还包括帮助用户更好地使用产品。

实时/准实时，是指本体和孪生体之间可以建立全面的实时或准实时联系。两者并不是完全独立的，映射关系也具备一定的实时性。

双向，是指本体和孪生体之间的数据流动可以是双向的。并不是只能本体向孪生体输出数据，孪生体也可以向本体反馈信息。企业可以根据孪生体反馈的信息，对本体采取进一步的行动和干预。

- 谁是“数字孪生”这个概念的发明者？很多人认为，数字孪生是美国密歇根大学教授 Michael Grieves 博士（见图 1－1）于 2002 年提出的。Michael Grieves 在 2014 年发布的文章中，“追溯”自己曾在 2002 年密歇根大学 PLM 中心的一次演讲中，提及了类似“数字孪生”的相关概念，以及在 2003 年的一次高管培训上提出了“物理产品的数字等同体或数字孪生体”概念。但这些都没有确凿的文献或影像资料证据。

图 1－1　Michael Grieves 博士

真正有据可查的“数字孪生”概念提出者，是美国空军研究实验室（Air Force Research Laboratory，AFRL）（见图 1－2）。

2011 年 3 月，美国空军研究实验室结构力学部门的 Pamela A. Kobryn 和 Eric J. Tuegel 做了一次演讲，题目是“Condition－based Maintenance Plus Structural Integrity（CBM＋SI）& the Airframe Digital Twin”（基于状态的维护＋结构完整性 & 战斗机机体数字孪生），首次明确提到了“数字孪生”。

当时，AFRL 希望实现战斗机维护工作的数字化，而数字孪生是他们想出来的创新方法。当美国空军意识到数字孪生具有很强实用意义时，另一家企业也对数字孪生产生了浓厚的兴趣，它就是美国通用电气公司（GE）。

美国通用电气公司在为美国国防部提供 F－35 联合攻击机解决方案时发现了数字孪生体的价值。当时的美国通用电气公司一直致力于研究工业数字化以及如何构建工业互联网体系。再后来，德国西门子（德国工业 4.0 的代表企业）也跟着拥抱了数字孪生。

图 1－2　AFRL 徽标

2015 年左右，中国开始跟进。当时包括工业 4.0 研究院在内的多家国内研究机构和企业纷纷启动了数字孪生相关的研究课题。从那之后，“数字孪生”这个概念开始在互联网和产业界流行起来并越来越受到重视。

一个数字孪生体，究竟能给传统产业带来哪些好处？数字孪生起源于工业制造领域，工业制造也是数字孪生的主要战场（图 1－3）。

在产品研发的过程中，数字孪生可以虚拟构建产品数字化模型，对其进行仿真测试和验证。生产制造时，可以模拟设备的运转还有参数调整带来的变化。数字孪生能够有效提升产品的可靠性和可用性，同时降低产品研发和制造风险。

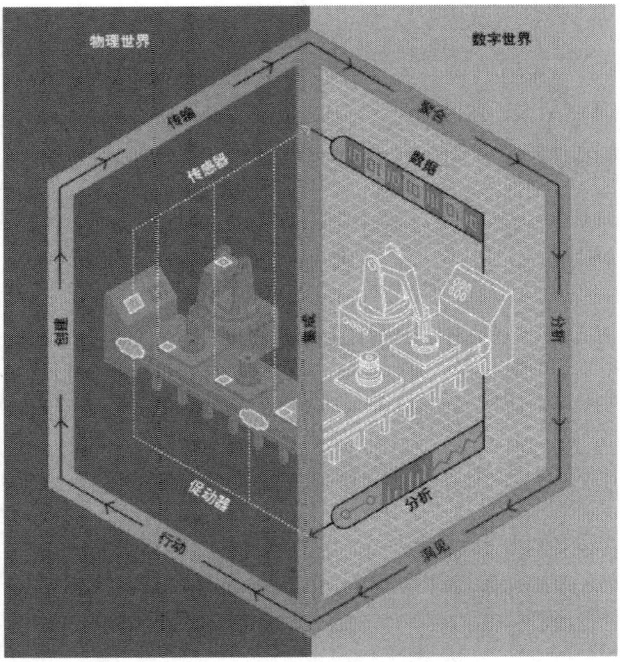

图 1－3　物理和数字世界

维护阶段数字孪生也能发挥重要作用。美国空军提出数字孪生就是为了更好地维护战斗机。采用数字孪生技术，通过对运行数据进行连续采集和智能分析，可以预测维护工作的最佳时间点，也可以提供维护周期的参考依据。数字孪生体也可以提供故障点和故障概率的参考。

数字孪生给工业制造带来了显而易见的效率提升和成本下降。以美国通用电气公司为例。他们号称自己已经为每个引擎、每个涡轮、每台核磁共振创造了一个数字孪生体（截至 2018 年，GE 已经拥有 120 万个数字孪生体）。通过这些拟真的数字化模型，工程师们可以在虚拟空间调试、实验，能够让机器的运行效果达到最佳。国内的很多工业科技企业也在数字孪生技术上有所布局，其中包括树根互联、研华科技、软通动力等。

除了工业制造之外，数字孪生和 5G、智慧城市也有非常密切的关系。5G 将开启“万物互联”的时代，它使人类的连接技术达到了前所未有的高度。未来在 5G 的支持下，云和端可以建立更紧密的连接，就意味着更多的数据将被采集并集中在一起。这些数据可以帮助构建更强大的数字孪生体，如一个数字孪生城市。

如今，我们的城市遍布各种各样的传感器、摄像头。借助包括 5G 在内的物联网技术，这些终端采集的数据可以更快地提取出来。

在数字孪生城市中，基础设施（水、电、气、交通等）的运行状态，市政资源（警力、医疗、消防等）的调配情况，都会通过传感器、摄像头、数字化子系统采集出来，并通过包括 5G 在内的物联网技术传递到云端。

城市的管理者基于这些数据以及城市模型，构建数字孪生体，从而更高效地管理城市。

相比于工业制造的“产品生命周期”，城市的“生命周期”更长，数字孪生带来的回报更大。当然，城市数字孪生的部署难度也更大。事实上，印度海德拉巴、新加坡、中国的深圳和雄安，都已经在做这方面的摸索和尝试。大量投资正涌向“智慧城市 + 数字孪生”的应用场景。

阿里的“城市大脑”“数字平行世界”，还有科大讯飞的“讯飞超脑”，都涉及智慧城市和数字孪生的结合。基建工程也是数字孪生的一个重要应用领域。尤其是对中国这个“基建狂魔”来说，引入数字孪生意义更加重大。

我们在修建高速公路、桥梁等基础设施前，完成对工程的数字化建模，然后在虚拟的数字空间对工程进行仿真和模拟，评估工程的结构和承受能力，还可以导入流量数据，评估工程是否可以满足投入使用后的需求。在工程交付之后，还可以在维护阶段评估工程是否可以承担特殊情况的压力以及监测可能出现的事故隐患。

除了上述领域外，包括医疗、物流、环保等很多场景都适合采用数字孪生技术，应用场景非常广阔。

总而言之，数字孪生是一项非常有潜力的前沿技术。拥抱数字孪生，既需要深厚的技术沉淀，也需要巨大的资金投入，还需要管理水平和员工技能达到相应的层次。目前这个阶段，国内大部分企业都不具备这个条件。需要潜心研究、客观评估、谨慎投入，才是打开数字孪生世界的正确姿势。有关数字孪生的书籍与文献多起来了，大家可以在不同的网络书店搜一搜，挑选自己感兴趣的书来充实自己的知识。

1.3.2 信息化、数字化与数字经济

20 世纪 90 年代初，随着 ICP/IP 协议和万维网（World Wide Web）协议先后完成，互联网开启了快速商业化步伐，各种新型商业模式和互联网服务被开发出来并推向市场，涌现出一大批互联网企业。针对这一现象，有学者提出了“数字经济”概念。

2008 年国际金融危机爆发后，随着 3G 移动通信网络的普及和移动智能终端的出现，数字经济发展进入移动化阶段，共享经济、平台经济等新业态新模式迅猛成长。

在 2018 年杭州的 G20 峰会上，世界各国对数字经济有了更加明确的界定。

数字经济（Digital Economy），又称互联网经济、网络经济、新经济、数位经济（中国台湾）、算力经济（Algorithm Economy），是泛指以数字计算技术为基础，由数字产业带动的经济活动，以及非数字产业借由数字科技开展的创新经济活动。

中国国家统计局认为，数字经济是指以数据资源作为关键生产要素、以现代信息网络作为重要载体、以信息通信技术的有效使用作为效率提升和经济结构优化的重要推动力的一系列经济活动。

现今经济活动中的人、组织和机器已通过互联网、移动技术和物联网相互联系，不少商家也通过互联网开展市场业务，因此计算机网络和通信技术的普及是数字经济发展的基础。

近年来，我国依托国内超大规模市场，加快基础设施建设，强化科技创新，促进创新创业，推动我国数字经济保持快速发展势头，在消费互联网等领域形成明显优势，成为推动世界数字经济发展的主要力量（见图 1－4）。中国建有全球规模最大、覆盖最广的 4G 网络，4G 基站数量占全球 4G 基站总量的一半以上，贫困村通光纤和 4G 比例均超过 98%，上网费用持续降低，广大人民群众不但能用得上互联网，而且能用得起。中国信息通信研究院的测算，2020 年我国数字经济规模近 5.4 万亿美元，仅次于美国，居世界第二位。

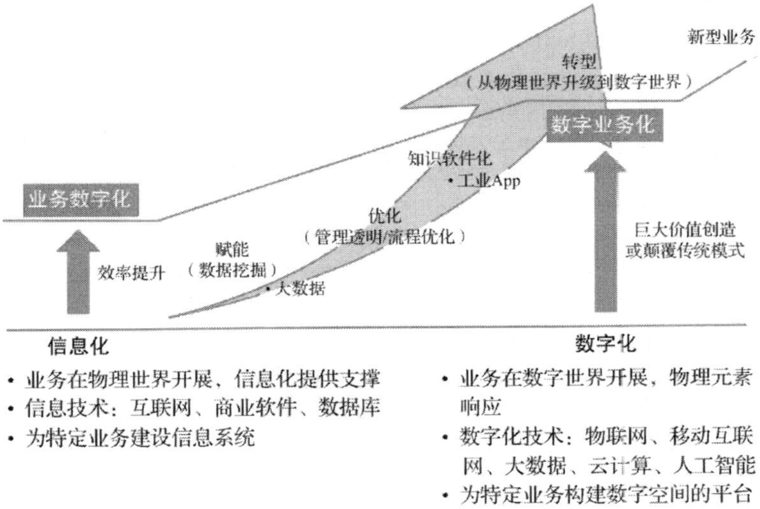

图 1－4　信息化走向数字化

在数字经济核心产业方面，我国是计算机通信和其他电子设备制造业增加值规模、信息和通信技术产品出口规模最大的国家。我国也涌现出一批互联网科技企业，在用户规模、资本市场价值等方面均居于世界前列。

如果不拘泥于上述数字经济概念、定义，数字经济可以简单理解为人类社会经济生产活动的数字化过程。为什么是“过程”？因为实体经济到目前为止，还没有完全实现数字化，实体经济还在继续转型实现数字化。实体经济到数字经济的转化过程也是促进数字经济向更高水平发展的过程，应是未来一个时期我国推动经济社会发展的一个重要方向。

什么是信息化、数字化和数字化转型？

信息化简单地说就是业务在物理世界里展开，由信息系统提供支撑。如传统的出租车，乘客招手时司机就停车，出租车在物理世界运营的背后有信息系统支撑。

数字化就是业务在数字世界里开展，由物理元素响应。如滴滴等网约车平台在数字空间里开展出租车业务，由物理世界的出租车司机、乘客响应。

如果你要乘出租车去机场，等到一辆网约车，司机有可能会说接不了，他已经被别人约了。即使没有人约，他也说不行。而如果你要到 App 上叫车，他只能响应 App 并在上面抢单。他的一切行为都只能响应数字世界的指令。

如你去机场有 3 条路，走哪一条你自己可在数字世界里选定，网约车司机按照你选定的那条路线响应要去的地方。

传统出租车公司也有信息系统，例如司机管理系统、车辆调度系统、车辆维修系统等。如果让你去做传统出租车的数字化转型，你再建 5 个、10 个信息系统，算转型吗？不算，因为业务没有从物理世界搬到数字世界里，业务没有转型。

让物理世界响应数字世界的指令，才是转型。数字化转型是信息技术与产品或业务深度融合的结果。信息技术是信息化、数字化的工具与手段。过去的两化融合（信息化和工业化的融合）就是为了推进信息技术和传统产业的融合，但在两化融合阶段（以信息化带动工业化，以工业化促进信息化，走新型工业化道路），信息技术与产品或业务还是相对独立的两套体系。

信息化大多是将传统业务交由信息系统来管理，即将业务从线下搬到线上，信息技术对业务起着提升效率的作用。在信息技术与产品融合方面，信息技术只是产品设计的辅助工具，即计算机辅助设计（CAD）和计算机辅助工程（CAE）。而数字化转型带来的技术与产品或业务的深度融合将贯穿整个产品或业务，也可能催生新的商业模式或业务架构体系。

1.3.3 处理好数字经济与实体经济的虚实关系

制造业、产业的数字化过程，业务以数字化的方式开展，数字孪生技术起到了关键作用，数字孪生技术的应用让数字经济体越来越大。

说到这里，让我们继续思考一个问题：如果社会经济活动高度数字化了，要如何处理好数字经济与实体经济的虚实关系？上面讲数字孪生技术时已经提到了一种解决方法，只是没有展开，这就是两种系统间的互操作性（Interoperability）问题。互操作性很重要，两种系统间如果没有互操作性，那么每个系统就是孤立隔绝的系统，是一种内卷的系统。换句话说，数字经济如果只是实体经济、传统经济的单纯复刻、映射，数字经济就难以发展起来。

理解和解决互操作性问题的办法和技术很多，这里讲两个问题：一个是“接口”（Interface）工具；另一个是 VR、AR、MR、XR 技术。

(1) 关于“接口”工具

目前互联网使用已经非常方便了，但是使用互联网的方式与使用任何其他工具，在本质上是没有区别的。我们在使用任何工具时，使用者和被使用的工具之间都有一个明显的接口，而一般情况下这个接口都是工具使用过程中最薄弱的环节。

例如我们不会飞翔，我们可以使用飞机这种工具来飞翔，但是使用飞机这种工具就需要学习大量的接口技术。什么叫接口技术？就是如何让飞机理解你要做的动作，即驾驶飞机。这个技术是非常难学的，因此也是使用飞机过程中最薄弱的环节。

利用工具是我们自身生物能力的一种延伸，接口就是将某种我们可以做的生物能力范围内的动作，如说拉操纵杆，转化成我们生物能力做不到的事，比如说飞翔。

什么叫工具接口，对于电脑和互联网也是一样的，电脑和互联网是我们思维能力和通信能力的延伸，因此我们必须要有一个接口，这个接口就是电脑的屏幕，我们会将自己手指或者声音等生物动作通过接口转换成电脑能够为我们做的工作，如文字处理、购物、游戏、通信等。同样，接口也无时无刻不在限制我们，没有电脑设备甚至没有键盘等都将大大降低使用这个工具的效率和感受。

那么想象一下，如果没有飞机操纵杆这个接口，每个人都有一双翅膀可以直接使用，那么飞翔对于我们来说是多么自然的一件事儿。因此，从生物功能扩展的接口角度来说，任何技术革命的本质实际上就是在拓宽接口，或者说使得某个接口的带宽变得更大。

我们前面提到了一些接口，除了人和工具之间的接口外，其实工具和工具之间也有接口，比如开车去商场购物，那么商场停车场就是你的交通工具（汽车）和你的购物工具（商场）之间的一个接口，你得把车停在那，然后再去购物。这个接口在虚拟世界里有时是很难打通的。比如要使用微信的话，要传一个文件给 Whats Up 就会非常困难。元宇宙现阶段要做的就是要打通各个平台阻碍，或者说要做一个类似于底层操作系统似的统一平台系统。

这个平台就是“元宇宙”。在这个系统之上，各种应用、服务、游戏和办公等场景才能实现没有障碍的联通。

请注意一个关键点，“元宇宙”本身确实就是一个宇宙，它不能够是某一个公司生产的，不能够是可以被中断的，不能够是局域性的，它是未来所有互联网应用和虚拟现实存在之上的一个基本平台。这也是现阶段要做的，目前依然只是一个基础。

“元宇宙”真正的魅力远不只是互联网上可以没有障碍的切换应用，它真正的魅力依然是虚拟现实，是虚拟现实和真实现实之间的模糊，这个两种类型接口的扩大都是“元宇宙”必须完成的任务，所以 Meta 公司依然会走两条路线：一是建平台；二是开拓虚拟现实技术。

第一条路线，Meta 以自己已有的 30 亿 Facebook 用户为基础强行创造一个巨大的应用平台。用户选择是否加入由其最初创建规则的“元宇宙”。虽然元宇宙不太可能只由 Meta 公司一家创建，但是 Meta 可能会因为自己庞大的用户群而成为一个领导者，这是第一条路线，创建平台以便扩大各个应用之间的接口。

第二条路线就是从硬件上开拓自己的虚拟现实技术。Meta 公司已经拥有自己的 VR 虚拟现实设备，Facebook 2014 年收购的 Oculus 至少在视觉上能使我们很快进入虚拟现实世界。视觉给人类的信息占到所有接收信息的 80% 以上，所以这是一个很好的起点。

扎克伯格提拔了负责硬件部门的员工成为公司新的首席技术官，这说明硬件技术将是未来几年内突破接口带宽的一个重点。顺带说一下，这种人类和计算机网络接口的最终突破还是在脑机接口技术，就是 BCI（Brain Computer Interface）上。

这个技术目前投入比较多的是马斯克，相信会是未来争夺非常厉害的一项技术，但是有些人对这项技术的前景并不太看好，认为人类大脑太复杂，在短期内要想实现把电极和神经细胞大量的连接似乎不太现实，但是无论如何这肯定会是一个方向，只能说有待新的技术突破。

（2）关于 VR、AR、MR、XR 技术

①虚拟现实（Virtual Reality，VR）

虚拟现实或 VR 使个人能够沉浸在模拟世界中。这通常通过使用记录个人动作的头戴式硬件来完成。一个屏幕或两个显示面板被封闭在一个框架即耳机中，该框架固定或连接到您的头部。一对镜头通常连接在面板和您的眼睛之间，关闭外部世界，使您看到的就像是整个环境。

重要的是，所有耳机都会监控您的动作并适当修改您看到的图片。另外，有些耳机比其他耳机更能监控运动。虚拟现实体验通常为您提供一种在模拟世界中操作或选择项目的方法。在某些情况下，您的每只手都会有一个控制器来控制游戏的不同部分。在某些情况下，控制器会提供您的手的虚拟描绘用于影响环境和其中的物品，其方式与现实世界中的方式类似。

• 军事中的虚拟现实：英国和美国军队都在训练中使用了虚拟现实，因为进行广泛的模仿。VR 可以有效地将学习者转移到一些不同的场景、地点和环境中以方便进行教学，因而被所有军事部门使用，包括海军、陆军、空军、海军陆战队和海岸警卫队。

军事应用包括航空、车辆、战争模拟、军医培训和创建虚拟新兵训练营。该技术提供了一种完全引人入胜的视觉和音乐体验，可以安全复制危险的训练演习，以备战和训练士兵，同时防止他们在准备战斗之前暴露于危险之中。此外，在战场上，该技

术可以教育士兵与居民或外国记者互动。

虚拟现实的另一个用途是治疗创伤后应激障碍（PTSD），这是从战斗中归来的部队经常经历的，他们需要通过治疗来重新适应平民生活。

• 教育中的虚拟现实：除了教学和学习情况外，虚拟现实还被用于教育行业。它让学生能够在 3D 空间中相互交谈，还可以去艺术画廊进行虚拟实地考察，甚至参加太阳系之旅，并穿越时空回到其他时代。

VR 对有特殊需求的孩子尤其有益。根据研究，虚拟现实可能是一个引人注目的平台，可以为有自闭症问题的儿童正确训练和教授社交技能。例如，科技公司 Florea 创造了 VR 场景，让孩子们获得练习眼神交流、指点和建立社交关系的机会。

• 体育中的虚拟现实：VR 一直在缓慢地为所有玩家重塑体育业务。教练和运动员可以使用这项技术在各种运动中成功训练，因为他们将能够再次观看和体验某些场景，进而提高他们的表现。

虚拟现实被当作培训工具以帮助评估运动的表现和技能。它还被证明可以帮助受伤的球员提高他们的心理技能，让他们能够以数字方式体验游戏条件。

同样，该技术也被用于增强观众在观看体育赛事时的体验，许多广播公司已经开始使用 VR 进行直播，他们计划提供现场体育赛事的虚拟门票，世界各地的球迷可以参加任意体育赛事，这也让那些无法支付高昂现场门票的人能够如临其境地参加现场体育赛事，他们可以在自己家中舒适地获得类似体验，成本更低甚至无须任何费用。

• 心理健康中的虚拟现实：虚拟现实技术正被用于治疗创伤后应激障碍。沉浸在使用 VRTD（虚拟现实暴露疗法）模拟创伤体验中，帮助个人克服这种情况并逐步恢复。

它还用于治疗焦虑、悲伤和恐惧等情绪。例如，一些患有焦虑症的人已经将使用虚拟现实的冥想确定为一种处理压力敏感性和提高应对技巧的有益方式。虚拟现实技术可以为患者提供一个安全的氛围，让他们在充满安全感的氛围中克服害怕的事物。

• 时装业中的虚拟现实：虚拟现实在时装业中的使用是一个很少受到关注的领域。例如，商店设置的虚拟模拟可能是商家练习构建其标牌和产品的一种非常有效的方式，而无须进行实际构建。

同样，可以分配足够的精力和金钱来创建商店布局。Tommy Hilfiger、Coach 和 Gap 已开始将虚拟现实融入其运营的一些知名企业，这些企业正在使用虚拟现实为客户提供 360 度的时尚活动视图，并允许他们以虚拟方式试穿商品。

②增强现实（Augmented Reality，AR）

根据维基百科的说法，增强现实是一种对现实世界情况的沉浸式体验，其中现实世界中的事物通过计算机生成的感知信息进行增强。剑桥词典将 AR 定义为计算机生成的视觉效果与现实世界的观点相结合。

当我们想到增强现实时，第一个想到的游戏是 Pokemon Go。另外，AR 不仅适用于游戏玩家，它还越来越多地影响企业运作和选择的方式。据高盛称，到 2025 年，AR 和 VR 技术的市场价值将达到 850 亿美元。游戏和视频是大多数关于增强现实的讨论的中心。然而，AR 技术的非娱乐用途正在推动巨大的市场价值。

Sutherland 于 1968 年从增强现实开始了他的探索。从建筑应用程序开始的 AR 已经发展到一个新的水平。AR 是一种允许用户与现实世界环境连接的系统。AR 使用计算机生成的感知信息来改进现实世界的物品。

AR 具有三个主要特征：

- 物理世界和虚拟世界的混合体
- 实时互动
- 真实和虚拟物品的精确表示

AR 是一种增强现实以创造更大更好的体验的技术。AR 技术可以让用户与实际环境有完全互动的体验。计算机生成的现实和混合现实是 AR 的两个常用同义词。增强现实是一种无缝且舒适的技术，在部署到某个领域后几乎不需要任何指导。2017 年天使榜上榜的 AR 企业只有 336 家。到 2020 年这个数字已经上升到 10 亿家左右。

③混合现实（Mixed Reality，MR）

混合现实是一种结合了增强现实和虚拟现实功能的尖端技术。虽然虚拟现实和增强现实已经存在了几十年，但混合现实直到 1994 年才首次亮相。

该短语最初用于 Paul Milgram 和 Furnia Kishino 的题为“混合现实视觉显示分类法”的研究中。文章中提出了“虚拟连续体”的概念，将其描述为组合任何特定显示场景中显示的对象类别。物理世界显示在连续体的一端，虚拟世界显示在另一端。

因此，混合现实世界是在单个显示器内同时显示物理世界和虚拟世界项目的世界。虚拟连续体边缘之间某处的空间。人们经常将混合现实与虚拟现实或增强现实混为一谈，但关键是这两种技术协同工作以产生混合现实。

④扩展现实（Extended Reality，XR）

扩展现实是许多交互式技术的总称，这些技术迅速改变了人类的交互方式和提供价值的方式。大脑有非常独特的思考世界的方式，扩展现实为人类提供了与对周围环境直观理解相一致的新媒体格式。

简单来说，即：

扩展现实 =（虚拟周围环境中）沉浸式 + 互动式的体验

像 Meta 公司推广的 Horizon，微软公司推广的 Mesh 团队工作场景，都是开放中的 Extended Reality 扩展现实（XR）。

什么是扩展现实？我们可以想象一下 Meta 想做什么？Meta 想做的，是你在跑步时，不会再使用枯燥的跑步机，而会选择在虚拟的夏威夷海滨或者法国南部的薰衣草农庄跑步。你跑步累了，可能会选择去西班牙里斯本街头的咖啡馆坐一坐，在那看几本杂志，这个时候你的同事突然出现了，问你是否有时间就几个数据发表一下你自己的看法，而在这之后，你也可以去某个虚拟的商场购买商品……

1.4 元宇宙里的数字经济系统

1.4.1 元宇宙是一场现实世界与数字世界的接口革命

元宇宙并不需要一套独立的数字经济系统，在元宇宙里微信和支付宝可继续使用，或者直接使用数字人民币，甚至比特币。

元宇宙与现实是高度连接的，没有理由要特别强调元宇官里应该怎样，“用户为王”这句话放进元宇宙里也依然起作用。我们之所以在影视作品里看到那么多强加给用户的规则和限制，是因为那些故事设定在一个赛博朋克的社会而已，在现实社会用户习惯才是最重要的规则。有人认为区块链是一项关键技术，只要有区块链存在源，宇宙之间就可以相互信任。但是这个观点最大的问题是没有任何一个公司有向别人开放数据的义务，只要 Facebook 不想与腾讯发生连接，那么腾讯无论多么积极，这两个元宇宙也连通不了。

如果元宇宙本身就是操作系统，这个问题就迎刃而解了，每一个安装在元宇宙里的小世界必须为元宇宙本身留下接口，而元宇宙恰好就是能够帮助各个小世界互相沟通的桥梁，将来无论是虚拟购物、虚拟社区还是虚拟游戏，所有应用都会被真正的元宇宙整合，成为元宇宙当中的一个小世界。

最终谁会来整合这一切现在很难判断。最好是由一些国际行会组织，例如各行业协会出面协调，各厂商一起参与元宇宙底层协议的开发，就有点像现在的 5G 协议开发需要无数个公司、几十万项甚至是无数项专利来构成。Facebook、苹果、谷歌甚至是华为都是市场有利的争夺者，也是标准的制定者之一。

所以，从本质上来说，元宇宙是一场现实世界与数字世界的接口革命，沉浸式体验将会最终战胜抽象的程序界面，现实世界也将通过沉浸式体验与数字世界无缝连接。很多人担心沉浸式体验会让人们沉迷于虚拟世界当中无法自拔，但我们对此却有一个不同的看法，人类建设元宇宙绝对不是为了逃避现实，因为数据本来就是真实世界的一部分，而作为两个世界接口的元宇宙，它本身就是现实。

1.4.2 数字金融是元宇宙数字经济生态的重要组成部分

数字金融是数字经济的重要组成部分，是金融领域里的产品、服务、衍生品的数字化过程。我们讲数字金融，包含四层意思：

传统金融领域里的数字化过程。当前最显著的实践就是各国央行数字货币的研发，中国在数字人民币研发与实践方面处于世界的领先位置。

应用区块链技术实现了现实资产的数字化，由此形成了新的数字金融生态体系，其中包括数字产品、数字金融服务、借贷、保险、投资、交易平台、数字资产交易所、衍生品、理财管理等。

这种形态的数字金融有时也称为“区块链金融”。要了解区块链金融，还需要掌握各种相关知识，比如分布式系统、Web 3.0、分布式存储服务（IPFS）、各种区块链平台、智能合约等。

虚拟现实世界中的数字金融，这是一种沉浸式数字经济中的数字金融活动。

2021 年十分火爆的各种元宇宙平台，就是虚拟现实世界中数字金融的案例。在元宇宙平台上，参加经济互动的人物替身阿凡达，可以铸造代币，生产各种数字产品，如加密数字艺术品，加密数字音乐、体育、摄影作品，并进行产品交换、买卖，建立交易所，进行数字房地产交易、数字资产投资、借贷、保险、理财等一系列数字金融服务。

如果你能理解“接口 + 沉浸式 + 交互式”，就很容易理解为什么从 Facebook 到 Meta 是一个巨大的飞跃。Facebook 是有一个固化接口的，它的现实世界和网络世界是通过接口分开的；而 Meta 是扩展式的 XR，它的接口是模糊的，元宇宙和我们的现实世界将不再是截然分开的，这两个世界实际上高度重合，数字经济、数字金融也一样。

现实世界的资产与虚拟世界的数字资产的互操作性。

简单来说，在元宇宙里生产数字产品，进行交易、投资，赚到了虚拟代币，需要将代币换算成法币（如数字人民币、美元），然后在现实生活中使用这些法币；反之亦然。

构建元宇宙中的代币经济生态体系。代币经济生态体系是经济数字化过程的产物，是数字经济中最重要的组成部分。现实世界中的代币经济生态体系与虚拟现实中的代币经济生态体系是一致的，实现了数字孪生体互操作性。在代币经济生态体系中发生的数字经济逻辑同样适用于 Web 2.0 元宇宙和 Web 3.0 元宇宙。

元宇宙中的各种账户替身及其独一无二的ID（身份证明）是参与创建数字经济生态系统的主体，区块链技术确保了账户替身的永生及其对数字产品的版权、数字资产的所有权不被篡改。以数据为主要生产要素的经济活动，既包含物质产品生产、流通、消费的内容，也包括数字产品的创造、交换、消费的内容。元宇宙在数字产品的创造、交换、消费的所有环节，都必须在数字世界中完成。元宇宙中的经济要素包括数字创造、数字资产、数字市场、数字货币、数字消费。开放式金融（DeFi）所提供的数字资产创新工具和各种金融产品及其衍生品服务，在元宇宙经济活动场景中将得到完美的应用和拓展。比如在元宇宙中铸造代币，应用稳定币，各种数字产品的交易，设立数字资产交易所、信贷、数字资产投资、保险、衍生品、数字资产管理等。

在去中心化金融（DeFi）的理论与实践中，非同质化代币（NFT）是一种存储在区块链上的独特数字资产。近年来，NFT在虚拟世界与物理世界的各个领域中得到长足的发展，并起到三个重要作用：一是赋予用户在数字世界中的所有权；二是实现了物理资产与数字资产的转化及互操作性的运作；三是启动了万众创新，铸造数字产品，投资管理数字资产的新范式。NFT是解锁元宇宙数字经济生态系统的数字钥匙。

数字货币（Cryptocurrencies）、DeFi、NFT和元宇宙四位一体，我中有你，你中有我，环环相扣，不可分割，共同形成数字经济生态系统发展的原动力。

去中心化元宇宙是在区块链平台上运行的，区块链技术解决了价值互联网上的数据要素的确权、授权和安全问题。元宇宙中的激励机制与治理管理机制是建立在同质化代币协议和非同质化代币协议上的，代币经济学解决了现实世界的物理资产转化为虚拟现实的数字资产的重大问题。

小结：数字孪生技术、区块链技术的创新促进了数字经济的发展，加速了传统金融体系的变革与转型，新生的数字金融扩大了金融服务领域范围，形成了现实世界与虚拟世界（元宇宙）的互操作生态环境，进而推动着数字经济向更高水平发展。

1.5 区块链技术的进步助推元宇宙的发展

随着元宇宙概念持续发酵，网友的关注度也呈现爆炸式增长。有人说，元宇宙就是区块链的一种延伸，是区块链的代名词，这当然是错误的。我们知道元宇宙就是一个与现实平行的世界，人们用数字化身份，在这个世界里生活、工作、交流和娱乐，有点“乌托邦”的味道。扎克伯格曾解释道，可以把元宇宙看作一个具身性的互联网，在这里你不再仅仅是浏览内容，而是身在内容中，也就是不再以旁观者身份浏览互联网，而是身处其中。

以比较贴合元宇宙概念的电影《头号玩家》来说，电影中创造了一个现实映射出来的虚拟世界——“绿洲”，玩家头戴 VR 设备，脚踩可移动基座就可以进入绿洲，这个世界有它的文明，人们在这里生活，进行数字产品的创造、交换、消费等，沉浸在游戏、娱乐、社交、交易等全面体验中。

这个针对未来理想模式的概念之所以会火爆，既不是因为电影中奇幻的世界令人大开眼界，也不是因为互联网的激烈内卷，而是底层技术的突破性变革，这些核心技术包含物联网技术、网络及算法技术、人工智能技术、交互技术和区块链技术。元宇宙是高新技术发展的必然产物，而区块链就是其中重要的底层技术之一。正是因为有了区块链，元宇宙才能从平淡无奇的虚拟世界跃迁到鸿蒙初辟的平行宇宙，这也是区块链对元宇宙的重要意义所在。去中心化、不可篡改、可追溯、全程留痕、公开透明，这些区块链的优点都已经是老生常谈了。直接一点说，区块链能够成为元宇宙的基石在于它四位一体的创新。

第一，技术创新。元宇宙应用了区块链点点传输、共识机制、分布式账本的技术，为数据传输及验证提供网络支撑和安全防护，能够解决信用问题。区块链还形成了去中心化的价值清算。此前，我们在虚拟的游戏世界投入金钱，并不能给我们现实生活带来改变，可能还要受到第三方的限制，但是经过区块链技术的优化，元宇宙的一切交易由互联网自发完成。数据保留在时间戳上，分布式账户记下所有的交易记录不可篡改，能够追溯。

第二，数字金融。区块链正在模糊虚拟和现实的界限，打通了两边的资产关联，现实中的资产在元宇宙中用数字货币代替。NFT 和 DeFi 是区块链在元宇宙世界中的主要应用。有了 NFT 和 DeFi，虚拟世界能为物理世界创造价值。在 NFT 出现以前，简单复制会侵犯数字产品的所有权，让数字世界的交易变得十分困难。而基于区块链技术的 NFT 诞生后，能够将现实世界的物品映射到元宇宙中形成数字资产。比如《头号玩家》中哈利迪死前把自己的影像数据化陈列在绿洲的档案馆，变成数字艺术品给玩家提供线索。物质资产加密化不可复制的特性保障了人们劳动成果的安全与唯一，确定了数字资产所有权。

DeFi 将传统金融服务中的中介转化成代码，这样在提高效率的同时降低了成本，与 NFT 二者相结合，原本无序的数字世界就诞生了经济机制，数字资产都有所属，交易数据清晰明了。区块链技术让人们在生产生活中形成了一个虚拟现实的数字化经济生态，构成数字经济体系的核心要素。

第三，经济社群。身份认证是数据信息应用的核心，区块链能将现实的人映射到绿洲，也就是元宇宙中打造了一个数字分身，这个身份和现实的人绑在了一起，实现了现实人在元宇宙中的社交生活。

基于区块链技术的 DAO 社交体系，为元宇宙形成 DAO 的社群治理模式提供了宝贵的经验，它将组织管理和运营规则以智能合约的形式在区块链上编码，没有第三方干预，自主运行，完全开放，分权自治，完成决策。因此，在经济体系之外，区块链技术也为元宇宙中的社交关系提供了技术保障。

第四，产品应用。目前区块链已经广泛应用在金融、物联网、数字版权、保险等多个领域。NFT 数字艺术品的流通不仅让我们看到了元宇宙成为可能的经济机制，更是一种产业的跃迁，区块链的分布式存储保障了元宇宙用户的交易是人人平等并且公平透明的，万物广泛互联、智能经济时代中，区块链为元宇宙以及相关产业的未来创造了更多的商业价值。

区块链为什么对元宇宙来说这么重要呢？底层技术的创新，让元宇宙的实现成为可能。区块链之于元宇宙，就像血管之于人体一样，维持着机体的生命活动，只有构建一个安全、公平的经济体系才能让所有用户得到公平对待。

元宇宙是一个由数据搭建的世界，区块链保障了居民拥有数据的权力，确认这些数据的产权之后才能够有交易、有价值的交换流通，这也是信任的源头。

总的来说，元宇宙最终会是连点成线的多种技术创新总和，是虚时映射的互联网新生态。现实技术给人类提供沉浸式体验，数字孪生技术打造现实世界的镜像，而区块链技术则是构建元宇宙运行机制的关键。《Snow Crash》将我们带到了元宇宙的大门前，而区块链就是打开大门的钥匙之一，区块链技术的进步将会影响元宇宙的未来发展。区块链、大数据、云计算、VR/AR、脑机接口等新技术都是不断创新演进的，技术的升级和人类的需求是交替前行的，面对全新的数字信息技术革命，我们需要提前准备着，随时准备着。

1.6 元宇宙 1.0 和元宇宙 2.0 的区别

这本书将围绕接口技术、Web 3.0 和区块链技术这三大模块的综合应用来分析元宇宙的运行机制。

元宇宙有传统元宇宙与现代元宇宙的区别。中心化的元宇宙是传统元宇宙，也叫元宇宙 1.0。有人认为元宇宙早已有之，没什么特别，近期的元宇宙火爆只是人为操作而已，其实这是指传统元宇宙。传统元宇宙也包括 Web 2.0 元宇宙，它由接口技术、Web 2.0 两大模块构成。

接口技术、Web 3.0 和区块链技术这三大模块综合应用所产生的元宇宙是现代元宇宙，也称 Web 3.0 元宇宙，是一种去中心化的元宇宙。Web 3.0 是下一代互联网，元宇宙也是下一代互联网，它们的共同点在于构建一个去中心化的网络世界。

接口技术（Interface）有硬接口和软接口之分，都是由现实世界进入虚拟世界元宇宙的必备工具，无论这个元宇宙是传统式的，还是现代式的都需要相同的接口技术。换句话说，同一种接口工具既可以进入 Web 2.0 元宇宙，也可以进入 Web 3.0 元宇宙。接口技术的同一性模糊了 Web 2.0 元宇宙和 Web 3.0 元宇宙的区别。当前，各种形式元宇宙的兴起，各大企业、机构纷纷布局的元宇宙，基本上还是属于传统的元宇宙或者是处于向 Web 3.0 元宇宙转化的阶段。

接口技术的创新将促进元宇宙的发展，单向的、被动的和二维的虚拟世界转向三维的、沉浸式的、交互式的虚拟世界，离不开接口技术创新发展。接口技术是各大企业、机构的必争之地，谁在接口技术上创新谁就掌握了进入元宇宙世界大门的钥匙，占有主动权。同时，接口技术的发展将产生出接口技术产业链，创造出无限商机。

接口技术也叫终端技术，对于数字孪生体元宇宙世界来说，具体表现为 VR、AR、MR、XR 和脑机接口的虚拟现实。

去中心化是元宇宙 2.0 显著的特征之一，这关系到一个平行于现实世界的虚拟世界究竟由谁来构建的重大问题，如果由一家企业、一个组织或机构来构建，就意味着某个组织，哪怕是联合国组织，控制、垄断了虚拟的元宇宙世界。现代元宇宙世界是不需要垄断者，也是不需要统治者的。

元宇宙 1.0 与元宇宙 2.0 的关系是：在 Web 2.0 基础上所构建的元宇宙，是一个个 Web 3.0 元宇宙中的孤岛，是数据要素的孤岛，只是 Web 3.0 元宇宙中一个终端。元宇宙 1.0 是中心化的，元宇宙 2.0 是去中心化的，要把无数中心化的小元宇宙联系起来通过 Web 3.0 构成去中心化的统一的大元宇宙。

从 Web 1.0 到 Web 3.0，从被动数据读取到热火朝天的内容创作，数据生产量发生了爆炸式的增长，并且还将以指数继续增长。作为区块链技术的计算、存储以及网络三大支柱之一的存储对于 Web 3.0 与元宇宙的发展具有重大意义。从应用角度来看，数据安全与数据主权的最终归属关系着虚拟世界的稳定运行。而从经济角度来看，元宇宙与 Web 3.0 所产生的海量数据存储需求也有着巨大的商业前景。

存储的商业模式分为中心化和去中心化存储。中心化存储是将数据完整地存储在中心化的服务器上；去中心化存储则是采用分布式存储技术将数据切片分散存储在多个独立的存储供应商上。中心化存储方案以高稳定性的性能满足了企业级存储的需求，去中心化存储以其定制化存储方案和经济激励模型以及隐私性强等特点满足了长尾企业市场的特殊场景要求。站在 Web 3.0 与元宇宙的交汇处，随着对数据安全性和用户数据所有权的重视，去中心化存储的重要性愈发凸显。

在存储空间来源和带宽来源以及安全性和使用方式等多个维度的差异，导致目前去中心化存储的规模和性能远远不如中心化存储系统。虽然 IPFS 和 Arweave 等项目通过不同的非中心化设计方式弥补了其缺陷，并引入代币激励使全网存储总规模扩大，但是项目方与用户利益不一致和费用结构等因素阻碍了项目的快速拓展。随着元宇宙和 Web 3.0 时代的开启，网络的飞轮效应会使去中心化存储迎来应用爆发的浪潮。期待随着存储技术的改进和经济激励模式的优化，去中心化存储这一赛道会有长足稳定的发展。

1.7 创建元宇宙的数字资产结构层次

数字资产运作体系被定义为由四个层级组成，分别是应用层、平台层、网络层、感知及显示层。其中，应用层和平台层的开发平台为数字经济资产；网络层、感知及显示层则为物理世界的产品，为数字经济产品提供支撑。有业内人士认为，分别从这四个层面看，其实已经有非常多的企业在相关领域布局良久，像游戏、VR 等产业临界点有望迎接新的突破；而融合四个层面来看，驶向数字经济的数字资产市场也逐步建立起来。

1.7.1 应用+平台=数字资产内核

如果把应用层和平台层放在一起，它们是相互依存的关系。在应用层中，主要包含数字资产的各种应用及内容，如游戏、数字金融、虚拟活动、教育培训、社交及直播等。

平台可分为三层：搭建各种内容和基础设施的平台、构建各种开发工具平台、内容分发平台以及底层操作系统平台。

从区块链平台构建的角度看，目前绝大多数是以以太坊平台为主，外加智能合约和各种 NFT 数字资产。但其他区块链平台也在开发中，同样可以运行智能合约协议和创建 NFT 数字资产，这些都是公链，无须许可；公司、企业机构的区块链平台是以私链为主，须得到许可才可以上链。

总之，平台层面的各种设施和工具使应用层面的内容和形式大大降低了创作门槛，也极大地提升了创作者的效率，而应用的增多也造就了平台的繁荣和生态。在

NFT 等相关技术的支撑下，推动了数字资产市场的大繁荣。

以元宇宙为例，为什么互联网行业巨头喜欢从游戏切入？中信证券在研报中给出了答案：游戏行业在更加精细的视觉效果、虚拟世界构建、自动化生成、用户自主创作、社交模式等各方面进行积极尝试，除了行业在 3D 数字内容创作上的优势，要打造完整的元宇宙内核，还需要平台的支持，需要更为“真实”的虚拟世界内容，包含数字金融、虚拟活动、教育培训、社交等应用。此外，元宇宙描述的虚拟世界实现完整落地，还需要网络层、感知及显示层多方面的支持和发展。

1.7.2 网络层 + 感知层 + 显示层 = 完善数字资产体系

随着移动互联网红利的逐步消失以及新冠肺炎疫情的影响，人们对线上数字金融活动、数字资产交易、生活场景、娱乐体验、社交生活等有着更高层次的追求。数字经济是时代发展下的产物，更是科技进步的重要呈现。

如果说应用层和平台层构建了数字资产体系，那么网络层、感知及显示层则成为支撑起这个数字经济的“桥梁”和“地基”。

网络层可分为四层：底层为提供基础通信的通信网络层，第三层包括互联网及物联网等，第二层主要是云计算及云储存、人工智能和区块链，第一层包括边缘计算等。

感知及显示层是各种输入、输出设备，包括 AR/VR 头显、智能手机、个人电脑、脑机接口、摄像头、体感设备、物联网传感器、语言识别、脸部识别、人体生物识别和 ID 系统设备等。简而言之，网络层为数字经济提供传输、储存及运算，感知及显示层则让使用者随时随地打开这个数字孪生的“入口”。

在“云”相关的产业中，阿里、腾讯、华为在国内云计算行业“三足鼎立”。据中国信通院预计，2023 年全球云计算市场规模将超过 3 500 亿美元，中国云计算市场规模则将超过 2 300 亿元人民币。

在感知及显示层领域中，这个行业的细分领域其实早已发展多年。其中 VR 最早追溯到 20 世纪 80 年代初。虚拟现实技术主要模拟对象有环境、技能、传感设备和感知等，为用户提供多信息、三维动态、交互式的仿真体验。虽然当前 VR/AR 在设备层面并不满足用户的需求，但当 VR 达到 16K 之后，接近与人眼相同的“完全沉浸感”。随着技术的迭代，它的发展前景不可估量，例如脑机接口就正在被在数字医药领域运用。

2021 年至 2022 年，我国已新增超 3 300 家 VR 相关企业，平均每天新增超 12 家。字节跳动于 2021 年 8 月收购 VR 公司 Pico，业界普遍认为该交易高达 90 亿元。A 股企业也同样在跟进布局，三七互娱投资 VR 内容研发商 Archiact 布局内容生态，完善

VR/AR 领域的整体布局。世纪华通携手设立虚拟现实产业基金，致力于在技术、终端、内容制作、平台、用户等虚拟线实现全产业链布局。

1.8 几个常见的元宇宙问题

1.8.1 百度元宇宙产品“希壤”要解决的问题

百度于 2021 年 12 月 27 日发布元宇宙产品“希壤”，百度 Create 2021（百度 AI 开发者大会）在“希壤”APP 上举办。这是国内首次在元宇宙中举办大会，可同时容纳 10 万人同屏互动。

“希壤”APP 是首个“国产元宇宙”产品，打造了一个跨越虚拟与现实、永久续存的多人互动空间。事实上，元宇宙实时高刷的沉浸式体验画面效果与同一空间内的多人交互，需要海量算力和算法支持，也需要大量研发投入，因此技术实力将成为未来元宇宙竞争的关键一环。

百度长期保持高强度的研发投入。2020 年百度核心研发费用占收入比例达 21.4%，研发投入强度位于中国大型科技互联网公司前列。在探索下一代互联网的过程中，百度的努力方向是成为元宇宙引擎，为“希壤”以及其他元宇宙产品提供 AI 和云计算能力。

“希壤”的造型是一个莫比乌斯环星球。城市设计融入了大量中国元素，中国山水、中国文化、中国历史都将融入城市建设和互动体验中。在这里不仅可以寻访千年古刹少林寺，与三宝和尚切磋武艺；也可以探索三星堆，挖掘千年国宝；甚至探访三体博物馆，看三体舰队在头顶来往穿梭。

2021 年 10 月 29 日，Facebook CEO 扎克伯格宣布，公司名称将更名为“Meta”，股票代码将从当年 12 月 1 日起从“FB”变更为“MVRS”，其 Logo 也进行了同步变更。扎克伯格预测，元宇宙的元素会在未来 5 到 10 年内成为主流，并将在未来几年内投资数十亿美元。

1.8.2 各大巨头下注元宇宙的核心逻辑

随着《元宇宙大投资》面市，让我们透过这本书看到了互联网巨头要集体下注元宇宙的核心逻辑。

元宇宙的本质是让所有感官体验都数字化。新冠肺炎疫情暴发后，受疫情的影响，越来越多的人开始选择“家里蹲”，在这样的情况下，人们比之前更加深入地接入了互联网和移动互联网体系。元宇宙的本质其实是让所有感官体验都数字化，就像我们古老先贤庄子的“庄周梦蝶”或者电影《黑客帝国》《盗梦空间》中表现的那样，元宇宙的核心逻辑是把我们身上所有的眼耳鼻舌等感官全部数字化，让感官体验在虚拟世界之中与现实世界几乎没有差别，这就是元宇宙投资的核心逻辑：所见即所得。

元宇宙和现实生活中的宇宙一样要实现“仿真”，即在体验上与真实是一样的。另一方面，元宇宙的所有体验能与现实世界互通，那么无论你停留在元宇宙还是现实宇宙都能无缝衔接。其实，互联网目前仅仅是二维空间的虚拟化，而元宇宙的目的则是在空间上的三维体现，这才是元宇宙的核心本质。

1.8.3 互联网巨头下注元宇宙的目的

其实，元宇宙就如同1994年方兴未艾的互联网一样，在工业革命时代工业的发展几乎到了一个瓶颈，互联网横空出世推动了经济的高速增长，当互联网经济到达了一定的瓶颈之后哪里才是新的增量呢？Facebook、百度等巨头给出的答案就是元宇宙。

第一，元宇宙的经济规模是万亿级集群的。在现实宇宙中，经济学反复强调一个问题，就是资源的有限性和需求的无限性。世界上的资源都是有限的，所有生产要素无论是土地、资金、劳动力、技术都是有限的，而在元宇宙中理论上这些生产要素产生的唯一限制只有算力，而且在元宇宙中边际成本是逐渐递减甚至趋向于零的，数字特征和技术特征将会推动生产的边际成本接近于零，这样资源不足的问题就有可能从根源上得到缓解。在现实社会中一个人得到的资源非常有限，但是在元宇宙中只要他有算力支持，理论上他可以随心所欲地获得自己需要的所有资源。

第二，元宇宙将有可能彻底打破互联网企业的流量瓶颈。当前对于互联网企业来说，一直强调“国民总时间”的概念。每个人可能身份地位不同，但是时间都是相同的，一天只有24小时，不随任何人而改变，在这样的情况下，各大互联网企业其实都在争夺每个人的休闲时间，但是每个人一天的休闲时间也就四到五个小时，渗透率是有瓶颈和极限的。但是，元宇宙有着比互联网更高的渗透率，甚至有可能是24个小时的100%渗透，在全球互联网渗透率已经到达瓶颈时，元宇宙最有可能使整个世界进一步提高渗透率。而且由于元宇宙比单纯互联网感官体验好得多，也就很有可能拥有远超传统互联网的付费比例。

第三，元宇宙有可能成为打破当前地理隔离的办法。当前虽然互联网让世界变成了地球村，但是新冠肺炎疫情之后所有人面对的地理隔离难题其实并没有解决。虽然可以用会议软件召集一个全球性的大会，但是大家被局限在某些软件里面，而软件与软件是一个个巨大的孤岛。就像百度的“希壤”一样，如果元宇宙成为可能，大家将在一个载体中生活，而不是一个个割裂的平台。

1.8.4 元宇宙的风险

目前元宇宙尚处于非常初期的产业探索阶段，其发展是循序渐进的，很多问题都没有得到解决。

第一，交互技术依然需要大幅提升。目前互联网仅仅能做到音视频的交互，要想实现其他感知的交互需要的是大量的投入。电影院里一些所谓的4DX技术也都还处于最初级的交互阶段，要想实现大规模的全面仿真，当前的技术还远远不够。

第二，算力的需求是无止境的。算力是制约互联网公司高速发展的重要因素，而对于元宇宙来说，想要实现当前整个真实宇宙像素级的复原，其所需要的算力一定是一个天文数字，目前我们所拥有的算力是难以满足需要的。

第三，应用层面的基础设施还没有实现统一。很多企业都在布局元宇宙，但是大家的技术路线各不相同，一个真正被所有人都接受、底层架构完全开源的元宇宙基础设施亟待研发。

因此，元宇宙未来很美好，但实现依然有很长的路要走，认清未来、看懂风险才是清醒的认知。

1.8.5 元宇宙关注重点

元宇宙是以某种方式将人在现实世界中的体验虚拟到了网络数字社会中，在虚拟的数字世界创造出另一个社会出来，形成普遍概念上的元宇宙。关注重点有：

第一，元宇宙的发展方向。向更深远的宇宙太空和高维度空间发展与探索，通过探索外太空或其他维度的空间，建立或打通一个新世界。

第二，向无限可能的虚拟空间发展，通过虚拟现实技术，通过体验建设一个完全虚拟的空间，然后人在虚拟世界生活、工作、社交和游戏。

第三，向虚实结合方向发展，譬如可能像电影《阿凡达》中展示的，通过脑机接口把我们与外太空的一个智能机器人连接，然后我们像控制自己的身体一样控制机器人，在另外一个地方乃至另外一个星球生活、工作。如不用出家门，直接通过虚拟现实技术在超市购物，然后由外卖把商品送回家。

关注重点不同，意味着未来元宇宙发展的方向一定是不一样的。

西方试图通过虚拟货币吸纳全球经济资源。在中国，虚拟货币已被封杀，比特币在全球范围内再值钱，中国都不会认，因为这些货币不是中国人民银行发行的。如果比特币能兑换成国家货币去购买东西，相当于一个吸血鬼直接把实体经济创造的财富用虚拟货币吸走，所以中国打造了由中国人民银行发行的数字人民币。

西方则不同，不但没有封杀虚拟货币，还通过华尔街资本市场大肆炒作虚拟货币，然后把美联储释放的大量流动性装到了虚拟货币中，不但把虚拟货币作为美元流动性的蓄水池，还通过这个市场在全球吸纳财富。

虚拟货币现在总市值超过 3 万亿美元，接下来美联储想做的，就是把虚拟货币与现实经济彻底打通，如此一来各国不但无法对国际资本进行监管，还意味着跨国资本从主权国家手里夺走了铸币权，甚至有可能通过元宇宙对其他国家进行管辖。

1.8.6 元宇宙会不会创造财富

财富本身源于人类的创造和人类的认同，所以元宇宙一定会创造财富。但是，虚拟财富的定价权一定是国家较量的焦点，因为定价权和基于技术的创造是虚拟财富掌控的关键。

既然有财富，那就存在管辖权的问题。所谓管辖权，就是规则制定权和管理权，定价权是规则制定权的一部分。西方探索的元宇宙向更加虚拟的方向发展，中国探索的元宇宙则决不允许脱实向虚，这就意味着未来在元宇宙的规则上必然存在根本性矛盾。

元宇宙未来会给现实社会带来更大的影响，决定了必须制定规则和行使管辖权，基于这一切，竞争必然存在。元宇宙的发展目前还都是较为初级的探索，但影响已经产生了。

对个人而言，元宇宙将是未来财富再分配的新空间，会有新的价值逻辑。站在目前这个时点看元宇宙，大概就像 1995 年看互联网一样。互联网时代，看不懂也不想懂的人或者被时代淘汰了，或者因此吃了大亏。我们必须更加深刻和积极地理解未来的社会新形态——元宇宙以及未来我们在元宇宙中可能扮演的角色。

现实中的富人未来在元宇宙中可能只是个穷人，元宇宙中的富人一定是现实中的富人，因为元宇宙中的虚拟财富可以兑换现实中的财富，看看现在比特币的价格，就大概能知道未来的新逻辑了。

第 2 章
涅槃重生的元宇宙

溯源当下的元宇宙，人们总是从 1992 年的科幻小说《Snow Crash》说起。实际上，在这之前已经有各种科幻小说与零星业务实践在为元宇宙铺路。第二章是对元宇宙的前世今生作一个简要介绍。

2.1 《Snow Crash》之前的元宇宙进化轨迹

早在 1981 年，类似元宇宙的概念就已经出现在赛博朋克类的小说中，只是名称不同而已。Stephenson 在《Snow Crash》的后记中表示，写完小说后，他接触到了一个早期的大型多人在线角色扮演游戏（简称“MMORPG”），这个游戏很像他所描述的元宇宙。

相比“元宇宙”这个词，另一个词“赛博空间”更有名。“赛博空间”最早出现在 1982 年 William Gibson 写的短篇故事集《Burning Chrome》中。1984 年，他的另一部科幻小说《Neuromancer》更是以“赛博空间”为主题，并成为惊世之作，但后来“赛博空间”似乎被更广泛地指代互联网，而“元宇宙”则被用于指代与现实物理世界融合的虚拟共享空间。

在早前科幻小说描绘的元宇宙中，在其中活动的个体，其大脑和身体可以互不相干，大脑甚至可能感知不到身体的存在。但现在，得益于日产公司发明的 12V 技术，人们对元宇宙的理解变为在其中活动的个体既可以感知虚拟世界，也可以感知现实的物理世界。

12V 技术被用于绘制车辆的 360 度全景虚拟图，提供道路、交通等的状态、可视性、标识物及行人等信息。此外，该技术还能利用内饰传感器监控车内人员，当车内人员需要辅助时提供反馈信息，或在车内人员休息时发出警示信息。12V 技术还被用于在元宇宙中实现驾驶员与乘客的网络互联，为家庭成员、好友或乘客提供三维增强现实的车载服务，提供相关的陪伴服务与辅助功能。

1992 年，Neal Stephenson 在科幻小说《Snow Crash》中发明了“元宇宙”这个词。在小说中，人类以各种化身进行交互，不仅人和人之间，人和软件之间都能够进行交互。这些交互场景全部发生在一个模拟现实的三维虚拟空间中。Stephenson 用元宇宙来描述互联网的未来。

在 Stephenson 的小说发表后，随着互联网技术的发展、网络带宽的增加、计算机技术的发展，在技术上，将现实物理场景模拟为虚拟三维场景的可能性越来越大。

2.2 与时俱进的元宇宙

虚拟世界和网络游戏的发展有很多重合，自网络游戏诞生以来，人们便不再满足于现实中的对弈，而是梦想进入绚烂的虚拟世界中，去云游四方或拯救世界，风花雪月或快意恩仇。从 20 世纪下半叶开始，梦想逐渐照进了现实，虚拟世界触手可及，这一切都要从一款非网络游戏说起。

20 世纪 70 到 80 年代，电子街机游戏蓬勃发展期间诞生了一款对后世虚拟世界发展影响深远的游戏《龙与地下城》，并成为近代角色扮演游戏（TRPG）的开山鼻祖，催生了一代又一代 RPG 游戏（见图 2－1）。该游戏虽然简单，但是已经有了虚拟世界的诸多重要元素，聊天、角色、身份、世界观等，玩家身处一个虚拟设定中，可以选择各自阵营并组成团队，通过互动来完成一系列任务。该游戏也可以视为是时下正火的剧本杀的原型。

在现实中无法实现的故事，却可以通过虚拟的方式来体验，一场数小时的游戏，便可以满足每个人心中冒险的或美妙的梦想。只要梦想存在，虚拟世界的价值就存在。

进入 20 世纪 70 年代之后，计算机技术逐渐发展，在硬件层面，集成电路的快速发展使得计算机体积越来越小，电脑不再是实验室里的巨型怪物，普通人也可以拥有属于自己的电脑，这让游戏的普及有了基础。在软件层面，网络技术的诞生，第一次让不同位置的玩家有了在同一个世界共同竞技的可能，玩家之间的互动从面对面变成了虚拟的点对点，这是虚拟世界发展的底层技术基础。

图 2－1　《龙与地下城》周边产品

2.2.1　文字中的虚拟阶段

1978 年，Roy Trubshaw 在机房中写下了一段简短的程序，并纪念性地命名为多用户维度（Multi－User Dimension，MUD）（见图 2－2），自此，虚拟世界的大幕正式拉开。

你来到一处森林中的空地，

东边有一株大树，树上垂下一条粗绳。

北边远处有一道炊烟升起。

这里明显的出口是南边和北边。

你的选择是？

南边还是北边？(S/N?)

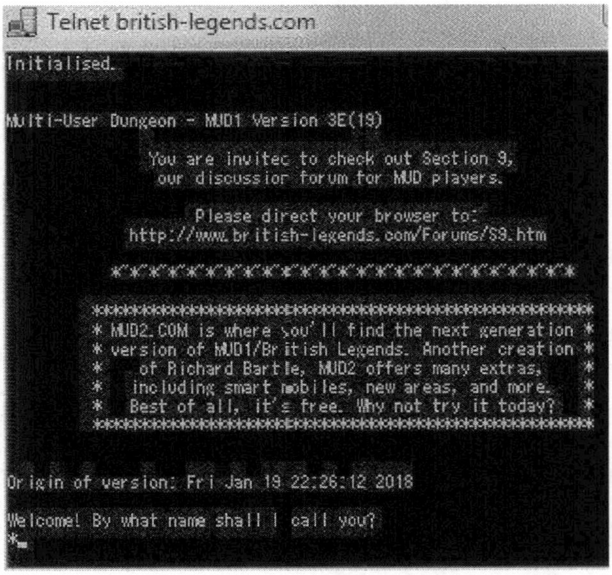

图 2－2　多用户维度程序

这是一个纯文本的世界，依托《龙与地下城》一类的作品设定和世界观，玩家通过输入命令生成文本，并与计算机和其他玩家完成实时互动。这是第一款真正意义上的实时多人交互网络游戏，尽管文字带来的信息是有限的，但是玩家的想象力是无限的，在众多玩家的努力下，丰富多彩的虚拟世界有了雏形。

“我的兴趣是创建世界，而不是生活在别人创建的世界里。我希望游戏世界能让人们能跳出现实世界的局限，尝试新的身份……不是要脱胎换骨，而是让他们找到自己真正的归属。”Trubshaw 为虚拟世界种下了一颗种子，接下来只需要等待变成森林。

2.2.2 图形界面的交互阶段

很多人都认为，文字带来的信息是隽永而深沉的，更能激发读者的想象和思考，而图像和视频过于直接，反而会给观看者带来固化的视觉印象，影响更深度的体验，终究会流于肤浅。

这一说法或许自有道理，但追求直接感官刺激的玩家并不在乎。

随着计算机技术的进一步发展，玩家需求加快了图形游戏取代文本游戏的进程，MUD 游戏逐渐退出历史舞台，沦为小众群体的消遣玩具，最早进行图形化尝试的是《Habitat》。

1984 年，William Gibson 的《Neuromancer》（《神经漫游者》）出版，开创性地提出了“赛博朋克”的概念，对人工智能、虚拟世界、基因工程都进行了深入讨论。虚拟世界将如何发展？受《Neuromancer》启发，Lucasfilm 给出了自己的答案——《Habitat》，一款 MMORPG 游戏，也是第一个成功运行的商业虚拟世界，并通过 Quantum 合约得以在 Commodore 64 家用主机上运行。

《Habitat》实现了两个第一次。

第一个基于图形界面的大型虚拟世界，客户端软件提供图形化的用户界面，将虚拟世界中正在发生的事件以实时动画的形式展现给玩家，同时把玩家的输入转化为后台的需求，并返回相应的图形变化，为玩家不断更新世界中变化的信息；后台负责维持虚拟世界模型，并执行一系列规则保证玩家与系统、玩家与玩家之间的互动。

第一次划时代地引入了“账户替身”的概念。玩家可以在游戏中根据性别、职业等为自己定制一个图形化的虚拟形象。这一规则对于现代玩家来说早已习以为常，但在当时确实非常新鲜，玩家以第三视角与其他人互动，大大增强了沉浸感，拉近了现实世界与虚拟世界的距离。

但《Habitat》不止于此。制作方认为游戏的主旨是玩家之间的互动和社交，尽管减少了来自游戏设计者开发的游戏内容，诸如任务、关卡等，游戏性会有所降低，却给予了玩家更大的自由，玩家可以在虚拟世界里从事任何现实中的活动，包括结婚、冒险、创业、决斗，甚至战争，当玩家退出游戏重新登录之后，之前的游戏状态全部保留，玩家行为得以延续，这让玩家觉得之前付出的大量时间确实没有浪费。

制作方并不限制玩家的行为，而是提供了各种可能的选择，基于这种高于现实却又更加自由的设定，虚拟世界的发展更多地取决于玩家的想象力和创造力。

相比于游戏，《Habitat》更像一个由玩家自发驱动的虚拟社区，没有统治者，没有复杂的规则和程式，只有一个堪比真实的世界和一个个独立的世界公民，这也决定了后来虚拟世界的发展方向。从此以后，虚拟世界和游戏渐渐各具特色。

2.2.3 开启3D世界阶段

20世纪90年代中期，随着计算机图形学和算力取得了进步，虚拟世界也逐渐发展，主要体现在以下几方面：

• 3D图形。相对于平面游戏，3D游戏引入了立体坐标，与真实世界相同，因此也更显真实，同时操作的复杂度提高了很多，增加了游戏性，给玩家带来的挑战也更高。

• 用户内容。制作方只负责建立世界观并设置一些基本规则，游戏里的一切都交由玩家来创造。为了丰富内容，游戏内也提供了各种创作内容的工具，在玩家想象力的驱使下，这些工具可以让虚拟世界更加多样化。截至今日，玩家的自创内容依旧是虚拟世界最重要的组成部分。

• 开放式世界观。与传统RPG游戏的直线剧情不同，开放式世界观会提供无数的支线剧情，通过庞大的信息量和不同玩家之间的互动，鼓励玩家对虚拟世界的探索，发现甚至创造新的内容。玩家不仅是剧情的推动者，更多是剧情的参与者。

• 集成声卡。早期个人电脑用户并不都拥有独立声卡，随着集成声卡的普及，虚拟世界变成了一个有声世界，互动性和沉浸感也大大增强。

1994年，Ron Britvich创建了Web World，这是第一个能让数万人聊天、建造、旅行的2.5D开放世界。

1995年，Worlds Inc. 开启了第一个全3D的虚拟世界，而他们的野心更加长远。Worlds Inc. 所提供的开放世界，并不基于游戏，而是让每个Worlds Inc. 里的玩家或者说公民都成为这个世界的参与者，而且没有主角，是一个又一个真实的人来共同推动这个世界的发展。玩家在虚拟世界里社交、互动，同现实世界中的人类行为一样复杂，这更像是与互联网平行发展的另一种网络形态。同年，Alpha World将其3D网页浏览器重命名，Active Worlds诞生并迅速成为最重要的3D社交虚拟世界，吸引了成千上万的用户，规模指数级增长。

1996年，Onlive! Traveler上线，成为第一个支持语音聊天以及声音辨位的虚拟世界，并与现实世界的差距越来越小。

在这个阶段，虚拟世界终于从物理层面无限接近现实世界，基础设施、社交行为、内容创造……世界框架已经初步搭建好了，但还有很长的路要走。

2.2.4 向真实社会迈进的阶段

即便在虚拟世界中，玩家的精力和时间也是有限的，他们必须在收集资源、学习技能和娱乐活动等诸多现实世界的任务中做出取舍，而资源是稀缺且必要的，因此如同真实社会一样，交易行为产生了。早期交易主要是满足玩家的刚需，随着交易的增多，套利行为变成常态，经济系统也应运而生。

开始时，交易是由玩家的需求驱动的，如食物、装备、资源等，物品的价值往往由其实用性以及稀有性来决定，在现实中投入的时间或者金钱也会增加物品的价值，这种朴素的供需关系和真实世界是非常相似的。

2002 年发布的《Second life》改变了之前的简单交易行为。与以前的虚拟世界一样，《Second life》同样允许用户在虚拟世界中创造物品，但不同的是这些物品可以通过游戏内流通的虚拟货币——Linden Dollar 来买卖，更重要的是，你可以在由居民组成的专门市场——Linden 实验室或一些实体公司把它兑换成美元。

玩家不仅可以在游戏里收获快乐，还可以通过在虚拟世界里销售自己创作的物品、建筑甚至是游戏，获得真实世界的收入，甚至有人实现了财务自由，玩家因此有了更强的动力去创作，这进一步促进了用户原创内容（User Generated Content，UGC）的发展。

另外，同期诞生的另一个虚拟世界 Blue Mars 则代表了技术上的进步，通过使用当时最先进的 CryEngine 2 引擎，将更高质量的图像融入虚拟世界。真实性和沉浸感永远都是虚拟世界底层建设的重点。另外，该平台还包含了动作捕捉动画以及 3D 内容编辑器等，而且数字内容也可以在第三方的 3D 图像编译器上创建，只要符合所规定的格式即可。

2.2.5 开启开源世界与去中心化阶段

从 2007 年至今，虚拟世界向着去中心化逐渐发展。以 Solipsis 为例，区别于传统的中央服务器，Solipsis 基于点对点的分布式服务器模式，试图创建一个不受服务器所有者所影响的开源虚拟世界，Open Cobalt、Open Wonderland、Open Simulator 等开源项目也随之跟进。

众多可协同工作的用户和服务器节点构成了去中心化虚拟世界的底层基础，不同节点的数据共享互通保证了虚拟世界的稳定运行，开源系统则让世界逐渐完善。至此，虚拟世界已经来到了自发发展的阶段，所有用户共同成为这个世界的所有者。

从 MUD 到如今的 Metaverse，从中可以大概总结出虚拟世界的基本构成元素。

（1）虚拟世界的基本构成元素

- 公民：公民指玩家在虚拟世界里的用户，现实玩家在虚拟世界里以 Avatar 的形象示人，可以通过各种自定义的方式来完善这个虚拟化身。公民是虚拟世界里的基本单位，可以有各种身份，产生各种行为，同一个玩家可以有一个或者多个虚拟化身。
- 交流：通过文本或者语音与系统和其他玩家进行交流。
- 交通：根据不同世界观的地理设定，玩家可以选择不同的交通方式，从方向键的移动指令，到 3D 形象的模拟行走，包括各种交通工具，甚至瞬间移动来完成在世界不同地点的移动。
- 经济系统：公民可以通过收获资源、创造物品或者提供服务，在虚拟世界中进行买卖，可以以物换物，或者通过游戏内流通的货币完成交易。
- UGC 资产：公民可以使用工具，利用图像、声音、动画等来创造食物、建筑、机器等，可以使用、交换，也可以出售，这是经济活动的主要来源。系统会保障物品创造者或拥有者对物品的所有权。
- 世界/宇宙：需要由制作方给出世界观设定和基础规则。

（2）虚拟世界的特征

从几十个人的文本交互场景到可以容纳上百万人的庞大世界，虚拟世界已经走了许久，除了基本构成元素之外，虚拟世界也展现出了一些特征：

- 具有 3D 的图像交互界面以及集成语音技术；
- 支持大规模用户进行远程交互；
- 永久且可持续；
- 沉浸感，用户对数字环境有一种“置身其中”的感觉，而不是置身于数字环境之外；
- 强调用户创造，并为虚拟环境和体验的个性化提供内容创建工具。

也许人类永远不知道谁创造了我们，但经过了虚拟世界这数十年的发展历程，我们终于可以做到创造一个无限接近现实的虚拟世界。

人类永不停歇，一直都在创造新的文明。

远古时代：从水下第一个生命的萌芽开始到石器时代的巨型野兽再到人类第一次直立行走，人类经历许多。现在，开启最伟大的探索吧：从早期文明的摇篮到浩瀚星宇。

古典时代：从卑微的最初，人类就展示出了非凡的成长力。从青铜到钢铁，用马匹和刀剑来统治吧。天空开始揭示出自己的秘密，宇宙让我们为之兴奋，星空指引我们来到异国海岸。

中世纪：人类用石头建造了很多城市，见证了早期帝国的崛起与衰落。不久你将站在城堡高耸的尖塔下，旁边是勇敢的骑士。关于你国民的故事将从这里写起。如同年轻学徒学习握剑一样，人类会逐渐了解自己在这个世界上位置。

文艺复兴时代：从步枪的枪管到天空中的花火，新的动力不断产生。甚至新印刷的书刊里安安静静的文字也蕴含着巨大变化。这个世界曾经又大又神秘，如今已变得越来越小，越来越熟悉。然而总有问题有待解决，总有信仰需要经受考验，总有民族认同需要形成。

工业时代：机器嗡嗡响个不停、烟味刺鼻、灰烬和煤烟遮挡住视线——这是时代变迁的标志。科学和文化进步的诱惑是推动人类王国不断向前发展的动力。现在，人类面临的挑战是维持地球和人类、和平与战争之间微妙的平衡。

现代：以前有很多关于飞人的传说。如今人类位于这些传说成为现实的临界点。通过飞行和新的通信方式，创造出一个又小又亲密的世界。但代价是什么呢？对于如何统治、如何生存的问题，不同理解造成了全球冲突。在这种越来越吵闹不休的思想辩论中，人类必须选择自己要走的路。

原子能时代：新发现的领域扩宽了人类的认知，从微小的原子到壮阔的外太空。我们比历史上任何时候都更接近真相，远远超过我们的理解范围。我们需要选择如何使用这些知识，来击退前所未有的黑暗。

信息时代：信息世界在人类手中，即时通信网络遍布全球。然而，对未来还未有统一的看法。人类在科技、文化和政治上不断竞争。拥有的致命武器可以摧毁整个星球。带领人类小心而大胆地前行吧，建立面向未来的全球社区。

未来时代：这个世界所蕴含奇迹之多绝非先知的梦境所能构想，所拥有的灾祸之恐怖也非天启所能描绘。世界不但有拥有自我意识的机器，更有编织梦幻仙境的全新事物。长久以前做出的选择将在这个时代产生重大结果，而它们需要坚定不移的答案。前进吧，实现文明未来的美好愿景。

2.3 元宇宙编年简表

表 2－1 罗列了自 20 世纪 90 年代开始，元宇宙在发展进程中的重大事件，著名平台和发展的时间表：

表 2-1

时间	平台发展
1993 年	游戏公司 Steve Jackson Games 开发了一个基于文本的虚拟现实系统 MOO。在那个带宽极其有限的年代，它被视为元宇宙，作为其 BBS Illuminati Online 的一部分
1995 年	游戏公司 ActiveWorlds Inc 基于小说《Snow Crash》发布了游戏《Active Worlds》，将元宇宙由概念向实现大大推进了一步。Active Worlds 完全基于《Snow Crash》创造，分布式虚拟现实世界至少实现了 Metaverse 的概念
1998 年	There. com 被创建，Will Harvey 和 Jeffrey Ventrella 发布了 3D 在线游戏《There》。在游戏中，玩家以各种化身进行社交、购买虚拟物品、购买虚拟服务。更重要的是，所有这些购买行为都用游戏币“therebucks”支付，而要购买这个游戏币，用户要用法定的货币进行兑换。游戏官网 there. com 在 2010 年 3 月 2 日关闭，但在 2011 年重新开放，不过重开后的网站只有年满 18 岁的成人获得邀请才有资格参与
	游戏公司 Blaxxun Interactive（原名“Black Sun Interactive”）运用 VRML 技术开发了 3D 虚拟社区，其知名项目有“CyberTown”
2003 年	Linden Lab 发布重磅游戏《第二人生》（《Second Life》）。公司开宗明义地指出发布这个游戏的宗旨是创建一个用户可自定义的、类似元宇宙的虚拟世界，在游戏中玩家可以互动、游戏、社交甚至进行商业活动
2004 年	国际标准组织 ISO 通过议案，将 X3D 指定为 VRML 技术的后继标准。X3D 是通过将虚拟、镜像和增强现实与网络相结合来定义 3D 网络和混合现实 Open Metaverse 的标准
	Will Harvey、Matt Danzig 和 Eric Ries 共同成立了 IMVU Inc.。公司成立之初以开发 3D 化身形式参与的即时通信功能为主，后来由此发展并扩张到多个领域。它最初是一个带有 3D 头像的即时通信工具
2005 年	免费的开源软件 Solipsis 上线，它旨在为元宇宙类的虚拟空间提供架构支持
	密歇根大学启动了 Vmerse 以响应美国最高法院对具有里程碑意义的平权诉讼案（Grutter v. Bollinger 和 Gratz v. Bollinger）的裁决，使贫困的少数族裔潜在申请人更容易进入他们的校园。Vmerse 被描述为增加校园多样性的革命性创新，这个元宇宙通过互联网在计算机上作为视频、形式的组合，通过虚拟现实嵌入到镜像世界中，此外还用于校友关系、捐助活动以及紧急响应培训。路易斯安那州立大学、爱荷华州立大学、哥伦比亚大学、斯坦福大学、西伊利诺伊大学等也使用了 Vmerse 技术。美国国务院将 Vmerse 部署为“美国留学的 5 个步骤”，以帮助国际学生申请美国大学，该工具已被全球超过 10 亿用户使用。Vmerse 由 Bhargav Sri Prakash 于 2004 年创立和发明，现已成为 FriendsLearn 改编用于医学的专有底层平台
	开源软件项目 Croquet 启动，它支持多种操作系统和设备，旨在创建和发展具有深度交互和协作功能的多用户在线应用，同时也希望不要像《第二人生》《Second Life》那样带有太多的公司色彩。2007 年 Croquet SDK 发布后，该项目成为 Open Cobalt 项目
2006 年	瑞典软件公司 MindArk 发布《Entropia Universe》游戏。这是世界上第一个有法币兑现功能的大型多人在线角色扮演游戏（MMORPG）。在游戏中，用户可用法币购买游戏币，也可将游戏币兑换成美元，这意味着游戏中的虚拟道具真正具备了法币价值
	多人在线创作游戏 Boblox 发布
2007 年	一批为元宇宙化身（Avatar）提供社交功能的网络项目出现，其中知名的有 Koinup、Myrl、AvatarsUnited 等。这些项目面临许多与虚拟世界缺乏可移植性的挑战，并试图扩展在单个仪表板上管理多个账户的可能性。（AvatarsUnited 后来被 Linden Lab 收购，然后在《第二人生》中添加了一些社交网络功能）

续表

时间	平台发展
2007 年	OpenSimulator 问世。开发与《第二人生》协议兼容的免费开源虚拟世界软件，同时允许用户在其他独立安装之间移动。它基于《第二人生》的客户端查看器，并作为构建虚拟世界的平台
2008 年	Google 于 7 月 8 日通过 Google Labs 推出 Google Lively。正当人们期待 Google 后续进一步丰富和完善它的功能时，Google 却于当年 11 月 19 日宣布 Google Lively 将在当年 12 月底终止
2013 年	Philip Rosedale、Ryan Downe Karpf 和 Irena Freidrica Heiberger 共同发起成立了 High Fidelity Inc，致力于创建一个开源平台，供用户创建和部署虚拟世界，并在这些虚拟世界中体验和交互
2014 年	Graham Gaylor 和 Jesse Joud Rey 创建了 VRChat。这是个社交性质的虚拟现实平台，它让用户建立三维虚拟空间和虚拟化身（Avatar） 2014 年 VRChat 作为社交 VR 平台（SVRP）推出，使用户能够发布使用外部工具开发的 3D 空间和头像
2015 年	AltspaceVR 作为 SVRP 推出，它让用户在平台上创建三维虚拟空间
2016 年	社交性质的虚拟现实平台 Sinespace 上线，用户能够发布使用外部工具开发的 3D 空间和内容。Rec Room 作为社交 VR 游戏推出，并于 2017 年扩展为支持用户生成的空间。Anyland 和 Modbox 作为社交 VR 游戏推出，允许用户发布使用内置工具开发的 3D 空间
	社交虚拟游戏 Rec Room 上线。用户在其中创建三维虚拟空间，并提供了创建这些空间所需的内置工具
2017 年	Sansar Creator Beta 于 2017 年 7 月 31 日推出。在平台中用户可用语音控制虚拟化身的面部表情，用肢体动作控制虚拟化身的运动。该平台支持用户创建的 3D 空间社交空间
2018 年	Solirax 上线 NeosVR Metaverse Cryptovoxels 于 2018 年作为用户拥有的元宇宙推出，使用以太坊区块链 2014 年好莱坞知名导演史蒂文·斯皮尔伯格执导的科幻电影《头号玩家》上映。这部电影被认为是对元宇宙概念的第一次大规模普及和推广
2019 年	Facebook 宣布发布社交虚拟空间项目 Facebook Horizon，被 Facebook 宣布为社交 VR 世界
2020 年	Decentraland 作为其用户拥有和运营的去中心化虚拟平台推出
	Animoca 发布元宇宙项目 The Sandbox
	Manticore Games 发布在线视频游戏 Core 的 Alpha 版本
	Rival Peak 是一个云驱动的真人秀，由人工智能参赛者在虚拟环境中主演，在 Facebook Watch 上首次亮相。个人或观众群体可以通过 Facebook 观看或互动，直接为 AI 参赛者在节目中的进步做出贡献
	基于以太坊的社交虚拟现实平台 Somnium Space 正式上线
2021 年	Epic Games 公司融资打造了在线视频游戏 Fortnite，Epic Games 指导筹款以将 Fortnite 构建为元宇宙
	微软发布 Microsoft Mesh 软件系统，一种混合现实软件。用户通过微软的 VR/AR 设备运行该软件，可在物理实景中呈现虚拟场景，实现混合现实的效果
	虚拟现实平台 Sensorium Galaxy 的 Beta 测试版上线。其在线商店接受加密货币支付
	韩国宣布成立国家元宇宙联盟（National Metaverse Alliance），目标是建立统一的虚拟现实（VR）和增强现实（AR）平台
	扎克伯格宣布将 Facebook 改名为 Meta，成立元宇宙公司

2.4 几本与元宇宙相关的科幻小说

元宇宙的概念本身就出自科幻小说，而虚拟空间、去中心化组织、增强现实技术、人工智能以及沉浸式游戏等元素在科幻小说里更是栩栩如生。围绕着人类存亡这一终极问题，科幻小说对宇宙空间、人机关系、人类命运、科技道德等问题进行讨论，引导我们构建起虚拟空间的道德标准和文化价值。

阅读科幻小说能够迅速帮助读者感知元宇宙这一抽象概念以及未来可能出现的具体形态。科幻小说可以发挥无穷的想象力，构造属于作者的空间，但是我们当下所构建的元宇宙，无论是虚拟现实 VR、增强现实 AR、混合现实 MR，还是扩展现实 XR，着眼点还在于现实，还依赖于现实中的高新技术发展，比如 6G、量子通信、云存储、雾计算、区块链平台、Web 3.0、人工智能和移动通信等。

一、尼尔·斯蒂芬森《Snow Crash》（1992 年）

《Snow Crash》被誉为有史以来最伟大的科幻小说之一，书中“Metaverse”成为元宇宙一词的来源，书中对元宇宙的愿景正在现实世界中发生，移动计算、虚拟现实、数字货币、智能手机等逐一成为现实。

尼尔·斯蒂芬森描绘的 Metaverse 是一个城市环境，沿着一条百米宽的道路发展。虚拟房地产归全球多媒体协议集团所有，是真实计算机协会的虚构部分，可用于购买和开发建筑物。

Metaverse 的用户可以通过个人终端访问，这些终端将高质量的虚拟现实显示投射到用户佩戴的护目镜上。斯蒂芬森描述了一种人们选择与 Metaverse 保持持续联系的文化。

在元宇宙中，个人用户可以任何形式出现，只有身高限制，“以防止人们有一英里高”。Metaverse 内的交通仅限于步行或车辆的模拟现实，例如运行整个街道的单轨列车，停靠在 256 个快速港口（平均间隔 256 公里）和本地港口（相距 1 公里）。

故事发生在 21 世纪初期的美国洛杉矶，濒临崩溃的无政府资本主义、私人企业家和组织各自为政，联邦政府名存实亡，经济面临严重的通货膨胀。与混乱颓废的现实世界平行的是元宇宙，现实世界的人们通过各自“化身”

进行交流娱乐。

当一种名为“Snow Crash”的病毒同时在现实世界和虚拟世界中散发开来，现实世界流感肆虐，虚拟世界系统崩溃。主人公 Hiro 肩负起拯救世界的重任，开启了战胜“Snow Crash”的征程。

二、道格拉斯 · 亚当斯《银河系漫游指南》（1979 年）

银河系要规划一条快速通道，地球成为要被外星人强拆的星球之一，在地球毁灭前，主人公进入了外星人的飞船，开启了一段惊险奇幻之旅。

然而他却发现，地球只是一个高等文明制造的虚拟世界，它和全人类存在的唯一目的就是解释生命、宇宙以及任何事情的终极答案。经过亿万年的计算，一切问题的终极答案为数字“42”。

《银河系漫游指南》是一部喜剧科幻小说，作者用诙谐的语言批判现实并展开了对人类终极问题的讨论。书中还给出了一条永不过时的人生哲学：Don’t panic（不要惊慌）。

埃隆 · 马斯克曾谈及该书对自己的巨大影响：“十几岁的时候，我开始怀疑自己的存在意义，但这本书告诉我，疑问本身比答案更重要。所有的问题都围绕着一个终极的疑问：生命的意义究竟是什么？若想接近问题的核心，我们就要探索宇宙，更好地理解宇宙。”

三、威廉 · 吉布森《神经漫游者》（1984 年）

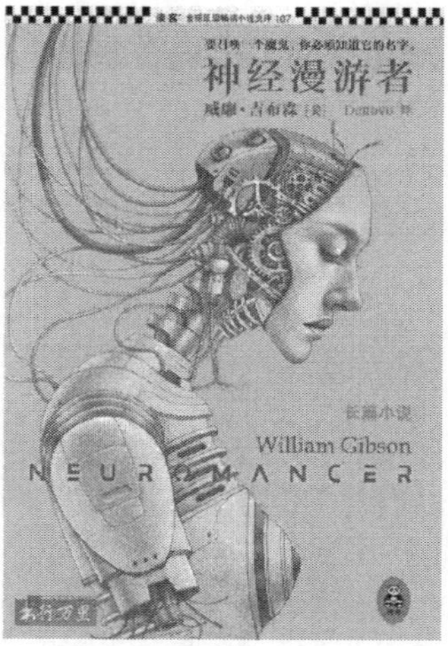

主人公凯斯是一名失业的黑客，与女杀手、意识操控专家、特种部队军官组成职业罪犯团队，参与了一系列为其神秘新雇主盗窃数据和密匙的行动，而整个计划的幕后推手是人类自有文明以来最强大的对手——一个自我意识觉醒的人工智能。

《神经漫游者》囊括雨果奖、星云奖、菲利普 · 迪克奖三项科幻小说大奖。著书于 1984 年却完美预言了全球互联网、虚拟现实还有人机结合这三大技术，启发了整整一代程序员，并仍在深刻影响着人类对未来的认知。

此外，该作被称为赛博朋克流派小说的开山鼻祖，确立了一种新的科幻文学类型，主题涵盖遍布全球的大型企业、控制论增强的雇佣军以及技术作为犯罪工具的重要性。

四、阿道司 · 赫胥黎《美丽新世界》（1931 年）

在距今 600 年的未来世界，物质生活十分丰富，科学技术高度发达，所有的一切

都被标准统一化，人的欲望可以随时随地得到完全满足，不必担心生老病死带来的痛苦。

在机械文明的社会中，无所谓家庭、个性、情绪、自由和道德，娱乐以“感官电影”的形式出现，人们通过视觉、声音、触觉对故事进行全方位感知，人与人之间根本不存在真实的情感，人性在机器的碾磨下灰飞烟灭。

该书著书于 1932 年，被称为“反乌托邦”三部曲之一，在国内外文学界和思想界影响深远。《华尔街日报》曾评论：“现在比以往任何时候都更重要的是：任何关心保护人类精神的人都必须阅读和理解赫胥黎不朽的杰作。”该书对当下构建元宇宙的人们发出警告，高度的物质文明和科技文明一定能带来高度的精神文明和幸福吗？

五、刘慈欣《三体》（2006 年）

当一个秘密的中国军队向银河系发送信息时，一个濒临灭绝的三体文明做出了回应。两个文明从此开始了博弈与较量。在基础科学被三体文明锁死后，人类开始以“面壁计划”对抗三体人的高等文明并发现黑暗森林法则，人类毁灭了三体的文明，赢得并维系了脆弱而短暂的和平，但也为自己埋下了隐患。

《三体》以虚拟现实的方式，借用地球文明的外套，构造了一个丰满坚实的三体世界和更高级的文明，既是对地球文明自身的一种独特反省，又是在宇宙级别上的一种超越。书中从真实可信的物理特性和演化发展规律出发，具象地描绘了巨大的物体、复杂的结构、全息的层次、大跨度的时间，还介绍了大量由触觉套装支持的沉浸式虚拟环境，为打造身临其境的元宇宙提供了繁华的想象素材。

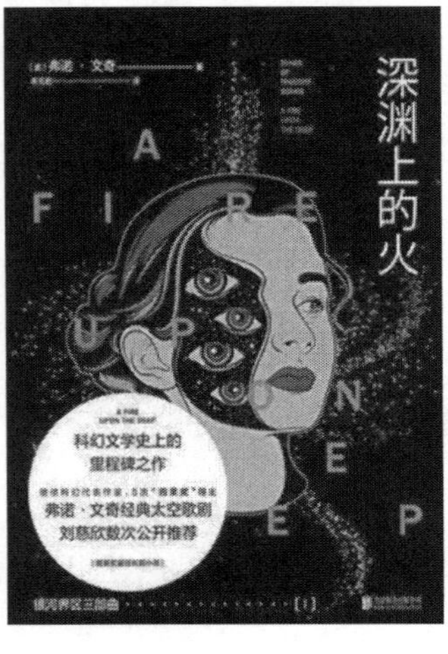

六、弗洛·文奇《深渊上的火》（1992 年）

《深渊上的火》从时间维转向空间维，银河系被划分为不同的“界区”。一种可怕的力量被无意释放，摧毁了数千个世界，奴役了所有的自然和人工。探险队在被毁灭之前设法将“反制措施”装入运输船离开，而运输船坠毁在飞跃下界的爪族行星上，各方势力开始争夺运输船，就此展开了宇宙规模级别的博弈和战争。

书中创造性地提出了决定技术速度和智能的区域——“思想领域”，无思深渊几乎没有智慧生命，“慢区”（地球所在的地方）技术和通信异常缓慢，“超越”是最智能、技术最先进的社会与地方生活的混合。该作是一次穿越时空的惊人冒险，它将迫使您凝视那些星星并想知道那里到底有什么。而当一切秩序和认知都被打乱时，我们又该如何构建全新的物质世界和精神世界。

七、奥森·斯科特·卡德《安德的游戏》（1985 年）

为了抵抗外星虫族的攻击，人类成立了国际舰队，孩子们从 6 岁起就被训练，通过电脑游戏寻找消灭整个外星入侵者物种的方法。在训练中主角安德从一个富有同情心的孩子变成无情高效的领导者，并因其暴力统治而受到钦佩与尊重。在一场模拟训练中，他天才般地赢得了电脑模拟游戏中最关键的战斗，却在最后才发现一切都是真实的战争。

这是一部“反乌托邦”小说，并于 1986 年一举囊括雨果奖和星云奖。书中在扣人心弦的太空冒险故事中处处透露出对军事思维的控诉。此外，“他者”本质的深刻伦理问题也在书中层层递进，发人深思。书中对大量高科技训练仪器、虚拟武器、计算机生成图像以及仿真游戏等高科技技术的描写令人惊叹，赋予读者超常态的想象空间。

八、丹尼科林、伊藤科林《边缘人：暗战》（2009 年）

21 世纪初，亿万富豪贾斯丁秘密建造了冷冻悬浮舱。其后，人类沉迷于“虚拟现实”，全世界经济倒退，最终导致了“大萧条”。300 年后，神经网络、纳米科技、多重虚拟和原子重组技术成熟，亚洲已经消失，纽约是地球上最大的城市，地球联邦的管辖扩展到太阳系外，但这一切都在最强大的组织 GCI 的掌控之下。然而，贾斯丁的复活改变了这一切，他在谷神星上发起了一场推翻 GCI 的战斗，并得到了殖民星球的响应。

该作再现了硬科幻风格，冷冻悬浮、心理重建、神经网络、多重虚拟、原子重组等技术的描写让人一饱眼福。该作写成于区块链技术之前，却介绍了一个可有可无的、虚拟的、隐蔽的、已经进化的组织，这与今天依靠于虚拟货币之上的经济结构异曲同工。

九、高泽龙《元行者》（2019 年）

小说将时空设定在 2119 年，机器人、意识芯片、脑机接口、沉浸式游戏、可编程物质、改良人、世界货币、可穿戴设备和仿生机器等都司空见惯，但一种神奇物质侵入游戏毁灭世界，芯片人和机器鼠联合父女博士为人类赢得战争。

小说被称为前沿科技的百科全书，将赛博朋克的未来世界以“文字全息”的方式进行呈现，书中融入区块链、量子计算、基因改良、太空采矿和沉浸式游戏等多种科幻元素和场面。

程序员出身，从业 IT 科技十八年，高泽龙用其代码思维为“意识芯片”等技术等工作原理和基础特征做了大量的描写，读者在阅读过程中将对元宇宙、沉浸式游戏以及虚拟技术等有更深的理解。

十、欧内斯特·克莱恩《头号玩家》（2011 年）

《头号玩家》是欧内斯特·克莱恩 2011 年的科幻小说，描绘了 2045 年的世界，能源危机和全球变暖导致广泛的社会问题和经济停滞。大多数人的逃生方式是逃往被称为 OASIS 的虚拟世界，可通过 VR 耳机和有线手套进入。它既可以用作 MMORPG，也可以用作虚拟社会。由史蒂文·斯皮尔伯格（Steven Spielberg）执导的改编电影于 2018 年上映。

十一、DC 漫画公司《DC 漫画》

从 2019 年开始，DC 漫画的作者开始使用“元宇宙”来指代影响其他版本和替代时间线的现实中心版本。

在世界末日时钟事件期间，曼哈顿博士（守望者）发现了元宇宙的存在，他来到 DC 宇宙并好奇为什么历史总是围绕超人而改变。在意识到这是一个元宇宙并且这个宇宙中的所有变化都会影响其他版本和替代时间线（特别是多元宇宙）后，曼哈顿博士测试了如果元宇宙被外部来源改变会发生什么。他通过移动绿灯侠离艾伦斯科特几英寸远，导致艾伦的死亡和美国正义协会从未成立，从而在闪点事件之后创造了新的 52 宇宙。元宇宙以动乱的形式对这些变化做出了反应，最后，超人说服曼哈顿恢复人性，恢复了时间线。

第 3 章

元宇宙的发展现状与憧憬

3.1 元宇宙的虚拟与现实

2018 年上映的科幻电影《头号玩家》中，贫民窟少年韦德·沃兹在虚拟网游中如鱼得水，流连忘返。电影中的人类通过 VR 头盔进入名为“绿洲”的虚拟世界。而现实中，许多科技巨头认为，互联网的未来正是类似的虚拟世界。只不过这个虚拟世界的名字不是“绿洲”，而是“元宇宙”。在元宇宙中，“你可以做任何事情，去任何地方。你可以在金字塔上滑雪，可以和蝙蝠侠一起攀登珠峰……”

2021 年 7 月底，Facebook CEO 马克·扎克伯格在一次财报电话会议中提出，Facebook 应该以“元宇宙公司”的形象为人所知。他希望 Facebook 公司在 5 年内完成这一战略上的转变，并在 2022 年末，让主流人群用上可靠的 VR 头盔和 AR 眼镜。最终，人们会以 VR 的形式沉浸在这个虚拟世界，或者以增强现实、混合现实的方式让虚拟世界的一部分整合到真实世界中。

除了 Facebook 之外，苹果公司在 2020 年 5 月确认收购 VR 初创企业 NextVR；2021 年 4 月，游戏公司 Epic Games 宣布已经筹集到 10 亿美元投入其元宇宙计划；腾讯公司不仅大量持有 Epic Games 的股份，还投资了另一款元宇宙游戏 Roblox；2021 年 5 月，微软公司宣称正在努力打造“企业元宇宙”；2021 年 8 月底，字节跳动斥资 90 亿元收购国内 VR 硬件创业公司 Pico（小鸟看看）布局元宇宙；韩国，“元宇宙联盟”组织，正在游说当地政府和企业合力研发一项开放的全国 VR 平台……

当前的互联网能够打破物理界限，与远方的人们联络。但在提供便利的同时，媒介的形式也大大限制了人际交往的体验。人们只能通过平台提供的有限方式（如即时信息、邮件、视频）进行互动。《Snow Crash》作者史蒂文森预见到，未来的互联网将是一个立体的虚拟生活空间。人们可以随时进出这个虚拟空间并在其中与他人即时互动，与虚拟世界互动。

一方面，人们努力地冲破藩篱，追求进入虚拟空间的美梦；另一方面，又想逃脱虚拟空间，在虚拟中实现现实，这或许是“虚拟现实”的真正含义。芯片巨头英伟达公司的“全宇宙”Omniverse；增强现实公司 Magic leap 的“魔宇宙”Magicverse；马化腾提出的“全真互联网”；《连线》杂志创始主编凯文·凯利描述的“镜像世界”以及“AR 云”“空间互联网”等概念，都有元宇宙的影子。元宇宙、全宇宙等概念的种种特点，像极了科技巨头们理想中未来互联网的样子。

元宇宙概念为什么突然火起来？持续两年多的新冠肺炎疫情显然是一条导火线，人们不再满足于平淡无味的线上教育、内卷式的社交活动和视频会议，而是希望身临其境的沉浸式、多维式、互动式的交往，进而把眼光投向了虚拟现实的空间。《连线》英国版指出，在过去一年多的疫情期间，人们的出行受到限制，因此许多人际互动从现实世界转移到了网络。例如，不少人尝试了视频会议，一些人在《我的世界》中参加毕业典礼，另一些则在《动物森友会》中举办婚礼……人们发现，虚拟世界未必就是虚无的，它们也可以对现实产生影响。建立新型社交关系这事儿，没准有戏。

2020 年夏天，浙江大学毕业生在《我的世界》中云游虚拟校园。斯坦福大学、UC 伯克利大学也都在元宇宙中完成了学生的毕业典礼。

生产领域也不例外，全球供应链的困境，让更多的人想到生产虚拟产品、消费虚拟产品，元宇宙中还可能产生新的收入来源，例如贩卖虚拟物品、虚拟服务、虚拟广告位等。扎克伯格表示，人们会为代表自己的虚拟人物购买时尚的服装或者去虚拟景点游玩。正如今天的互联网不属于任何一家企业，元宇宙如果成真，也不是任何企业独占的产品。

脱胎于科幻小说的“元宇宙”是一个诗意的词汇。从许多角度来看，元宇宙将是社交科技的终极表达方式。但在短期内，这一概念还不会真正走进人们的生活。腾讯研究院撰文指出：“目前元宇宙的最佳体验场仍在于游戏，从这个准备度最高的 C 端场景开始，元宇宙或将逐渐走向无垠。”

2021 年 3 月，Roblox 采取直接挂牌模式（DPO）在纽约证券交易所上市。Roblox 认为，元宇宙用于描述虚拟宇宙中持久的、共享的、三维虚拟空间的概念。2021 年 11 月初公布的 Roblox 三季度财报数据显示，其营收为 5.093 亿美元，同比增长 102%；平均日活跃用户（DAU）为 4 730 万，同比增长 31%。

2021 年 10 月底，Facebook 宣布改名为 Meta，将自己的品牌重塑，以显示公司对建立元宇宙的重视。公司计划于 2021 年 12 月 1 日以新的股票代码 MVRS 开始交易。

Meta 公司表示，它正在将重点转向建立一个虚拟世界或元空间，用户可以在那里进行社交、工作和娱乐。随后，Meta 公司又在公司会议上讨论了在全世界开设实体零售店的想法，用来展示 Meta 旗下的 VR 头显以及 AR 眼镜等产品。

2021 年 11 月 2 日在 Ignite 大会上，微软发布的新产品表明，该公司正在调整其标志性软件产品，以创建一个更企业版的元宇宙。更企业版的元宇宙是 Meta 联合创始人马克・扎克伯格推出的概念，承诺让用户在相互连接的虚拟世界中生活、工作和娱乐。

微软也不甘示弱，它的第一款产品将是具有数字化身功能的微软 Teams 聊天和会议程序版本，将于 2022 年上半年推出。微软宣布，明年上半年其产品 Teams 协作软件的用户将能够以虚拟人物或动画卡通的形式出现在视频会议中。

2021 年 8 月英伟达的一场“假”发布会，为其 Omniverse 平台做了一次强有力宣传，也让外界看到了英伟达提出的“元宇宙”业务的可能性；同时，借助元宇宙的“东风”，英伟达的市值首次超过伯克希尔哈撒韦公司，位居全美第七。

百度、阿里巴巴、腾讯和字节跳动几大传统互联网巨头继续成为“元宇宙元年”的重要推动者。

腾讯在 2021 年 10 个月内已经至少投资了 67 家游戏公司，或许将以“游戏 + 社交”的方式接轨元宇宙；阿里巴巴也通过刚刚成立的 XR 实验室逐步实现元宇宙的四个阶段布局；百度早早在 VR 方面投入了大量的人力，开发百度“希壤”虚拟平台；字节跳动也收购 VR 公司 Pico 将其并入字节 VR 相关业务；网易申请注册了“网易元宇宙”“雷火元宇宙”“伏羲元宇宙”等商标；百度申请注册“Meta App”商标，进一步深入布局元宇宙。

3.2 英伟达的元宇宙

2021 年 8 月 12 日，英伟达通过纪录片《在元宇宙中连接》自曝，该公司 CEO 黄仁勋在当年早期的一次演讲中，有十几秒的影像是 Omniverse 技术平台制作的数字替身。

黄仁勋在 GTC 大会上展示了面向企业的实时仿真和协作平台 Omniverse。他表示，Omniverse 可以让个人模拟制造出遵循物理规律的共享 3D 虚拟世界。据英伟达介绍，Omniverse 平台拥有三个主要的应用效果：

一是 Omniverse 平台可以实现用户和应用程序之间的实时协作，可以实现在单个交互式平台上实时整合用户和主流行业 3D 设计工具，在此基础上，开发者无须准备数据便可即时进行更新、迭代和更改，从而简化工作流程。

二是 Omniverse 可提供实时性的光线追踪效果，提供可扩展的、真实的实时光线追踪和路径追踪，可以基于作品实时实现精美、物理属性准确且逼真的视觉效果。

三是 Omniverse 平台实现模型可扩展性，在 Omniverse 平台上，开发者只需构建模型一次，即可在不同设备上渲染。

NVIDIA 中国区高级技术市场经理施澄秋在媒体沟通会上表示，Omniverse，即虚拟世界让创新新纪元变为可能，通过创新和科学性探索成为全新的时代。以前认为互联网是一个通信工具或者沟通平台，但得益于4G、5G、互联网和人工智能飞速发展，现如今可以把世界通过互联网变成一个虚拟的3D 世界，以后的虚拟世界可能就会像今天做网站一样。

他指出，NVIDIA Omniverse 是能让创意工作人员、科学家、物理学家以及电脑专家连接在虚拟世界里的综合平台，它能把领先的图形计算、物理模拟和人工智能全部融合在一起。

在 GTC 大会上，英伟达还宣布 Omniverse Enterprise 已进入正式发布阶段。它允许跨多个软件套件工作的全球3D 设计团队在共享虚拟空间中通过任意设备实时协作。

施澄秋对此表示，英伟达的 OEM 合作伙伴已经推出了符合 Omniverse Enterprise 认证的工作站、超级计算机、服务器和笔记本等使用 NVIDIA 认证的系统，可以接入 Omniverse 平台，使用 Omniverse Enterprise 平台产品，帮助各式各样大中小规模的公司转变3D 制作创意工作流程。其实 Omniverse Enterprise 是一个端到端的协作、仿真模拟的平台，从软件到硬件都已经获得了 NVIDIA 的优化。NVIDIA 从 2021 年 9 月起就已经陆续完成对合作伙伴的认证，只要购买拥有认证贴纸的产品或者参与这个项目的合作伙伴系统，就可以确保安全无忧地运行 Omniverse Enterprise 平台。

基于 Omniverse Enterprise 的 Replicator，Isaac Sim 可以用于自主驾驶车辆、机器人的训练。Omniverse Replicator 是一款性能强大的合成数据生成引擎，能够生成用于训练深度神经网络的物理模拟合成数据。Omniverse Replicator 平台类似复制器，可以把建模做成一个相应的模组。在 NVIDIA Modulus 里做成模组后，再用复制器进行复制，就可以变成一个强大的合成数据的生成引擎，为深度神经网络训练提供合成数据。英伟达发布了两个用于生成合成数据的应用，这两个应用是使用该引擎实现的首批成果。它们分别是用于承载自动驾驶汽车数字孪生的虚拟世界——NVIDIA Drive Sim 和用于可操纵机器人数字孪生的虚拟世界——NVIDIA Isaac Sim。

在拥有 NVIDIA Modulus 形成的数据库的前提下，数据用 Omniverse Replicator 复制器复制，可以合成一个大规模应用场景。复制器应用可以让开发者搭建自己的 AI 模型，填补真实世界中事物的空缺，完成超前的训练和部署，得出人类无法获知的实践结论。

在无人驾驶车辆路测中，运用 NVIDIA Omniverse Replicator 的 DRIVE Sim 可以完成路径追踪等操作，能够还原真实世界。在模拟各种各样的 LED 屏闪、动态模糊，其他车辆的激光雷达、多普勒效应、弥漫效应等对无人驾驶车辆衍生出来的边际效应时，可以利用 DRIVE Hyperion 8 的自动驾驶工具包，跟 Omniverse Replicatorer 协同进行自驾车的训练。通过 DRIVE Sim 的复制器生成的数百万张图片和模拟数据，进行不亚于真实路训的模型。在训练好的模型做好之后，可以直接通过 DNN 部署到各式各样的模型上去，省略大量研发时间。

黄仁勋在 GTC 大会上表示："科幻小说中的 Metaverse 已经离我们不远了，未来的虚拟世界将是一个高度逼真的场景，而且和现实世界一样遵循物理定律，这样的场景未来将有大量人类和 AI 居住，Omniverse 的重要特征就是符合现实世界中的物理定律，堡垒之夜、我的世界、Roblox 更像是 Metaverse 的早期版本，未来 Metaverse 不仅仅是游戏，更是模拟未来的地方。"

英伟达对元宇宙的理解是非常纯粹的，就是元宇宙始终需要算力来推动，软件、硬件等融合成一个平台，这个平台提供元宇宙的支撑、设计、实施、建模、模拟、测试、训练，直到最后的部署，这个平台就是 NVIDIA 的 Omniverse 平台。我们所有对元宇宙的猜想都搭建在 Omniverse 平台上，我们希望 Omniverse 能承载元宇宙。在过去十年里，NVIDIA GPU 算力爆炸式增长，不断迭代，GPU 算力迭代速度远超摩尔定律的预期。可以看到，未来元宇宙真正的爆发点，其实是软硬件、平台、解决方案堆栈的爆发。

Omniverse 定位工程师的元宇宙真正将元宇宙落实到工业场景。Omniverse 能将英伟达旗下 GPU、CUDA、实时光线追踪 RTX 技术等所有软硬件技术及英伟达在生态系统中整合性的特质集中到一个平台，形成完整全栈解决方案，从而以更高效和兼容的方式解决与"物理世界拟真"相关的各项痛点。在这一过程中，英伟达提供Omniverse 等工具，让 ISV、开发者和用户自己根据各式各样的创造性思维，打造逼真的世界和高度还原的物体，最终成为元宇宙基础底层服务架构的提供者。

3.3 库克在争夺元宇宙的接口利器——AR

随着铺天盖地的元宇宙概念蔓延到整个商业社会，先是马克·扎克伯格将 Facebook 更名为 Meta，以突出其重点转向虚拟现实，宣布其是元宇宙的先行者；后有微软推新表示未来大家可以在元宇宙里写 PPT；再有 Google 一直以来不遗余力地探索元宇宙的虚拟技术……但在元宇宙派对的狂欢里似乎未见老大哥苹果的身影？

美东时间 11 月 12 日周五，摩根士丹利表示，虽然 Meta 在探索下一重大领域（元宇宙）可能比很多公司都要早，但苹果公司才是真正掌握成功的关键。摩根士丹利在研报中表示，Facebook 和谷歌一直在投资 VR 和 AR 技术，这是通向“元宇宙”中虚拟世界的门户，但只有在苹果加入赛道时，AR 或是 VR 的大规模市场应用才能得以实现。

华尔街见闻认为，要实现元宇宙，必然需要底层技术的支撑：VR 设备是获得沉浸式体验的关键，而低延迟则需要依靠 5G 和云计算等底层技术来实现。虽然苹果在 AR/VR 硬件方面“明显缺席”，但回想苹果在手机领域的布局，也是直到 2007 年才进入智能手机市场，比诺基亚和黑莓要晚得多。

根据元宇宙概念上市公司 Roblox 的定义，元宇宙应具备身份、朋友、沉浸感、低延迟、多元化、随地、经济系统、文明等八大要素。元宇宙的表现形式大多以游戏为起点并逐渐整合互联网、数字化娱乐、社交网络等功能。从目前各大巨头纷纷入局来看，元宇宙未来可以整合社会经济与商业活动。目前，比较共识性的结论为，元宇宙是下一代互联网。然而面对如此繁杂的概念和定义，苹果 CEO 库克在此前接受《时代》杂志的采访中，对于“元宇宙”概念提出了自己的想法。库克表示，他更愿意称之为 AR，元宇宙更像是 AR 的另一种新叫法。库克在接受采访时说：“不要讲什么元宇宙，我们将它称作 AR。”为什么库克要强调是 AR，不是元宇宙，而扎克伯格却时刻把元宇宙挂在嘴边，概念争议到底是什么？

不同概念背后，是硬件之争，亦是入口之争。在这个问题上，具备典型特征的双方代表就是苹果和脸书。在苹果这里，库克对 AR 一直是“偏爱”的，曾 10 多次在公开场合表达对 AR 的看好。苹果 AR 头显已经完成第二阶段原型机测试，有望最快在 2022 年下半年问世。届时，随着 AR 头显的推出，苹果在 AR 业务线上将至少形成三大硬件（iPhone、iPad、AR 头显）和一个软件生态的格局。

而在这之前，iPhone 与 iPad 一直是苹果在 AR 业务的主力军。比如 iPhone，前置的原深感镜头组、后置的激光雷达传感器 LiDAR、超广角镜头以及提供精准定位能力的超宽带 UWB 芯片等，虽说有些硬件并不是专为 AR 服务，但对于后者而言也是不可或缺的。软件生态上，App Store 中也不乏各类 AR 类应用，覆盖科普教育、文娱游戏、办公、社交等，有些 App 的下载量也已经超过了 10 万。

与此同时，苹果也在 2017 年推出了 AR 核心技术的底层框架 ARKit，并在之后向开发者、艺术家、普通用户等不同群体分别针对性地推出了 RealityKit、Reality Composer、Reality Converter 等底层框架和软件。显然，在 AR 这一技术上，苹果已经部署了多年，iPhone、iPad 等硬件就是它的“入口”。

不同于硬件基因强大的苹果，自诩“元宇宙”公司的 Facebook 在具体技术上主要着眼于 VR——Oculus。2014 年，Facebook 以 4 亿美元收购 Oculus 直接点燃了 VR 赛道。直至今日，中间几经波折，且市场行情不佳，但是 Facebook 一直没有放弃这一业务。时至今日，Oculus 已然成为 VR 市场的“领头羊”，虽然 Oculus VR 头显的销量与收入一直没有公布，但就在 2020 年，Oculus 内容平台的交易额突破了 1 亿美元。而就在发力“元宇宙”之后，Facebook 也有了多个动作，包括推出一款名为 Horizon 的在线游戏。Horizon 是一个虚拟工作区，仅适用于使用 Oculus Rift 或 Quest 的用户。这意味着，如果你不购买 Oculus 设备，就不能进入游戏。Oculus 的 VR 头显，就是 Facebook“元宇宙”的入口。

此时，概念争议的本质也就显现出来——承担“入口”的硬件设备。Facebook 想要用 VR 设备取代手机，成为下一代流量承载体。用扎克伯格的话来说，现在人们花费的很多时间，基本上都是通过这些发光的小矩形（智能手机）来调节生活和交流方式，但这不是互动的真正方式，更不是他所认可的元宇宙。他认为：“是时候投资去构建一个我认为是下一个主流的计算平台，也就是 VR/AR。这一技术改变的不仅是社交方式、生活方式，甚至能够对社会产生深远的影响，它可能会改变人类和这个星球。”

当然，当前的主流计算平台无非是智能手机和电脑。而不管从使用频率、用户基数等多方面来看，智能手机更略胜一筹。与此同时，智能手机也是当下体量最大的流量载体。依据 2022 年 1 月的数据，全球 78.3 亿人口中，有 52.2 亿人在使用手机，占比约 66.6%。流量之大无其他硬件可匹敌。

以苹果应用商店 App Store 为例，流量带来的是 2020 年收入 640 亿美元，占据苹果整体收入的 23.3%，是小米 2020 财年总营收的 1.7 倍。但是，智能手机现在面临一个问题就是增速放缓。比如 iPhone，苹果分析师郭明錤表示，因为 5G 置换需求的大涨以及华为腾出市场的空缺，iPhone 在 2021 年的同比增长率将达到 16%，但到了 2023 年，即便苹果推出配备屏下指纹识别方案的新 iPhone 或是加入折叠屏产品线，都无法抵消 5G 需求下滑等因素的影响。届时苹果将不得不面对“增速放缓”的问题。而此时，苹果需要思考的，就是找寻一个新的增长点。从目前来看，它所看重的或许就是 AR。

至于 Facebook，它的想法是直接“取缔”手机，打造一个新的流量入口，也就是扎克伯格看重的 VR/AR 设备。而苹果正意图将 AR 培养为新增长点，留住既有的 iPhone、iPad 等硬件品类的用户，并由此开拓新流量；Facebook 则是试图用 VR/AR 设备抢夺智能手机的流量。如同当年的智能手机品牌大战一样，在可预见的未来，我们还能见证一场关于流量入口的硬件之争。

大家都在争夺元宇宙的入口权，接口工具是“兵家”必争之地，手机的发展从BB机到“大哥大”，再到智能手机已经走过一段历史，接下来或许就是智能AR。

3.4 比尔·盖茨布局元宇宙

2020年1月，风险投资家马修·鲍尔撰写了一篇颇具影响力的文章，定义了元宇宙的关键特征，包括：它必须跨越物理世界和虚拟世界；包含一个完全成熟的经济生态；并提供“空前的互用性”。也就是说，必须确保用户可以将自己的化身和商品从元宇宙中的一个地方带到另一个地方，而不会因为这些地方的运营主体差异而面临障碍。

上面说到，对元宇宙的共识是下一代的互联网。用马修·鲍尔用来定义Metaverse的六个品质，下一代的互联网需满足：

- 互联网是持久的；
- 互联网同步直播；
- 互联网对并发用户没有上限，同时也为每个用户提供了个性化的“存在感”；
- 互联网有一个功能齐全的经济；
- 互联网是一种跨越数字和物理世界、私人和公共网络/体验以及开放和封闭平台的体验；
- 互联网提供了前所未有的（虽然不是完美的）数据、数字项目/资产、内容等的互操作性。

互联网如此开放和互操作的全部原因是因为它是在一个没有商业要求或政治监督的世界中建立的。元宇宙的独特之处在于它是虚拟现实中体验最好的互联网。新冠肺炎疫情暴发以来人们生活的很大一部分主要是数字化。如与朋友和家人联系的主要方式是通过视频通话或社交网络；主要的娱乐方式是媒体或游戏；对于白领工人来说，他们的工作也常常是需要在线的。随着世界的逐步开放，人们想做的第一件事就是和他们的朋友和家人一起去看电影、看一场足球比赛或者去旅行。在这个仅限在线的世界中，手机无疑是必不可少的，它可以让您在四处走动时保持联系。

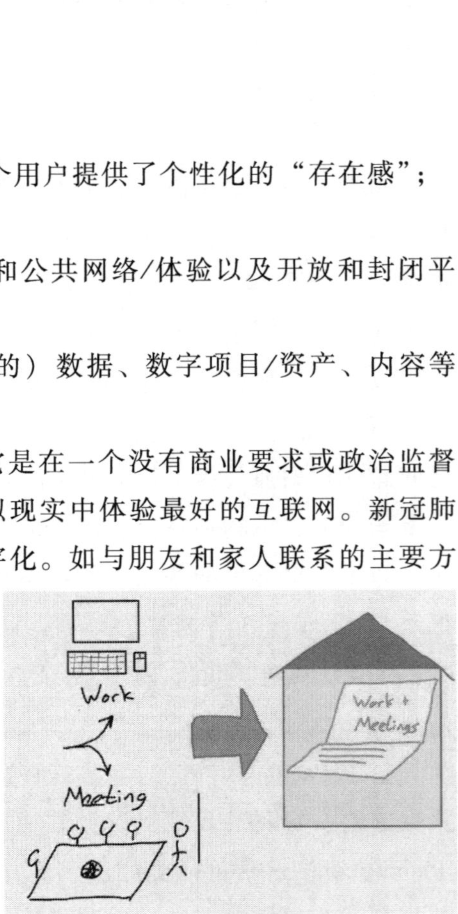

然而这并不是最好的上网方式，虚拟现实才是最好的上网方式。

如何在 VR/AR 中工作一直是微软布局的重点。几十年来，工作是物质目的地，现在它是一个虚拟的。虽然工作者的工作场景是面对计算机单独工作和面对面会议，但在过去的两年里，面对面会议变成了日历邀请上的链接，这就是所谓的物理降级。

微软的 Mesh for Microsoft Teams 等新产品使在虚拟现实中召开会议、讨论问题、解决问题成为可能。

萨蒂亚·纳德拉将 Windows 的终结作为微软战略的关键，但这并不意味着微软放弃了拥有核心应用程序的想法；他们的在线第一设备不可知云操作系统是 Teams。在微软 Ignite 主题演讲的这个片段显示了微软的愿景是多么雄心勃勃。

Microsoft 可以通过 Teams 实现这一愿景，很大程度上是因为 Microsoft 制造了如此多的组件，为公司提供了强大的销售主张。这种集成也意味着微软在 Metaverse 方面有一个很大的领先优势：如果 Metaverse 的初始体验是作为一个独立的、拥有自己数据和应用程序的 Metaverse，那么 Teams 已经存在。也就是说，从硬件的角度来看，企业是虚拟现实最明显的渠道；从软件的角度来看，Teams 也是虚拟现实潜力最明显的体现。

微软在该网页上销售了许多第三方 VR 耳机，所有这些耳机都必须连接到 Windows 计算机。微软的成功需要为 OEM 创造机会，类似于 PC 创造的机会。同时，这个解决方案对于 Metaverse - As - Internet 的长期愿景也是一个有利的解决方案：Windows 是最开放的消费平台，这也适用于微软当前的 VR 实施。

微软联合创始人比尔·盖茨对 2022 年及以后充满乐观。他预测元宇宙的兴起将极大地改变未来的工作。元宇宙是由 Meta 或微软等科技公司建立起来的虚拟世界，用户可以在该虚拟世界中工作、游玩和社交。盖茨指出，新冠肺炎疫情的暴发已经“彻底改变了”工作场所，为希望远程办公的员工提供灵活性的公司比以往任何时候都多。“这些变化在未来几年只会加剧。”盖茨还表示，远程办公只会把更多的人拉进元宇宙。“在未来两三年内，我预测大多数虚拟会议将从二维图像转向元宇宙，一个有虚拟形象的 3D 空间。”

二维图像——盖茨将其比作游戏节目“好莱坞广场”。这是目前大多数视频会议平台（如 Zoom 或微软的 Teams）所提供的形式。而在元宇宙中，你将拥有一个 3D 虚拟化身，可以在虚拟的办公空间或其他目的地参加会议，在那里还可以与你同事的虚拟化身互动。

“我们的想法是，你最终将使用你的化身在一个虚拟空间中与人会面，而这个虚拟空间可以复制出与他们在一个真实房间中的感觉。”不过盖茨指出，用户必须戴上虚拟现实头盔或眼镜才能做到这一点。他还承认，为了“准确地捕捉表情、肢体语言和声音质量”，人们需要昂贵的科技设备，比如 VR 头盔，甚至是动作捕捉手套。微软正致力于在其办公软件 Teams 中添加 3D 化身和其他元宇宙元素。微软也宣布了与 Meta 的合作，让 Meta 的 Workplace 企业社交网络软件与 Teams 兼容，使 Teams 有了一个通往元宇宙的清晰入口。

盖茨还指出，微软将在 2022 年推出自己的虚拟现实头盔和手套，它可以使用“你的网络摄像头将目前 2D 设置中使用的化身变成动画”。在 2021 年 11 月初的年度 Ignite 会议上，微软首席执行官萨提亚纳德拉表示，这家科技巨头将在三个领域推出 90 项新服务和更新，其中之一就是元宇宙。

Microsoft Mesh 是来自 Microsoft 的全新混合现实平台，可连接物理世界和数字世界，让您和与您联系的人超越传统的空间和时间界限。在 Microsoft Mesh 中，您可以在共享空间中与他人协作，这样您就可以感受到真实的存在感，并通过您选择的设备共同创作，无论是 AR、VR 还是通过 PC、平板电脑的屏幕或电话。对于应用程序开发人员，Microsoft Mesh 使您能够利用 AI 支持的工具构建沉浸式、多用户、跨平台的混合现实应用程序，用于空间地图、沉浸式呈现、全息渲染和多用户同步。

3.5 扎克伯格的元宇宙八大应用场景

Facebook 诞生于 2004 年 2 月，是全球用户规模最高的社交平台，旗下拥有 Instagram、WhatsApp 等多个社交产品。截至 2021 年的第三季度，Facebook 旗下产品去重月活总数为 35.8 亿，占全球 48.0 亿互联网用户的 74.6%。2014 年起公司通过收购 VR 设备公司开始布局元宇宙（见图 3－1）。

2021 年 10 月 29 日，Facebook 公司在 Connect 2021 大会上宣布正式更名为“Meta”。CEO 扎克伯格提出公司重点将是实现元宇宙，但核心仍然是连接人与人。Meta 聚焦元宇宙生态构建，开启全新的发展阶段。硬件端拓展尝试 MR（增强现实），应用端场景已由此前的社交 & 游戏拓展至居家、办公、健身等八个场景（包含 NFT 交易）。公司希望未来十年内让 10 亿用户加入元宇宙，共同发展下一代互联网。

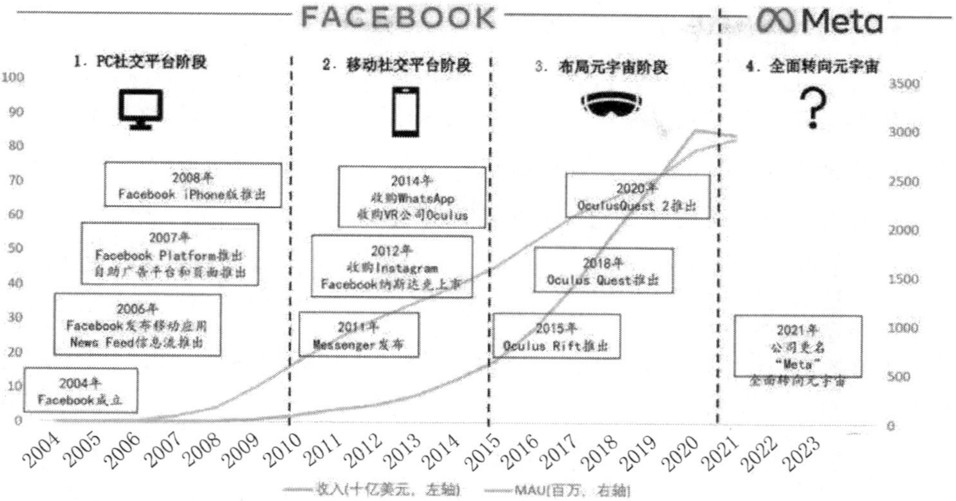

Facebook 发展历程

公司未来将以“Family of Apps”（应用系列）及“Facebook Reality Labs”（现实实验室）两大业务形式呈现财报内容，后者未来投入将超过 100 亿美元，借此扩展 AR、VR 内容发展。

3.5.1 Meta 的“八大要素”

扎克伯格提出元宇宙的八大要素：(1) 身临其境感（Feeling of Presence）；(2) 虚拟形象（Avatar）；(3) 家庭空间（Home Space）；(4) 远距离传输（Teleporting）；(5) 互操作性（Interoperability）；(6) 隐私安全（Privacy and Safety）；(7) 虚拟物品（Virtual Goods）；(8) 自然界面（Natural interfaces）。

Meta 公司还展示了两款新的硬件：一款为已经推出的简易版 AR 眼镜 Ray - Ban Stories；另一款为尚在研发中的增强现实（MR）眼镜 Project Nazare。

Ray - Ban Stories：轻便型 AR 眼镜。该款眼镜是 Facebook 与太阳镜公司 Ray - Ban 合作开发，可实现通话、拍照与听音乐等功能，于 2021 年 9 月推出。用户戴上该眼镜，Whats App 等应用程序可以悬浮在眼前，朋友的 AR 虚拟形象可以出现在房间之中。整体而言，该款眼镜与 Snapchat 推出的 Spectacles 的轻便定位类似。

Project Nazare：增强现实（MR）眼镜，或对标苹果。该款眼镜是比 Quest2 更高端的系列，支持眼球追踪、面部追踪、手势追踪和表情传递，技术上需要将全息显示器、投影仪、电池、无线电、定制芯片、摄像头、扬声器和传感器整合至大约 5mm 厚的眼镜形态之中。该款产品或是对标苹果将于明年推出的 AR 设备。

3.5.2 Meta的“八个应用场景”

Meta公司正在更积极探索游戏以外的应用场景，已涉及8个应用场景：

（1）居家：以Horizon Home为家庭空间应用界面，是用户登录元宇宙的初始场景，可做个性化装饰、邀请好友到访、传输至其他地方。

（2）社交：以Horizon World为家庭空间以外的社交广场应用界面，用户可以在其中参加派对、玩游戏等。

（3）工作：以Horizon Workroom为元宇宙中的工作应用界面，用户可添加公司logo等做定制化场景布置。

（4）健身：用户可根据所见到的影像内容，使用相关设备进行运动健身活动。Supernatural、Fit XR、Player22等健身App将陆续上线或更新，2022年推出的Touch控制器防汗手柄及运动优化面垫也将提升用户健身舒适性。

（5）游戏：作为当前Oculus主场景，公司继续丰富产品矩阵，热门游戏《Arizona Sunshine》的团队开发的五个新游戏及《GrandTheft Auto SanAndreas》《Blade & Sorcery》等其他游戏将陆续发布。

（6）教育：公司宣布投资1.5亿美元助力创作者在Oculus内构建沉浸式学习内容，并提供专业课程帮助创作者掌握相关技能及变现方法。

（7）养宠物：元宇宙中的宠物将参照现实世界中的动物设计，能与用户有效互动。

（8）交易：商家可在元宇宙内销售虚拟物品或现实物品，公司也将使用NFT等限量版本数字物品，让消费者有拥有物品所有权的体验，也会引入广告推销商家的产品，具备众多变现可能。

3.5.3 Facebook为何以及如何布局元宇宙

对Facebook为何布局元宇宙，坊间有各种评论和说法，褒贬不一。无论如何，事实是Facebook已经改了名并且为布局元宇宙准备了七年之久。Facebook布局元宇宙，从2014年Facebook收购Oculus开始。从近年来的布局来看，Facebook主要围绕硬件和生态两方发力，以寻求硬件渗透率提升，带动用户增加、创作者可以获得更多收入，再推动渗透率提升的螺旋增长（见表3-1）。

（1）硬件端放弃硬件设备，全力投入VR一体机研发。Oculus的VR产品主要分为两类：一体机和头显。一体机拥有独立处理器，自成生态；而头显一般需要接入PC、主机等外部设备。Oculus 2012年开始推出的Rift系列（Oculus Rift DK1、Rift

CV1、Rift S)，主要为头显。而后 Oculus 的研发转向独立生态的一体机方向。2019 年 Oculus Quest 推出，2020 年 9 月 Oculus Quest 2 推出，当季销量突破 100 万，超过历代产品销量总和。

表 3-1　Facebook 对 Oculus 的投入

时间	内容
2013	Oculus Share（Oculus 商店的前身）
2015.6	Oculus Home（内容分发平台）上线
2016.10	Facebook 宣布持续投入 5 亿美元扶持 Oculus 生态
2017	Oculus 宣布设立 2 年 5000 万美元基金鼓励非游戏类 VR 内容制作
2018.10	Oculus Home2.0 上线
2019.12	Facebook 宣布开始研发自有操作系统
2020.10	Facebook 宣布必须通过 Facebook 账号才能登录 Oculus

（2）应用端加强生态扶持。2016 年 10 月，Facebook 宣布投入 5 亿美元扶持 Oculus 内容生态，扶持项目全部由 Oculus 独占。根据 Information，2019 年 12 月，Facebook 开始开发自有操作系统。

上线综合性 VR 社交产品，打造社交功能为主的平台应用。2017 年 4 月上线 Facebook Space，用户可以设计其在 VR 中的虚拟形象，实现照相、游戏、画图和探险等体验，通过 360 全景视频功能体验社交场景，Facebook Spaces 已于 2019 年 10 月 25 日停止运营，主要是将发行的 Facebook Horizon 让路。

（3）Horizon 应用。2020 年开始内测，玩家可以通过虚拟的卡通形象在更精细、全景化的 VR 世界里进行社交。增加了个性化创作功能、支持 8 人联机（较 Facebook Space 提高了 1 倍）以及较好的安全和隐私保护。Horizon 于 2021 年 8 月先行公测办公场景下的 VR 产品 Workrooms，用户可通过穿戴 Oculus Quest 2 以虚拟形象参加会议。

（4）“VR 社交 +”模式。除了综合性的产品外，Facebook 在 2018 年发布过侧重游戏娱乐的《Rooms》、侧重体育赛事的《Oculus TV》和侧重观影的《Venues》三款社交应用。“社交 +”模式的尝试可以在其他场景中培养 VR 社交习惯，但从 Facebook 2021 年第二季度的业绩交流会来看，VR 社交的布局还是围绕 Horizon 这类专门的社交类产品，打造出一个社交平台。

2020 年 9 月推出的新版 VR 头戴设备 Oculus Quest2，用户佩戴后即可体验流畅的沉浸画面及 3D 环绕音效。相比于以前的头戴设备，Quest2 不需要连数据线或额外的传感器设备，让用户与 VR 内容的交互更自由多样。

（5）核心辅助设备为控制器。分双手抓握，通过运动完成与头戴设备呈现内容的交互。而随着手势追踪功能的推出，用户不需控制器、仅凭双手即可完成相关操作。

（6）以 VR 游戏为主引导更多体验。2014 年以来软件更新主要集中在游戏及视频，截至 2016 年 Oculus 已投入 2.5 亿美元为 VR 构建游戏、媒体等内容并于当年宣布追加 2.5 亿美元。以 VR 游戏、VR 视频引导用户使用相关硬件驱动用户体验其他服务，如音乐、浏览器等。此外，Oculus 也在商业、办公、健身等场景探索应用可能，如帮助汽车制造商设计蓝图等，提升工作效率。

（7）技术迭代优化体验。Oculus 通过提供手势追踪、混合现实技术、Oculus Link 互联等不断提升设备对不同应用体验需求的支持能力。

（8）VR 将是社交平台。Quest 上最受欢迎的应用是社交（2Q21 业绩会议），决定了 Oculus 与 Facebok 高度相似性。用户增长优先于变现。Facebook 及旗下产品运营逻辑：用户增长；在商家和用户之间构建联系与互动；寻求商业变现。Instagram、Messenger 和 WhatsApp 都被对应到了相应阶段中。

3.6 游戏巨头 Epic Games 看好元宇宙

在元宇宙赛道有一家在海外备受关注的新兴科技公司，作为在全球游戏行业中唯一一家既打造了多款火爆游戏，又研发了顶级游戏引擎，并吸引了 1.6 亿用户的游戏商店，Epic Games 已经是游戏行业的霸主，他们却在近两年将视线放在了元宇宙身上，并成为该板块的另一类“独角兽”。

大部分人不知道的是，正是 Epic Games 的举动引发了人们对元宇宙的关注从而创造了一个新的赛道。Epic Games 诞生至今已经有 30 年历史，最早由 Tim Sweeney 和 Mark Rein 于 1991 年创立，我们熟悉的腾讯在 2012 年 7 月以 3.3 亿美元收购 EpicGames 已发行股本 48.4% 的股份。

从产品线上来看，Epic Games 于 1998 年发布的一款 3D 第一人称射击游戏，如今已成长为一个系列，并且得益于完全自主开发的 3D 游戏引擎，Epic Games 尝试开发了基于这一引擎的其他游戏，包括后来风靡的《堡垒之夜》。

从历史发展来说，Epic Games 有“三大法宝”值得我们关注，分别是：《堡垒之夜》、虚幻引擎和 Epic Games 游戏商店。

那么作为顶级的游戏公司之一的 Epic Games 为什么如此看好元宇宙？从 Epic Games 首席执行官 Tim Sweeney 和虚幻引擎负责人 Marc Petit 的采访中可见一斑。

Tim Sweeney 认为，Meta 公司领导的社交媒体时代将大众圈定，并将用户引导至事先挑选好的目标，而不是让用户自由的探索。他无奈地说：“在过去的十年里，我们都被利用了。”

这是一件很悲哀的事，就好像 Aldous Leonard Huxley 在小说《美丽新世界》开篇描绘的场景一样，一切似乎都可以标准化，人的欲望似乎可以随时随地被满足，并且可以随时享乐。然而这样的“乌托邦”简直就是灾难，个性、家庭甚至喜怒哀乐都会在这种控制中逐渐消失。

Tim Sweeney 认为，元宇宙可以改变这一现状，元宇宙可以为用户提供更加广阔的数字化公众空间，用户是绝对自由的，可以在这个空间进行自我表达和探索互动，不必再被精心编辑的资讯流干扰。品牌可以和经验各异的内容创作者合作，并且将它的产品放在元宇宙中，使其得到应有的关注，这才是互联网本该有的样子。

Marc Petit 则认为元宇宙的到来是互联网演变的大势所趋。随着技术的发展，用户对拥有内容所有权的需求越来越高。用户期待控制内容，与其互动并沉浸其中，而开放的元宇宙为互动内容的时代奠定了基础。

作为虚幻引擎的负责人，Marc Petit 认为元宇宙可以构建一个更加公平的商业模式和规则。每个人都可以既是消费者，也是创造者。每个人都在隐私受到保护的同时，公平的参与到平台的建设和分成当中，拥有属于自己的宇宙。

不难发现，Epic Games 创始团队和管理层对元宇宙的理解绝非蜻蜓点水，而是“博古通今”，这也是为什么他们在 2021 年融资 10 亿美元后选择将更多精力放在了元宇宙中。

3.6.1 《堡垒之夜》的虚拟演唱会

Epic Games 敢于在元宇宙还处在巨大的不确定性之时，让自家全球最知名也最赚钱的游戏之一《堡垒之夜》首当其冲，探索元宇宙。其实早在 2021 年 4 月 Epic Games 宣布要进军元宇宙之前，他们已经早早地开始探索元宇宙了。一个很明显的体现就是在《堡垒之夜》中已经有诸多元宇宙的影子。

《堡垒之夜》原本是一个“建造 + 射击类”的大逃杀游戏，但是 Epic Games 对它有更多的期待。2018 年底，《堡垒之夜》第七赛季上线了创意模式的创造玩法，玩家可以在自己私人的岛屿上随意建造，同时也能和朋友一起设计游戏。它尽可能地释放玩家们的创造力，并给予了玩家一个可以社交交流的平台。虽然建造需要基于《堡垒之夜》目前可用的物品、功能和设计，还做不到 Roblox 与《我的世界》中更丰富的素材，不过《堡垒之夜》在画面上有着天然优势，依然受到了玩家的喜爱，并诞生了许多非常有想象力的创作。

2020 年 12.50 版本更新后，《堡垒之夜》正式上线了“Party Royale”（派对岛）。

在这个派对岛上，没有任何任务，玩家可以无忧无虑地在派对岛闲逛，可以与朋友在虚拟世界中畅聊，也可以与大家一起参加跳伞、钓鱼、比赛等各种小游戏。

相比于创意模式，Party Royale 更多地构建了一个虚拟的公共空间，让玩家不用在意物理世界的阻挠，能够与即使相隔千里的朋友畅聊与互动。将虚拟公共空间的体验进一步放大，是《堡垒之夜》举办虚拟演唱会的尝试。在 2020 年 4 月 24 日，《堡垒之夜》与美国著名说唱歌手特拉维斯·斯科特携手，在全球各大服务器上演了一场名为“Astronomical”的“沉浸式”大型演唱会，共吸引了超过 1300 万名玩家前往观看。

这样的壮举也就只能在线上实现了，在线下则需要举办几百场才能达到这样的效果，这种间接体现未来虚拟世界的交互所蕴含的巨大影响力。

这三种模式，打破了《堡垒之夜》原有的枪战、竞争等元素，让玩家放下了武器，感受在虚拟世界与他人进行互动和社交的轻松和快乐，而这也正是元宇宙有着深度沉浸感的特点。

3.6.2　虚幻引擎与 Unity 引擎

一直以来最常用的第三方游戏引擎就是虚幻引擎与 Unity 引擎，相比之下，Unity 引擎比虚幻引擎更简单易用，但是技术层面就比不上虚幻引擎的效果好，但是这样的特点更适合手机游戏的开发。Unity 是手游最主流的游戏引擎，也有广泛应用。而虚幻引擎则更专业和复杂，一般用于开发视觉特效非常好的高质量游戏。

但这却是 Epic 想要打破的固有印象。因为要入局元宇宙，就需要更多的开发者参与其中自发构建元宇宙，就像 Roblox 那样。而目前虚幻引擎学习起来十分吃力，也很难达到虚幻引擎的最终目标。

虚幻引擎的最终目标是使内容制作者更具效率，让预算少的几人团队有可能打造出跨时代的高质量游戏。目前，技术障碍只是游戏产业中的一个限制，开发者能够投入的时间、经济条件等也一直是限制游戏开发者的主要因素。

因此，想要达到这样的目标，并且契合自身的元宇宙战略，就不得不花费更多功夫让虚幻引擎变得更加易用好上手，以吸引更多初学者使用虚幻引擎从而创造源源不断的虚拟世界，吸引更多用户参与，形成一个正向的上升螺旋。

除此之外，Epic Games 也在通过与 Manticore Games 等外部公司合作来实现这个目标。Manticore Games 发布了一个建立在虚幻引擎之上的游戏制作平台“Core”，可以理解为虚幻引擎版本的 Roblox，但 Roblox 的建模更粗糙，主要适用于年轻人。

Core 希望借助虚幻引擎的高性能和高表现力，为那些想要打造更加真实并有丰富特效的虚拟世界开发者提供易于使用的工具。Core 也吸取了 Roblox 的经验，通过与开发者五五分成，激励更多开发者在平台上进行创作。

3.6.3 区块链游戏

2021 年 10 月 16 日，游戏开发商 SpacePirate 披露，Valve 旗下游戏和软件平台 Steam 推出新规，使用区块链技术或允许用户交换 NFT 或 Crypto 的游戏将不得在 Steam 上发布。

作为占据游戏发行超过半壁江山的最大游戏平台 Steam 的新锐竞争对手 Epic Games，对此作出了相反决策。Epic Games Store 欢迎使用区块链技术的游戏，前提是它们遵守相关法律，公开其条款，并进行适当的年龄分级。尽管 Epic 并未在游戏中使用加密技术，但它们欢迎技术和金融领域的创新。

Epic Games 向美国知名科技媒体网站“The Verge”提供了更多细节。他们强调将设定一些限制条款以规范区块链交易活动，此外平台也会与开发人员密切合作，以详细了解他们将如何在游戏中使用区块链技术。

早在 2021 年 1 月，Epic Games 的 CEO Tim Sweeney 就表示：区块链技术和 NFT 是通向完全新兴的元宇宙（虚拟世界）的“最合理的途径”，但由于交易成本和当今构成加密货币的投机等因素，“持久的、实时的数字世界”的梦想可能还遥不可及。在未来的几十年中，虚拟存在的新时代将迎来标志着人们作为网络化物种的下一个伟大里程碑。这也意味着 Epic 将会吸引更多的区块链游戏入驻其中，而像 Axie Infinity 这样的区块链游戏已经能够比传统游戏中最赚钱的游戏《王者荣耀》带来更多的营收，区块链游戏带来的“Play to Earn”模式无可限量。因此，区块链游戏必将成为 Epic 进入元宇宙的又一大助力。

Epic Games 的 CEO Tim Sweeney 一直认为苹果、谷歌等硅谷巨头创造的经济生态系统是一种高墙花园，不断使互联网退步。而 Tim 的愿景是将元宇宙塑造成一个开放的平台，但这需要所有品牌都参与其中，而不是每个品牌都各自构建标准，筑起高墙。尽管也有人诟病 Epic Games Store 本身也是一种高墙花园，Tim 也不否认，但是它在朝着打破墙壁做出努力。

相比苹果、谷歌等大平台抽成 30% 费用，Epic Games 仅抽成 12% ，尽可能去中介化，让自己成为一个更开放的平台。同时，Epic Games 成功说服任天堂、Xbox 和索尼等公司，在玩家玩《堡垒之夜》时打开多人游戏基地，可以与其他平台联机。《火箭联盟》和《使命召唤》等系列游戏都采用了跨平台联机和保存数据的标准，打破游戏厂商之间的高墙，互通互联，才是未来的开放式的元宇宙。

3.7 企业家进军元宇宙的竞赛

在 Facebook 将公司更名为 Meta 之后，一场建立 Metaverse 的军备竞赛开始了。除了上述几家大企业之外，加入竞赛队伍的公司越来越多，有 Epic Games Metaverse、Fortnite Metaverse、亚马逊的 Metaverse、谷歌的 Metaverse、Snap Metaverse、Snapchat 和 Roblox Metaverse 等。

以下是一些企业高管对元宇宙的看法以及他们打算如何利用它的一些想法。

3.7.1 Agora，Inc.

Agora，Inc. 实时视频平台刚刚发布了一款网络产品，将“加速任何类型的数据，不仅是视频或音频，也适用于任何应用程序，无论是游戏、电子商务、协作还是元宇宙”，首席执行官 Tony Zhao 表示：“最近，我们看到了在扩展现实（XR）环境中实时参与的加速趋势，创造了元宇宙的基础设施。”“我们的计划是进一步增强我们在这些领域的能力，并成为元宇宙的重要基础设施提供商。”

3.7.2 哔哩哔哩

“元宇宙是一个概念，而不是一件产品，”哔哩哔哩的首席执行官陈睿在周三与投资者的电话会议上表示，他暗示元宇宙的很多元素已经存在了很长时间，只是很多公司现在才决定加入。

“我认为，如果有人听到元宇宙的概念并决定进入这个行业，可能会为时已晚，”陈说。“当我们谈到元宇宙时，我们认为这不是一家公司凭一己之力就可以做到的。需要拥有庞大的内容制作能力来建造另一个世界。”

3.7.3 Bumble

Bumble 计划为用户建立新的黏性和社区关系，其首席执行官惠特尼沃尔夫赫德在 2021 年 11 月的一次财报电话中表示：“通过他们自己建立的社区、他们所获得的虚拟商品和体验，或者通过在他们浏览元宇宙时拥有自己身份的新方式。”“基于区块链技术，我们相信 Bumble BFF 将实现一定程度的参与和授权，这将使我们的使命成为现实。”

3.7.4 Coinbase

Coinbase 首席运营官 Emilie Choi 在 2021 年 11 月的财报电话会议上表示，该公司一直在花费大量时间与区块链技术、Crypto 和 NFT 一起开发元宇宙，这些技术被数千万美国人使用。Choi 认为，这个领域有很多创新机会，我们希望继续加倍把握这些机会。

3.7.5 杜比实验室

杜比实验室表示，它看到了元宇宙与其技术集成的潜力，尤其是在听觉特征方面。首席执行官凯文·叶曼在周二的财报电话会议上表示，“我认为元宇宙可以有多种形式，但归根结底，它是一种视听体验。”并指出他希望将其与杜比技术集成一体。“我们的一些开发人员，他们甚至将自己定义为虚拟环境，甚至延展到是元宇宙。”

3.7.6 Match Group

Match Group 首席执行官 Sharmistha Dubey 表示，她设想在公司的约会软件中融入元宇宙功能，例如“在一个钢琴酒吧，人们的虚拟形象聚集在一起，但他们实际上是在自己家里弹钢琴并与他人一起演奏。”Dubey 认为：“这是一种变革性的可以改变人们在约会或社交发现平台上认识并了解彼此的方式，或者说更类似于人们在现实世界中互动的方式的元宇宙体验。”

3.7.7 网易

这家中国科技娱乐公司表示，该公司已“在技术上准备好”进军元宇宙领域。网易投资者关系主管 Margret Shi 表示：“元宇宙确实是当今世界各地的新流行语。但另一方面，我认为在元宇宙方面没有人有过亲身经验。”

3.7.8 Roblox

Roblox 频繁地被引用为潜在的元宇宙模型的一个例子。Roblox 首席执行官大卫·

巴斯祖基表示，该公司正致力于“以创新的方式真正参与在元宇宙中的发明和引导。”“当我们考虑元宇宙以及 Roblox 是什么时，我们确实将其视为一种实用程序。”

首席产品官曼努埃尔·布朗斯坦称，该公司的目标是将元宇宙中超过 10 亿人联系起来。首席商务官克雷格·多纳托称，元宇宙还将包含来自广告代理商的经验。

3.7.9 Unity Software

这家视频游戏软件公司最近收购了 Weta Digital，据称有助于进入元宇宙领域，尤其是采用以创作者为中心的方法。为了填充元宇宙，该公司已经开始构建数以千计的数字资产，例如虚拟收藏品。

其首席执行官 John Riccitiello 表示：“这将真正帮助我们得到更多关于元宇宙的信息，并帮助我们围绕‘更多的创造者才会使这个世界变得更美好’这一概念构建元宇宙。”“这真的把一些东西放在我们的平台下，至少从艺术家的角度来看，它们是真正的魔法，他们是我们宇宙中最大的可触及的观众。”

3.7.10 Vonage Holdings

这家云通信提供商表示，它专注于基于云盘的技术，以增加用户参与度，为更大的事情做准备，暗示将在元宇宙中使用该技术。Vonage Holdings 首席执行官 Rory Read 表示，该公司预计在未来五到十年内会看到更加充实的元宇宙版本。“我们相信，随着这种 360 度的互动的元宇宙扩展和爆发，元宇宙的发展只会加速。”

3.7.11 华纳音乐集团

华纳音乐集团讨论了他们在大型元宇宙平台（如 Roblox 和《堡垒之夜》）上音乐创作和内容创造方面的潜力。“当你开始关注全球影响力，以及在这些新世界中度过有意义的时间的人数时，我认为这为宇宙的发展提供了大量的机会”首席执行官斯蒂芬库珀说。

3.7.12 沃尔特·迪士尼公司

CEO 鲍勃·查佩克表示，虚拟现实“元宇宙”是迪士尼的未来。尽管元宇宙尚未创建出来，但这位迪士尼 CEO 已将虚拟现实世界描述为“将这个物理世界与数字世界无限制地融合在一起”。

转向虚拟现实是因为迪士尼现在拥有虚拟现实游戏和体验，可以与角色进行虚拟互动。鲍勃·查佩克说：“如果你想和迪士尼公主共进午餐，你以后可以这样做。”

“这有点难以理解，因为元宇宙还没有被创造出来，但我认为迪士尼有这种独特的能力来获取人们生活的物理表现并将其与他们拥有的数字存在融合在一起，并且以一种独特的方式做到这一点，因为你同时拥有乐园和数字平台，比如 Disney Plus，没有其他人有能力做到这一点。”

所有人都在涌入元宇宙，现在，迪士尼也公布了“超越迪士尼 +，寻找潜在的元宇宙”的计划。鲍勃·查佩克上周在企业财报电话会议上告诉记者，该公司计划通过更紧密地连接物理世界和数字世界来构建其元宇宙。

“我们迄今为止所做的努力只是将能够更紧密地连接物理世界和数字世界的时代的纽带，允许在我们自己的迪士尼元宇宙中无界限地讲故事。我们期待为消费者创造无与伦比的机会，让他们在我们的产品和平台上提供迪士尼的一切体验，无论消费者身在何处。”

第一，迪士尼通过乐园和度假村以及数字世界中的媒体娱乐资产在物理世界中建立了稳固的地位。查佩克表示，迪士尼在使用技术来增强娱乐体验方面有着悠久而良好的经验。例如第一部具有同步声音的卡通片《威利汽船》就是对音频电子动画的开创性开发和使用。

鉴于其投资组合中的多元化资产，这位迪士尼首席执行官也对该公司的未来感到兴奋。“当我们展望下一个前沿领域时，鉴于我们将品牌、特许经营权、实体和数字体验以及全球影响力的独特组合，我们看到了无限的潜力，这让我们对华特迪士尼公司的未来 100 年一如既往地感到兴奋。”

第二，迪士尼将在元宇宙上留下印记。元宇宙基本上将增强现实、虚拟现实和现实世界融合在一起，给人们一种万花筒般的超现实主义体验。但请不要误会，它是在以数字表示人、地点和事物为代表的数字空间中。因此，人们可能需要佩戴虚拟现实耳机，通过他们近乎有形的虚拟化身来体验虚拟世界。未来，元宇宙有望拥有自己的数字产品、体验和货币。

娱乐行业必将受益于元宇宙承诺的身临其境的体验。像迪士尼这样的实体公司有望获得更多收益。

第 4 章

元宇宙中的各种接口技术

AR、VR、MR、XR 等技术和设备是打开元宇宙大门的钥匙，也是通往元宇宙的必要路径。本章就相关接口技术进一步探讨，助力实现净零排放目标。AR 和 VR 为此提供了一个理想的解决方案，由于团队可以虚拟地共处一室，旅行的需求将被大大抵消，减少了采样浪费的同时也缩短了生产时间。福特、阿迪达斯和大众等公司已经意识到这一点并开始在其流程中逐步采用 VR 技术进行辅助甚至代替。

4.1 让虚拟元宇宙变为现实的技术

元宇宙是下一代的互联网，也是当前互联网的 4D 版本，可以将它们视为您身处其中的互联网，而不仅仅是您在看的互联网。构建 Metaverse 需要大量的互联技术。

4.1.1 虚拟现实

这是一种模拟逼真情境的体验。现实生活中的案例包括游戏、社交网络、教育、在职培训。Unity 的首席执行官 John Riccitiello 预测，到 2030 年 AR/VR 耳机将与游戏机一样普遍。据 ARKInvest 称，到 2030 年，VR 头显耳机将达到智能手机的采用率。到那时，诸如全身触觉套装和 VR 手套等配件也会流行起来。

Facebook 的现实实现工作室提供的是一种协作体验，让人们可以聚在一起，在同一个虚拟房间中工作，而不管物理间距有多远。VRChat 提供由 25 000 人社区创建的无穷无尽的社交 VR 体验。

您还可以使用 AltspaceVR 与世界各地的人一起参加现场表演、聚会、课程等。目前，最著名的 VR 头显包括 Oculus Quest 2、HTC Vive Cosmos、索尼公司的 PlayStation VR 和 Valve index。

根据 Grand View Research 的数据，全球虚拟现实市场将从 2021 年的 220 亿美元增长到 2028 年的 670 亿美元。

4.1.2 人工智能

埃里克·埃利奥特在一篇文章中描述，人工智能将在许多方面使 Metaverse 受益，外观逼真、智能的 AI 生物可以在元宇宙中漫步并与我们互动。用户可以根据自己的人生故事、动机和目标进行编程，根据其所在的虚拟世界类型，使用这些角色参与预先计划的场景或创建所有场景。

虚幻引擎的 MetaHuman Creator 可以在这些角色的创作中发挥重要作用。如果这些角色能够表现出一般的人工智能，结果会非常惊人和超现实。

人工智能可以帮助我们简化资产元宇宙的创建，例如人物、风景、建筑、人物套路等。我们可能会看到未来高级 AI 功能与游戏引擎（例如 Unreal Engine）集成。AI 使软件开发流程自动化，这样我们就可以用越来越少的努力在元宇宙中构建越来越复杂的资产。AI 可用于在区块链上创建、审计和保护智能合约。基本上，小合同允许在不需要中央权威或法律系统的情况下进行可信的交易和协议。

4.1.3 增强现实

在这种体验中，设计师通过计算机生成的输入来增强用户物理世界的某些部分。最终，AR 隐形眼镜和 AR 眼镜可用于增强我们周围的世界，并在复杂人工智能的帮助下促进虚拟辅助，帮助用户在现实世界和虚拟世界中导航。目前，Microsoft HoLoLens 和 Magic Leap One 是市场上著名的增强现实和混合现实耳机。它们主要用于企业用途，但随着价格的下降，更多的 AR 头显耳机会出售给公众。

4.1.4 区块链技术

在去中心化的元宇宙中，区块链技术是促进快速和安全数字交易的理想货币，尽管区块链技术随比特币一起出现，但区块链在加密货币之外具有深远潜力。基本上，区块链是一个共享数据库，允许多方访问数据并实时验证该数据。

4.1.5 脑机接口

脑机接口使我们能够用大脑信号控制化身，以及各种物体和数字交易。预计这项技术将在视频游戏中获得初步立足点。

根据 Ray Kurzweil 的预测，到 21 世纪 30 年代中期，一些较早的采用者可能会开始使用脑机接口来连接他们的新皮质。有几家公司已经在开发脑机接口。Neuralink、NextMind 和 Neurable 是最著名的公司之一。

4.1.6 互联网基础设施

包括 5G/6G 无线技术和 Web 3.0。Metaverse 需要极高的互联网速度、高带宽和低延迟，尤其是当用户进入具有高度详细纹理的广阔虚拟世界时，会有令人难以置信的高多边形数量。5G 在毫米波频谱上启用了极高的频率，开辟了包括触觉在内的观众体验和让观众与 AI 角色实时深入对话的 AR 体验等的可能性。

最终 6G 将取代 5G。6G 还不是一种功能性技术，但一些国家已经启动了研究计划。一些专家估计，它可能比 5G 快 100 倍。每秒 1TB 的任务。以这种速度，您可以在 1 秒内下载 142 小时的 Netflix 电影。根据 NTT DOCOMO 的白皮书，6G 使网络空间通过可穿戴设备和安装在人体上的微型设备实时支持人类的思想和行动成为可能。Sinsory 界面感觉会像现实生活一样。

在 Web 1.0 中，内容创建者稀缺，绝大多数用户只是充当内容的消费者。Web 2.0 为我们带来了“网络即平台”，其中软件应用程序构建在网络上，而不仅仅是桌面计算机，这使大量用户能够参与社交网络、博客、共享网站等上的内容创建。然而，Web 2.0 极大地增强了中心化技术巨头的能力，并且还启用了监视和剥削性广告。

Web 3.0 的主要优势之一是它能够启用去中心化的区块链协议，使个人能够连接到互联网，可以拥有并获得适当的时间和数据补偿。

美国密歇根州立大学媒介与信息学副教授拉宾德拉·拉坦曾撰文指出，元宇宙有三个关键特征：现实感、互通性和标准化，即：

一是虚拟空间只有产生身临其境的感觉，甚至打造现实世界的“数字孪生”，才能让在线互动“以假乱真”，提高人们交流的质量。目前，VR 技术是实现这种现实沉浸感的有力工具。脸书公司专门成立了一个部门，叫作“现实实验室”。这个部门的首要任务是创造元宇宙中的“存在感”——那种身临其境的忘我氛围。这个团队中的许多工程师，都有网络游戏开发的背景。

二是互通性意味着人们的“虚拟存在”能够在元宇宙的“各个星球”（例如工作星球、娱乐星球等）间无缝切换。这种愿景要求科技企业之间打破现有的小花园式“生态系统”的藩篱，打造一个更加开放、去中心化的世界。逐渐成熟的区块链技术将被应用到元宇宙中，作为人们购买虚拟货物和服务的技术基础。

三是技术上的标准化则是元宇宙中各个平台互通性实现的基础。从印刷到即时通信，面向大众的媒介需要统一的技术标准，才会被广泛采纳。目前，“开放元宇宙互通组织”（OMIG）等国际机构已经在制定相关标准。

不难想象，如果要创造一个生机勃勃的虚拟世界，相关的VR、AR设备就需要像今天的智能手机一样广泛普及且便于携带和使用，还要同时做到具有现实感、互通性和标准化。

这不是个简单的任务。目前为止，小巧轻便的VR头盔常常画质有限，高性能的VR头盔则被数据线“拴”在电脑边。虽然近年来VR头盔变得越来越轻便和平价，但该技术的应用始终局限在一个较小的群体，即游戏发烧友之内。

4.2 VR/AR/MR技术的兴起

综合来看，硬件入口（VR/AR/MR）作为元宇宙的入口直接决定了用户规模；内容是抢夺用户的关键；后端基建及底层架构决定着元宇宙运行的稳定性、发展阶段。Meta、苹果、微软具备硬件、内容与场景、底层架构等多重优势；腾讯、字节跳动拥有全球化流量优势，并持续补足相对短板；微软、华为、百度、阿里巴巴基于技术积累不断夯实底层基建；以太坊、Nvidia卡位经济体系与开发工具等关键环节……

早在2012年谷歌推出Google Glass时，VR概念引起了不小的轰动，并带动了市场对VR技术以及相关行业的关注，2016年也被业内称为“AR/VR元年”，大量资本的涌入使得这两项技术得到飞速发展，也被越来越多的人所关注。AR/VR技术在当时爆发式发展后，由于设备硬件成本的居高不下以及实现元宇宙的相关技术还在发展中，包括云计算/边缘计算、AI/算法支持、网络通信架构基础，尤其是支撑数字资产确权的区块链技术，以及AR/VR优质内容生态圈远未形成，AR/VR技术产业开始沉寂下来。2021元宇宙概念大热，也掀起了AR/VR热潮。VR/AR技术在元宇宙中扮演着重要角色，是元宇宙落地的主要承载模式之一。VR/AR以及相关行业的发展带动元宇宙的内容、整体模式逐步走向完善，连接虚拟世界和用户，培养用户使用习惯。赛迪研究院报告显示，2021年1月至9月全球VR/AR产业投融资金额达到407.09亿元，已超过2020年全年总金额244亿元。

“Virtual Reality是继计算机革命之后又一项革命性技术，将引发一系列震撼全世界的变革。”钱学森赋予了VR一个充满“中国风”的翻译——灵境（见图4－1）。

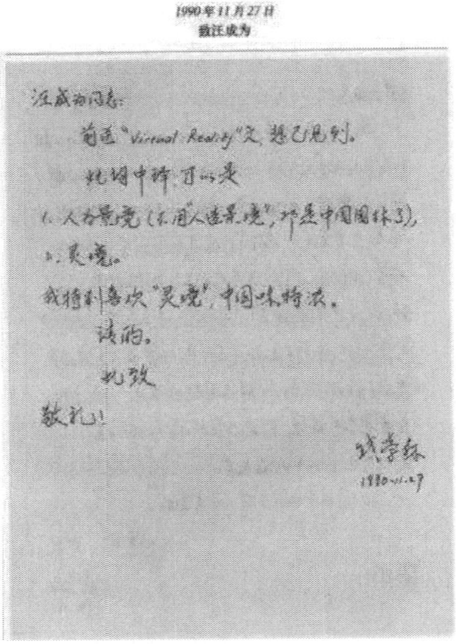

图4－1　“灵境”

增强现实（AR）是一种将数字内容（图像、声音、文本）叠加在现实环境中的技术。将数字内容添加到实时摄像头馈送中，该数字内容看起来好像是周围物理世界的一部分。AR技术比较著名的例子之一是移动应用程序Pokemon Go，它于2016年发布并迅速引起了轰动。除了游戏之外，AR在我们日常生活中也应用在了许多地方，如AR导航将路线叠加在实时视图上和AR测量软件。

VR和AR的主要区别在于：VR取代了现实，构建了一个可以通过特定设备身临其境的世界；而AR则增加了现实，将信息投射到用户已经看到的内容之上。AR/VR两种技术的结合，称为混合现实（MR）。混合现实体验结合了AR和VR，现实世界和数字对象相互作用。微软的HoloLens是早期的混合现实设备之一，混合现实技术刚刚开始迈步。

AR/VR产业主要分为硬件和内容两部分，硬件主要包括感知、处理、反馈以及整机集成，软件主要包括游戏、视频、工程以及零售（见图4－2）。

图4－2　VR/AR产业结构

4.3 进一步认识 AR – 增强现实技术

一般认为，AR 的出现源于虚拟现实技术 VR 的发展，但两者还是存在明显的差别。传统 VR 给予用户一种在虚拟世界中完全沉浸的效果，是另外创造一个世界；而 AR 则把计算机带入用户的真实世界中，通过听、看、摸、闻等虚拟信息，增强对现实世界的感知，实现从“人去适应机器”到技术“以人为本”的转变。

4.3.1 AR 技术手段和表现形式

AR 从其技术手段和表现形式上，可以明确分为两类：一是 Vision based AR，即基于计算机视觉的 AR；二是 LBS based AR，即基于地理位置信息的 AR。

（1） Vision based AR

基于计算机视觉的 AR，是利用计算机视觉方法建立现实世界与屏幕之间的映射关系，使我们想要绘制的图形或是 3D 模型可以如同依附在现实物体上，如屏幕，如何做到这一点呢？本质上来讲就是要找到现实场景中的一个依附平面，然后再将这个三维场景下的平面映射到二维屏幕上，再在这个平面上绘制想要展现的图形，从技术实现手段上可以分为以下 2 类：

第一类 Marker – Based AR。这种实现方法需要一个事先制作好的 Marker（例如：绘制着一定规格形状的模板卡片或者二维码），然后把 Marker 放到现实中的一个位置上，相当于确定了一个现实场景中的平面，然后通过摄像头对 Marker 进行识别和姿态评估，并确定其位置，然后将该 Marker 中心为原点的坐标系称为 Marker Coordinates 即模板坐标系，我们要做的事情实际上是要得到一个变换从而使模板坐标系和屏幕坐标系建立映射关系，这样根据这个变换在屏幕上画出的图形就可以达到该图形依附在 Marker 上的效果。理解其原理需要一点 3D 射影几何的知识，从模板坐标系变换到真实屏幕坐标系需要先旋转平移到摄像机坐标系，然后再从摄像机坐标系映射到屏幕坐标系。

在实际的编码中，所有这些变换都是一个矩阵，在线性代数中矩阵代表一个变换，对坐标进行矩阵左乘便是一个线性变换（对于平移这种非线性变换，可以采用齐次坐标来进行矩阵运算）。公式如下：

$$h\begin{bmatrix}x_c\\y_c\\1\end{bmatrix}=\begin{bmatrix}C_{11} & C_{12} & C_{12}\\0 & C_{22} & C_{23}\\0 & 0 & 1\end{bmatrix}\begin{bmatrix}R_{11} & R_{12} & R_{13} & T_1\\R_{21} & R_{22} & R_{23} & T_2\\R_{31} & R_{32} & R_{33} & T_3\end{bmatrix}\begin{bmatrix}X_m\\Y_m\\Z_m\\1\end{bmatrix}=CT_m\begin{bmatrix}X_m\\Y_m\\Z_m\\1\end{bmatrix}$$

矩阵 C 的学名叫“摄像机内参矩阵”，矩阵 T_m 叫“摄像机外参矩阵”，其中内参矩阵是需要事先进行摄像机标定得到的，而外参矩阵是未知的，需要根据屏幕坐标（x_c，y_c）和事先定义好的 Marker 坐标系以及内参矩阵来估计 T_m，然后绘制图形时根据 T_m 来绘制（初始估计的 T_m 不够精确，还需要使用非线性最小二乘进行迭代寻优），比如使用 OpenGL 绘制的时候就要在 GL_ MODELVIEW 的模式下加载 T_m 矩阵进行图形显示。

第二类 Marker - Less AR。基本原理与 Marker based AR 相同，不过它可以用任何具有足够特征点的物体，例如书的封面作为平面基准，而不需要事先制作特殊的模板，摆脱了模板对 AR 应用的束缚。它的原理是通过一系列算法如 SURF、ORB、FERN 等对模板物体提取特征点，并记录或者学习这些特征点。当摄像头扫描周围场景，会提取周围场景的特征点并与记录的模板物体的特征点进行比对。如果扫描到的特征点和模板特征点匹配数量超过阈值，则认为扫描到该模板，然后根据对应的特征点坐标估计 Tm 矩阵，再根据 Tm 进行图形绘制（方法与 Marker - Based AR 类似）。

（2）LBS - Based AR

基于地理位置信息的 AR 基本原理是通过 GPS 获取用户的地理位置，然后从某些数据源（比如 Wiki、Google）等处获取该位置附近物体（如周围的餐馆、银行、学校等）的 POI 信息，再通过移动设备的电子指南针和加速度传感器获取用户手持设备的方向和倾斜角度，通过这些信息建立目标物体在现实场景中的平面基准（相当于 Marker），之后坐标变换显示等的原理与 Marker - based AR 类似。

这种 AR 技术利用设备的 GPS 功能及传感器来实现，摆脱了应用对 Marker 的依赖，用户体验方面要比 Marker - based AR 更好，而且由于不用实时识别 Marker 姿态和计算特征点，性能方面也好于 Marker - based AR 和 Marker - less AR，因此对比 Marker - based AR 和 Marker - less AR，前者可以更好地应用在移动设备上。

4.3.2 AR 增强现实系统组成

（1）Monitor - based 系统

在基于计算机显示器的 AR 实现方案中，摄像机摄取的真实世界图像输入计算机，与计算机图形系统产生虚拟景象合成，并输出到屏幕显示器，用户从屏幕上看到最终的增强场景图片（见图 4－3）。它虽然不能带给用户多少沉浸感，但却是一套最简单使用的 AR 实现方案。由于这套方案的硬件要求很低，因此被实验室中的 AR 系统研究者们大量采用。

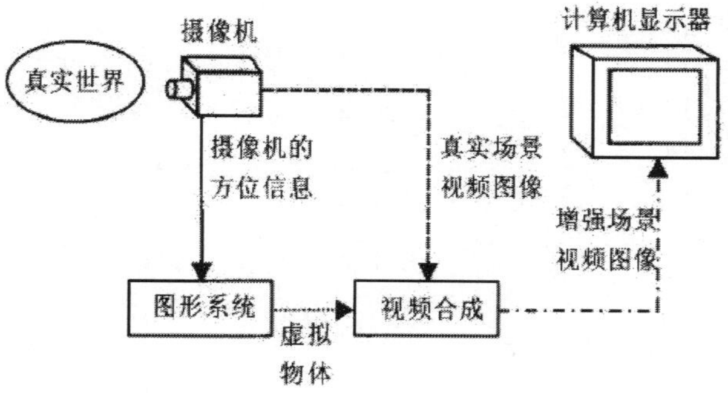

图 4－3　Monitor－based 系统

（2）Video see－through 系统

头盔式显示器（Head－Mounted Displays，HMD）被广泛应用于虚拟现实系统中，用以增强用户的视觉沉浸感。增强现实技术的研究者们也采用了类似显示技术，这就是在 AR 中广泛应用的穿透式 HMD（见图 4－4）。根据具体实现原理又划分为两大类，分别是基于视频合成技术的穿透式 HMD（Video see－through HMD）和基于光学原理的穿透式 HMD（Optical see－through HMD）。

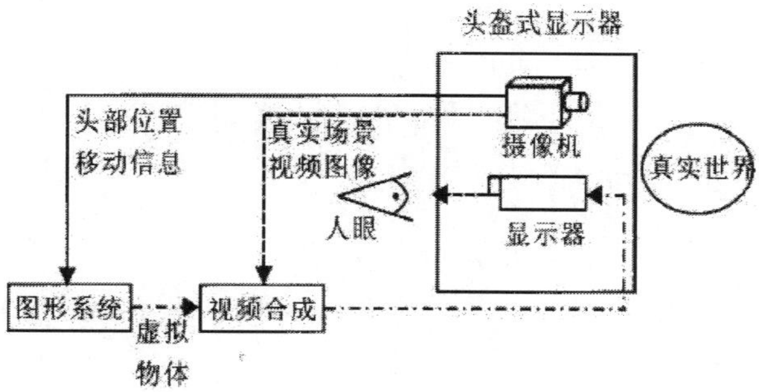

图 4－4　Video see－through 增强现实系统实现方案

（3）Optical see－through 系统

在上述的两套系统实现方案中，输入计算机中的有两个通道的信息：一个是计算机产生的虚拟信息通道；一个是来自摄像机的真实场景通道。而在 Optical see－through HMD 实现方案中去除了后者，真实场景的图像经过一定的减光处理后，直接进入人眼，虚拟通道的信息则经投影反射后再进入人眼，两者以光学的方法进行合成（见图 4－5）。

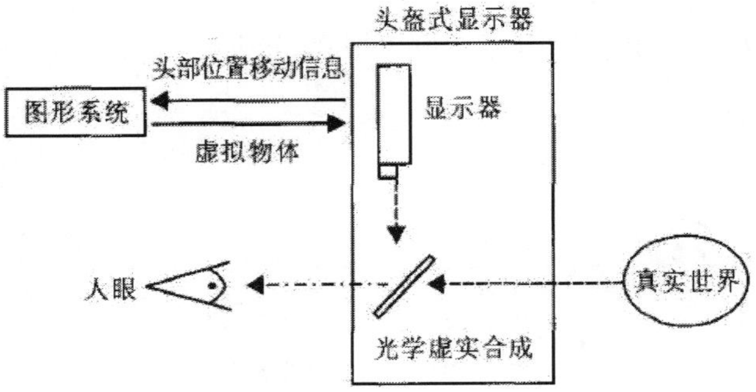

图 4-5　Optical see - through 系统

（4）三种系统结构的性能比较

三种 AR 显示技术实现策略在性能上各有利弊。在基于 Monitor - based 和 Video see - through 显示技术的 AR 实现中，都通过摄像机来获取真实场景的图像，在计算机中完成虚实图像的结合并输出。整个过程不可避免地存在一定的系统延迟，这是动态 AR 应用中虚实注册错误的一个主要产生原因。但这时由于用户的视觉完全在计算机的控制之下，这种系统延迟可以通过计算机内部虚实两个通道的协调配合来进行补偿。而基于 Optical see - through 显示技术的 AR 实现中，真实场景的视频图像传送是实时的，不受计算机控制，因此不可能用控制视频显示速率的办法来补偿系统延迟（见图 4-6）。

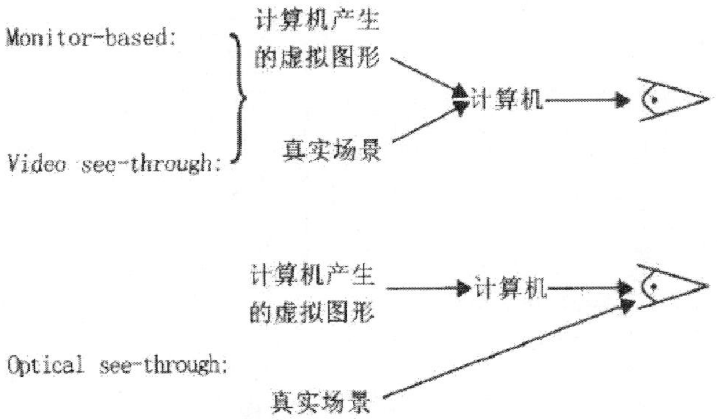

图 4-6　三种 AR 显示技术

另外，在基于 Monitor - based 和 Video see - through 显示技术的 AR 实现中，可以利用计算机分析输入的视频图像，从真实场景的图像信息中抽取跟踪信息（基准点或图像特征），从而辅助动态 AR 中虚实景象的注册过程。而基于 Optical see - through 显示技术的 AR 实现中，可以用来辅助虚实注册的信息只有头盔上位置传感器。

4.3.3 AR 增强现实的技术支撑

（1）识别与定位技术

在实现增强现实的过程中，需要对真实的场景和信息进行分析，生成虚拟事物信息。这两步看似简单，其实在实际进行过程中，需要将摄像机获得的真实场景视频流转化成数字图像，然后通过图像处理技术，辨识出预先设置的标志物。

识别出标志物之后，以标志物作为参考，结合定位技术，由增强现实程序确定需要添加的三维虚拟物体在增强现实环境中的位置和方向，并确定数字模板的方向。将标志物中的标识符号与预先设定的数字模板镜像匹配，确定需要添加的三维虚拟物体的基本信息。生成虚拟物体，并用程序根据标识物体位置，将虚拟物体放置在正确位置上。这其中涉及识别跟踪和定位问题，是增强现实的最大难题之一。

要实现虚拟和现实事物的完美结合，必须确定虚拟物体在现实环境中的准确位置和准确方向，否则增强现实的效果就会大打折扣。而在现实环境中，由于现实环境的不完美性或者复杂性，增强现实系统在这种环境下的效果远不如在实验室的理想环境。现实环境中的遮挡、未聚焦、光照不均匀、物体运动速度过快等问题，对增强现实的跟踪定位系统提出了挑战。

如果不考虑与增强现实进行交互的设备，其主要实现跟踪定位的方法有图像检测法和全球卫星定位系统法两种。

一是图像检测法：使用模式识别技术（包括模板匹配、边缘检测等方法），识别获得的数字图像中预先设置的标志物、基准点、轮廓，然后根据其偏移距离和偏转角度计算转化矩阵，确定虚拟物体的位置和方向。

这种方法进行跟踪定位不需要其他的设备，而且精确度较高，因此是增强现实技术中最常见的定位方法。在模板匹配时，系统会预先存储好多种模板和图像中检测到的标志物匹配从而计算定位。简单的模板匹配可以提高图像检测的效率，因而为增强现实的实时性提供了保障。通过计算图像中标志物的偏移和偏转，能够做到三维虚拟物体的全方位观察。模板匹配一般用于对应特定图片三维成像，设备通过扫描特定的图片，将这些图片中的特殊标志位与预先存储的模板匹配，呈现三维虚拟模型。比如汽车店的车模卡片和玩具公司的人物卡片，都可以用模板匹配进行增强现实。边缘检测可以检测出人体的一些部位，同时也可以跟踪这些部位的运动，将其与虚拟物体无缝融合。比如，真实的手提起虚拟的物体，摄像机可以通过跟踪手的轮廓、运动方式来调整虚拟物体的方位。因此，许多商场的虚拟商品使用，多会使用边缘检测。

虽然图形检测法简单高效，但也有其不足。图像检测法多用于相对理想的环境以及近距离的环境，这样获得的视频流和图像信息清晰，易于定位计算。而如果在室外环境，光线的明暗、物体的遮挡以及聚焦问题，会使增强现实系统不能很好地识别图像中的标志物，或是出现和标志物相似的图像，此时，就需要其他跟踪定位方法的辅助。

二是全球卫星定位系统法。这种方法是基于详细的 GPS 信息进行跟踪和确定用户的地理位置信息。当用户在真实环境中行走时，可以利用这些定位信息和用户摄像机的方向失误，将虚拟信息和虚拟物体精确迭加到环境景物以及周围的人物之上。如目前智能设备的普及，智能手机广泛应用，智能手机具有支持基于 GPS 定位法的增强现实系统的基本组件，如摄像机、显示屏、GPS 功能、信息处理器、数字罗盘等，因此，智能移动设备广泛采用此方法。再如一种称为增强现实浏览器的应用程序，可以连接互联网，搜索相关的信息，然后让用户在真实的环境看到相关的信息，让用户了解摄像机方向的几乎所有事物的信息，比如找到一家距离很近但是被遮挡住的餐厅，或是获取用户对一家咖啡馆的评价等。

这种定位方式适合于室外的跟踪定位，可以克服在室外环境中，光照、聚焦等不确定因素对图像检测法造成的影响。

其实在增强现实系统实际运用的环境中，往往不会用单一的定位方法来定向定位。比如增强现实浏览器也会运用图像检测法来检测一些特定的符号，例如二维码。识别出二维码再进行模板匹配，即可为用户提供信息。

（2）现实技术

当前的增强现实主要有如下三种显示技术：移动手持显示、视频空间显示和空间增强显示、可穿戴式显示。

①智能手机通过相应的软件实时取景并显示叠加的数字图像，就是移动手持式显示器的一般工作情形。同时，平板电脑不断增加功能以及拥有比智能手机更大的屏幕，也使其日益流行。

②视频空间显示方式就是手持增强现实标志物通过网络摄像机在视频窗口或是显示器上显示虚拟叠加的图像。带有增强现实功能的贺卡，就是用这种方式显示的。用户在收到贺卡后，登录相应的网站系统，用网络摄像机对准贺卡，用户即可从显示屏上得到贺卡所存储的信息形成的虚拟物体和视频。而空间增强显示技术，是利用包括全息投影在内的视频投影技术，直接将虚拟数字信息显示在真实的环境中。不同于一般的增强现实系统只适合于个人使用，这种技术的系统能增强现实与周围环境的结合，不再仅仅限于单个用户。这种技术适用于大学或者图书馆，可以同时为一群人提供增强现实信息。也可以将控制组件投影到相应的实体模型上，方便工程师的交互操作。

③可穿戴式显示器是一种可以戴在用户头上的类似眼镜的头盔显示器。我们熟知且期待的 Google Glass 正是这一类型。可穿戴式显示器一般有一至两个内嵌镜头和半透明镜的小型显示器，在飞行仿真、工程设计以及教育训练等多个领域都有广泛运用。头戴式设备可以让用户更加自然地体验增强现实，并且能够为用户提供更大的视场，给予用户更强、更真实的“身临其境”的感觉。

（3）交互技术

①触觉接口交互：通过数字信息提供身体触感进一步实现虚实结合，比如可触碰的虚拟光球、可以在虚拟的碗上绘画的幻影笔。

②协作式接口交互：使用多个显示器支持远程共享与交互，或是同地协作活动。这种交互能够与多种应用软件集成，可用于医学领域的执行诊断和外科手术或是设备维修等。

③混合接口交互：组合多种不同但是功能互补的接口，使得用户能够通过多种方式的增强现实的内容进行交互。这种交互使得增强现实的交互更加灵活，可以用于数字模型的测试。

④多模态接口交互：通过语言和行为的自然存在的形式与真实物体进行交互，比如说话、触碰、自然手势、凝视等。多模态交互能让用户灵活的组合多种模态，更方便用户与增强现实系统的交互。

4.3.4 AR 技术常见表现方式

（1）基础 3D 模型

3D 模型（静态或动态）是 AR 技术最基本的展现形式，比如动漫人物、建筑、展品、家具等。目前，国内 AR 行业正属于前期发展阶段，3D 模型表现形式主要应用于 AR 初级移动 App 类产品。这种变现方式虽然是最基础的，但也是目前应用场景最广、开发成本最低、市场普及最好的产品。

（2）视频

相对于简单的 3D 模型，酷炫的视频展示无疑更能博人眼球，在商业运营中，这种展示方式带来的经济效益会更好。比如，本来是普通的产品安装说明、菜单讲解、宣传单介绍，一旦应用 AR 技术，就能展示立体形象，表述也变得准确生动起来。需要提醒的是，利用 AR 技术实现视频播放并不难，难的是制作一段适合 AR 情景播放的宣传片，这就需要各位脑洞大开、细心雕琢了。

（3）透明视频

透明视频更像是使用了超高清 3D 人物模型，但严格地说这是做了特殊处理的透明视频展示的效果。这种视频没有 3D 模型的高额成本但却有逼真的演绎效果。如果在大型海报、宣传册、商场活动等场景中设计好了，会有超级震撼的效果。

（4）场景展现

场景展现虽然类似基础 3D 模型叠加，但实现起来要比单一 3D 模型复杂得多，场景更多，应用范围也更加广阔。比如娱乐、立体阅读、游戏等应用都需要场景展现。当然这类场景的建设需要内容的支持。AR 的场景展现不同于 VR 建造的全场景，AR 场景展现是基于现实并与现实相互交错，这也正是 AR 技术的迷人之处。

（5）AR 游戏

AR 技术在游戏方式方面也带来了巨大的革新。《Pokemon Go》《小龙斯派罗》《幻实新英雄卡》等，都是非常不错的 AR 游戏。想象一下，往后的游戏不再需要复杂的场景建模，而是在真实的世界里游戏，同时在真实的世界里又能出现许多虚拟叠加进去的事物，这是一种多么棒的体验！游戏也能摆脱场地与空间的束缚，可以随时随地开始。

（6）与 VR 结合

AR 与 VR 技术共同丰富着我们的现实世界，AR 技术旨在增强我们所处世界的内容，而 VR 技术则是将我们的注意力从现实中转移到一个虚拟的空间。AR 和 VR 结合起来，比如 VR 设备 + AR 显示，就不再需要导游或者讲解员了，借助 VR，让 AR 所反馈出来的增强信息实时地出现在你所聚焦的物体旁边，告诉你这是什么，甚至还会告诉你它的详细信息。未来像这样的结合还可以体现在导航、医疗等领域。

（7）大屏互动

大屏互动作为 AR 技术展现的延伸，其表现效果也是很让人惊喜的，主要应用于商场、博物馆、体验馆、大型活动等。大屏互动简单来讲就是 AR 技术加投影，营造更为真实、震撼的场景和氛围。

4.3.5 AR 增强现实的应用领域

（1）体育娱乐与游戏

增强现实的发展，对于娱乐业有着极大影响。增强现实产生的三维虚拟事物，能够增强我们的娱乐感触，将各种娱乐变成当今最前沿的科技体验。

增强现实目前常用于体育赛事的电视转播中。比如在美国橄榄球比赛的电视转播中，可以获取比赛场上的真实的场地和运动员，添加虚拟黄线表示第一次进攻线，通过增强现实的技术将虚拟的黄线融入真实的场景。而在游泳比赛的电视转播中，水道之间常常被加上一些虚拟的线条，用于显示当前比赛中运动员的位置；而比赛结束时的标示也可以清楚地显示运动员的名次和成绩。这些增强现实技术在体育运动转播中的运用，给能观众更清晰的视角、更全面立体地分析、更优质的赛事体验。

游戏产业是一个全球性的大行业，而增强现实的技术的普及也一定会被游戏产业应用。索尼公司新推出的游戏平台 PS Vita 就是其中之一。这款移动社交网络平台具有增强现实功能，无论玩家身处何地，都能使用当前环境开始游戏，并获得更具有沉浸感的游戏体验。微软公司的 Kinect 也可以根据使用者信息添加虚拟物体，达到例如模拟面具、大头娃娃等效果。

此外，增强现实对于三维会议、社交网络、电影电视、旅游等方面的影响也在逐步增强，交互式电视、交互式电影、实时翻译、方向提示等技术的运用也极大地丰富了人们的生活。

（2）教育

近年来年教育事业的支出不断地升高，教育事业也不断地受到社会的注视。然而由于一些条件的限制，有些位置由于受阻无法通过其他方式接近的区域，比如正在运行的发动机。而通过增强现实的技术，可以让我们更清楚地了解这些区域的内部情况。同时，增强现实也可以在很多方面为学习增加一个新的维度，比如通过增强现实识别环境的物体并尝试用正在学习的语言描述进行语言练习。可见，增强现实在影响和改善教育方面的潜力是巨大的。

增强现实通过三维图形、动画、音频、视觉信息等方式来增强特定内容，实现增强现实图书，能够给平面的纸质书籍，甚至电子图书注入新的活力，也可以创建一个具有沉浸性、游戏性的学习环境，实现多人协作式学习。

（3）修理和维护

由哥伦比亚大学的 Steve Henderson 和 Steven Feiner 程序的增强现实维护修理（简称 ARMAR）是增强现实在这一领域的著名应用案例。ARMAR 科技把计算机图案定位在需要维护的真实设备上，从而提高机械维护工作的效率、安全性和准确性。增强现实辅助维修技术，能够使工程师尽快地确定故障位置，并开始修理工作，极大地减少工作消耗的时间。

此外，数字化的用户指南手册采用增强现实技术，将手册的文本和图片叠加显示在真实的设备上，并提供分布指令，会使指南手册更容易理解。

（4）医学

医学领域中增强现实技术的运用是最振奋人心的。尽管医生和外科专家能熟练地运用现代医学设备，但他们只能用裸眼检查病人。核磁共振或是 X 射线得出身体内部的影像，但这毕竟不是人能直接看到的。而增强现实技术的应用能为医生提供类似 X 射线透视视觉的病人体内的影像，并且是彩色全谱图，更为清晰。

增强现实能使医生有效看到病人内部的情况，掌握手术精确的位置，避开其他的重要位置，方便医生进行手术。增强现实技术也能用于治疗某些恐惧症以及改善人类的总体健康，比如控制饮食。

（5）商业贸易

增强现实也被强有力地运用到业务的创建和维护以及维持或增加市场份额等方面。二维码目前已经在广告领域广泛被运用，而将二维码与增强现实相结合，可以使用二维码作为增强现实的标志物，完美地避免注册问题。对每一个系统，注册信息往往是不同的，而二维码的使用可以让增强现实系统从不通用的、封闭的系统变为通用的、开放的系统。因此这两者的结合，会使得新兴广告超越原本的广告。

4.4 VR/AR产业链日臻成熟

4.4.1 VR产业链

VR终端的硬件部分主要由处理器、存储、屏幕、光学器件、声学器件、壳料、辅料构成。Oculus Quest 2采用高通骁龙XR2芯片组、闪迪内存、JDI和夏普的LCD显示屏、两片菲涅尔透镜、国产锂电池组、4个外部摄像头实现6DOF头部交互，实现了更轻的质量、更紧凑的结构、更准确的交互和更高的图像性能。

处理器、存储、光学显示器件在VR终端成本中占比较高，产业链相对比较成熟。由于目前VR产品的使用场景主要是游戏和视频，以图像处理和显示为功能重点，因此在硬件成本中，负责计算、渲染和图像处理的CPU和GPU占比较高，约16%。另外，VR也需要较高的内存，存储成本占比27%，包括屏幕和光学器件在内的显示器件占比约为40%。

高通为VR/AR开发独立专用的芯片平台，提供强大硬件性能支持。高通骁龙推出5G+XR芯片XR2，全面布局VR/AR市场。骁龙XR2是基于骁龙865针对VR/AR设备进行改造的专用平台，结合了高通5G、AI和XR领域的最新技术，相对XR1其性能得到显著提升，XR2在Quest 2上首发。目前，高通芯片835、845、骁龙XR1、XR2等芯片在VR和AR硬件市场上具有统治地位。国产芯片起步较晚，目前全志科技、瑞芯微、晶晨等厂商都提供了虚拟现实解决方案，但性能尚有差距。国内XR芯片主要集中在中低端并在市场上具有一定的竞争力，但高端XR芯片开发能力仍需要积累。

受 VR 特殊的分屏播放形式、光学镜片和屏幕材质等因素的影响，VR 感知分辨率远远低于面板的分辨率，因此 VR 对 ppi（像素密度）的要求极高。目前 8K 的 VR 相当于屏幕 480P 的视觉效果，12K 的 VR 相当于平面 720P 的视觉效果。目前普通手机屏幕在 300ppi 左右，而 VR 则要求 1000ppi 以上的显示器件。

VR 头显与普通显示器的区别在于头部的移动造成图像扭曲和运动模糊，为解决这一现象，需要全局刷新驱动技术，减少光源发光时间。传统 LCD 显示屏的响应时间是其最大的问题，Fast - LCD 技术使用新的液晶材料（铁电液晶材料）和超速驱动技术（Overdrive）可有效提升刷新率，同时也具有较高的量产稳定性和良率，性价比较高，OculusQuest 2 即采用一块改良后的 Fast - LCD 替换了上代产品中的两块 AMOLED。

4.4.2 AR 产业链：光学组件成本占比接近一半

AR 终端的硬件部分主要由处理器、光学组件、摄像头和传感器、存储器几部分构成。Magic Leap One 主要部件包含 6 个 LCOS 屏幕和一块 6 层的几何光波导镜片，1 块可以续航 3 小时的电池，使用了英伟达 ParkerSOC。HoloLens 主要部件包括深度感应摄像头、4 个环境感应摄像头、全息处理单元 HPU、Intel Atom x5 - Z8100 CPU、1 块 16.5Wh 的电池、3 层衍射光栅 +LCOS 的光学显示方案。

目前的 AR 终端中，光学显示的占比最高，参考 Hololens 的成本结构，光学显示部分约占 40%。其次是处理器（约占 30%）、存储（约占 15%）、摄像头（约占 10%）、电池（约占 2%）。

AR 眼镜的光学系统由图像源器件与显示镜面两个主要配件构成，目前的搭配方案包括 LCOS + 光波导、DLP + 光波导、硅基 OLED + 自由曲面等，市面上多种解决方案同时存在。

Micro - LED 自发光亮度大、对比率高、寿命长及反应时间快等一系列优点，其原理是将 LED 阵列微小化、可拼接化使其性能得到良好提升。Micro - LED 微显示屏幕当前量产的难点在于巨量转移技术，目前制造成本过高，产业化仍需要时间。2020 年国内 Micro - LED 厂商 JBD 与 AR 眼镜厂商 Vuzix 达成供货，Facebook 已宣布与英国 Micro - LED 厂商 Plessey 合作推出了 Micro - LEDAR 眼镜。

光波导是目前最佳的增强现实眼镜方案，具有大视场和大眼动范围的优势。光线射入耦入区域后，通过全反射方式传播最后通过耦出波导片传入人眼。耦入区域可以是反射镜、棱镜、浮雕光栅和体全息光栅等。目前光波导的技术方向有两类：几何光波导和衍射式光波导。

光波导技术在 AR 领域的技术发展前景是明确的，但各类技术路线间存在明显的优势和短板，目前尚未确立主导地位技术方案。

SLAM（Simultaneous Localization and Mapping，同步定位与建图）技术近几年开始成熟，并被用于 VR 和 AR 等消费者产品的追踪定位。部分 AR 眼镜开始搭载计算机视觉模组，当前 AR 眼镜方案基本是 IMU + 单双目融合为主，具备了 SLAM、环境理解、图像识别等 AR 能力。

精确高效的算法则是 SLAM 的核心。目前距离应用到终端产品上还存在比较大的问题，主要包括代码 Bug 优化、传感器的位置跟踪不稳定、芯片实时处理所有数据的算力不够和内存问题（见表 4－1）。

表 4－1　SLAM 传感器

	功能	类别
IMU（惯性传感单元）	采集线性加速度和旋转速度数据，确定设备的方向和旋转，但对于位移很难衡量	MEMS 陀螺仪、加速度计
摄像头	采集图像数据，生成环境的 3D 映射和精确定位相关标记	双目摄像机、RGB 摄像头、红外摄像头
红外 LED	限制由多个 IMU 引起的控制器位置漂移	红外 LED

4.5　Meta 的创新接口技术

Facebook 更名为 Meta 后，为实现其目标愿景，需要推出多个突破性的设备、控制器和硬件支持。Meta 已展示了元宇宙领域的一些概念和研究项目，这些一定程度上增强了人类与虚拟世界联系的同时，提高了人类在元宇宙中执行操作的能力和生产力。

4.5.1　Reality Labs 触觉手套

现在的 VR 技术，虽然能通过手持设备操作虚拟的物体，但是用户却完全无法感受到它们。这个时候，如果有一个时尚、舒适、实惠、耐用、柔软、轻便的触觉手套，就能解决在使用 VR 和 AR 时面临的交互问题了。这个手套不仅可以准确地将佩戴者的手部动作反馈给计算机，而且还能重现一系列复杂、细微的感觉，如压力、纹理和振动，创造出用手感受虚拟物体的效果。

Meta 首次展示了秘密研发了七年的项目："气动触觉手套"，颇具科幻魅力。

Reality Labs 触觉手套的研发致力于使人们能在虚拟世界中产生触觉交互。当我们戴上手套并协同运动时，会在虚拟世界中"感觉"到抓住物体、"触摸"到物体有纹理的表面，甚至能"感受"到物体的重量和柔软度。

该手套中放置了新设计的软制动器，手套上到处都是软电机。软制动器与软电机一起移动，能为手套佩戴者带来很好的触觉体验。手套还具有微流体芯片，通过控制气流移动执行器。

从技术角度来说，当我们在虚拟世界中捡起羽毛或金属球时，会有不同的"感觉"。触觉手套的一系列虚拟交互，包括操纵虚拟对象，如虚拟球投掷、接球；多人互动，如拇指大战、握手；多人游戏，如虚拟积木。

"在解决 AR 和 VR 中的交互问题方面，双手的价值是巨大的。" Reality Labs 研究总监 Sean Keller 如是说。

想象一下，当你与朋友的超逼真 3D 头像一起拼虚拟拼图时，你从桌上拿起一块虚拟拼图，你可以感觉到它在你手中，手指会自动停止移动。当拿起纸板进行仔细检查时，你能感觉到纸板边缘的锐利度、表面的光滑度，然后你操作纸板时还会发出咔嗒声。又或者在咖啡馆坐下来工作，有一个虚拟屏幕和键盘出现在你面前。虚拟键盘与手型和可用空间刚好吻合，并且可以作个性化设置以满足你的各种喜好。你可以感受到每次击键的点击感以及指尖上虚拟键的边缘，像在真实键盘上一样轻松打字。

Meta 公司表示，该手套技术已开发 7 年多，但目前无法进行商业发布。挑战才刚刚开始，想要构建一种可大规模生产、价格合理的消费设备、让人们可以在任何地方体验任何有形的界面，目前是做不到的。真正的新型触觉手套需要跨许多科学和工程学科的突破性发展。

4.5.2 一体式 VR 头显 Project Cambria

VR 头显（虚拟现实头盔）是进入元宇宙的关键设备之一。Meta 公司发布了将于明年亮相的下一代一体式 VR 头显 Project Cambria。

在 2021 年 10 月底的 Connect 大会上，Meta 公司表示，Project Cambria 既不是 Quest 2 的替代品也不是 Quest 3，它是一款价格更高的高端设备，它将采用一系列的先进技术，包括优化社交临场感、彩色透视、Pancake 光学元件等。

这款设备将专注于混合现实运用（即 AR 和 VR 一起使用，通过操纵杆或手动进行控制），设备将包括实时面部追踪和眼球追踪功能，我们能在元宇宙中表达自己的情绪。

4.5.3 电子触觉皮肤 ReSkin

现有的触觉手套方案难以规模化，依然受到成本、耐用性、使用门槛、体积和重量等因素限制。为了解决这些问题，Meta 公司的 AI 部门与卡内基梅隆大学的科学家合作，开发出一种名为 ReSkin 的触觉传感器（厚度仅 2—3 毫米），也可理解为一种柔性塑料“皮肤”。

ReSkin 是一种柔性的触觉传感方案，其采用可变形的弹力材质，内置磁性颗粒，因此在产生变形时，其向周围发射的电磁信号也会改变。接着可以用磁力计靠近 ReSkin 来测量电磁信号变化，并通过算法将数据转化为可用的信息，比如接触的位置、力度等。

利用葡萄和蓝莓等软水果，对比使用 ReSkin 和使用自带力传感器的区别，发现利用 ReSkin 磁信号能够检测来自 1mm 宽物体的低至 0.1 牛顿的力。可有效避免抓力过大造成物体变形。

将 ReSkin 的 8 个传感模组连一起，增加传感器可增加追踪区域，识别手指在传感器任意区域施加的压力。也就是说，未来可以用 ReSkin 传感器覆盖整个手套，用于提升机器人或体感手套的触觉感知能力。将 ReSkin 集成在手套上，追踪用手包包子的力量变化，细微触觉效果足够好。ReSkin 成本低、重量轻、体积小，与任意夹持器兼容，可以立即使用。据悉，制造 100 件的成本为每件 6 美元以下，产量越高成本越低。它也足够耐用，支持 5 万次以上交互，而且采样率最高可达 400Hz，误差仅 1 毫米，准确率 90%。磨损达到一定程度后，像绷带一样可以轻松更换。

这使得 ReSkin 成为机械手、触觉手套、宠物鞋垫的理想材质。配备 ReSkin 的设备，可以帮助科研人员用于触觉数据，用来培训 AI 模型。而在此之前，采集相关数据很难，甚至是不可能实现的。

Meta 公司表示，这个全新的材料有望支持元宇宙的开发。

4.5.4 腕带式 AR 传感器

2021 年 3 月，Meta 公司推出了可检测手部运动的腕带式 AR 传感器。通过肌电图（EMG），该设备可检测手腕和手指运动产生的电信号，同时将其转换成命令，你可以用这些命令控制不同的设备。

公司声称，即使手指移动一毫米也可以检测到信号。未来我们甚至可以感受到手指移动的意图。[①]

最初，这项技术只能检测诸如捏手指和释放手指之类的手势，后续还添加了丰富的控制功能，让我们在 AR 中将能够触摸和移动虚拟对象（UI），这有点像超能力。

除此之外，研究团队还在进一步探索，力图开发在桌子或膝上高速打字的功能，虚拟键盘不仅可以随时使用，而且能够随着时间推移学习和适应每个人不同的打字风格，并产生适应性的变化，甚至实现更快的打字速度。

FRL 团队近期正致力于探索适应特定环境的自适应界面，实现“智能点击”。无须用户移动视线、浏览菜单，系统通过在不同环境中预测用户意图，主动提供自适应界面，而用户只需轻量级的反馈，就可以进行控制。我们只需利用一些微手势，无须停止正在做的事，甚至无须分心就能够节省时间。

实现这些功能，需要应用机器学习、人机交互、用户界面设计等技术，目前仍存在许多技术挑战。虽利用超低摩擦的输入方式，能够实现与自适应界面的交互，但是要想对虚拟物体有所感知，还需继续开发触觉技术。

目前，Facebook 团队正在构建研究原型，包括拥有 8 个气动波纹管的 Bellowband 以及使用了 6 个震动触动器和新颖的手腕挤压机制的 Tasbi，以进一步探索的触觉反馈的类型。

4.5.5 Project Aria AR 眼镜

Meta 公司欲争夺 AR 霸主地位，但它首个概念项目还是相当“温顺”。2020 年它推出了代号为 Project Aria 的 AR 眼镜。

在传感器方面，它有摄像头和 3 个按钮，用于电源、捕捉和静音。Project Aria 设备在日常生活中并不显眼，类似于普通眼镜，但它具有平台和传感器，可以捕获用户的视频、音频、位置和眼动追踪。但目前来看还只是一款 Snap Spectacles 的竞争产品。

总之，Facebook 在产品手册中再次强调这款 AR 眼镜目前不是商用产品，最初会先被科研人员用来测试和数据采集，帮助 Facebook 探索未来穿戴式 AR 眼镜可能需要配备的传感器等设计。

---

① 手指移动的意图不是读心术。可以这样想：当你拍了很多照片，然后选择只分享其中的一部分。或者是你有很多想法，你只对其中一些采取行动。当这类情况发生时，大脑会向你的手指发送信号，告诉手指移动到你选择的地方，以便执行打字或滑动等的动作。

4.6 脑机接口技术

2021 年 12 月 17 日午后，脑机板块突然逆势走强，创新医疗涨停、新智认知模板、复旦复华等多股跟涨。安信证券赵晓光关于元宇宙的演讲提道：“元宇宙的未来 10 年里，后期发展就是脑机接口、延迟沉浸设备。至于脑机接口的层面，这是一个终极的形态。现在的一些科技公司包括中国前段时间也在做一些脑机接口的研究。”

此外，《证券日报》发表了一篇名为《助力元宇宙虚实相生　脑机接口从科幻走向现实道阻且长》的文章，指出脑机接口是搭建元宇宙重要的技术。该文章认为，脑机接口与拓展现实、机器人等共同构成元宇宙虚实界面的技术内容。作为人机交互关键技术之一，脑机接口技术可以让使用者用意识进行各种交互解析，并达到平行世界里的一切交互行为，支持元宇宙中更快捷和有效的信息访问。

从理论上讲，当脑机接口技术发展到一定程度后，人们不需要再佩戴 AR 或 VR 等体外成像设备，而是在脑部植入一颗芯片，通过模拟神经信号就可以接入虚拟世界，获得全方位观感的沉浸式体验。从人机交互的历史发展来看，脑机接口是元宇宙的终极人机交互界面，它将体验技术提升到了一个新的水平。

不过现阶段，脑机接口技术处于初级阶段，面临技术及伦理方面的考验，短期内实现大面积应用并非易事。根据臻泰智能分析，长期来看，我国脑机接口纯设备的市场在与具体的使用场景结合后会产生明显的放大效应，未来可能达到千亿元规模。

事实上，马斯克一直是脑机接口的拥趸者，2021 年其旗下的 Neuralink 公司宣布其脑机接口成功植入人体，把大脑的数据读出来，把外部世界的数据送进去。之前他们曾成功让猴子通过意念实现了打乒乓球的游戏，引起巨大轰动。

据马斯克表示，这种脑机接口产品可以令脑瘫患者使用智能手机，且使用的速度比普通人还要快。还可以解决瘫痪、失眠、听力损伤等问题。

在中金的早期一份研报中，其认为脑机接口是重要的前沿科技之一；短期看，非侵入式接口与 AR/VR 等技术相结合，可能成为键盘、鼠标、触摸屏之后下一代人机交互方式。

目前侵入式领域马斯克的 Neuralink 处于世界领先水平，不过中金认为非侵入式脑机接口有望成为 AR 和 VR 之后下一代人机交互方式，美国的 Ctrl - Labs（被 Facebook 收购）、Neurable 等公司，中国的 BrainCo 和博睿康科技等公司是行业领先企业，并已有成熟产品问世。

长期来看，未来脑机接口有望被应用到更广阔的领域，甚至将非人类感知能力转变为人类感知能力，比如对于超声波的感知能力以及感知磁场等能力，真正实现“硅基生物”和“碳基生物”融合，打造超强人类，让人脑进一步延伸发展（见图4－7）。

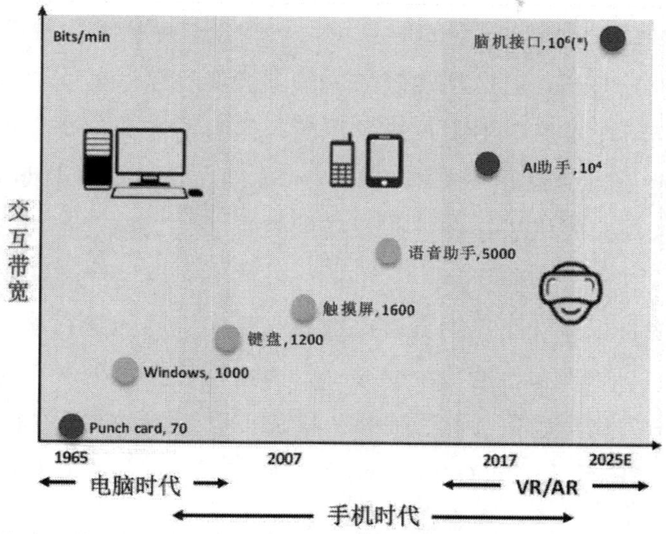

图 4－7　人机交互发展路径

4.7　实现元宇宙的“拦路虎”

实现“理想中的元宇宙”需要 AR、VR 和传统设备支持。目前可以通过传统设备交互（手机和笔记本电脑）。若想沉浸其中，就需要 VR 头显，想和物理之间实现真正的集成，需要 AR 设备。

对于 VR 来说，大多数头显仍需要连接到 PC 或游戏机，以实现流畅和身临其境的体验所需的处理能力和通信速度。目前，只有 Meta 公司的 Oculus Quest 2 摆脱了这种电缆限制。但 Meta 公司一位副总裁认为，即使现有设备仍然很笨重，但越来越快的处理器和更高速的无线通信即将出现，更好的视觉分辨率和不受限制的体验必然会到来。

AR 实现了小众采用。但在某种程度上，AR 可能因 2012 年谷歌眼镜备受瞩目的市场失败而前景惨淡。虽然 Pokemon Go 在 2016 年将该技术进行了巨大的提升，但此后再也没有出现过类似现象。但一个重要的新玩家正准备进入市场：也许是受元宇宙概念和竞争对手的刺激，苹果将在 2022 年底发布其首款 AR 头显。苹果倾向于在先行者证明其可行性之后很久就进入市场，然后占据主导地位，这是苹果公司对元宇宙的计划。

在VR和AR中提供可信的触觉体验所需的一些技术目前还不存在，但Meta RL在不断推动技术水平的提高，创造新的突破，努力使触觉手套成为现实。“我相信，在即将到来的AR/VR和元宇宙的人机交互革命中，触觉将是至关重要的。”Meta RL Research科学经理Nicholas Colonnese说：“在未来，我们可能会呈现一个‘触觉点击’，在你向元空间的朋友打招呼时分享定制的‘触觉握手’。”

虽然VR和AR技术的应用前景非常广阔，但目前还缺乏统一的行业应用标准体系且用户体验参差不齐，也导致虚拟现实技术难以在重点行业领域快速应用。另外，VR、AR技术的大规模应用还存在一些现实的约束条件，离真正具有低延迟、高沉浸的理想体验还有很长的一段路要走。

元宇宙的最终目标是让用户感觉虚拟世界与真实世界无缝衔接。两者之间的沉浸式互动改变了我们对物理存在的传统感知。目前实现元宇宙的软件已经存在了，相对来说，硬件技术的发展更引人关注，面临的挑战也更复杂，仍然有很多障碍需要克服。

VR和AR设备的行业试金石是“社会可接受性”。目前尽管投入了数十亿美元用于开发，但真正的AR眼镜在外观或显示IMAX质量的图像方面仍然远远没有实现与Ray-Bans并驾齐驱。如果传感、显示和光学技术没有进步，AR和VR头显将无法完美支持元宇宙。Meta公司在更名的同时宣布了其AR眼镜项目，并且承认离真正达到可行性还有数年时间。VR头显有时会让人与《机械战警》进行比较，只有最高端的设备才会让人感觉不到真实与非真实之间的界限。

理想的元宇宙硬件设备特点为：轻巧舒适，可以整天佩戴，在AR和VR之间切换，能自然地与其他元宇宙用户互动。

4.7.1 逼真视觉

当我们使用AR或VR设备看手机或电视时，我们可以通过显示屏中的“纱窗效应”① 现象看到像素之间的差距，因为VR或AR对像素分辨率要求是很高的。

除此之外，还需要光学元件来正确聚焦和调整这些图像的大小。就AR而言，这些光学元件效率非常低，亮度需要达到数百万尼特（目前iPhone 13 Pro Max屏幕的最大亮度为1200尼特）。

微LED显示器是一种很有前景的AR和VR解决方案。他们不像OLED显示器那样老化，而且亮度水平非常好（基于“增大化现实”技术，最大亮度能达到300万尼

① 纱窗效应：是指由于显示器分辨率的原因而出现的网眼花纹的问题。

特）、像素密度极高，NanoLED 显示也足够小可适用于隐形眼镜。然而，有个问题是：微 LED 微显示器不擅长产生全彩图像，蓝色微 LED 的效率明显高于其他颜色。量子点的颜色转换是最受欢迎的解决方案，可以将蓝光转换为红光和绿光。

2021 年 5 月，WaveOptics 被 Snap（另一家寻求元宇宙的社交媒体巨头）收购；同年 11 月，三星电子等巨头对 Digilens 的投资使估值达到 5 亿美元。两家公司都是无晶圆厂波导公司。Digilens 有一个令人兴奋的研发 – TREX 波导，它可以双倍有效显示分辨率，可以达到我们所看到的 60PPD。

4.7.2 眼球追踪技术

如果你尝试制作一款以 60PPD 分辨率覆盖双眼且水平视野所有 135°的耳机，那很快就会变得难以控制。幸运的是，只有我们的视觉中心有这么高的质量要求，外边缘没有那么苛刻。通过跟踪我们的眼睛，眼镜可以将正在看的位置最大限度地提高分辨率，同时降低其他地方的需求。

在未来，这种眼球追踪技术甚至可用于通过激光束扫描将 AR 或 VR 图像直接投射到视网膜上。如果消费者能接受这个想法的话，眼球追踪技术就可以直接绕过佩戴眼镜时对组合光学和校正的需求。

该领域相关公司正在使用新兴图像传感器技术，以更有效地跟踪眼睛。基于视觉效果可以降低处理需求，它可以记录移动而不是传统的图像帧。使用打印图像传感器，眼球追踪技术可以被压缩到一个“小包裹”中。Meta 材料公司（与 Meta 公司无关）已经将微型相机直接嵌入眼镜镜片中，随着技术的成熟，这种方法将分别集成到 AR 和 VR 的组合或放大光学中。

4.7.3 “感知”元宇宙

如果你不能像在真实世界那样与元宇宙互动的话，那我们以上讨论的一切都不过是把一台高端电视机绑在你的脸上。

AR 和 VR 设备不仅需要感知我们的动作，而且为了沉浸其中，还需要触觉设备。在诸多的 Meta 新闻中，2021 年 11 月，其 Reality Labs 部门展示了 Reality Labs 触觉手套产品的原型，马克 · 扎克伯格还亲自试用并演示。

这款手套使用微流体系统向手部不同区域提供局部触觉反馈，可以向每个手指提供进一步的触摸反馈。尽管对于这个原型与 HaptX 产品的相似性存在争议，但 Meta 的 IP 地位较强，作为元宇宙领域的重点公司，此举也表达了对创建元宇宙的态度。

在传感方面，最近的主要突破是用于手部跟踪的飞行摄像头，消除与 VR 和 AR 设备进行游戏控制器式交互的需求。据悉，苹果多年来一直在 VR/AR 领域投资。2021 年 10 月，业内人士报道称 LG Innotek 已开始向该公司提供飞行摄像机的进程，该公司将于 2022 年发布一款 VR 头盔。不管是真是假，当苹果采用此项技术时，它通常是一个强有力的信号，未来此项技术将变得无处不在。

第 5 章

Web 3.0 和元宇宙——下一代互联网

Web 3.0 是构成元宇宙的三大板块之一，与元宇宙同成长、同发展。在这一章中，我们将讲述：（1） Web 1.0 到 Web 3.0 的发展阶段；（2） Web 3.0 理想状态与实现途径；（3） Web 3.0 与区块链、元宇宙的关联；（4） Web 3.0 领域值得关注的各类项目。

5.1 网络发展三个阶段

在 2021 年的 Solana Breakpoint conference 上，Reddit 联合创始人和 Solana 基金会推出 1 亿美元投资 Web 3.0。Solana Breakpoint Conference 是由 Solana 基金会首次组织的聚会，在葡萄牙里斯本举办，会议邀请了全球加密货币区块链行业的专家。会议专注于探讨 DeFi、NFT 的未来，解决 Web 3.0 世界的挑战和机遇等。

在此次会议上，致力于 Web 3.0 的隐私浏览器 Brave 也宣布集成 Solana 区块链，Solana 还将支持 Brave 开发的 THEMIS 协议在 Solana 区块链上的实现以及 Brave 浏览器的代币 BAT 在 Solana 区块链上流通。

以太坊（Ethereum）联合创始人、波卡（Polkadot）创始人 Gavin Wood，在《我们为什么需要 Web 3.0》中说："Web 3.0 将催生一个全新的全球数字经济，创造新的商业模式和市场，打破像 Google 和 Facebook 这样的平台垄断，并产生大量自下而上的创新。政府对我们的隐私和自由的廉价攻击，如广泛的数据收集、审查和宣传，将变得更加困难。"

互联网一直处在发展过程中，可以将互联网的发展视为三个阶段：Web 1.0、Web 2.0 和 Web 3.0。尽管在确切日期方面没有明显的阶段区别，并且在过渡期间它们有一些重叠，但互联网发展阶段还是有其显著特征的。简单地说，Web 1.0 是"去中心化"

的；Web 2.0 本质上是“中心化”的；为了解决 Web 2.0 存在的问题，Web 3.0 通过“去中心化”、人工智能和决策民主化在互联网后端进行了创新。

5.1.1 网络 1.0（Web 1.0）

Web 1.0 可以理解为第一代互联网，在 20 世纪 90 年代计算机刚刚普及时，互联网的概念刚刚兴起。当时只有一组可以阅读和浏览但无法与之交互的静态 HTML 网页。可以简单地打开网页翻看信息，网站上写的什么，你看的就是什么。Web 1.0 的典型代表如国内的新浪网以及网易这样的门户网站。

5.1.2 网络 2.0（Web 2.0）

Web 2.0 也被称为社交网络，也是目前网络所处的形态。用户从被动的接收信息变成可以自主发布言论，与其他用户进行交流。现在最流行的短视频平台就是 Web 2.0 的典型代表，人们可通过直播传递自己的想法，用户可通过点赞、评论以及互动等多种方式进行时时在线交流。

在 Web 2.0 时代，互联网端已经转移到移动互联网端。随着手机端移动互联网诞生，Web 2.0 允许用户与平台进行大量互动，微信、微博、抖音等就纷纷诞生了。用户可以自己上传发布的内容，个人跟互联网之间有更多互动。每个人都可以发布信息，每个人都能获取信息。

从现实世界进军数字世界，深刻改变了人们的生活习惯。但是 Web 2.0 存在很多缺点：

一是 Web 2.0 数据储存在中央服务器中，存在安全隐患。Web 2.0 采用中央服务器管理，用户数据在受广大用户信任的大公司服务器上集中存储和管理。服务器上的数据受防火墙保护，需要系统管理员来管理这些服务器及防火墙。如果有黑客成功入侵或者存在一些不可抗力因素，很可能造成数据丢失，并给客户带来重大损失。

二是 Web 2.0 用户隐私得不到保障。我们生活在一个互联时代，越来越多的设备比如手机、智能手表以及汽车等，无时无刻不在采集我们的信息，然后与互联网连接。将信息存储到云端服务器，是大数据时代必须面对的问题。

三是 Web 2.0 建立信任需要依附大平台。Web 2.0 需要建立在一个有公信力的平台之上。虽然网络方便了我们的生活，但中间商有着巨额的利润空间，获利往往来自用户，而用户并没有获得足够的回报。

四是在 Web 2.0 的发展中，数字交互的增加意味着数字数据生成的增加。由于中心化平台促进了这些交互，Facebook、Twitter、谷歌、亚马逊等公司获得了对用户数据的访问权限。这种访问，突然变成了企业在依赖用户数据的广告经济中创造网络效应的竞争。在这个经济体中，更多的数据意味着更多的权力和收入，而大多数用户是看不到数据争夺战的。

五是平台的运营问题。平台对内容都有绝对的控制权和监管权，用户发布的内容如果不符合平台的规定就会被删除，即使你发的内容不是违法的内容。

六是用户数据成为公司最重要的资产，而这资产的拥有者——用户自己，是没有任何的选择和余地的。就像无意点了一种染发剂的广告，即使这种商品不是你所需要的，接下来无论是亚马逊还是淘宝、京东某网站就会不断地向你推荐染发剂产品。再比如说你看过某种类型的视频，网站就会根据大数据推送给你同类型的视频，让你不断刷手机无法自拔，而这之后有大量广告商介入。用户在网上的行为习惯变成了一种商品，免费给了这个平台，平台可能出售给广告商。用户自己的各种数据被当作平台数据产品卖出了，这是对客户数据所有权的一种侵犯。

5.1.3 网络 3.0（Web 3.0）

Web 3.0 基于 Web 2.0 的同时能有效解决 Web 2.0 的缺点，让互联网的价值最终归于用户。可确认的 Web 3.0 特征有四种：①以区块链技术为底层技术；②具备数字资产层的网络平台；③分布式的数据存储系统；④去中心化的互联网。

Web 3.0 以用户为中心，因此数字身份认证、隐私保护、数据确权和去中心化都是它发展的关键。这与区块链技术有着天然的契合，也是区块链被称为价值互联网的原因之一。而在价值互联网背景下的 Web 3.0，互联网底层的商业逻辑也将发生根本性变化。在 Web 3.0 时代，用户不需要在不同中心化平台创建多种身份，而是能打造一个去中心化的通用数字身份体系。相关的用户数据可通过分布式的数据库存储，仅由用户自行管理、自主授权以何种身份信息进行何种操作，保证用户的数据确权和价值归属，同时保护隐私与安全，而且智能合约等技术也有利于实现更公平的商业模式。

机器学习算法已经通过链接数据、理解数据点之间的关系以及做出接近人类会作出的自主决策来改变我们今天的生活方式。当您将其与区块链技术相结合时，Web 3.0 打造智能互联网的目标会变得更加清晰。

5.2 Web 3.0 的愿景与现实

Web 3.0 一词被用来推广“去中心化网络”，这带来了很多误解和批评，因为互联网从一开始就已经是去中心化的。因此，这主要不是去中心化互联网的问题，而是去中心化每个人数字身份的所有权。对于以太坊及其智能合约，区块链的使用似乎是解决这个问题的一部分，目标不是取代 Web 2.0，而是为其提供一个附加层。现在我们所见到的互联网，实际上就是 Web 2.0 和 Web 3.0 并存的互联网。

2021 年，人们对 Web 3.0 的兴趣已经呈现出爆炸性增长。NBA 的超级明星们正在为 NFT 支付六位数的费用，并自豪地展示它们。OpenSea 的交易量比 Etsy 还大。世界上增长最快的游戏 ixuo 在以太坊上运行。但与 Web 2.0 相比，Web 3.0 仍然在初始阶段。

从应用程序看，有数百个 Web 2.0 应用程序和游戏的月度活跃用户超过 1 000 万，而 Metamask 是唯一具有这种规模的 Web 3.0 应用程序。我们认为，Web 3.0 增长策略的新生是这些应用程序难以扩展的主要原因。Web 2.0 公司有十年的成功增长战略可以借鉴，并有丰富的平台生态系统可以利用，而 Web 3.0 项目则是从零开始。

Web 3.0 应用程序支持去中心化的架构、匿名以及用户拥有数据。Web 3.0 的核心原则打破了每一个主流的增长策略。领先的 Web 2.0 消费者应用程序通过利用中心化平台（如 Facebook）、将身份在线化以产生信任，以及拥有大规模的专有数据集而达到大规模。Web 3.0 应用程序没有应用商店，也不知道用户是谁，也没有与他们沟通的方法。

5.2.1 Web 3.0 的愿景

（1）数据民主

Web 3.0 尝试使数据民主化，提出了一种从当前的集中式计算机转向分散式数据结构的架构（见图 5－1）。

去中心化数据结构是指一组相互连接的计算机，每台计算机都扮演着特定的角色。无论是作为节点、验证者、开发者还是仅仅是网络中的参与者，网络中的所有计算机都具有相同的信息访问权限并且数据对网络是透明的，具有安全的时间戳和不变性。

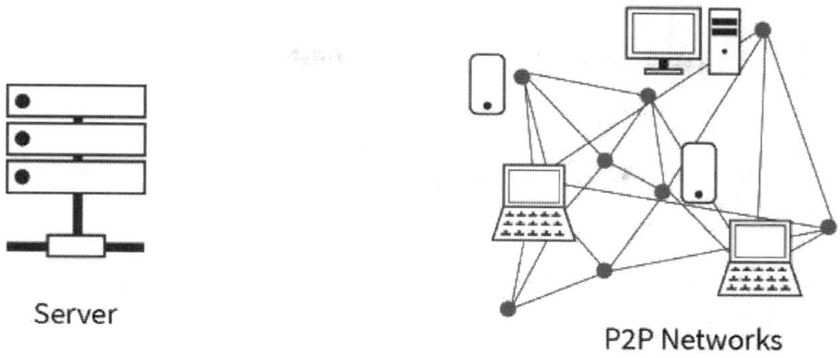

图 5-1 Web 2.0 数据结构（左）与 Web 3.0 数据结构（右）

数据来源：BlockchainHub。

（2）安全和隐私

由于跨多台计算机的数据分布会带来隐私问题，Web 3.0 通过密码学解决了这个问题。存储在网络上的数据是加密的，因此只有具有正确密钥的节点才能访问它。

安全的数字身份是 Web 3.0 的一个新事物，促进了数据隐私的发展。数字身份将是匿名的、完全加密的和跨平台的。广告拟与这些数字身份相关联需征得用户同意，这意味着与 Web 2.0 不同，Web 3.0 下系统会询问用户是否想看广告。

使用区块链还可以增强数据安全性，因为没有单点故障。由于网络中的所有节点都存在数据分类账的副本，因此黑客执行攻击时需要同时访问大量节点。虽然并非不可能，但破坏该级别的安全性非常困难且代价高昂。

当前环境是使用法律合同来保证商品和服务的交付。常常执行这些合同是一个漫长而昂贵的过程，每一步都有中间人。因此，即使法律协议确实可以保护当事人，但该系统效率低下并且容易出错和发生延迟。

Web 3.0 可以通过智能合约来解决这个问题。智能合约是开源代码段，其条件是双方在开始时相互认可。一旦满足预定义的条件，合约就会自动执行。

使用智能合约使合约服务可验证且易于执行。例如可以通过集成区块链技术和支持物联网的传感器来验证资产是否已在多个供应链中移动。同样，您可以从世界任何地方接收服务，根据合同设定的里程碑直接自动支付费用。如果实施得当，这将从根本上降低协议和交易审计的监控成本。

（3）经济模型

Web 3.0 旨在通过消除用户和服务提供商之间的鸿沟，建立一个不仅可持续而且可扩展的新全球经济。区块链的使用将允许用户实时管理和结算交易，无须中介。此外，经济激励措施和惩罚措施可确保网络中的所有计算机行为正确并保持诚实状态。

为了了解这在现实世界中是如何运作的，以去中心化金融（DeFi）为例。DeFi 实现了一个借贷和抵押生态系统，关键优势在于消除了在特定地理位置或访问传统银行服务的需要。

同样，我们现在拥有不可替代的代币或 NFT，它们有助于保护知识产权，同时允许任何人参与拍卖，这在以前只能通过私人销售或联系方式进行。区块链还允许我们重视个人用户的贡献，这反过来又会激励参与网络。这方面的一个例子是 Brave 浏览器，我们将在下面讨论。

5.2.2 实现 Web 3.0 的工具

我们目前仍处于构建支持向 Web 3.0 大规模转变的基础设施的初期阶段。所以，虽然我们不能真正使用传统意义上的 Web 3.0，但像浏览器和钱包这样的构建模块已经推出。

（1） Web 3.0 浏览器

Web 3.0 浏览器是由隐私和安全驱动的，用户能够充分参与和利用分散应用程序的力量，同时访问 Web 2.0 网站。

Web 3.0 浏览器的一个例子是 Brave——一个隐私优先的类似 Chrome 的浏览器，用于桌面和移动应用程序。Brave 的主要特点在于它可以防止第三方跟踪并允许用户选择是否要查看广告。

选择加入尊重隐私广告的用户将获得 BAT 代币的奖励，这是浏览器的原生 ERC 20 加密货币。个人用户还可以向内容创作者打赏 BAT，最大限度地减少创作者对广告收入的依赖。

支持 Web 3.0 的浏览器的另一个例子是 Opera，它作为第一个集成原生 Web3. 0ETH 钱包的主要浏览器而广受欢迎。

（2） Web 3.0 钱包

Metamask 是一个基于 Web 3.0 的桌面和移动加密货币钱包。在桌面上，它还充当浏览器扩展程序或者充当 Chrome 等 Web 2.0 应用程序与去中心化网络之间的桥梁。它允许用户与各种以太坊 DApp 进行交互，而无须下载和运行以太坊节点。

由于钱包是 Web 3.0 的支柱之一，因此正在积极开发以简化其用户体验。一个例子是 OKEx 钱包与 Unstoppable Domains 的集成，它允许用户通过加密域名而不是通常复杂的钱包地址与加密货币进行交易。

（3） 其他 Web 3.0 DApp

虽然浏览器和钱包是 Web 3.0 生态系统的关键组件，但其他应用程序，如文件存储、身份管理、社交媒体网络等也同样重要。目前在 Web 2.0 上使用的每个应用程序都需要有一个 Web 3.0 对应物，以便在不牺牲用户便利性的情况下实现平稳过渡。

在这方面，像 Cardano 这样的项目在与 Google Authenticator 匹配方面取得了长足的进步，但大多数仍在开发中。同样，像 BitClout 这样的社交媒体网络获得了一定的知名度，但随后面临与扩展此类平台相关的挑战。

5.2.3 Web 3.0 的关键挑战

(1) 可扩展性

尽管我们正处于 Web 3.0 演变的初期阶段，但我们已经体验到了近期加密货币流行的一些影响。例如，每当以太坊区块链收到大量交易时，相关的 GAS 费用和执行它们的时间就会急剧增加。以太坊目前每秒可以处理大约 15—30 笔交易来说，每天大约可以处理 100 万笔交易。这远低于它的 Web 2.0 对应物 Visa，后者声称它每秒可以处理超过 5.6 万条交易消息。

随着该技术越来越流行，当前的区块链架构需要调整以防止网络拥塞，并相应扩展。以太坊旨在通过第二层技术实现这一目标。据报道，它可以使用分片迷你链系统每秒处理 10 万笔交易。我们还有像 Solana 这样的区块链，每秒有超过 1000—2000 笔实时交易，并且能够每秒处理超过 6 万笔交易。然而，开发和采用工作仍在进行中，挑战在于实现高度去中心化的可扩展性。

(2) 用户采用

在 Web 2.0 革命中，随着交互性的发展，企业关注用户体验。企业从人们使用其应用程序的时长中获利，所以他们设计了直观且易于使用的用户界面。在这方面，Web 3.0 有很多需要完善的地方。

将用户过渡到 Web 3.0 应用程序既不容易也不快捷。考虑到移动流量占互联网流量的一半以上并且还呈现持续增长的态势，重点关注的领域之一应该是 Web 3.0 的移动体验。

(3) 互操作性

当前的区块链项目如比特币和以太坊在很大程度上是独立的。他们拥有技术和经济上多样化的链，这就是为什么他们无法相互交谈或传输数据。如您在以太坊上进行交易，比特币网络就不可能在没有桥梁的情况下检索有关交易信息或使用移动货币。架构不同，所以数据在每个区块链上都处于孤立状态。

Web 3.0 Foundation 一直致力于通过关注 Polkadot 和 Kusama 项目的互操作性来解决这个问题。Polkadot 使用中继链系统来协调存在于其平行链结构上的区块链通信。

然而，基于必须构建这些平行链的规模，我们距离区块链真正的互操作还有很长的路要走。为了打造一个真正去中心化的生态系统，社交媒体网络、浏览器、文件存储系统等构建模块需要像 Web 2.0 应用程序一样找到一种有效的方式来相互通信。

5.2.4 可持续发展的 Web 3.0

随着 DeFi 协议、Web 3.0 钱包、区块链域和浏览器的出现，我们所知的互联网正在迅速变化。Web 3.0 的许多方面都处于今天的第一次迭代中，包括云计算、增强现实、区块链和物联网。

然而，随着 Web 2.0 的发展，Web 3.0 成果的实现可能需要几十年，而不是几年。在所有主要构建模块都到位之前，Web 2.0 和 Web 3.0 之间的过渡不会完全实现。

5.3 区块链技术与 Web 3.0 的关联

区块链技术是 Web 3.0 的驱动力。因为区块链技术提供了两大核心能力：一是更公平、更开放的参与方式，即组织形式上的开放性；二是数字资产按合约结算且可靠地无障碍流通。区块链作为一个底层的利益分配系统，在其之上可以支撑组织形式的开放性，让参与各方无条件地信任分配方式，对分配方式达成共识，从而保证利益分配的可靠执行。区块链对于 Web 3.0 来说至关重要，是 Web 3.0 应用的必备基础设施。

2021 年，DeFi 的发展让越来越多的人开始关注“去中心化”这一概念，这也将是网络中的下一个前沿技术。网络去中心化的趋势就是 Web 3.0。

首先，在 Web 3.0 环境下，许多独立节点构成网络，就算其中一两个节点被黑客攻陷，还有成千上万个节点存储着安全有效的数据。就算某个节点崩溃了，区块链网络还可以正常运行。

其次，分散式网络完全去除了中间人，无须信任任何公司，无须信任任何第三方，在 Web 3.0 世界代码即法律。只需要相信区块链构建的数学和计算原则即可。

再次，区块链的共识机制不需要作出决策的中心化权威机构，网络中保存数据的所有节点受激励措施驱动汇集在一起共同决策。

区块链为 Web 3.0 带来了新的经济模式，并通过代币将价值赋予了网络本身和网络连接的社区成员。

IPFS FIL 分布式的存储是 Web 3.0 的典型特点，互联网中不再有“中心化存储”的概念，互联网速度更加快捷、高效、安全且信息无法篡改，数据经过加密更容易保护我们的个人隐私。

5.4 Web 3.0和元宇宙

比特币、以太坊和区块链协议是Web 3.0背后的驱动力。

一些网络专家将Web 3.0的界面称为“元宇宙”，这是虚拟现实的最新发展，是Web 3.0对Web 2.0的增强，最新的网页设计能够生成3D图像，一种替代的或增强的现实证明使用“元宇宙”一词来定义第三代网络发展是合理的。

那么，元宇宙是如何与Web 3.0联系起来的？简单来说，Web 3.0希望打破互联网巨头壁垒，使用户数据信息与价值真正属于自己，而这一点符合元宇宙的特征。业内很多人士也将Web 3.0看作是创建元宇宙的基础，它对元宇宙具有极强的现实指导意义和商业价值。

元宇宙是一个充满潜力的巨大世界，Web 3.0作为元宇宙创建和持续生长的根本原动力，其发展进程也在某种程度上决定着元宇宙落地的时间。就目前来看Web 3.0并未仅停留在概念领域，实际上已经有不少相关应用产生了。

换句话说，元宇宙的虚拟世界将存在于网络上并可通过网络浏览器访问。新一代的网络浏览器是按照Web 3.0来设计的。

Web 3.0的一个关键结构是使用NFTs或不可伪造的代币。你可以与元宇宙中的其他人交易这些代币或者将它们作为一种货币。例如，一个NFT可能是为在一个元宇宙中交易盔甲而设计的，而另一个元宇宙则将其作为货币使用。它们的使用方式虽然不同，但仍属于不可伪造的代币类别。而NFT数字资产的独特特征是通过执行区块链的智能合约协议如ERC20、ERC72、ERC155形成的。

元宇宙通过数字空间连接各个用户，所以NFT允许人们自由地与他人交易数字商品和物品，允许人们在不离家的情况下进入元宇宙空间，这对那些因年龄或健康问题而无法旅行的人来说是个好消息，也是扩大社交的好方式。

Web 3.0实际上是利用区块链带来的创新“引擎”。在这种背景下，元宇宙只是一个新的维度，包括游戏、电影、音乐会、娱乐、社交平台、教育、基于模拟的培训方法，使用Web 3.0创新来实现其目的。目前谁也不能确定哪种扩张会成为元宇宙概念的一部分，但是网络庞大的部分Web 2.0必将会走向Web 3.0。

在技术意义上，区块链带来的许多创新形成了这两个术语的基础。每一个新的区块链想法和解决方案都会立即被认为是新的候选模块集成到Web 3.0引擎上，这将为元宇宙产品和解决方案提供动力。

5.5 Web 3.0 的基础设施

Web 3.0 会带来重大创新并重构当前的商业模式。在过去一年中，Web 3.0 的概念在全球以“病毒式”的速度流行起来。

Google Trends 数据显示，Web 3.0 及其相关的搜索量一直处于上涨趋势中（见图 5-2）。

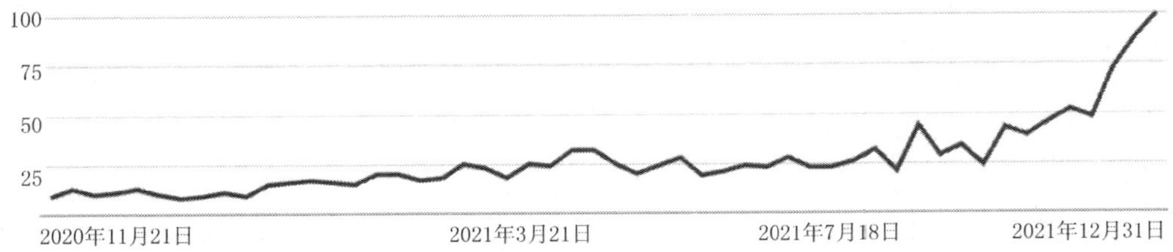

图 5-2 2021 年 Web 3.0 的搜索趋势

数据来源：Google Trends。

尽管人们对 Web 3.0 的定义并不完全相同，但通常会将它与 Web 2.0 进行比较。在 Web 2.0 中，中心化平台掌握用户的数据和内容，存在数据泄露的风险，并且平台之间的数据不能互联互通，用户可能还会受到中心化的审查和封禁等处罚。

Web 3.0 是上述这些问题的解决方案。其核心理念是将数据的所有权归还给用户，允许用户自己控制数据，在保障安全性的前提下实现数据的互操作性。同时，用户不需要担心中心化的审查问题。

5.5.1 Web 3.0 的基础设施

（1）区块链和跨链技术

Web 3.0 这个名字出现得比区块链更早。但在区块链兴起之前，Web 3.0 因缺乏解决方案只能停留在概念阶段。随着区块链技术的发展和加密货币投资者的增多，以太坊、Polkadot 等区块链生态中涌现出一批与 Web 3.0 相关的项目。因此，区块链技术奠定了 Web 3.0 发展的基础。

就整个区块链行业而言，多链并存的格局还会持续很长时间。在这种情况下不同区块链生态的 Web 3.0 用户有进行交互的需求，跨链技术会在这个过程中发挥重要作用。目前，主要的跨链技术包括公证人机制、侧链或中继、哈希时间锁定、分布式私钥控制等。

（2）去中心化身份

在整个 Web 3.0 的架构中，DID（去中心化身份）是至关重要的一环。DID 与 Web 3.0 的核心理念相符，允许用户拥有并控制自己的数字身份。DID 中包含用户的身份信息和隐私数据，只有经过用户授权才能使用，具有安全性、可验证和互操作性等特点。DID 系统以去中心化的方式实现身份的发现、识别和验证，不依赖中心化身份系统的审核和许可。

（3）分布式存储

Web 3.0 致力于改变中心化平台对数据的控制，从这个角度来看 Web 3.0 项目不会将数据存储在中心化的服务器中。因此，Web 3.0 项目会有海量的数据存储需求，分布式存储是重要基础设施。

相比传统的中心化存储，分布式存储具有安全性高、隐私保护、防止单点失效等优势。但在实际应用过程中，分布式存储面临着可靠性、用户体验和监管政策等方面的风险和约束。当前主要的分布式存储项目包括 Filecoin、Arweave 等。

（4）隐私计算

在 Web 2.0 中，中心化平台的商业模式普遍是通过用户的数据资源获取流量和利润。Web 3.0 中，也存在对数据的使用和分析需求。考虑到数据安全和个人隐私，需要在用户数据和隐私得到保障的前提下，通过隐私计算的方式完成计算任务。安全多方计算是隐私计算的一种解决方案，可以使互不信任的参与方之间保护隐私的情况下实现协同计算。

5.5.2 Web 3.0 的优势

Web 3.0 可以看成是 Web 2.0 和上述基础设施的结合，或者说 Web 3.0 是通过核心理念和基础设施对 Web 2.0 进行了重构。

Web 3.0 项目天然具有去中心化和分布式的特性，不会受到单一节点故障的影响。当系统中某几个节点断网时，其他节点仍然可以完成信息传递和价值转移，整个系统不会受到影响。

在 Web 2.0 中，中心化平台通过用户的数据获得收益，但不会将收益分配给用户。但 Web 3.0 的用户掌握自己的数据所有权，有利于实现数据平权。Web 3.0 项目可以设计更合理的激励机制，用户可以参与项目发展并从中获得收益。

Web 3.0 具备更好的互操作性和可移植性。Web 3.0 项目之间可以实现跨生态交互，打破平台间的数据孤岛和壁垒。基于用户许可的数据使用机制，用户可以根据自身实际情况提供相应的数据信息，完成生态间的交互功能。同时，用户对数据有许可权和可访问权，Web 3.0 可以更好地保护用户隐私。

5.5.3 制约

Web 3.0 项目基于区块链进行开发，区块链的性能瓶颈制约了 Web 3.0 项目发展。从过往的区块链项目来看，通过降低用户体验来提高安全性并不能获得用户认可。与中心化平台相比，区块链的 TPS 决定了它目前不适用于对低延迟有要求的应用场景。

社交等类型的 Web 3.0 项目有很强的网络效应，这意味着只有当用户积累到一定数量后，整个生态才会有大规模发展。区块链的使用成本和技术壁垒较高，用户的教育门槛很高，导致很多用户不愿意进入区块链生态，Web 3.0 项目的使用范围会受到限制。因此，需要在用户体验与安全性之间寻找一个更好的平衡点，吸引更多用户参与和使用 Web 3.0 项目。

不同的区块链生态有不同的 DID 系统，这不仅是技术路线选择造成的，还涉及参与者之间的复杂利益分配。不同的 DID 系统会有不同的标准，需要不同的验证方法，这可能会阻碍了数据的共享，造成数据和信息孤岛，与 Web 3.0 的理念不符。

Web 3.0 的核心理念对于保护用户个人隐私有重大突破的同时也增加了监管难度。未来 Web 3.0 项目可能会受到监管政策方面的影响和制约，因为监管部门不会认可完全抗审查的平台。

5.5.4 Web 3.0 的机会

参与 Web 3.0 的基础设施是最直观的投资机会。不管哪些 Web 3.0 项目“脱颖而出”都需要基础设施的支撑。公链、跨链、身份系统、分布式存储和隐私计算领域都有进一步改进的空间。

例如，承载 Web 3.0 项目的区块链一定要有更高的性能和可扩展性，分布式存储项目的使用成本要足够低并且与中心化的云存储用户体验区别不大。除基础设施之外，以下几个领域也同样是 Web 3.0 的发展方向和投资机会：

（1）链上数据分析

精准的数据分析可以对区块链项目的商业模式进行重构，在这个过程中，DID 和隐私计算等技术会在信息保护等方面发挥重要作用。

随着区块链用户的增多，链上数据的体量呈现指数级增长。这些数据对分析用户画像有重要作用，精准的数据可以为其他项目提供可靠的数据输入，进而完成其他项目的产业重构和升级。

通过精准的数据分析可以得到链上信用等有效数据，进而拓展出不同的应用场景。以DeFi项目为例，目前很多DeFi项目采用抵押借贷方式而非信用借贷，资金利用率不高一直是困扰很多DeFi项目的问题。

如果有精准的链上数据作为输入，根据过往数据将信用引到链上，提供Web 3.0系统中的身份、信用、用户画像等与用户相关的数据的索引和聚合，精准筛选用户，那么可以对信用较高的用户实行信用借贷或无抵押借贷，大大提高用户资金的利用率。

（2）身份数据服务商

理论上，在Web 3.0中并不需要多套并存的DID系统。但出于各种原因，不同的区块链生态有不同的DID系统，短期内不会出现统一。

在这种情况下，一个可以兼容和集成绝大多数DID标准的身份聚合项目会给用户带来极大的便利。身份聚合项目支持跨多个生态连接用户DID身份信息，帮助用户查看、管理和聚合在不同区块链网络上的身份信息。同时，身份聚合项目还可以与数据索引项目、应用项目等进行结合，进一步发挥作用。

（3）隐私加强技术

目前，用户对区块链上的身份和账户等信息的重视程度不够。他们在链上留下的公开信息越来越多，所有人无须许可都可进行查阅，存在重大安全隐患。

在Web 3.0中，人们对数据和隐私的保护意识会更强，用户不再希望以牺牲隐私的方式来获取便利，特别是DeFi兴起之后很多用户并不希望自己在链上的交易行为被其他人监控。

隐私加强技术能够在不影响安全性和隐私的前提下安全地共享、汇集和分析数据，解决交易信息的机密性和隐私保护问题，限制未经授权的用户获取交易信息。

（4）Web 2.0与Web 3.0的中间件

目前，大量用户仍然集中在中心化的平台，他们已经对这些平台有了使用黏性并形成了用户习惯。中间件项目可以充当桥梁，帮助用户从Web 2.0向Web 3.0迁移。通过在Web 2.0平台上开发一系列工具，用户可以在熟悉的平台发送加密信息和数字货币，降低用户对Web 3.0项目的使用门槛。

中心化的平台为人们带来便利的同时也存在诸多问题。如今Web 3.0的发展势头已经吸引了很多巨头公司的注意，包括Twitter和Reddit在内一些公司正在探索在将Web 3.0的理念整合到他们的平台上。他们从创作者激励经济、中心化身份的改进、数据和内容的所有权等方面进行探索和研究，以塑造去中心化平台的未来。

未来，Web 3.0会给用户带来不一样的体验，从根本上改变用户与互联网之间的关系和交互模式，近期兴起的DAO也会在其中发挥重要作用。

5.6 元宇宙与 Web 3.0 发展离不开去中心化存储

5.6.1 元宇宙急需一个安全开放且可靠的存储网络

Web 3.0 的世界里用户海量的线上足迹和创作的作品创造了一个难以估量的巨大数据王国，而这个数据王国的维持依赖于一个可靠稳定安全的数据存储网络。元宇宙里货币化的虚拟物品若失去可信任的区块链上存储的保护，其对应的元数据和媒体数据失效或被篡改，就会变得无价值。

目前主要的去中心化存储方案为 IPFS 的 Filecoin 和 Arweave 项目。IPFS 开创性地引入了激励层 Filecoin 以确保数据在约定期限内的可靠存储，而 Arweave 通过技术创新以期实现数据在链上的永久保存。

2021 年的夏天一组由 1 万个不规则像素组成、看起来很奇怪的小人忽然兴起，让人惊讶的是其单个头像却能以等价于几千万美元的以太坊成交。从加密艺术和游戏到头像和文字以及 NFT 的兴起引燃了人们对元宇宙、Web 3.0 的无尽想象。

当我们在谈论作为身份象征的 CryptoPunk 时，当我们兴致勃勃地边玩游戏 Axie Infinity 边在赚钱时，当我们酣畅淋漓地驰骋在元宇宙的星辰大海时，是否想过这些海量数据会被存储在哪里？是否担心这些数据可能会被篡改？谁也不愿意花了几千万美元买来的头像因为底层数据的篡改而变得一文不值，也没有人会希望与朋友在元宇宙里的对话回忆因为系统宕机而永远消失。在元宇宙和 Web 3.0 纪元的起点，在数据爆发式增长的今天，我们亟须一个安全、开放、自由且可靠的存储网络。

新冠肺炎疫情的肆虐加速模糊了真实世界与虚拟世界的边界，人们在真实世界中的工作、社交、娱乐、餐饮及出行等活动几乎都可以在互联网世界中执行。同时，从 Web 1.0 到 Web 3.0，从被动数据读取到热火朝天的内容创作，数据生产量发生了爆炸式的增长，并且还将以指数形式继续增长。作为区块链技术的网络、存储和计算三大支柱之一的存储对于 Web 3.0 与元宇宙的发展具有重大意义。

从应用角度来看数据安全与数据主权的最终归属关系着虚拟世界的稳定运行。而从经济角度来看元宇宙与 Web 3.0 世界产生的海量数据存储需求也有着巨大的商业前景。

总之，站在 Web 3.0 与元宇宙的交汇处，随着对数据安全性和用户数据所有权的愈发重视，去中心化存储的重要性也愈发凸显。去中心化存储与中心化存储在存储空间来源、带宽来源以及安全性和使用方式等多个维度的差异，导致目前去中心化存储的规模和性能远远不如中心化存储系统。虽然 IPFS 和 Arweave 等项目通过不同的非中心化设计方式弥补了其不同的缺陷，并引入代币激励使全网存储总规模扩大，但是项目方与用户的利益不一致和费用结构等因素阻碍了项目的快速拓展。

随着元宇宙和 Web 3.0 时代的开启，网络的“飞轮效应”使去中心化存储迎来应用爆发的浪潮，随着存储技术的改进和经济激励模式的优化，去中心化存储这一赛道能有长足稳定的发展。

5.6.2 中心化和去中心化存储

存储的商业模式分为中心化和去中心化存储，中心化存储是将数据完整地存储在中心化的服务器上，去中心化存储则是采用分布式存储技术将数据切片分散存储在多个独立的存储供应商上。中心化存储方案以高稳定性的性能满足了企业级存储的需求。去中心化存储以其定制化存储方案、经济激励模型隐私性强等特点满足长尾企业市场的特殊场景要求。站在 Web 3.0 与元宇宙的交汇处，重视数据安全性和用户数据所有权，去中心化存储的重要性愈发凸显。

中心化存储将整个存储集中在一个系统中的多套设备上，是过去大型主机时代的产物。中心化存储系统顺利运行的关键之一是存储服务器稳定运转。存储服务器成为系统性能的瓶颈以及可靠性的焦点，因而巨大的中心化存储市场是“巨人的蛋糕”，亚马逊和微软以及谷歌等巨头合计占据云存储市场份额的 60%。

而去中心化存储基于区块链技术，采用开源的应用程序和算法，把数据切片分散存储在多个独立的网络节点上，主张隐私保护和数据冗余备份等，并且通过对种子节点或文件上传方提供经济激励使数据价值化。其中，经济激励模式使用户数据得以安全长久地保存，这也是去中心化存储亮眼的地方。当去中心化存储遇上区块链技术便有了可扩展性强、安全、效率高、自动容错成本低的特性。

2021 年随着 Roblox 上市，元宇宙 Metaverse 忽然席卷互联网，VR、AR 和金融投资界等各大行业借着微型计算机和 VR 设备以及以 5G 为代表的高速网络技术，来到了元宇宙纪元的门口。区块链的开放式支付和清算系统，可以满足用户在元宇宙世界的实时、公平、透明和快速的 P2P 支付需求。将元宇宙中用户的虚拟物品或创新成果货币化不仅赋予了用户与真实物理世界近似的权益保障，也极大地促进元宇宙资产的流通交易并鼓励用户通过持续创新获得财富积累。

5.6.3 去中心化存储的几个代表性项目

（1）IPFS Filecoin

星际文件系统（IFPS）是2015年提出的另一个去中心化存储方案。IPFS开创性地引入了激励层Filecoin，通过代币激励机制确保文件在约定期限内的可靠存储。Filecoin允许任何个体利用空闲的硬盘空间和带宽在公开市场上提供数据存储和检索服务，将未用硬盘容量货币化，并通过PoRep（复制证明）和Post（时空证明）来保证矿工真实存储文件的情况，用户通过发布订单寻找合适的存储矿工，数据加密并分割后发送至矿工，矿工将该信息添加至存储区块进行存储并持续证明其工作以获得奖励。

Filecoin的这种模式并不是完美无缺的。IPFS挖矿需要专业设备。GPU矿机使挖矿成本较高，行业进入壁垒的提高导致普通个体可能无法直接参与存储挖矿，进而全网总存储将向少数存储供应商或大规模矿池集中。从某种程度上来说，IPFS所构想的完全去中心化在执行过程中又变成了少数供应商垄断的中心化存储。目前FIL虚拟币的价格走势并不太乐观。

（2）Arweave存储方案

①与Filecoin将数据存储在链下不同，存储方案Arweave将数据内容直接存储在区块网中，是主打永久存储加链上存储的去中心化存储方案。Arweave项目的技术亮点是其底层Blockweave网络。Blockweave项目采用了全新的区块链网Blockweave，它是基于共识机制和特定的出块模式，将之前所有区块的哈希值做成一个哈希列表并将系统中所有活跃钱包做成一个列表，矿工通过检索哈希列表和钱包列表完成验证工作，而无须像BTC以及ETH等节点一样验证整个节点。这种方式减少了能源消耗并提高了节点工作效率。

②采用激励算法Wildfire。与Filecoin需要持续性地收取存储费用不同，Arweave只在数据写入时收取一次性的永久存储费用，之后用户读取数据都是免费的。为了鼓励节点对数据读取请求作出响应，Arweave引入了激励算法Widfire。

Wildfire是一个节点评分系统，根据节点发送新交易和区块的次数、响应请求的速度来让每个节点对其他节点排名。从相邻节点得到的可靠数据越多则给对方的评分就越高，相应地出块概率就越大。Arweave主网于2019年1月29日上线，并于2020年5月推出具有捆绑交易存储功能的Arweave 2.0版本。Solana上Metaplex Candy Machine的推出以及跨链桥的推出等造就了Arweave的亮丽表现。在代币AR的走势上来看，它的表现优于Filecoin。

纵观Arweave生态项目，目前较为活跃的是NFT、DeFi和基础设施赛道，如Koii

和 Limestone 等项目目前尚处于建设的早期阶段。

虽然 Arweave 存储方案将数据保存在链上能保证数据不可篡改，但是这种模式也具有一定弊端。首先，数据的不可篡改导致任何改动都只能通过上传新数据，这将造成一定的迭代成本。其次，为了保证数据的永久存储，Arweave 需要不断吸引新的节点加入，同时需要确保节点的边际收益大于边际成本。

③最早期的去中心化传输方案。Bittorrent 即 BT 下载，由 2003 年软件工程师 Bram Cohen 提出，通过 P2P 下载的方式克服传统下载方式的局限性。不需要资源发布者拥有高性能服务器来传输资源，且下载同一文件的人越多下载该文件的速度越快，加上其免费使用这一模式吸引了众多的网民使用。然而 Bittorrent 下载必须使用种子文件，即下载内容的所有地址放到这个种子文件中才能下载，且客户端只能下载种子文件里的内容。种子文件可能随着时间推移而减少甚至消失，这也意味着存储的内容可能会在传播中消失。Bittorrent 另一个明显的问题是缺乏激励机制，缺失激励用户无偿共享文件的动力。在适当的经济激励缺席下只有那些广受流行且不断有人下载的内容才能幸存下来，而某些未能引起大众注意的精华则可能消失在网络的历史长河中。

5.7 Web 3.0 板块中代币币种分析

元宇宙中的数字经济生态就是代币经济（Token Economy）生态体系。这里以 Web 3.0 项目治理代币 Token 为例。如果你持有某种 Web 3.0 项目 Token，那么你就有权对项目的各种规划进行投票发表自己的意见，同传统公司董事会的股东有权对公司决策进行一定的干预。用户获得收益的常见方法有两种：

第一种：任何将 Token 进行质押的用户，参与了维护网络安全的光荣使命，同时使得网络更加去中心化，而用户自己也会从中收到来自节点的分红。

第二种：如果涉及任何出售用户数据的请求，只要用户同意，那么用户就可以从中获得收益。

其实 Web 3.0 代币经济，不仅限于上面两种应用，但无论是哪种应用，代币经济都会使每一位参与 Web 3.0 项目的用户个体价值大大提升，因为他的参与度更高了。

5.7.1 Polkadot（波卡）

Polkadot 一上线，它的市值就排到了加密货币的前十名。原因是其创始人是原以太坊的首席技术官——Gavin Wood。回顾以太坊的发展路线，以太坊的命运在很大程度上就是由这位以太坊的前 CEO 和联合创始人主宰的。从以太坊客端原型到凭借一己之力编写以太坊的黄皮书，从完成的 C++ 版本再到开发智能合约的高级语言 solidity，这位以太坊的天才级程序员以低调的方式为以太坊的未来搭建了坚实的框架基础。Gavin Wood 是 2015 年时离开以太坊的，随后 Gavin Wood 开始全身心研究并构想了 Web 3.0 概念。Polkadot 项目就是基于 Web 3.0 构想诞生的。2016 年 Gavin Wood 完成了 Polkadot 的白皮书，解决了以太坊的扩容和网络拥堵的问题。同时，Polkadot 也解决了跨链代币之间的兑换问题。

2017 年 10 月，Polkadot 获得了知名风投价值 1.44 亿美元的融资。如果你看好 Web 3.0 这个板块，Polkadot 就是不能错过的一个币种。

5.7.2 Filecoin

Filecoin 是基于 Web 3.0 时代分布式存储技术的 IPFS（星际文件系统）发行的。IPFS 的协议是一种点对点的传输协议，它要颠覆的就是目前我们耳熟能详的 HTTP 协议。现在上网不用输入“HTTP：//”了，但是我们上网时都用的是 HTTP 协议。HTTP 协议的特点是基于 IP 地址加路径来定位资源，它用的是中心化存储，每个网站的内容，无论是文字、视频都是存放在中心化网址上的。

中心化的网址有三个劣势。首先，如果这个服务器被黑客攻击了，那么存储在上面的数据也会泄露或者销毁，所以说它的安全性有问题。其次，如果你访问的网上服务在中国或是非常遥远的非洲，即上网或者是下载的速度都会受到影响。还有就是大量的重复数据，比如同一个视频，你会在 Youtube 上看到，会在苹果音乐网站上看到，会在抖音上看到，一个 UP 主的内容其实要上传很多个平台。这对整个网络来说是一种资源的重复和浪费。最后，如果这个平台或这个网站倒闭了或关掉了，那上面的数据也就随之消失了。前些年非常流行写博客，有些人在某个平台上写了大量博文，几年后这个平台倒闭了，所有博客都没有了，博文也没了。那么 IPFS 怎么解决这些问题呢？

（1）文件存储。当你把一个文件传到 IPFS 后，文件就会被切成分片，分别存储到数以千万计的计算机节点上。这样做不用担心黑客攻击，否则，黑客需要把所有存储了你文件的分片全都黑了。你可以选择在文件上传存储之前先用自己钱包私钥加密一次，除非能获得你的私钥，否则就算黑客拿到所有分片也无法还原数据。这样就有多重的保障来解决安全性的问题。

（2）播放速度。如果要看某一部电影，不需要远到美国或者欧洲的某个服务器调用这些数据，无数计算机节点上会找到一个离你最近的节点播放给你，那播放速度将相当惊人。

（3）自我修复的功能。IPFS 有一个自我修复的功能，这意味着就算有一些分片丢失了，IPFS 也可以自动帮你把完整的内容修复回来。

除此之外，IPFS 也解决了一个重复上传资源浪费的问题。如果想在某个平台上放我的片源的话，可以去这些计算机的节点上直接调取文件，而不需要分别在不同平台上上传。

小贴士：File Coin 和 IPFS 之间的关系

IPFS 会把文件切分成很多分片放在千万个计算机的节点中。也就是说，IPFS 在运行过程中，需要足够多的节点。但如果你把闲置的内存空间贡献出来给别人存储数据，那你就会变成一个存储服务的提供者，作为激励，你就可以获取 FileCoin 代币作为奖励，从而你就成为 FileCoin 的一名“矿工”。

FileCoin 推出以来就一直受到资本追捧。2017 年 8 月，首次的 ICO 就高达 2.57 亿美元。华尔街红杉资本等八大风投机构都破天荒地一致投给 IPFS，灰度也曾经八次加仓 FileCoin。

5.7.3 BAT

这个 BAT 不是指百度、阿里巴巴和腾讯的英文缩写。这里的 BAT 是浏览器 Brave 的一个原生代币。目前大家用得比较多的浏览器是谷歌的 Chrome、苹果 Mac 的 Safari、360 浏览器、搜狗浏览器等。它们都面临两个共同问题：广告介入和个人隐私。为了更大程度地卖好广告，浏览器的项目方总是尽可能地把用户数据全都卖出去，这其中就会涉及用户隐私泄露的问题。Brave 浏览器，就是主打隐私保护的，最大特色就是广告的拦截功能，用户使用 Brave 浏览器上网不会受到任何广告的困扰。

但广告商还是想从中盈利的，那么怎样做才能既保护用户隐私又让广告商赚到钱呢？Brave 提供了 BAT（代币）返利给用户。如果有商家想在 Brave 浏览器上做广告，就不得不向浏览器使用者付费，用户也可以根据自己的意愿选择是否看广告，并且赚取这个 BAT。如果用户不想看广告，可以选择不看；如果愿意看广告，Brave 就会把这个广告费以 BAT 的形式分给用户，让用户感觉到看广告也能赚钱。这样，用户、广告商和平台就是一个三赢的局面。

Brave 这个项目在 2020 年就拥有了 2540 万的月活用户，Brave 的创始人兼 CEO 是 Brendan Eich，他有很强的计算机背景和工作经验，而且他是 Javascript 的创造者。

5.7.4 GRT

GRT 是 The Graph 项目的原生代币，而 The Graph 作为区块链数据层的项目，是基于 Web 3.0 生态做一套高效且去中心化的区块链数据索引以及查询 API 服务层，让 DApp 数据访问变得更容易和迅速。

数据搜索和查询功能就跟平时用的谷歌、百度是一回事。但 Graph 是面向开发者，而谷歌是面向普通的用户。

除了搜索这个索引之外，Graph 还有一个功能就是查询 API 服务层。API 到底是什么呢？比如你在京东下单付款后，商家选用顺丰快递发货，你可以在京东上实时查看当前的物流信息。京东和顺丰其实是两家独立的公司，那为什么你会在京东上看到顺丰快递的信息呢，这时就要用到 API。API 其实就是一个接口，把两个不相关的网站或者是功能连接在一起，当查看你快递信息时，京东就会利用这个 API 接口，实时调取信息呈现给你。

上面这个例子讲的是在 Web 2.0 的环境下，但在 Web 3.0 里，要实现像京东和顺丰这种调用和对接是有难度的，因为在区块链系统中链上数据是经过不同程度加密的，并且被存储在成千上万节点所组成的分布式网络中。从数据的读取角度来看，读取分布式数据库的难度要远远大于现在所用的中心化数据库读取，这使得链上的数据变得非常难解析，从而导致使用链上数据变得十分困难。

Graph 项目就是要解决这个棘手的问题。Graph 不仅做搜索功能，而且要链上数据的调用和对接变得更加简单和高效。比如你要在以太坊上开发一个 DApp，这个开发者就需要下载整个以太坊网络的完整账本，但是这样做会增加你开发 DApp 的成本，如果用了这 Graph 之后，开发者就没有必要去把整个节点、整个文本都下载下来，开发者可以直接从 Graph 网络中快速获取开发 DApp 需要的相关原始数据和信息，只要取得开发者自己的这一块就够了。开发团队只要做好自己的 DApp 核心功能就可以了。因此，Graph 项目受到开发者欢迎，目前已经有很多知名的项目开始使用 The Graph 提供的服务，其中包括 CoinGeck、Uniswap 等。

5.7.5 Lpt

Lpt 在 Web 3.0 中扮演的角色的是去中心化视频转码网络，是 Livepeer 的原生代币。灰度在 2021 年 3 月宣布要创建基于加密货币的一个信托，其中一个项目就是 Livepeer，是建立在以太坊区块链上的去中心化视频转码网络。

为什么需要这个转码网络？因为现在无论是看视频还是看直播，这种视频流消耗了 80% 的网络带宽。个人可能感觉不到，因为我们都是免费使用这些平台的，但是对于企业来说视频流的成本是非常巨大的，其中一个原因就是转码成本。以阿里云为例，一个高清的视频直播，平均每小时转码成本将高达 40 元，每天在这平台上的直播视频，这一项就会花掉数十亿元人民币。Livepeer 是 2018 年 4 月在以太坊上线的，运行原理就是人人都可以通过网络编码和分发视频服务贡献自己的带宽。这与上面提到的 Filecoin 有些类似，就是每个人都是这个项目节点中运行的一环，每个人都可以贡献出小小的力量，那每个共享带宽的人就等于是这个视频“矿工”。具体的做法是终端用户将自己计算机资源带宽贡献给网络，他就可以获得 Lpt 的代币奖励。这个 Lpt 代币也可以成为转码服务的手续费，这样做既减少了代币的中心化，又可以稀释头部投资者手中代币的价值，还可以增加社区成员建设网络的积极性。以直播行业来说，知名调研机构 Grand View 研究数据显示，2027 年直播行业会达到 1 843 亿元。直播行业爆炸式的增长，加上近年来加密货币经济惊人的发展，在这样的大环境背景下，Livepeer 将来的发展表现非常看好。

5.8 Web 3.0 领域值得关注的项目

虚拟经济崛起且可持续，人们可以有另一个数字身份在虚拟空间工作、学习以及社交，超越时空的阻碍。基于区块链智能合约的 DAO 会渐渐成为主流。

5.8.1 游戏类相关的项目

链游是指区块链上运行的游戏，玩家第一次成为游戏真正的主人。玩家在游戏中所拥有的装备是可以自由买卖的 NFT，不受游戏开发者的控制。其他游戏开发商可以针对玩家的 NFT 构建新的游戏。如果原先的游戏开发得不好，玩家可以将 NFT 拿到新的游戏里去玩。链游要求玩家投入资本、时间以及劳动力等，所获得的 NFT 在链游的经济模型里有相应的用途，所以和其他工作一样是有价值的。

链游帮助很多发展中国家的玩家在疫情期间获得高于当地经济水平的收入。经济发达国家的玩家出于娱乐的目的，承接了发展中国家玩家的装备来满足自身精神需求。

- Axie Infinity：基于以太坊以及 Ronin 二层扩容侧链的数字宠物世界游戏。玩家可进行宠物对战、收藏、繁殖和土地家园建设。此外还开发了自己的去中心化交易所

Katana 和游戏链 Ronin 链。

- Decentraland：最早的去中心化元宇宙，用户可以创建和体验以及发现内容并与其他人进行互动。主要场景是用户可以通过基于区块链的土地账本宣称对虚拟领地的所有权，并进行开发建设。
- Sand：没有主线剧情和唯一结局的沙盒游戏，玩家可以在游戏中自由创建新游戏，拥有和售卖游戏的 NFT 且可玩性强。
- Illuvium：基于 Immutable X 的 RPG 和 NFT 收藏游戏，以科幻为游戏背景，所有玩家都是一艘坠毁在外星星际飞船上的幸存者，玩家组队与怪兽 Illuvials 交战，捕获的怪兽可进行升级和对战或者交易。
- Alice：基于 BSC 的多人创作游戏，玩家可以购买和拥有虚拟土地，收藏以及开发物品，结识新的朋友。Alice 既为普通玩家提供了有趣的故事情节，又为想要收藏和交易 NFTs 玩家提供了生态系统。此外，Alice 向不同网络节点支付费用，玩家在没有加密货币的情形下也可以参与游戏。

5.8.2　游戏公链或者侧链

各种新链游项目层出不穷，而此时为 DeFi 设计的以太坊 Layer2 Rollup 或者高性能 L1 公链在高峰期时有卡顿甚至瘫痪，难以满足大规模协作的扩容需求。在此背景下专为链游设计的游戏公链或侧链就显得尤为重要。

- Ronin：Axie 自己开发的以太坊侧链 Ronin 大幅降低了用户的使用成本，提升了操作的响应速度，满足大规模协作游戏的要求。此前已经推出了 RON 代币，未来有计划上线更多的游戏和其他产品。
- Chromia：BSC 上多项游戏使用的侧链旨在解决 DdApps 的可扩展性问题。CHR 的关系型数据库架构使其在存储和处理数据方面更有效率，实施储存虚拟世界的逻辑和信息以及玩家进度，使得 DApp 可以在去中心化服务器的情况下运作。作为游戏的后台支持对 DApp 开发者采取灵活的收费模式，例如开发者支付 CHR 购买存储和计算能力，让其玩家在不持有加密货币的情况下参与游戏。
- Flow：2017 年 Cryptokitties 引发了以太坊的大拥堵而 Flow 在这背景下应运而生，为下一代 DApp 和游戏以及 NFT 提供可高度扩展的区块链平台。
- Immutable X：基于 ZK Rollup 技术的二层网络 NFT 可扩展交易平台，使玩家享受更快的游戏体验时无须支付 Gas。
- Efinity：ENJ 建立在波卡网络上可访问和可拓展的 NFT 跨链网络，交易费用被设计在后台，用户可在链上自由铸造和交易各种标准的 NFT。

5.8.3 存储和数据基础设施方面的项目

随着 5G、物联网、大数据和区块链等新技术的发展，迎来了数字经济时代，随之而来的是海量数据的生产和存储需求。云存储市场蓬勃发展，预计 2025 年市值会将增加到 1 373 亿美元。去中心化存储和区块链相结合，在技术创新的基础上配套了共识激励机制，以星际文件系统为代表的新一代去中心化存储将掀起新的革命浪潮。

- Arweave：NFT 和 Web 3.0 项目采用的首选存储方式之一。建立在 blockweave 技术的去中心化存储网络，采用创新的 Proof of Access 共识机制，调节节点保存的数据量实现了数据的均匀分布。用户一次性消费即可永久储存数据。
- Filecoin：基于区块链的去中心化数据存储协议。解决了数据的存储问题，利用闲置带宽与硬盘空间提供数据存储和检索服务，给存储提供商提供了获利的机会，还降低了用户数据的存储和使用成本。作为 IPFS 的激励层，Filecoin 目前在存储赛道的市值排名在第一位。
- Internet Computer：将公共网络重塑为区块链计算机，共识算法高速可扩展，能够与任何防御女巫攻击的共识机制结合，为开发人员提供了强大的软件框架，可以轻松部署网站、DApp 以及 DeFi 等使其实现代币化。
- Crust Network：波卡上面的 Filecoin 致力于建立保障所有权和隐私权的去中心化云生态系统。支持包括 IPFS 的多种存储层协议，且为应用层提供了接口支持。采用有担保的权益证明共识和有意义的工作量证明，技术栈支持去中心化计算层。
- Theta：老牌的分布式流媒体协议。使用点对点网络，任何人都可以通过空闲的带宽和计算把视频转发给其他用户以获得代币奖励。视频转播者的边缘节点相对中心化 CDN 服务器，更靠近用户且降低了运营成本。
- Livepeer：去中心化和高度可扩展的流媒体层协议，使得内容创作者分享实时直播，通过视频转码获得代币奖励，可作为 Web 3.0 堆栈中的实时媒体层。
- LINK：老牌预言机允许用户将智能合约连接到不同数据源，实现链上数据和链下数据的准确传输且不可篡改，使智能合约在金融和供应链等行业得以广泛应用。
- The Graph：以太坊和 IPFS 等网络的数据索引查询。开发人员可以创建被称为子图的开放 API，定义访问和提供区块链数据的可验证方式使数据查询更高效。

5.8.4 创作者经济平台方面的项目

聚集大量用户的网络平台的成功，如 Facebook 和 Youtube 离不开平台的创作者。

创作者发布优秀作品吸引大量用户，而平台凭借活跃用户数据获得高估值融资。创作者的经济价值在今天超过 1 000 亿美元，为超过 5 000 万的内容创作者提供了岗位。顶尖的自媒体影响力甚至超过传统主流媒体。然而，创作者在平台中处于弱势地位，发布的作品可能因为不符合平台的审核标准而被一键删除甚至删号，更难分享平台成功的果实，这都抑制了创作者经济的进一步发展。Web 3.0 的创作者经济平台由创作者建立、经营以及共同拥有，平台发展的同时也有利于创作者和粉丝实现财富积累过程的民主化。

- Audius：一种去中心化的音乐共享和流媒体协议，让创作者自由发布音频内容，作品商业化并与听众直接交易。
- Rally：早期知名的社交代币发布平台。Rally 是一个由创作者驱动的去中心化网络，KOL 和明星以及品牌可在 Rally 平台上发售定制化的个人代币，实现了作品商业化，也提供了和粉丝进一步交流的途径。粉丝可通过功能代币 RLY 购买喜欢的创作者代币对其进行支持，包括获取限量版内容或者商品，甚至参与私人活动。
- Chiliz：领先的体育产业粉丝经济代币平台，运营基于区块链的体育娱乐平台 Socios，粉丝可以通过原生代币 CHZ 参与初始 FTO 购买粉丝代币，并参与喜爱的体育品牌治理。对于体育俱乐部来说，粉丝代币提供了一种与粉丝建立联系并开启新收入来源的方式。俱乐部可以决定球迷影响力，投票的范围包括新球衣设计到表演赛中球队的对决。

5.8.5 隐私方面的项目

Web 3.0 强调的一个重点就是注重保护个人隐私，用户不再希望通过隐私获取免费的服务。比特币和以太坊网络是公开透明的，上面每一笔转账记录都可以看得一清二楚，黑客可以通过链上交易习惯推测出背后地址、主人。暴露个人钱包地址相当于暴露了个人银行卡里的金额，人们开始将目光投向可以保护隐私的新公链。此外，隐私公链在供应链金融、匿名投票、匿名招标和 NFT 等应用场景也大有可为。

- Oasis Network：伯克利华裔教授的 Oasis Lab 孵化的第一个支持开放金融和可靠数据经济的隐私公链，用户可以控制并安全共享生成的数据。区块链底层的分开共识层处理简单交易，Paratime 执行层处理复杂工作量。
- Secret Protocol：生态最丰富的隐私公链。Secret 的节点不需要接触原始数据，在可信执行环境对加密后的数据执行通用计算，其智能合约能够使用私密和敏感数据作为输入。Secret Protocol 的重点是隐私计算，而不仅仅是交易隐私，这对去中心化金融、Web 3.0 以及机器学习和访问控制等许多领域都至关重要。

5.8.6 DAO

以智能合约为纽带的是去中心化自治组织 DAO，严格基于智能合约对共同拥有的资金进行分配管理，提升了资本筹集速度并且增加投票的透明度。相比传统公司形式 DAO 具有更快的执行效率，也消除了对法律中介层的依赖。DAO 使更多投资者得到参与早期投资的机会，也拓宽了优秀项目的融资渠道。

- Yield Guild Games（YGG）：最出名的去中心化游戏公会。YGG 建立了一个玩家和投资者社区，他们通过投资用于链游的 NFT 来赚钱，目标是发展世界上最大的虚拟经济，将资产效用最大化并与利益相关者分享利润。YGG 的主要收入来自直接或间接租赁拥有的 NFT 资产给公会成员使用，换取部分游戏奖励。非公会成员可以在游戏土地进行经济活动从而取得收入。
- Friend with Benefits：a16z 投的链上链下结合的社交 DAO。要加入目前具有超过 2 000 名会员的 DAO，不仅需要严格的身份认证，还需要购买接近一万美元的 FWB 代币作为门票。成员主要有创作者、艺术家、反抗权威人士、思想家以及建立组织来改变未来的实践者。
- BitDAO：Bybit 发起的专注于 DeFi 的去中心化组织，通过研发、流动性引导提供资金的形式为 DeFi、DAO、NFT 和链游项目提供支持。其核心产品包括一套链上和链下治理解决方案，对 DAO 金库进行投资管理。

5.8.7 其他 Web 3.0 项目

- ComingChat：ComingChat 是以区块链为载体，集钱包、数字身份、隐私社交、NFT 创作平台等功能为一体的 Web 3.0 项目，实现用户对数据的控制并保障数据安全。用户通过 ComingChat 交流，信息和数据不会被平台或其他用户窃取，从根本上防止了用户数据和隐私泄露的风险。同时，用户可以通过 ComingChat 进行数字资产的转账交易。
- RSS3：基于 Web 3.0 的社交类项目，旨在构建新的内容社交网络，对不同模块进行集成，并使得参与人能真正掌握内容的自主权，摆脱中心化平台对用户数据和内容的控制。

作为一个开放的生态系统，RSS3 被设计为不同的可扩展性模块，开发者可以不经任何许可就为系统创建模块。为了支持不同用途的应用程序，RSS3 提供了一些可能的中间件，可以构建在 RSS3 之上，这将开启巨大的可能性，从而打造一个去中心化的互联网内容社交平台。

从以太坊到 Instagram、从 NFT 到推文，RSS3 旨在为任何给定的网络元素提供索引。通过 RSS3，用户可以建立自己的社交图谱，从而生成自己的社交网络。RSS3 可以将网络聚合为用户控制的索引，允许用户添加配置文件（见图 5－3）。

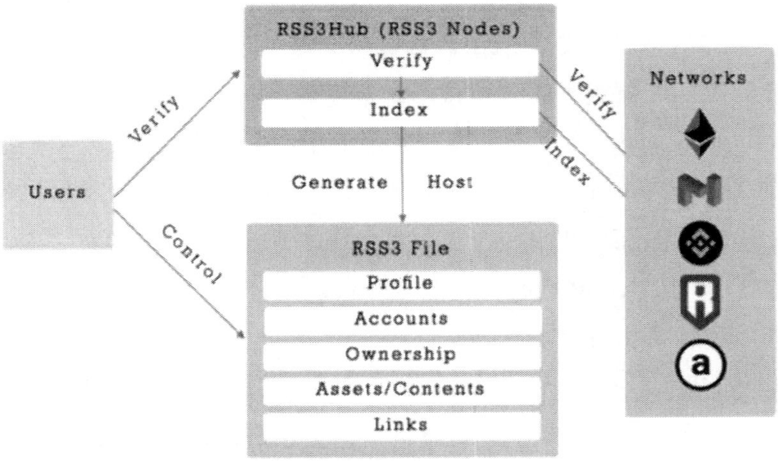

图 5－3　RSS3 的架构图

数据来源：RSS3 DECK。

- Web 3.0 Go：Web 3.0 Go 提供一系列与 Web 3.0 相关的数据服务，为 Polkadot 生态系统中各种类型数据应用程序提供必要的技术基础设施。Web 3.0 Go 的服务功能主要包括跨链资产交易、平行链插槽拍卖、DeFi 活动的分析和可视化。

作为数据分析项目，Web 3.0 Go 可以完善地址标注系统，根据链上的行为数据创建用户画像，积累用户身份库，并可以与其他项目结合使用。利用底层智能合约在 Web 3.0 Go 上部署奖励系统鼓励用户发布数据任务及查阅数据。

Web 3.0 Go 能够在数据查询模块中处理和查询数据，并在特定事件上提供自定义数据显示。通过使用 Web 3.0 Go 的界面和编写 SQL，用户可以自动生成图表并发布到社区以供成员参考借鉴。这背后是对数据平等化及价值分享化理念，让所有用户都可以用最简单的操作真正掌握区块链数据背后的巨大潜在价值（见图 5－4）。

在区块链技术刚刚开始发展的前几年就有人提出，Web 3.0 时代将是以区块链技术为核心。Web 3.0 也就代表着互联网与公众生活的融合，会成为互联网发展的新阶段，而加密货币行业则对 Web 3.0 赋予了更高期待。

目前 Web 3.0 生态布局主要分为协议层、应用层以及网络基础层。协议层分为链上和链下两部分，链下包含分布式储存协议以及隐私计算协议，链上包含去信任交互协议平台和数据分布协议。在应用层方面，Web 3.0 涵盖范围甚广，包括金融、游戏、身份、协作及社交等多个方面。在网络基础层，Web 3.0 目前仅分为 P2P 对等网络层以及跨平台语言。在这些分类里，去中心化计算以及存储一直被视为 Web 3.0 数字经济时代的两大基石。

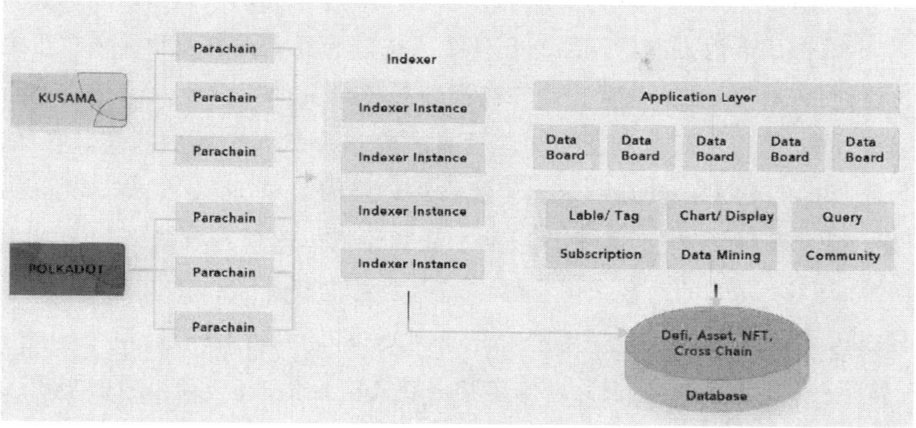

图 5-4 Web 3.0 Go 的架构图

数据来源：Web 3.0 Go DECK。

随着 Web 3.0 概念逐步清晰，隐私计算、安全信息传输、隐私信息存储等也逐步加强和完善，成为新一代潜力项目赛道。另外，在 Facebook 创造的元宇宙热潮下，Web 3.0 又迎来了新的赛道布局。在元宇宙的助推下专注于该领域的加密货币项目价格大幅上涨。

5.8.8 Web 3.0 的潜力项目

- Chainlink：一个最广泛的去中心化预言机网络，其代币为 LINK，为运行在各种区块链上的智能合约提供急需信息流。它的目标是使智能合约成为一个更强大的工具，每个预言机网络都能独立提供许多预言机服务，能够充分利用外部来源收集的动态数据输入。Chainlink 不仅是一个预言机网络，还是一个生态系统，包含许多并行的去中心化预言机网络，例如去中心化金融和货币市场，以及去中心化的稳定币、算法稳定币及流动性挖矿等。作为预言机领域内的龙头项目，Chainlink 已与许多明星项目和数据公司达成合作，其平台内的可信节点数超过 100 家。
- Basic Attention Token：Javascript 创始人为数字广告行业打造的新代币，用于解决浏览器中的广告展示和用户激励问题。项目基于 Brave 浏览器开展去中心化数字广告业务，通过零知识证明的运用保护用户隐私，同时使用户的关注得到回报。简单来说就是整合了 BAT 代币的 Brave 浏览器，让商家、网站主以及用户间保持良好的正反馈关系。Brave 用户观看广告或优质内容时，因花费了注意力会获得 BAT 代币的奖励，而网站主凭借广告和优质内容成功吸引用户注意力，系统也会对其进行奖励。用户和网站主获得的 BAT 代币都来自商家的广告费用投入。

- Theta：世界上第一个利用区块链技术解决流媒体和视频点播缺点的去中心化视频网络。Theta 使用点对点网状网络，任何个人电脑和移动设备或智能电视上的任何人都可以自愿使用他们的空闲带宽和计算将视频转发给其他用户，并为他们的贡献获得代币奖励。Theta 可用于质押以及作为验证者或守护者节点来保护网络。Theta 质押者从所产生的所有 TFUEL 中获得一定比例的收益。TFUEL 是 Theta Network 的 GAS 燃料，为链上操作提供动力，如支付给节点以共享视频流媒体或执行智能合约。TFUEL 的成本由利用 Theta Network 的平台承担，最终用户无须购买任何 TFUEL 代币。

- Stacks：一个去中心化应用程序的新互联网，不过 STX 是一个会增发的币。Stacks 配备了一整套开源开发工具来构建和引导去中心化的应用程序和协议生态系统。架构分为区块链底层、对等网络以及数据层。Stacks 原有的 PoB 共识机制旨在燃烧 BTC 获取 Stacks 原生代币 STX 收益，虽然也是基于 BTC 网络安全性的应用但对 BTC 并不友好。PoB 的缺点在于对比特币社区的伤害，燃烧的比特币相当于被永久销毁。2021 年 1 月 Stacks 推出 Stacks 2.0 网络使用全新的传输证明共识 PoX 不再燃烧 BTC，而是将矿工本应用来燃烧的 BTC 转到 STX 持币者手中，让网络中参与共识的矿工和持币者双方均能获益。

- Helium：Helium 代币 HNT 是一个去中心化和开放的无线网络，建立在物理世界的新区块链上，旨在为支持 LoRaWAN 标准的物联网设备提供开放且大范围的全球无线网络覆盖。它依赖于一种被称为“覆盖证明”的新型工作模式以及一种新的共识算法。Helium 通过激励措施促使矿工部署热点实现无线网络覆盖，为物联网设备提供低功耗广覆盖的无线网络。传统利用蜂窝通信网络的物联网设备功耗大成本高，Helium 低功耗的特点具有不错的优势。

- Arweave：Arweave AR 虚拟币是一种建立在 Blockweave 技术之上的数据存储协议。相比于 Fil 来说，Arweave 的特点是一次付费永久存储。任何人都可以在 Arweave 上提供存储空间或者存储数据完全实现去中心化。Solana 大量 NFT 数据都保存在 Arweave 上，Solana 生态的良好状态一般也会带动 AR 价格上涨。

- Storj：一个基于以太坊的去中心化分布式云存储平台，将文件加密，并把文件分解成加密数据块。用户可以在 Storj 平台上使用其平台通证购买存储服务，也可以提供闲置的存储空间并获得通证回报。相对于中心化的云存储服务，这种分布式的云存储能够给用户提供更高的安全性和隐私性，并通过利用闲置的存储资源提供更优惠的价格。

- The Graph：The Graph GRT 虚拟币是用于从区块链索引和查询数据的协议，它的宗旨是赋能完全由公共基础架构所驱动的互联网应用。用户和开发者都清楚知晓他们投入时间和资金打造的软件不会凭空消失。The Graph 开发人员使用称为“子图”的开放 API 构建应用程序，用以访问由节点运营商网络索引的链上数据。子图是开源的，任何人都可以使用 API 构建去中心化的应用程序。许多以太坊应用程序已经构建了子图并使用，包括 Audius、Uniswap、ENS、Synthetix 等。

The Graph 网络是 Web 3.0 的核心基础架构，为去中心化应用提供用户级体验的必要组件，对 Web 3.0 的查询层和 API 层进行去中心化，解决了 DApp 开发者面临的一些难题。

第 6 章

支撑元宇宙的区块链平台（上）

加密数字经济体系是基于区块链技术设计的。在元宇宙中，加密数字经济体系之所以能够运行，同样得益于区块链在数字资产的确权、授权和安全到技术支撑，区块链所提供的分布式数据库能够记录和存储真实且不被篡改的数据。本章将从数字资产角度对区块链原理和技术进行讨论，主要围绕以下几点展开：

第一，从区块链 1.0 到区块链 3.0，区块链不断升级过程中发展出多样化的应用；

第二，分布式记账、区块链的区块是理解区块链技术的关键；

第三，区块链被称为“信任机器”，其工作原理解释了它为什么值得信任；

第四，矿工挖矿使得区块链网路成为最佳分布式资料库；

第五，区块链的匿名性和隐私性由私有链、公有链与联盟链实现；

第六，区块链的相关技术；

第七，区块链如何保护隐私资料；

第八，智能合约保证了交易的安全性；

第九，智能合约可以帮助区块链扩容；

第十，为避免每个区块链闭锁性的运作形成创新应用的发展阻碍与限制，联结异质区块链并协同运作成为区块链技术发展一项重要议题。

6.1 区块链综述

区块链的区块（block）是数据存储的基本单位。区块链采用密码学方法产生了关联资料块，形成了区块的“链”，前后相连，牵一发而动全身，然后将这条链储存在分布式网络的多个分散节点中，链中历史资料几乎不可能被篡改。原来英文“blockchain”是分开的两个单词“block chain”，翻译成中文是一样的：区块链。随着区块链被越来越多的人所认识，两个英语单词就合成为一个单词：blockchain。

区块链最为人所知的应用，就是比特币（Bitcoin）交易账本。随着区块链的升级，区块链已经发展出多样化的应用。目前，区块链较为活跃的国家有美国、中国、日本、俄罗斯、以色列、爱沙尼亚、丹麦、瑞典、韩国、荷兰、芬兰、加拿大、英国、澳大利亚等。

通常人们将区块链的升级过程划分为三个阶段，每个阶段的升级内容不尽相同。从应用方面来看，区块链就是一本安全的全球总账本，所有的可数字化的交易都通过这个总账本来记录。区块链在应用层面形成了区块链1.0、区块链2.0和区块链3.0。

6.1.1 区块链1.0

加密数字货币的诞生、价值互联网的形成，开启了加密经济生态体系的发展历程。所谓区块链1.0，就是以比特币为代表的加密数字货币应用。它是区块链技术最成功的应用，为人们勾勒出了一幅理想的远景——全球货币的统一，使货币的发行不再依赖于各国央行。

区块链1.0的最大特点，是区块链上只有比特币一个应用，流通媒介是加密数字串，是一个总协议。所以说，比特币就是区块链的一种应用。从本质说，区块链1.0是一个分布式账本，保存着最基本的交易相关记录。从意义上说，区块链1.0构建了一种新型的交易信任机器，交易双方不必相互信任就可以远程交易。

6.1.2 区块链2.0

智能合约、世界计算机、DApp的出现，是区块链2.0的突出特征。区块链2.0是指区块链技术在金融领域的运用，其主要特点是打造区块链行业标准，提高银行结算支付的效率，降低跨境支付的成本；交易所积极尝试用区块链技术实现股权登记、转让等功能，在区块链上承载更多的应用，典型代表是以太坊与以太币。

以太坊在加密经济生态体系发展中的作用，是促进加密数字货币升级到数字资产，实现了加密数字资产的网上交易。金融科技的互联网金融升级为区块链金融。在许多场合，人们总是交替使用着“以太坊”“智能合约”和“DApp”这三个名称。

由于在分布式网络上的每个节点都可以应用DApp执行智能合约，这就使网络上的每个节点通过分布式网络联合起来，形成覆盖全球的计算机网，这种计算机也就称为“世界计算机”。

6.1.3 区块链3.0

区块链3.0，是指区块链在物联网（IoT）及各种场景的应用阶段。在这一阶段中，将区块链应用的领域扩展到金融行业之外，覆盖人类社会的全部生活。比如，在各类社会活动中实现信息的自证明，不再依靠第三者或中介机构获得信任或建立信用；实现信息的共享，包括在司法、医疗、物流等各领域。区块链技术不仅能解决信任问题，还能有效提高整个系统的运转效率。区块链3.0最重要的指标就是区块链的应用能够落地，服务于社会并推动整个社会的进步。

从目前的研究领域看，EOS和DeFi是人们将区块链技术进一步应用到社会经济领域，试图打造去中介化的社区生态环境和去中心化的金融生态环境。

从编年简史的视角看，区块链发展可分为五个阶段：

第一阶段：技术实验阶段（2008—2009年）。中本聪2008年11月1日发表了题为《比特币：一种点对点的电子现金系统》的论文。2009年1月3日，比特币系统开始运行。支撑比特币体系的主要技术有哈希函数、分布式账本、区块链、非对称加密、工作量证明等，这些技术构成区块链的最初版本。从2008年到2009年底，比特币都处在一个极少数人参与的技术实验阶段，相关商业活动还没开始。

第二阶段：极客（Geeks）小众参与阶段（2010—2012年）。2010年2月6日诞生了第一个比特币交易所，5月22日有人用1万个比特币购买了2个比萨。2010年7月17日，著名比特币交易所Mt. Gox成立，比特币正式进入市场。进入市场参与比特币买卖的主要参与者是狂热于互联网技术的极客，他们在Bitcointalk. orq论坛上讨论比特币技术，在个人计算机上挖矿获得比特币，在Mt. Gox上买卖比特币。

第三阶段：市场波动阶段（2013—2015年）。2013年初，1比特币的价格是13美元。3月18日，金融危机中的塞浦路斯政府关闭了银行和股市，推动了比特币价格的飙升，4月达到最高，为266美元。8月20日，德国政府确认比特币的货币地位。10月14日，中国百度宣布开通比特币支付。11月，美国参议院听证会明确了比特币的合法性。11月19日，比特币的单价达到1 242美元新高。随后，中国银行体系的遏制、Mt. Gox的倒闭等事件，触发了比特币大熊市，比特币价格持续下跌。2015年初，比特币单价一度跌至200美元以下。

第四阶段：比特币的造富阶段（2016—2018年）。比特币开始复苏，市场需求增大，交易规模快速扩张，开启了2016年至2017年比特币牛市。中国市场按兵不动，韩国、日本以及拉美国家的比特币市场快速升温，比特币单位价格从2016年初的400美元最高飙升至2017年底的2万美元，翻了50倍。比特币的造富效应以及比特币网络拥堵造成的交易溢出，带动了其他虚拟货币及各种区块链应用的大爆发，出现众多千倍甚至万倍增值的区块链资产，引发全球疯狂追捧，比特币和区块链进入全球视野。

第五阶段：产业落地阶段（2019—2020 年）。2017 年的众多区块链项目中，大部分会随着市场的降温而消亡，小部分会坚持下来继续推进区块链的落地，区块链在市场、监管、认知等各方面进行了调整，回归理性。2019 年上半年，坚持下来的项目初步落地，继续接受市场的检验。2019 年下半年，中国大力推荐区块链创新社会活动。在区块链适宜的主要行业领域，一些企业获得稳步发展，加密货币也得到较广泛的应用。

区块链的五个发展阶段中，最后一个是产业实现阶段。目前，区块链的社会认知广度进一步拓展，但认知深度不足，需要深入推进区块链知识的研究和普及，为产业发展、成熟奠定基础。

6.2 理解区块链技术的几个关键要素

6.2.1 分布式账户

为了安全可靠地存储大数据，需要应用分布式网络（点对点网络），而且如果要在分布式网络上传递“价值”，也需要应用分布式分类账和区块链技术。

分布式分类账技术，也称“共享分类账”或“分布式分类账”技术，英文为 Decentralized Ledger Technology（DLT）分布在广大区域的多个站点，共享和同步数字数据。分布式分类账没有中介（中心）管理机构和管理人员，所以也不存在大数据的集中存储。

分布式分类账需要点对点网络以及一致性算法以确保跨节点复制。分布式分类账设计的一种形式是区块链系统，可以是公共的也可以是私有的。

分布式分类账数据库分布在对等网络上的多个节点（设备）上，每个节点复制并保存分类账的相同副本并独立更新。主要优势是不需要中心的权威管理机构介入。当分类账更新时，每个参与的节点通过一致性算法投票，决定哪个副本是正确的，一旦达成了共识，所有其他节点就会使用新的正确的分类账副本自行更新，分布式分类账数据库的安全性是通过加密密钥和签名完成的。

分布式分类账技术由不同的 DLT 概念组成，这些概念主要在于验证和存储事务的方式不同。这些 DLT 概念具有不同的具体实现形式，称为 DLT 设计，比特币和以太坊就是区块链模型的具体实现。

6.2.2 区块链的区块和区块链接

区块链中每一个区块中记录着好几种信息，例如，在比特币区块链每个区块包含的信息有区块的容量大小（Block Size）、区块头（Block Header）、该区块包含的交易数量（Transaction Counter）以及每一笔被包含在这个区块中的交易信息（Transactions），如表 6－1 所示。

表 6－1　区块链列表

Block Size (4 bytes)	
Block Header (80 bytes)	Version (4 bytes)
	Previous Block Hash (32 bytes)
	Merkle Root (32 bytes)
	Time Stamp (4 bytes)
	Difficulty (4 bytes)
Transaction Counter (1～9 bytes)	
Transactions	Tx1：Hash Tx2：Hash ……

“Version” 是规范此区块的软体版本。

“Previous Block Hash” 是将前一个区块的 Block Header 进行 Hash Function 而得到的值，可让每一个区块与前一个区块资料产生无形联结（区块链），并确保区块序列及历史记录的正确性。

“Merkle Root” 是这个区块所有交易的 Hash 值运算后的数值（256 Bits），可简化网路下载交易资料并做安全验证。

“Time Stamp” 是从 “1970－01－01 T00:00 UTC” 至 “现在” 的秒数。

“Difficulty” 是衡量在给定目标下找到 Hash 值的难度，每 2016 个区块后更新一次 Difficulty 值。

由于这种迭代计算需要时间和资源，所以称这种计算能力的资源为算力，拥有的算力越大，在随机概率上可能越快找到解答。但实际上，无法预测哪个运算节点能最快找到，这种方式具备随机性，使用这种机制的区块链能够避免被单一团体掌控或者受到攻击。

区块之间的链接形成了区块链，区块链由一串使用密码学算法产生的区块连接而成，每个区块上都写满了交易记录，区块按顺序连接在一起形成一个链状结构，这种链状结构就是区块链大账本。以比特币为例，在生成新区块时，矿工要根据前一个区块的 Hash 值、新交易区块和随机数，计算出新的 Hash 值和随机数。也就是说，每个区块都是在前一个区块数据的基础上生成的，该机制保证了区块链数据的唯一性。交易记录的细微变化会彻底改变 Hash 值的结果，因此进行算力竞争时矿工无法作弊，必须在前一个区块生成后才能借助这一区块数据计算出符合条件的随机数，保证了挖矿的公平性。

中本聪认为，为解决电子货币的安全性问题，可以将时间戳服务器组成一组，以区块形式存在的数据实施 Hash 后加上时间戳，广播该 Hash；每个时间戳都会将前一个时间戳纳入自己的 Hash 中，之后的时间戳会对前面的时间戳不断增强，继而形成一个区块链。

区块的产生可以这样理解：这种点对点的交易需要记录在一个账本上，于是系统设置了一个功能，每隔 10 分钟就能产生一张用于记录这些信息的账单（即区块），但是这个账单只能供能力（算力）最强的那个人记账，证明他有能力解答异常复杂的数学题（Hash 运算）。这种方式，也就是所谓的"挖矿"，每个人都要在系统里预留一个地址，一旦最有能力的人率先解出难题，就可以得到区块，当初预留的地址也会自动记录在区块上；同时，为了奖励他，系统会向这个预留地址发放一定数量的比特币，所有区块连接在一起，就形成了区块链。相关资料见图 6-1 至图 6-4。

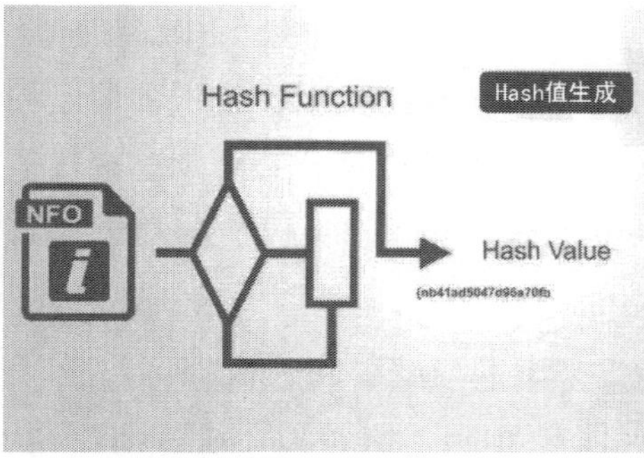

图 6-1 每一区块通过迭代法反复计算出的 Hash 值

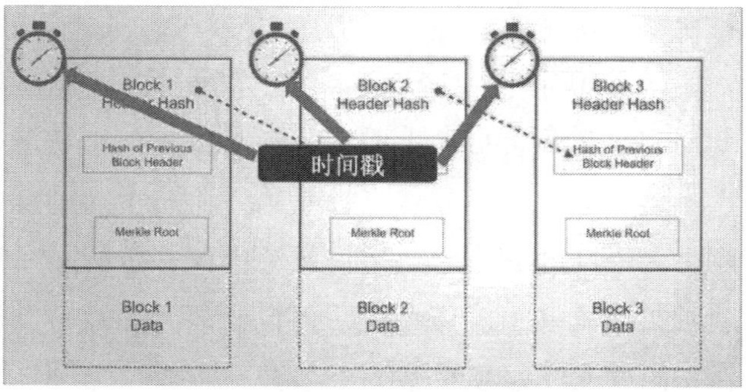

图 6-2 时间戳将区块生成的时间记录在案

- 区块：是在区块链网络上承载交易数据的数据包，是一种被标记上时间戳和上一个区块的 Hash 值数据结构，用网络的共识机制来验证并确认区块中的交易。
- 父块：是指区块的上一个区块。区块链通过在区块头记录区块及父块的 Hash 值来进行时间上的排序。
- 区块头：记录当前区块的元信息，包括当前版本号、上一个区块的 Hash 值、时间戳、随机数、Merkle Root 的 Hash 值等。此外，区块体的数据记录还会通过梅克尔树的 Hash 过程生成唯一的 Merkle Root，记录在区块头。

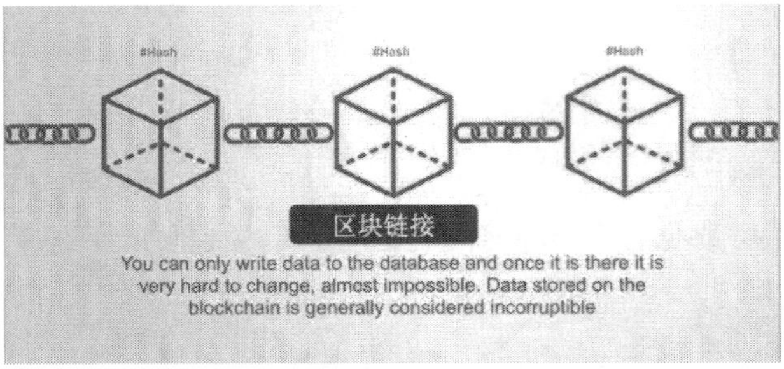

图 6-3　区块链接成区块链

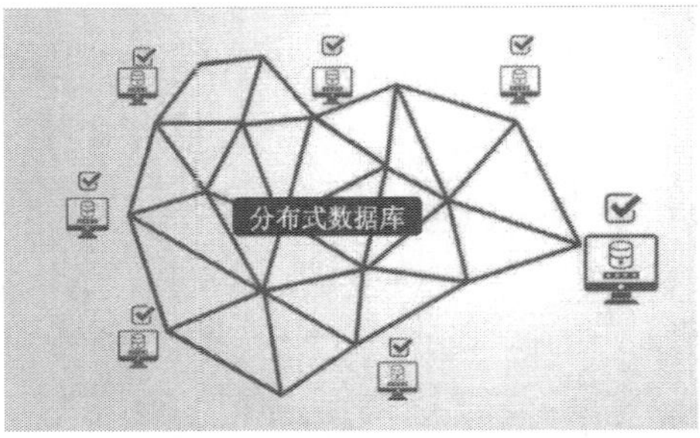

图 6-4　区块链所生成的账本对等地分布在网络上形成分布式数据库

- 区块体：记录一定时间内生成的详细数据，包括当前区块经过验证的、区块创建过程中生成的所有交易记录或其他信息，是账本的一种表现形式。

- Hash 值：也叫散列值，通常用一个短的随机字母和数字组成的字符串来代表，是一组任意长度的输入信息使用 Hash 算法得到的“数据指纹”。计算机的底层机器码采用的是二进制模式，通过 Hash 算法得到的任意长度的二进制值映射为较短的固定长度的二进制值，即 Hash 值。它是一段数据唯一、异常紧凑的数值表示形式。

- 时间戳：从区块生成的那一刻起就存在于区块中，是用于标识交易时间的字符序列，具备唯一性。时间戳也是用来记录并表明存在的、完整的、可验证的数据，是每次交易记录的认证。

- 随机数：在区块链系统，随机数有四种用处。第一，在挖矿中，有一种用于挖掘加密货币的、自动生成的、毫无意义的随机数，一旦被使用一次，如果无法解决数学难题，这一随机数就会被拒绝，而一个新的随机数也会被测试出来，直到数学难题解决。当问题解决时，矿工就会得到一定的加密货币作为奖励。第二，在区块结构中，随机数字是基于工作量证明而设计的，通过难度调整来增加或减少其计算时间。第三，在信息安全中，随机数是在加密通信中只能使用一次的数字。第四，在认证协议中，随机数是一个随机或伪随机数，可以有效避免重放攻击。

- 梅克尔树：又叫“哈希树”，是一种二叉树，也是一种高效、安全的组织数据方法，可以用来快速查询验证特定交易是否存在，由一个根节点、一组中间节点和一组叶节点组成。使用 Hash 算法将大量书面信息转换成一串独立的字母或数字，底层的叶节点包括存储数据或其 Hash 值，中间节点都是其两个子节点内容的 Hash 值，根节点也由它的两个子节点内容的 Hash 值组成。

- 区块容量：就是承载区块数据的数量，代表了一个区块能容纳多少数据的能力。区块链中每个区块都是用来承载某个时间段内的数据的，各区块通过时间的先后顺序，使用密码学技术将其串联起来，形成一个完整的分布式数据库。

6.3 构建区块链信任机器

人们把区块链称为信任机器，区块链的工作原理，解释了其为什么值得人们信任，为什么建立于其上的交易账本，如比特币，在这么多年后仍未有任一黑客能攻破或篡改其上任何一笔资料。

区块链的资料块是前后相关联的。假设黑客篡改了历史资料中的区块 T，则 T 之后的所有区块都需重新计算而且一并篡改才能符合规则。这里所说的重新计算是指由于区块之间都经过密码学保护，若要让区块 T + 1 与区块 T 之间能通过验证，则黑客需要重新算出符合解，即使仅算一个区块也需要相当大的计算能力，更不用说要重新计算之后的所有区块。

由于所有资料块保存在众多节点中，仅修改少数节点上的资料块同样是起不了作用的。任何时候，总有人想用各种可能的手段来攻击区块链，但需要付出一定的代价。

手段一：黑客想伪造某一笔交易资料内容，由于每笔交易资料皆受签字以密码学方式保护，除了签字人以外是无法伪造的。而且就算是签字人，也仅能对自己的交易做追加更新，无法修改已写入区块链的资料，其他使用者对此交易则无任何修改能力。

手段二：黑客修改了当前区块的资料内容，并打算写入区块链中。在手段一中，黑客无法伪造其他人的交易资料。手段二中的“修改”是例如黑客花了一笔钱订购了某样商品后，紧接着在其所控制的节点上当作这笔钱还没被支付而转走，也就是将这笔钱使用了两次，这种攻击（诈骗）手法称为“双花”（Double Spending）。

“双花”（Double Spending）并非不可能，但难度非常之大，还不如直接“挖矿”。以 POW 工作量证明为例，在网络环境上，节点或是 IP 都是可能伪造盗用的，黑客可以使用少数几台服务器为自己伪装拥有 1 万个节点，当区块链表决谁有权力写入当前区块时，得到较大获选概率。然而常用的 POW 可以有效遏止此种手法，因其要求每个节点证明自己是确实拥有相当等级的算力。黑客尽管能将 1 台服务器伪装成 1 万个节点，然而其算力总和仍仅是 1 台服务器，以比特币网路拥有 6 000 个节点来估算，黑客需要拥有相当于 2 500 个节点的算力才有 50% 概率拿到当前的区块写入权，且由于交易通常要求至少 6 个验证，仅拿到一次写入权并不够，黑客必须要能拿到 6 次写入权才能完成此种攻击，代价过大且若拥有此等算力，实际上加入比特币网路，进行“挖矿”就能直接拿到相当大的奖励金额。

6.4 共识机制、激励机制与矿工挖矿

6.4.1 共识机制

在区块链系统中没有像银行一样的中心化机构，所以在信息传输、转移价值时，共识机制解决并保证每笔交易在所有记账节点上的一致性和正确性。区块链的这种新共识机制使其在不依靠中心化组织的情况下，依然能大规模高效协作完成运转。

在区块链网络中，由于应用场景不同所以采用了不同的共识算法。目前，区块链的共识机制有很多，但主要有以下三类：工作量证明机制（POW）、权益证明机制（POS）、委托权益证明（DPOS）。

- 工作量证明（Proof of Work，POW）：可简单理解为一份证明，证明你做过一定量的工作，通过查看工作结果，就能知道你完成了指定量的工作。区块链共识算法用得最多的就是 POW，比特币和以太坊都是基于 POW 的共识机制。
- 权益证明（Proof of Stake，POS）：通过持有 Token（代币）的数量和时长来决定获得记账的概率，类似于股票的分红制度，持有股权越多的人就能够获得更多的分红。Token 相当于区块链系统的权益，目前很多数字资产用 POW 发行新币。
- 委托权益证明（Delegated Proof of Stake，DPOS）：是基于 POS 衍生出的更专业的解决方案，类似于董事会投票，指拥有 Token 的人投票给固定的节点，选举若干代理人，由代理人负责验证和记账。不同于 POW 和 POS 的全网都可以参与记账竞争，DPOS 的记账节点在一定时间段内是确定的。

6.4.2 激励机制

激励机制同样是区块链的核心之一。在区块链中，激励机制是建立在共识机制之上的另一个核心，在公链中扮演着举足轻重的角色。简单来说，激励机制是通过经济平衡的手段，鼓励节点参与维护区块链系统安全运行中来，防止对总账本进行篡改是长期维护区块链网络运行的动力。

在区块链的技术架构中，激励机制处于激励层，即共识层和应用层之间，与共识机制是强关联关系，共识机制几乎决定了激励机制。同时，激励层包含发行机制和分配机制，统称为激励机制。

区块链共识过程通过汇聚大规模共识节点的算力资源实现共享区块链账本的数据验证和记账工作，因而其本质上是一种共识节点间的任务众包过程。去中心化系统中的共识节点本身是自利的，最大化自身收益是其参与数据验证和记账的根本目标。因此，必须设计激励相容的合理众包机制，使共识节点最大化自身收益的个体理性行为与保障去中心化区块链系统的安全和有效性的整体目标相吻合。

以比特币为例，激励层是新发行比特币奖励（挖矿）和交易流通过程中的手续费，其中比特币的发行机制是随着时间阶梯性递减。分配机制，目前比特币的分配机制有数十种，小算力节点通过加入“矿池”来提高挖到新区块的概率，并共享手续费，如何分配就是它的分配机制，这要谈到公链激励机制设计（GaiaWorld）。

GaiaWorld，更公平和去中心化是两个基本点。与比特币和以太坊一样，GaiaWorld 的奖励机制同样与自身的共识机制（CpoS）强关联。在 CpoS，参与节点锻造需要加入锻造委员会——拥有创建区块权利的地址的集合。锻造委员会被分为若干组，每一组轮流拥有创建区块的机会，当轮到某组创建区块时，这一组中投票权最高的锻造委员获得创建区块的机会——投票权与保证金数量、随机数和等待区块时间、区块高度相关，这在一定程度上能够让更多的锻造委员有机会创建区块，节点越多，去中心化程度自然也就越高。

6.4.3 矿工挖矿

比特币或是以太币网路是由约 6 000 个节点组成，这些节点分散在世界各地，难以被单一组织控管，因此区块链网路可被视为最佳分布式资料库。这些节点不断验证所有交易资料，并保存所有交易记录，参与交易记录的动机是因为可获得相当不错的经济奖励，足够支付所花费的硬体成本和电力开销。上面所说的 POW，它的原理就是依据当前区块的资料来提出下一个数学难题，所有的节点尝试去解题的行为就称为挖矿，在 6 000 个节点中第一个解出来的幸运者则获得下一个区块的写入权以及奖励。比如，如果黑客拥有能够拿到 6 次写入权的算力，可获得 75 枚比特币，按市价算（1 比特币为 8 000 美元），就相当 60 万美元的合法奖励。也正因为如此，顶尖的算力拥有者都将加入矿工行列，这又加强了比特币网络防护，因为，其他想尝试攻击的黑客很难追上如此强大的算力总和。

6.5 公有链、联盟链和私有链

6.5.1 公有链

公有链，指区块链上的任何节点对任何人开放，每个人都可以参与该区块链的计算，可以下载并获得完整区块链数据，即全部账本的副本。比特币、以太坊的区块链平台都属于公有链。

公有链有三个特点：

- 保护用户免受开发者的影响。在公有链中，程序开发者无权干涉用户，所以区块链可以保护使用程序的用户。
- 访问门槛低。只要有一台能够联网的计算机就能够满足访问的条件。
- 所有数据默认公开。虽然所有关联的参与者都隐藏自己的真实身份，但每个参与者都可以看到所有账户余额和其所有交易活动。

在应用方面，公有链的始祖是比特币区块链。此外，公有链还包括以太坊、超级账本、大多数山寨币及智能合约。

6.5.2 联盟链

联盟链，指参与每个节点的权限都完全对等，各节点不需要完全互信就可以实现数据的可信交换，通常都设有相对应的实体机构组织，授权后才能加入或退出网络。联盟链是一种公司与公司、组织与组织之间达成的联盟模式。

联盟链的两个特点：

- 易连接，成本低。花费极少的成本，就能维持联盟链中节点间的连接运行，交易费用低廉，有很好的扩展性，数据有一定的隐私性。
- 范围有限。此区块链的应用范围不广，缺少比特币的网络传播效应。

6.5.3 私有链

私有链，指在某些区块链的应用场景下，开发者建立了一种不对外公开、只有被许可的节点才能参与且查看所有数据的私有区块链。私有区块链适用于特定机构的内部数据管理与审核。

私有链具有三个特点：

第一，交易速度非常快。私有链的交易速度比其他任何区块链都快，这是因为即使是少量的节点也具有很高的信任度，不需要每个节点都验证交易过程。

第二，给隐私更好的保障。私有链中每一个区块链上的数据隐私政策完全一致，不用处理访问权限，个人数据不会公开地被拥有网络连接的任何人获得。

第三，交易成本大幅降低，甚至为零。私有链上可以进行完全免费或非常廉价的交易，不需要节点之间的完全协议，而且需要为任何交易而工作的节点非常少。

在应用方面，Linux 基金会、R3CEV Corda 平台及 Gem Health 网络的超级账本项目（Hyperledger project），是几种正在开发的私有链项目。

6.5.4 账户开立和追踪

在比特币和以太坊这样的公有链上，每个用户都是匿名的，难以被追踪或与真实身份关联，因此非法活动也常选择比特币作为交易媒介，而各国政府对于区块链是无法掌控、技术上也是禁止不了的。因此，所采取的应对措施则从法定货币的进/出入点来管制，加密货币的交易有赖于数字资产交易所来进行，而在数字资产交易所内若要将加密货币与法定货币做兑换则须通过交易所合作的银行，因此各国政府目前是从合作银行来监控资金流的流向，每一笔流入金额必须证明是合法所得，防止洗钱等行为。大额领出也同样受到监控，但有些刻意躲避监控的数字资产交易所则会不断更换合作银行，这些合作银行通常位于海外没有邦交的小国，躲避追踪。

虽然用户皆为匿名，但是在公有链上，每个用户的交易与余额却是完全透明的，可被任何人查询，包含比特币交易历史。由于区块链并没有限制每人可开设账户的上限，很多大户开设多个电子账户来分散交易与保管余额。当银行业考虑使用区块链技术来保存交易资料时，上述的匿名性与隐私性就会成为一个问题，因为银行需要的是可以管控的匿名与隐私，即用户可让同意对象验证自己的真实身份，非同意对象无法查询自己的历史交易或余额，可以办到这一点的区块链，多为联盟链，或者私有链。

联盟链、私有链的特征，是只有获得同意的节点可加入成为验证节点。也就是说，所有的验证节点通常都是联盟里的成员，彼此知道真实身份，并共同维护一个区块链。相对于公有链来说，这样的区块链就显得不太分散，不那么去中心化。

如果这是一个银行业组成的联盟链，则一般存户通常并不关心银行背后使用的是传统资料库或是区块链的分布式账户，但他们仍然可以感受到不同，例如以往电汇至海外银行通常需要 2—7 天的时间，使用区块链后只需要几十秒。

此外，联盟链的节点数相较于公有链在数量上少得多，通常仅有数十至数百个。以 POW 共识机制来说，这在安全上会有隐患，因此需要额外的安全防护制度与措施，如权限控管等。

6.6 联盟区块链/私有链监管技术

由于企业对于交易处理速度、隐私资料的保护甚至商业应用（例如金融交易等）的合规要求等需求相当重视，因此越来越多的企业倾向以联盟链的设计理念来适应各式各样的多元服务。除了底层的联盟链基础环境外，还必须对应企业需求在区块链架构或是连接区块链的中介层发展众多关键技术，其中包含最被广泛探讨的技术发展议题——监管科技。在这个议题下，又可进一步细分为针对区块链系统安全性的监控管理技术，包含权限控管与协定层舞弊侦测技术；与区块链交易安全相关的技术，包含实名认证、隐私资料加密、链上资料监管与异常交易侦测等技术。

6.6.1 权限控管

联盟区块链的节点数相较于公有链的 6 000 个节点来说是非常少的，可能只有十几个，因此可以认为联盟区块链无数量上的安全防护机制。常见的 POW 共识演算法以全网算力来保护区块链，要发动有效攻击需要全网算力的一半以上，然而在联盟区块链中若不限制参与者，则有心发动攻击者要达到这种条件并不困难，因此需要一个机制来控管参与者，并对参与者所能行使的行为做一个规范，这就是“权限控管”的概念。

6.6.2 协定层舞弊侦测

区块链系统对于每个节点所扮演的角色、每种信息的传递与验证都有明确的定义，但这不代表在看似一切合法的表象中，不存在有系统漏洞的问题。为避免信赖节点遭到黑客入侵而做出违反公平性的操作行为，破坏企业/使用者对区块链系统的信任，必须发展协定层的舞弊侦测技术。

在机制设计上，首先需要由区块链所有的节点共同搜集所观测到的区块链活动资料，再传送至特定服务器进行资料的整合与深层分析，当发现有异常活动或攻击的可能时，及早发出系统警告，通知相关维护人员进行确认与处理，在黑客尝试攻击的初期阶段便立即做出反应。

协定层主要涵盖资料传输、加密签名、资料储存、共识机制等技术，因此舞弊的侦测设计便可由上述技术切入，发展对应的预防机制。例如，在资料传输层面进行监控，计算分析每个节点的封包发送量并建立模型，当有节点出现高频率的封包量时，可合理怀疑是由黑客侵入所制造的阻断服务攻击。或者是从共识机制出发，设计舞弊预防策略，比如，联盟区块链所采用的共识演算法为POW，而POW共识机制在每个验证节点算力相同的假设前提下，赢得区块写入权的概率基本上趋近于随机分布，因此，如果有某个节点屡屡拿到区块链的写入权，就代表这一区块链系统已经失衡，需要有适当技术与管理层面介入处理。

6.6.3 实名认证

比特币、以太坊等以公有链为出发点的区块链大多为匿名制，但有越来越多的从业者开始致力于发展实名认证的私有链/联盟链，以此来推动更多元的创新应用，特别是金融相关应用，确保行为人/单位的可追溯性。某些国家的做法是构建整合安全的网路身份识别中心。在做法上可以在使用者/企业申请区块链账号时，透过第三方认证单位（政府管理单位、征信、凭证系统）确认使用者/企业身份，将通过实名认证程序的用户凭证存入区块链，并借由智能合约以及区块链的安全与信任机制管理用户凭证，提供API服务与应用端介接，作为应用服务“实名”认证使用，如果要扩展到“实人”认证，则可结合生物辨识（例如人脸、声纹、指纹）等身份识别技术进一步确认，甚至在申请区块链账号/交易时，要求申请者输入特殊语音内容/动作来证明申请者身份与真实性。

6.6.4 资料监控

对区块链上所产生各种交易资料实施监控以保障交易合法性与安全性，同样也是监管单位、服务营运商甚至使用者重视的议题。对于链上资料的监控技术，支援可视化的界面（Dashboard）以呈现平台整体实时交易的负载状态是最基本的功能，以太坊、Hyperledger、Corda等区块链平台皆提供了可视化的界面来监视区块链上的交易现况、网络状态等信息。此外，实时交易资料的合规性确认也是技术上需强化的内容，可在智能合约中引入法律规则（例如金融交易需确认交易双方是否有通过身份/资产/

所有权的认证、每人/每个企业在一日内的交易上限等)，或是使用者/企业自行规定可疑事件来确保交易符合契约规则与法律规范，同时在异常事件发生时发出警示通知。

6.6.5 异常交易侦测

交易资料的异常侦测，可简单分为规则模式（Rule - based）与资料驱动（Data Driven）模式两大类。

- 规则模式是指法规或是透过经验法则所定义的规则，进行实时交易的异常侦测。
- 资料驱动模式则是透过人工智能、智能运算、机器学习等方式对交易的大数据进行分析，线下自动搜寻可能的异常交易状态。在资料驱动模式之下，进一步将侦测对象的差异性用技术分为个人化的异常交易侦测与众人式的异常交易侦测。
- 个人化的异常交易侦测着重理解个人的交易行为，包含交易对象的范围、交易的数字资产类型与数量、交易的频率等，建立个性化的行为模型以侦测异常的交易事件。
- 众人式的异常交易侦测技术则是追求从错综复杂的多账号、多交易的长时间累积数据中，分析交易间的关联与脉络，挖掘出类似洗钱、诈欺等可能异常的交易样态。

所侦测到的个人化/众人式异常样态，可反馈给链上资料监控系统，如可疑的账号ID、交易的时间点甚至是交易的地点等，以线下到线上（Offline - to - Online，O2O）的方式提供舞弊、洗钱、诈骗等复杂异常交易的侦测模组，提高区块链上交易风险控管的有效性。

6.7 区块链上隐私资料的保护

区块链在最初的设计中，是以公开透明的角度为出发点，每个节点都可以存取所有的资料，但在联盟链中，特别是金融相关的区块链，无法像公有区块链一样让所有节点都能看到全部交易资料，因此对资料的隐私保护尤为重视。隐私资料的保护技术，主要可以分为两个层面来设计。首先为隔离层面，例如由国际各大银行区块链联盟 R3 发展的区块链平台 Corda，可透过权限隔离的方式达到隐私资料的保护。权限隔离的做法就是，各个节点之间的资料传输并非是向所有节点传递，只有交易的相关节点才能收到对应的资料。此外，Corda 亦作为公证人的角色（节点）来记录区块交易资料，只有交易的公证人以及相关对象能够看到原始资料。在加密层面，则构建公钥基础框架（Public Key Infrastructure，PKI）、多重签名等技术对交易或智能合约等内容进行加密，只让拥有密钥的交易相关对象可解密来保护资料的隐私性。

在加密的技术中，近几年区块链技术人员也尝试采用零知识证明（Zero Knowledge Proofs，ZKPs）技术达到隐私资料的保护，概念上 ZKPs 允许证明者（Prover）与验证者（Verifier）取得一论述是真实或正确的共识，但却不需透露除了论述是真实的以外的任何信息。

6.8 智能合约

在解释智能合约（Smart Contract）之前先举个例子，Alice 和 Mike 两人打赌人民币兑换美元的汇率，下的赌注为 100 美元。今天 12 点整，1 美元能兑多少元人民币？Alice 赌小于等于 7.01，Mike 赌大于 7.01，他们之间有三种方式来完成赌注：

方式一：Alice 和 Mike 为此签订合约，输的一方要付 100 美元给赢的一方。但如果输的一方愿赌不认输，届时不愿意付赌注，则赢方可能要花时间花钱去打官司，只为了 100 美元似乎不值得。

方式二：Alice 和 Mike 彼此信任，双方是好朋友这可能是个不错的小游戏。但若是陌生人呢，一些网站留言板上常见各种下注，但实际上都是无法兑现的。

方式三：找一个中立的第三者，Alice 和 Mike 先各自交 100 美元给第三者，但这个中立的第三者或许有私吞 200 美元的可能。

交易双方无法互相信任，则智能合约可以实现中立第三者的角色，完全依据合约订定的程序码来执行，且绝不会私吞。当智能合约成立时向双方各收取 100 美元，等 12 点整一到便自动查询央行的汇兑率，然后将 200 美元汇到赢家的账户中。

由此可知，智能合约兼具安全、快速和成本低等特性，而且小至 1 元的赌注，大至千万元或上亿元的买卖，都能被安全执行。智能合约不只是一个可以自动执行的 App，它本身就是一个参与者，可以接受和储存讯息以及有价物，也可以发送讯息和有价物，并总是按照事先的规则执行操作，实现合约。

数字货币系统将交易记录在区块链的去中心化资料结构之中，数字货币的鼻祖比特币支持基本的脚本语言（Script）以自动化处理交易资料，以太坊则更进一步地提供图灵完备（Turing Complete）的程序语言，能够将世界上所有合约以程序方法重新撰写。目前，在以太坊区块链上正在自动执行数以千计的智能合约。

智能合约由计算机程序语言编写而成，能够自动负责处理与转移具有实际价值的数字资产。以太坊提供一种名为 Solidity 的程序语言，专门用来撰写智能合约，如电子投票、拍卖、电子商务、小额付款等，甚至可以开发一个全部由程序码组成的公司。

6.9 区块链的扩容和分叉

在比特币诞生之初，中本聪并没有特意限制区块的大小，区块最大可以达到 32MB，当时，平均每个区块大小为 1KB 至 2KB。有人认为，区块链上限过高，容易造成计算资源的浪费，引发 DDOS 攻击，因此，为了保证比特币系统的安全性和稳定性，中本聪临时将区块大小限制在 1MB，那时比特币用户数量非常少，交易量也不大，不会造成区块拥堵。随着比特币价格的不断升，用户越来越多，比特币网络拥堵、交易费用上升等问题逐渐显现，为了给比特币“扩容”，比特币社区探索修改了比特币底层代码，提高交易处理能力。

6.9.1 区块链扩容

区块链扩容有两个划分：清算系统和现金系统。在清算方面，比特币区块链是全球的、分布式的、有限容量的、代价昂贵的，每笔交易的价值含量都不同。如果区块容量不够用，就要保障高价值的交易进入区块，高价值的交易有意愿、有能力支付足够高的网络手续费，从而获得足够高的优先级区块。随着比特币的交易数量越来越大，有限的区块容量使得低价值交易永远无法进入区块，因为低价值的交易不可能支付高昂的网络手续费，之后，网络就会退化为清算系统，低价值交易就会被赶出，而由第三方记账系统代替完成。

在闪电网络出现之前，第三方记账系统主要是链外钱包提供商。用户信任某第三方钱包平台，把比特币存入其中，在同一平台用户之间转账，只能是账户余额的变更，并不会产生比特币交易。在现金方面，现金系统意味着所有的交易都会进入区块，当区块容量不够用时，就要及时对系统进行扩容，长期来看所有交易都可进入区块。

区块链存在许多扩容方案，如隔离见证、增加区块大小、分片、闪电网络、Plasma 等。

与传统资料库相比，区块链的处理速度慢很多，而且并不是所有的情境都适合使用区块链。为此，Bitcoin 与 Ethereum 才提出闪电网路与分片处理等技术，希望能大幅提高每秒交易次数，但由于区块生成时间的先天限制，仍然与传统资料库的实时性与处理速度相差甚远，所以有些应用仍然是使用传统资料库比较有优势。

例如，在线上玩实时游戏时，如果将玩家资料储存在传统资料库里，则所有其他玩家的行动所参照的资料都会是非常实时的；如果储存在区块链里，就有可能发生以较旧的资料做出判断，因最新资料尚未同步到整个区块链上，也尚未写入区块，等待同步时间确认时间时的游戏体验将会非常差，所以对于“实时性”需求非常高的应用类型就不适合应用区块链。但是，两者是可以相辅相成的，例如每隔一段时间就将传统资料库的资料同步至区块链上做保存，来确保玩家资料永远不会因为任何意外而丢失，甚至游戏公司倒闭后还会继续存在。

相反，世界性的电子钱包系统，就非常适合使用区块链技术。首先，它确保了钱包内的有价物是有凭有据的，而且没有任何实体单位能掌控它或者拿走它。通过电子钱包进行的交易无法造假或篡改，对交易双方而言都同样有保障，不论交易对象身在世界何处，都能迅速完成交易。

6.9.2 区块链分叉机制

在区块链中，没有中心化机构，比特币等数字资产每次代码升级，都需要获得比特币社区的一致认可，如果比特币社区无法达成一致，区块链就可能形成分叉。比特币采用的工作量证明机制，就是让矿工互相竞争求解一个数学题，谁先解出来，矿工就会复制一份结果，贴在自己账本的最后，然后开始新的记账过程，在这个过程中，经常会出现这种情况：两个矿工同时解出了题目。在任何区块里，第一条都没有转出地址，就是所谓的挖矿交易（Coinbase），任何人都不会付给矿工这笔钱，矿工只是理所应当地写上“自己获得了 12.5 个比特币”。如果所有节点都认可矿工这样写，矿工就得到了挖矿收入，在填写区块的时候，不同的矿工数据一定不同，因为每个矿工的第一条都不同，矿工只会把挖矿收入转入自己的地址。

每个矿工的区块数据都不一样，解题得出的结果自然也就不同，但都是正确答案，于是区块链就会出现两个满足要求的不同区块。那么，矿工怎么办？不同的距离、不同的矿工，看到这两个区块是有先后顺序的。通常情况下，矿工会把自己先看到的区块复制过来，然后再在该区块开始新的挖矿工作，于是，就出现了分叉现象。

在以工作量证明机制为共识算法的区块链系统中，这个问题是这样被解决的：从分叉的区块开始，不同的矿工跟从了不同的区块，在分叉出来的两条不同链上，算力会有所不同，形象地说，就是跟从两条链的矿工的数量是不同的，解题能力和矿工的数量成正比，两条链的增长速度也就不同，一段时间后，总有一条链的长度要超过另一条。一旦矿工发现全网有一条更长的链，就会抛弃当前的链，把新的更长的链全部复制回来，并以此为基础，继续挖矿。如果所有矿工都这样操作，这条链就会变成主链，分叉出来被抛弃掉的链就消失了。最终，只有一条链会被保留下来，成为真正有效的账本，最终整条区块链依然是唯一的。需要注意的是，能够让区块链保证数据唯一性的前提是：所有矿工都遵从同样的机制。

如果矿工不遵从同样的机制，就会出现分叉。这种分叉又分为两种情况：

情况一：软分叉，整个区块链系统的软件升级，部分矿工没来得及升级，就会出现因遵从不同机制而产生的分叉。当这部分矿工升级系统后，分叉就会消失。所谓软分叉就是区块链系统升级后，在所有节点升级到最新版本之前，由于程序版本的差异，可能会产生的分叉，只要升级到最新版本，分叉就会消除，是临时的。

情况二：硬分叉。矿工之间出现分歧，采用不同的机制，由此产生出来的分叉不会消失。而所谓硬分叉，就是矿工采用不同的机制，拉了一个分支，形成的分叉，这是永久的。在区块链圈里，第一个有影响力的硬分叉是以太坊的分叉事件。

6.10 异质区块链连接

随着区块链技术越来越受到关注，产生了越来越多的数字货币与区块链平台。这些新的技术平台，除了修正与强化早期区块链平台（如比特币）的不足外，也出现了专为某种应用服务需求所设计的区块链平台，如各种金融服务、物联网服务、医疗服务等资源建立了不同的区块链，甚至同类型的服务（例如金融服务）因不同业者、组织、地域性、国家而建立了不同的区块链。为了避免区块链闭锁性的运作造成创新应用的发展阻碍与限制，连接异质区块链并能协同运作便成为区块链技术发展的又一个重要议题。

以前讨论异质区块链连接时，大多是围绕在比特币的议题之上，这是因为比特币经历过最长久的市场考验，即使存在一些缺点与限制，比特币的区块链仍然是最去中心化、最公平的区块链。例如 Blockstream 所发展的元素链、ConsenSys 的 BTC Relay 等侧链（Sidechain）技术都是以比特币为出发点。元素链提供了一种交互协议，透过双向锚定（Two - way Peg）技术让新的链（侧链）可以跟原始链（主链）连接起来，并允许数字货币在两者之间相互转移，而不让币的价值与总量受到影响，BTC Relay 则是透过以太坊的智能合约，将以太坊与比特币的区块链通过一种安全去中心化的方式连接起来，让以太坊的用户能用比特币交易。

而针对不同区块链之间的价值交换的需求，瑞波（Pipple）公司基于对金融产业市场的了解，发现金融单位倾向建置自己的区块链环境发展自有服务，因此提出了互联账本协议（lnterledger Protocol，ILP），希望通过第三方“连接器”或“验证器”实现货币的自由传递。在这种机制下，双边的记账系统都不需信任“连接器”，因为互联账本协议已定义了加密机制，并且为两边的记账系统创建了管理信托资金，交易双方在对资金达成共识时便能直接进行资金转换，这与现有金融体系的处理方式是类似的。除了上述几项较常见的异质区块链连接技术外，Polkadot、Bletchley、Factom也都基于不同的角色分工、信任转移等观点设计了技术解决方案。

第 7 章

支撑元宇宙的区块链平台（下）

7.1 区块链系统的特点与技术创新

7.1.1 区块链系统的五大特点

区块链是分布式数据存储、点对点传递、共识机制、加密算法等计算机技术在互联网时代的创新应用。区块链的概念表述不尽相同，但“去中心化、开放性、自治性、信息不可篡改和匿名性”这五个基本特征具有共识。

（1）数据（信息）无法被篡改，因此值得信任。所谓信息不可篡改，即一旦信息经过验证并添加到区块链，就会被永久存储起来，除非同时控制系统中超过 51% 的节点，否则单个节点上对数据库的修改是无效的。因此，区块链数据的稳定性和可靠性都非常高，具有“不可篡改”的特点。

（2）本质为分布式资料库，难以被单一实体垄断掌控。由于区块链使用分布式核算和存储，不存在中心化的硬件或管理机构，任意节点的权利和义务都是均等的，系统中的数据块由整个系统中具有维护功能的节点来共同维护，所以具有去中心化的特点。

（3）资料安全、透明、可永久记录。区块链系统是开放的，除了对交易各方的私有信息进行加密，区块链数据对所有人公开，任何人都能通过公开接口对区块链数据进行查询，并开发相关应用，整个系统的信息高度透明，所以具有开放性的特点。

（4）可担任公正的第三方。节点之间的交换遵循固定算法，其数据交互是无须信任的，交易双方不用通过公开身份的方式让对方对自己产生信任，有利于信用的累积。区块链技术通过数学原理而非中心化信用机构来降低成本、建立信用，拥有全球性的中心节点，是全球都信任的东西。所以具有“信任机器”的特点。

（5）区块链由参与成员共同维护、记录分散式资料库，参与成员可实时追踪和掌握有价物的移转及交易记录。区块链的自治性特征建立在规范和协议的基础上，区块链采用基于协商一致的规范和协议（如公开透明的算法），使系统中所有节点都能在去信任的环境中自由安全地交换数据，使对人的信任变成对机器的信任，任何人为的干预都无法发挥作用。所以具有自治性的特点。

7.1.2 从区块链技术角度看区块链系统

区块链系统一般由数据层、网络层、共识层、激励层、合约层和应用层组成。

（1）数据层，是整个区块链技术中底层的数据结构。主要描述区块链的物理形式，是区块链上从创世区块起始的链式结构，包含了区块链的区块数据、链式结构，以及区块上的随机数、时间戳、公私钥数据等基础数据和基本算法。

（2）网络层：从本质上来说，区块链是一个 P2P 网络，具备自动组网的机制，节点之间通过维护一个共同区块链结构保持通信。一般通过 P2P 技术实现分布式网络机制，包括 P2P 组网机制、数据传播机制和数据验证机制。

（3）共识层，包括工作量证明、权益证明、权益授权证明、燃烧证明、重要性证明等。共识层包括共识算法、共识机制，让高度分散的节点在去中心化的区块链网络中针对区块数据的有效性达成共识，是区块链社群的治理机制。共识层是区块链的核心技术之一。

（4）激励层，包括经济激励的发行制度和分配制度，提倡按劳取酬，公平分配。激励层的功能是提供一定的激励措施，鼓励节点参与区块链中安全验证工作，并将经济因素纳入区块链技术体系中。激励层奖赏遵守规则参与记账的节点，惩罚不遵守规则的节点。

（5）合约层，是区块链可编程的基础，也是区块链去信任的基础。合约层主要包括脚本、代码、算法机制和智能合约，它将代码嵌入区块链或代币中，可以实现自定义的智能合约，在达到某个确定的约束条件下，不必经由第三方就能自动执行。

（6）应用层：类似于计算机操作系统上的应用程序、互联网浏览器上的门户网站、搜索引擎、电子商城或是手机端上的 App。它将区块链技术应用部署在以太坊、EOS、QTUM 等上，并在现实生活场景中落地。应用层封装了各种应用场景和案例，可编程金融生态系统和可编程社区生态系统将会搭建在应用层上。

总之，数据层、网络层、共识层是构建区块链技术的必要元素，缺少任何一层都不能称之为真正意义上的区块链技术；激励层、合约层和应用层不是每个区块链应用的必要因素，某些区块链应用并不完整包含激励层、合约层和应用层这三层结构。

7.1.3 区块链系统的技术创新

区块链系统的技术创新主要包括分布式账本、非对称加密和确权授权技术、共识机制、智能合约等。

（1）分布式账本：区块链上的交易记账由分布在不同地方的多个节点共同完成，每个节点都可以参与监督交易合法性，也可以共同为其作证。每个节点都记录了完整账目。不同于传统的中心化记账方案，分布式账本技术下，避免了单一记账人被控制或被贿赂而做假账的可能性；同时，记账节点足够多，除非所有的节点都被破坏，否则账目就不会丢失，保证了账目数据的安全性。

（2）非对称加密和授权技术：从技术上说，存储在区块链上的交易信息是公开的，但账户身份信息是高度加密的，只有数据拥有者被授权才能访问，保证了数据安全和个人隐私。

（3）共识机制：是所有记账节点之间怎么达成共识，来认定一个记录的有效性。共识机制既是认定的方法，也是防止篡改的手段。区块链提出的不同共识机制，比如工作量证明算法、股权证明算法等，适用于不同的应用场景，在效率和安全性之间取得平衡。

（4）智能合约：是建立世界计算机的可信任机器的基础，智能合约是基于可信的不可篡改数据，自动化的执行一些预先定义好的规则和条款。

7.1.4 区块链系统的创新应用

区块链在建立去中心化方面的尝试已不限于金融界，而是为社会各领域提供了一种全新的思路和技术选项，如区块链和物联网结合应用；在区块链上建立知识产权保护系统；为新兴经济体（自贸区、港）发行协议型加密货币提供技术支撑；搭建去中心化的股权众筹体系；发展出全透明的财务管理系统和审计系统；支持建立全球去中心化公司组织；“区块链 + 云计算”发展成去中心化的自媒体和社区生态系统；助力 FinTech、TechFin、InsurTech、RegTech、WealthTech、DeFi 的发展。总之，区块链系统的技术创新和广泛应用为全球的金融、社会管理、人才评估和去中心化社区组织建设等提供了广阔的发展前景，并为正在构建中的虚拟现实——元宇宙提供了技术支撑。

7.2 四种类型的区块链技术

比特币成功后，许多企业开始了自己的区块链项目，并非所有加密货币都是同一个区块链网络的一部分。同理，每一种元宇宙都会选择自己的区块链平台，元宇宙在哪种区块链平台上构建，创造者根据自身的需求而定。目前，区块链有四种主要类型：公共区块链、私有区块链、联盟区块链和混合区块链。这些网络背后的技术基本上是相同的，但它们针对不同的最终用户。

7.2.1 公共区块链

公共区块链是比特币和其他加密货币的起源地。它通过消除与集中化相关的所有问题来普及分布式账本技术（DLT）。DLT 不是将信息存储在一个地方，而是通过网络分发。公共区块链是完全不受限制的，任何人只需在平台上签名即可成为授权节点。用户还可以进行挖矿活动并访问过去和当前的记录。公共区块链非常适合加密货币业务，例如，如果您知道如何出售比特币、以太币，那么最好使用公共区块链。除此之外，任何建立在透明度上的组织都可以从公共区块链中获利。

7.2.2 私有区块链

私有区块链要么由单个公司控制，要么在限制性环境中运行。很像公共区块链，它使用 P2P 连接，但规模要小得多。由于规模有限，私有区块链往往更快、更安全。但是，它们的源代码通常是封闭的，需要获得邀请才能进入，这些区块链非常适合审计、商业秘密管理、数字资产所有权。

7.2.3 混合区块链

混合区块链结合了公共和私有区块链的元素。它让组织可以在未经许可的系统旁边建立一个私有系统。这使它们可以选择公开哪些数据以及谁可以访问特定资源。

当用户加入混合区块链时，将获得对网络的完全访问权限，除非用户与他们进行交易，否则其他用户将看不到该用户的身份，封闭的生态系统还可以防止黑客对网络发起攻击。房地产、零售和医疗行业从混合区块链中获得了很多价值，他们可以运行一个私人系统，同时向公众展示一些信息——比如列表。

7.2.4 联盟区块链

联盟区块链提供对特定群体的有限访问，消除了由一个实体控制网络带来的风险。这些区块链比公共区块链更具可扩展性和安全性。联盟区块链最适合用于银行和支付交易。不同的银行可以组成一个财团，允许他们选择谁来验证交易。研究组织可以遵循类似的模式。

随着区块链技术的流行，所有类型的区块链都可以找到适合需求的应用方式。

7.3 区块链是元宇宙的底层技术

我们已经很难探明究竟是元宇宙推广了区块链的技术，还是区块链宣传了元宇宙。但无数事实证明，两者有着千丝万缕的联系，区块链是支撑元宇宙的底层技术。

7.3.1 区块链为元宇宙提供身份标识

谈到元宇宙的最基础保障，我们可以设想这样一个场景，如果在元宇宙里出现了两个“我”，那该是什么样的感受，就好比在互联网世界里可以被轻而易举复制一样，同样一份文件很难区分谁是复制品，而元宇宙里这样的问题绝不能存在，区块链可以做到元宇宙中身份 ID 的唯一标识。

区块链的重要特性在于防篡改和可追溯性，这使得区块链天生具备了“防复制”的特点，这也是诞生超过 10 年的比特币网络一直没有被黑客攻击的原因。

在元宇宙里我们的身份除了借助目前传统的身份认证体系外，未来极大概率会接入区块链的身份认证体系，这意味着无须借助传统意义的身份认证，同样可以判断使用者身份，也可以保证他人身份不会被复制或盗用。

当然，区块链提供的仅仅是“防复制”的功能，而不是防失窃，除了身份的防复制，还包括数字资产的防复制。

只有保证了元宇宙里身份 ID 的唯一，我们才能真正畅游于元宇宙，进行各种社交和经济活动，且不会担心自己的价值被剽窃。前段时间在区块链领域火热的“ENS 空投”（ENS是以太坊的域名系统，类似互联网的“.com”），其实就代表了新的身份认证标识。

7.3.2 区块链为元宇宙带来去中心化支撑

在信息时代里，信息的传递速度变得越来越快，人们享受着科技带来便利的同时，无形之中也让隐私暴露的可能性变高。科技巨头往往会通过为我们提供许多免费服务而获取大量个人数据，这些数据会被怎么保管、怎么使用，我们不得而知，但是我们明确知道这些数据并不安全，就连用户数接近30亿的Facebook都经常被曝出用户数据被泄露的问题，这些被泄露的个人数据往往会被滥用，轻则骚扰我们的日常生活，重则影响我们的财产安全和生命安全。这样的问题在元宇宙也会更加突出，因为元宇宙会涉及数字资产。如果个人数据被用于认证某些平台，那么犯罪分子就很有可能窃取到我们的数字财产，因此，如何保障我们在元宇宙中的数据安全至关重要。

由区块链支持的分布式网络被称为“价值互联网”，能保证在其上的数据不会被篡改、不可伪造，并被永久记录在分布式的数据库中，数据的传递可以追溯，因而能传递价值和权益。如果我们个人数据通过区块链技术使得这些数据是去中心化的，就可以实现我们的数据归个人所有，任何人不可篡改，也不能随意处置。如果有组织想要使用我们的个人数据，需要经过我们授权，并需支付相应的授权费用，如果再结合一些隐私或加密技术，甚至可以达到对方只能获取一些脱敏的数据，或者只能验证我们是一个有资格的参与者，而不能知道我们是谁。

在区块链的加持下，元宇宙中的交互更加贴近现实，比如买卖双方不需要知道对方是谁，在元宇宙里买卖数字产品，进行数字资产的交易，也就有所保证。

7.3.3 储存、计算、网络传输去中心化网络基础设施

看过《失控玩家》的朋友，一定对电影里这一幕印象非常深刻：主角在虚拟世界中寻找证据时，反派却可以通过破坏运行这个虚拟世界的服务器而破坏虚拟世界，从而阻止主角。如果是我们身处在一个元宇宙中，一定不希望这样的事情发生，这就需要将元宇宙建立在不能被一个中心化主体所能控制的服务器上，而是将所有数据都以去中心化的方式分布式地存储、计算和网络传输。

7.3.4 规则公开透明

我们所有行为都是在法律的保护和约束范围内，以保证正常生活。但是现有的法

律框架也难以避免一些中心化作恶的情况发生，比如黑箱操作、暗中修改规则等。而区块链是去中心化且公开透明的，可以通过智能合约的方式，提前把规则用代码写好，这样便可以保证代码没有黑箱操作的可能，也能保证没有人能篡改规则，而规则一旦写好，便可以自动执行，当触发了规则所设定的条件后，区块链里的智能合约就能按照设定执行相应操作，这也是“代码即法律”的诠释。区块链技术为元宇宙中的种种行为提供了保障，做到公平公正，安全可靠，元宇宙中的社会环境也会变得更加法制和谐。

7.3.5 区块链为元宇宙提供资产支持

在元宇宙中，可信的数字资产是非常重要的组成部分，每个人都是自己元宇宙的主人，在这种情况下元宇宙会逐渐发展出自成体系的数字经济生态系统，并且具有独特的经济体系，需要在去中心化的前提下实现数字资产的价值认证，而这一切都离不开区块链技术的支持，区块链技术支持下的 NFT 为元宇宙中的资产进行了合理且高效的赋能，而区块链技术本身更是为资产数字化带来了可能性。

7.3.6 NFT 数字资产的价值

NFT（Non-Fungible Token）是一种数字资产，即非同质化代币，是不可篡改、不可分割、不可替代且独一无二的数字资产特性，广泛应用于图像、音乐、艺术品当中。其不可篡改、不可分割的特性说明了任何一件 NFT 相关的数据更改都会体现在区块链之上，并成为清晰可查的一部分，而不可替代且独一无二则表明了任一 NFT 在区块链上的表达都是可溯源的确权，没有任何两个 NFT 可以相互替代。

这一特性使得 NFT 具有了一定的排他性，可以为元宇宙中的数字资产提供支持，并具有非常重要的价值。

第一，NFT 可以使之前不能变现的虚拟物品或数字产品资产化。在传统互联网中，虚拟资产或者数字资产的价值往往很难兑现，哪怕是游戏中的金币和物品也只能在单一游戏中小范围交易。而被 NFT 赋能后的虚拟物品或数字产品有了全新的所有权确认体系，并且在底层区块链上得到了巨大的扩容市场，这使得 NFT 得以突破人为设定，如并不热衷于 NBA 球星卡的人也可以将 NBA Top Shot 作为一种资产持有，使得 NFT 成为具有实际价值的真正意义上的数字资产。

第二，NFT 与现实世界实体的联动，是具有影响力的传统企业对接元宇宙的手段。未来某一天，当用户在线下购买了一辆汽车，那么在元宇宙的世界里也会存在同样供他使用的一辆汽车；反之亦然，在元宇宙中创造或生产的数字产品，也可以在现实世界中得到一模一样的物质产品。

同时 NFT 还可以在保证资产稀缺性的同时，进行所有权、使用权、管理权、控制权和编辑权的分离。用户购买了 NFT 之后，创造 NFT 的机构或艺术家可以在最初的智能合约限定中进行编辑，使得数字资产的自然增长与变化成为可能。

7.3.7 资产数字化

元宇宙中的数字资产记录在区块链之上，可以在保证安全的同时完成即时交互。交易是社交中非常重要的一环，元宇宙也需要一种安全、可追踪且透明的支付方式，从根本上保证用户的自由。区块链作为不可篡改的去中心化的分类账，从底层逻辑上看，在即时交易和可信度方面具有其他技术不能比拟的优势，可以满足元宇宙资产数字化的要求。

7.4 传统的元宇宙与基于区块链的元宇宙的区别

区块链元宇宙与传统元宇宙有何不同？为什么虚拟土地和像 SAND 和 MANA 这样的加密货币会创历史新高？区块链元宇宙对我们目前的生活方式产生什么影响？

7.4.1 基于区块链的元宇宙

基于非同质化代币（NFT），人们可以根据自己的需求和偏好拥有和使用他们的数字资产。简而言之，NFT 是存在于区块链上的独特代币，赋予其持有者对数字资产的所有权，这也许是区块链元宇宙所呈现的最大优势，这种类型的代币是一个独特对象的数字表示，如头像、名称、游戏物品、数字艺术品、某个会员、虚拟房地产和无数其他概念。这些代币可用于构建体验，或作为某些 DeFi 协议的抵押品。通过这种方式，NFT 成为处理元宇宙内部数字资产的关键。

为了正确看待这种多样化的覆盖范围，我们来分析典型案例《堡垒之夜》（Fortnite）。《堡垒之夜》是引入元宇宙社交元素的重要参与者。在这个游戏中，玩家可以获得皮肤来定制他们的头像、交易武器或材料来增强他们的游戏体验，然而最大的限制是用户获得的所有数字资产并不真正属于他们，这些数字资产提供了游戏利益，但它们仍然由一个中央实体拥有和控制，也就是游戏开发商 Epic Games。

《堡垒之夜》的头像也是这个虚拟世界独有的，其他地方无法使用，Roblox、Minecraft、Animal Crossing 或任何其他类似平台的情况也是如此。此外，如果存储游戏数字资产的中央服务器停止运行，则这些数字资产和投入于其中的资金将永远消失。

但在区块链元宇宙中，用户通过继承 NFT 中的所有属性从而完全控制他们获得的数字资产，区块链游戏关闭后，与该游戏相关的 NFT 游戏道具将无法再使用，但是所有者仍然控制数字资产，它的元数据可以被其他项目重新使用，从而使数字资产具有剩余价值。

NFT 所拥有的的数字身份可以跨越许多虚拟世界，皮肤、游戏物品和其他数字资产可以交易、桥接到其他网络，甚至可以出租，且无须通过任何类型的中间人来监督这个过程。

区块链行业的几个团队已经在探索这种类型的互操作性，例如，Loot 使社区能够在《龙与地下城》这种虚拟代表物之上开发实用程序，像素化的元宇宙 World Wide Web3 允许用户使用他们的 CryptoPunks、Bored Apes 和其他 NFT 在游戏世界中走动（见图 7－1）。

图 7－1　World Wide Web3 虚拟世界

NFT 授权其所有者根据需求和偏好控制他们的数字资产，虽然头像、游戏物品和基本上任何类型的 NFT 都是区块链元宇宙的一部分，但还有另一种类型的 NFT 将区块链元宇宙提升到一个全新的水平：虚拟房地产。

描绘虚拟房地产的 NFT 可能是区块链元宇宙中最诱人的元素，当这些数字土地聚集在一起时，就形成了一个“区块链虚拟世界”（Blockchain Virtual World，BVW）。这些数字土地的地块，为业主提供建造的自由，激发创造力和想象力，同时也遵循去中心化。根据 BVW，土地所有者将能够建造不同类型的数字建筑。

Decentraland、CryptoVoxels 和 Somnium Space 等平台倾向于成为社交平台，而 The Sandbox、Treeverse 和 Ember Sword 等空间则是具有虚拟房地产功能的 Play - to - Earn 游戏。Somnium Space 是为虚拟现实（VR）构建的平台，而 CryptoVoxels 与大多数 NFT 化身收藏品兼容。

在一些虚拟的土地上，元宇宙公民能够建立大量的数字结构。在一些情况下，虚拟地块将成为其主机游戏机制的重要组成部分，一块土地可能会成为铁匠行会，或者是奖励其所有者的采矿资源（见图 7 - 2）。

图 7 - 2　CryptoVoxels 中的 3D 虚拟商店与 Axie Infinity 中的 2D 虚拟土地

Decentraland、The Sandbox、CryptoVoxels 或 Somnium Space 等项目允许用户在他们拥有的虚拟地块内建造建筑（见图 7 - 3）。在大多数情况下，无限的资源仅受建筑师自己设计技能的限制。这些 BVW 几年来一直在接待用户和访客，在这些虚拟世界中获得一块土地的投资者可以建造他们梦寐以求的场地。

图 7 - 3　Decentraland 虚拟场地

虚拟场地的例子包括：

- 展示 NFT 和沉浸式体验的画廊或博物馆；
- 现实生活和元宇宙 DJ 将举办数字音乐会的音乐场所；

- 商业办公室；
- 类似沙盒的游戏体验；
- 在虚拟时尚产业中发挥重要作用的商店和精品店；
- 像 Decentraland 一样的赌场；
- 广告和广告牌空间；
- 体育馆；

……

数字土地拥有社区创造力，因为它们是举办现场活动、交易虚拟商品、展示 NFT 的艺术画廊的虚拟空间，甚至成为货币化的 Play - to - Earn 游戏，很明显，虚拟土地 NFT 提供了其他资产中很少见的附加值。

扎克伯格对元宇宙的支持是近期虚拟房地产估值飙升的催化剂，尽管如此，毫无疑问，数字地块本身具有巨大的潜力，该资产受到投资者和爱好者的关注，支持了最新的估值趋势。

例如，有两块虚拟土地成为 2021 年 11 月登记的最高 NFT 销售额之一，Decentraland 的 Fashion Street Estate 以 61.8 万 MANA 或 242 万美元的价格售出，而 Axie Infinity Genesis Plot 以 550 ETH 或 233 万美元的价格售出。

这些销售并不是孤立的事件。自 2021 年 11 月底以来，The Sandbox 虚拟土地的平均价格飙升了近 500%。Sandbox 上的虚拟土地在 2021 年 11 月的交易价格为14 800美元，相较于 10 月平均价格 2 500 美元大幅增长。

其他 BVW 也出现了类似情况。例如，Decentraland 地块的估价为 116%，2021 年 11 月平均交易价格为25 000 美元，而 CryptoVoxels 数字土地的售价比 10 月登记的价格高出 25%。

此外，值得注意的是，对虚拟土地的需求有所增加，需求的增加通常会转化为价格的变化，从而支持最近对虚拟房地产的估价，影响最显著的是 The Sandbox，从 2021 年 10 月到 11 月，涉及虚拟土地的交易数量增加了 421%，同样，受到其他 BVW 的支持，对各自虚拟土地的需求至少翻了一番。

最后，是虚拟土地对整个 NFT 市场的主导地位，2021 年 10 月，NFT 前 100 名项目的地板市值估计为 168 亿美元，其中虚拟土地仅占 8%；1 个月后，虚拟房地产的市值上升至 40 亿美元，现在至少占 NFT 地板市值的 25%。

7.4.2 元宇宙经济

元宇宙的影响超越了区块链，它已经通过产生新的收入流甚至是新的社会结构，为新型经济铺平了道路。

其中一些资金流动与虚拟土地密切相关。例如，在 The Sandbox 内部，地块所有者可以建立一种虚拟体验，访客支付一定金额即可参与其中；如果所有者不建造，也可以简单地将空间出租给其他人开发（见图 7－4）。

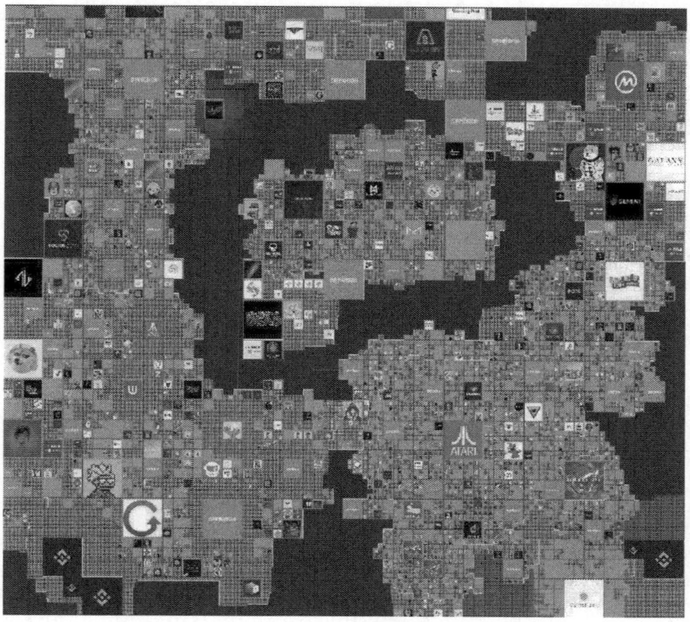

图 7－4 The Sandbox 虚拟世界地图

但这些收入来源并非虚拟土地所独有，虚拟形象、可穿戴设备和游戏内物品具有有趣的资本潜力，这些物品将成为我们自己的化身，成为区块链元宇宙的真正居民。作为参考，传统游戏行业的数字皮肤或服装市场每年估计为 400 亿美元，机会窗口是巨大的。

大品牌尤其是时尚品牌，已经注意到了。继 NFT 收藏品在 2020 年夏天掀起热潮之后，Gucci 通过推出自己的 NFT 精选单品进入了这一领域。2021 年 8 月，Burberry 成为首批直接与真正的 Metaverse 项目合作的时尚品牌之一：在 Blankos Block Party 的 BVW 推出 2 250 个 NFT，包括头像和可穿戴设备。

大品牌陆续加入区块链元宇宙的行列，阿迪达斯通过与 The Sandbox 合作进入区块链元宇宙，并成为第一个与 Play－to－Earn 平台建立的面向时尚的合作伙伴关系，加入了 The Walking Dead、Atari、Snoop Dogg 等队伍。

7.4.3 元宇宙公民

区块链元宇宙不仅将新型虚拟经济的大门打开，有可能通过产生新的机遇浪潮对我们的社会产生深远影响，在这种情况下，机会将转化为全职有偿工作。

- 专门从事房地产 NFT 的虚拟房地产经纪人或投资者有可能成为促进虚拟世界中出租和销售的代理，了解对数字空间影响最大的所有变量可能会得到很好的回报。
- 虚拟空间设计师也应该受到广泛关注。向没有丰富的数字化建设经验的土地所有者提供服务的个人，无论是设计一座完整的建筑，还是简单地对艺术画廊进行最后的润色，虚拟设计师都应该茁壮成长。
- DJ、音乐家和活动经理。专门从事元宇宙活动的音乐艺术家和表演者的需求量很大。
- 开发人员。无论是编写智能合约、同步前后端，还是开发一个完整的游戏，开发者都有广泛的需求。
- 元宇宙企业家成为商店、博物馆或任何尚未被描绘的体验的所有者。
- DAO 或去中心化自治组织应该成为元宇宙内商业模式的标准。社区和公关经理、顾问和其他几个职位应该被创建。
- Play - to - Earn 的玩家可能已经存在了。例如，Axie 学者是 Axie 所有者雇佣的游戏玩家，通过完成游戏任务以及农业游戏物品将他们的数字资产用于工作，这种模式允许双方最终获得某种形式的收入。

总而言之，区块链元宇宙有可能改变我们的传统现实，提供一个去中心化的空间，在那里 CyberKongz、RTFKT 的克隆人和你最喜欢的化身将一起跳舞，直到虚拟世界的黎明到来。如果没有区块链技术的支持，上面所提到的一切数字资产将一笔勾销，荡然无存，这就是区块链元宇宙有别于传统元宇宙之处。

7.5 元宇宙中以太坊平台的可扩展方案

目前，以太坊已经发展到可以支持去中心化金融和 NFT 以及游戏等领域的数千个应用程序。换句话说，元宇宙里的去中心化金融和 NFT 以及游戏等领域的数千个应用程序都可以得到以太坊平台的支持，整个网络每年结算数万亿美元，超过 1 700 亿美元被锁定在平台上。与此同时，问题也随之产生了，以太坊的去中心化设计最终将其可以处理的交易量限制为每秒 15 笔。由于以太坊的受欢迎程度远远超过交易量限制，这就导致以太坊的交易拥堵以及 Gas 费用高昂，最终也让许多用户望而却步，并限制以太坊目前能够处理的应用程序类型。如果基于智能合约的区块链想要成长为数十亿用户的金融和 Web 3.0 应用程序，就需要可扩展的解决方案，一个明显的对比例子，具有中心化的 Visa 每秒可以处理 45 000 笔交易；同理，元宇宙的去中心化经济生态发展也需要解决以太坊平台的扩展问题。

以太坊解决方案的目标，是增加可公开访问的智能合约平台、可处理的交易数量，同时保持足够的去中心化，因为，通过由单个实体管理的中心化解决方案来扩展智能合约平台是微不足道的。解决这个问题的方法有两个：一是建立与以太坊竞争的全新网络，可以处理更多的活动；二是建立可以处理以太坊过剩容量的互补网络。

具体的解决方案有侧链、Layer1、Layer2 等。

7.5.1 Layer1 和 Layer2

这里需要明确的是 Layer1 和 Layer2 的概念并不单单是指以太坊网络，而是业内借鉴计算机网络通信体系架构的开放式系统互联通信参考模型（Open System Interconnection Reference Model，OSI 模型），将区块链逻辑架构划分为 Layer0、Layer1 以及 Layer2 三层。

其中的 Layer 就是它的最基本释义“层”的意思，所谓 Layer1 和 Layer2 也就是第 1 层和第 2 层，其中第 0 层对应 OSI 模型的底层协议，大致包括物理层、数据链路层、网络层和传输层；第一层（Layer 1）大致包括数据层、共识层以及激励层；第 2 层（Layer 2）则主要包括合约层和应用层。

按照这个维度来划分，我们所熟悉的比特币网络和以太坊主网等主流公链都属于 Layer 1 的范畴。由于在当前众多的公链项目中，以太坊是运行智能合约和 DApp 最多的公链，也是锁仓资产价值和日均交易量最大的公链，所以对有关以太坊网络 Layer1 和 Layer2 不同扩容方案的讨论也是最多的，如没有特殊说明，所提到的 Layer1 和 Layer2 一般以以太坊为主。

在以太坊网络中，Layer 1 的主要作用就是确保网络安全以及去中心化及最终状态确认，做到状态共识并作为一条公链网络中可信的“加密法院”，通过智能合约设计的规则进行仲裁。

7.5.2 Layer 1

以太坊被认为是 Layer 1 区块链，一个独立的网络可以在一个地方保护用户资金和执行交易，例如在以太坊中用户就可以使用 Uniswap 等 DeFi 应用程序将 100 USDC 换成 DAI。

新设计的系统可以通过实现更高的吞吐量降低交易费用，但通常要以增加中心化为代价。在过去的10个月里，新的Layer 1成群结队地上线，在同一时期内这些网络的总价值从0飙升至750亿美元左右。该领域目前由Solana和Avalanche以及Terra和Binance Smart Chain领导，每个都拥有不断增长的生态系统且价值已超过100亿美元。

所有Layer 1都在吸引开发人员和用户。在没有任何以太坊工具和基础设施的情况下，可以轻松构建和使用应用程序是很困难的。为了弥补这一差距，许多Layer 1采用了一种称为EVM兼容性的策略。EVM代表以太坊虚拟机，本质上是执行计算以使交易发生的大脑，通过使他们的网络与EVM兼容，以太坊开发人员可以通过复制和粘贴他们的代码，轻松地将他们现有的以太坊应用程序部署到新的Layer 1上，用户还可以使用现有的钱包轻松访问与EVM兼容的Layer 1，从而使迁移变得简单。

以BSC为例，通过推出兼容EVM的网络并调整共识设计以实现更高的吞吐量和更低价的交易，BSC在2021年夏天见证了数十个DeFi应用程序的使用量激增，这些应用程序都类似于Uniswap和Curve等流行的以太坊应用程序，Avalanche和Fantom以及Tron和Celo也采取了相同的方法，相反Terra和Solana目前不支持EVM兼容性。

7.5.3 侧链

侧链和新的Layer 1之间的区别是模糊的。侧链与以太坊虚拟机（EVM）兼容的Layer 1非常相似，不同之处在于它们专门用于处理以太坊的过剩容量，而不是和以太坊竞争。这些生态系统与以太坊社区紧密结合，并以互补的方式托管以太坊应用程序。

边玩边赚的Axie Infinity的Ronin侧链就是一个很好的例子。Axie Infinity是一款最初建立在以太坊上的NFT游戏，以太坊高Gas费用使玩游戏变得非常昂贵，因此Ronin侧链旨在允许用户将他们的NFT和代币从以太坊转移到低Gas费用环境，使更多用户可以负担得起该游戏，并推动提高这款游戏的欢迎程度。

像Ronin这样的侧链是特定于应用程序的，而其他侧链则适用于更通用的应用程序。目前Polygon的股权证明POS侧链是行业领导者且拥有近50亿美元的价值，部署了100多个DeFi和游戏应用程序，其中包括Aave和Sushiswap以及名为“Uniswap”的克隆版本Quickswap。

同样，Polygon POS与EVM兼容的Layer 1看起来没有什么不同，但是它是作为扩展以太坊而不是与之竞争的框架的一部分而构建的。Polygon团队看到了未来以太坊仍然是高价值交易和价值存储的主导区块链，而日常交易将转移到Polygon的低成本区块链。由于交易不需要费用，Polygon的未来愿景看起来似乎是合理的，在激励计划的帮助下，用户纷纷涌向Polygon POS，其每日交易量超过了以太坊。

Layer 1和侧链面临着一个挑战，就是确保其区块链的安全，为此他们必须向新一批矿工或股权验证者支付费用，以验证和确保交易的安全，通常以基础代币的通货膨胀形式，例如 Polygon 的 MATIC 和 Avalanche 的 AVAX。然而这也带来了显著的缺点：一是拥有基础代币使得该生态网络具有了更强竞争力，而不是与以太坊互补；二是验证和保护交易是一项复杂且具有挑战性的任务，该生态网络将无限期负责。

7.5.4 Layer 2

Layer 2 是位于以太坊之上的独立生态系统，而且其安全性依赖于以太坊。至关重要的是，Layer 2 不需要具有原生代币，因此它们不仅与以太坊更具互补性，而且本质上是以太坊的一部分，以太坊路线图甚至通过表明以太坊 2.0 将以 Rollups 为中心来表达对这一想法的认同。

以经济激励的形式将信任传递到 Layer2 上。Layer 2 建立在以太坊的基础上承袭了以太坊的安全性，以智能合约来协助以太坊进行有效的数据处理，再将数据回传到以太坊，最终的分配和裁决仍在以太坊，等于 Layer 2 是以太坊的数据助手，而不是独立于以太坊存在的。

总之，Layer 2 让以太坊上的数据运行得越快，大家就不用争着付高昂的 GAS 费用来抢矿工了。Layer2 以追求更高效的性能为终极目标，作为第二层网络可以替 Layer1 承担大部分计算工作。近年来，不少项目都是基于 Layer2 搭建的，从而将交易行为从主链上分离出来，降低一层网络负担，提高业务处理效率从而实现扩容。在这个过程中，Layer2 虽然只做到了局部共识，但是基本可以满足各类场景的需求。

目前，行业内通常将 Layer1 和 Layer2 的关系和中央银行与商业银行的关系做类比，Layer1 承担着中央银行的角色，而 Layer2 则是各大商业银行，在现行主流的金融系统中，所有的资产都必须在中央银行结算，而具体的流通过程可以同时发生在中央银行和商业银行，因为如果所有人都去央行结算的话，势必会发生业务拥堵的情况，更好的解决办法当然是由商业银行先来处理大量交易业务，然后由各个商业银行和中央银行结算一次整体业务，这样才能使得整个金融系统更加高效有序地运转起来。所以，从中能够得到的启示就是，对于在以太坊网络中存在的交易拥堵和手续费居高不下的问题，一个可行的解决方案——将以太坊的数字资产存入 Layer2 之后，资产流动交易环节都在 Layer2 上进行，只把最终结算过程放到 Layer1 上就可以了。

通过上面的讨论我们不难发现，其实有关 Layer1 或是 Layer2 的争论，最终的核心焦点都会回到扩容的话题上来，而基于 Layer2 的扩容方案也就是链下扩容，其主要目的是扩展区块链的性能，同时保留分布式协议的去中心化优势。现阶段主流的解决方案有侧链、状态通道、Plasma 和 Rollup 四种。以上各方案在本质上都是相通的，相当于建立了更加多样的商业银行体系。

从长远来看，如果智能合约平台扩展到数十亿用户，这些扩展解决方案是必要的，然而在短期内，这些解决方案可能会给用户和加密运营商带来重大挑战，从以太坊导航到这些网络需要使用跨链桥，这对用户来说很复杂并带有潜在风险。例如，几个跨链桥已经成为1亿美元以上的攻击目标，更重要的是多链世界碎片化打破了可组合性和流动性。

7.5.5 Layer 2 的前景分析

第一，目前想解决以太坊拥塞的情形，期待以太坊2.0似乎不切实际。虽然以太坊2.0已经进入开发募资阶段，但预计要两年的时间才能完成，期间以太坊的扩容都还要依赖 Layer 2，尤其现在红火的去中心化金融 DeFi 迫切需要以太坊扩容来降低用户缴纳的 GAS 负担，Layer 2 的开发间接影响了 DeFi 项目的运作，如果 Layer 2 能发展顺利就能让更多项目移到 Layer 2 上，解决 DeFi 因为 GAS 费用太高而逐渐没落的窘境。

第二，越来越多 DeFi 项目采用 Layer 2 的技术，目前短期内看好的是 Optimistic Rollup，包括 UNISWAP 和 SUSHISWAP 都正在研议采用 Optimistic Rollup，而 Synthetix 本身则已经使用 Optimistic Rollup，但若要长期发展 ZK Rollups 也被视为未来的 Layer 2 的主流。这些 DeFi 平台使用 Layer 2 后，用户会发现在 Layer 2 上使用这些平台交易速度快而且费用很低。以目前最高50美元一次的 GAS 费用来看，累积省下的交易成本不容小觑。

第三，随着许多 DeFi 项目迁移到 Layer 2 发展，加上传统金融业也渐渐向以太坊迁移，有望让以太坊借由 Layer 2 扩展成世界最大的加密结算层。在 Layer 2 上的平台纷纷筹措发币，用户可以趁 Layer 2 正在蓬勃发展时进行概念币投资。

小贴士：dYdX 协议

dYdX 是以太坊上的以衍生品交易业务为重心的去中心化交易所，在2021年第一季度 dYdX 团队宣布将其部分产品迁移至 Layer2，同时公布了几项迁移至 Layer2 之后的重要产品更新计划，包括合约交易支持的最高杠杆倍数由10倍提高到25倍，并增加更多的交易标的资产。交易时仅需支持手续费，而不用支付 GAS 费。从中可以看到，对于将产品迁移至 Layer2 之后的预期，不论是在交易效率的提高还是在交易费用的降低方面，dYdX 团队都相当乐观，之后 dYdX 协议在交易量方面的出色表现也证实了团队的乐观预期。

dYdX 协议仅仅是 Layer2 上一个颇具代表意义的项目而已，在 Layer2 之上还有很多个像 dYdX 协议一样具有很大潜力的种子项目。而放大到当前公链与公链之间的竞争来说，内部以太坊 Layer1 的拥堵问题和高 GAS 费问题依然没有得到彻底解决。

外部有 Solana 和 Terra 以及 Avalanche 等公链后起之秀穷追猛赶，从更长的周期来看 Layer2 很可能仅仅是以太坊发展历程中的一个过渡时期，但眼下来看 Layer2 更有可能成为以太坊抵御新兴公链蚕食的利器。

第 8 章

元宇宙的代币生态体系

加密数字经济体系的一切经济行为既可以发生在实体经济世界中，也可以发生在虚拟元宇宙中。加密数字经济体系的理论基础由加密经济学与代币经济学组合而成，两者相辅相成。加密数字经济体系也就称“代币经济体系”，并将加密数字经济体系中的一切经济行为，称为“代币经济”。同理，元宇宙中发生的一切经济行为也就称为“元宇宙代币经济”。

8.1 加密经济学综述

“加密经济学”或称“密码经济学”研究诞生了首个加密数字货币的经济体系，以及基于区块链设计的新型经济系统所赖以生存的区块链技术和密码学技术、分布式网络、去中介化的分布式账户，以及维护体系正常运行的安全机制、共识机制、激励机制和运行机制等。本节主要围绕加密经济学的理论体系和研究内容展开，讨论以下几个问题：第一，分布式账户：加密数字经济是一种从集中管理的网络经济转向没有第三方介入的点对点的分布式网络经济；第二，密码学如何保障“点对点”的网络安全；第三，加密货币的共识机制、激励机制使金融普惠性得到普及。

8.1.1 加密经济学综述

加密经济学（cryptoeconomics），也有人将之翻译为“密码经济学”，因为“密码经济学”更接近它的研究内容：密码学 + 经济学。我们认为，用“加密经济学”更为贴切，因为“加密经济学”研究的是加密数字世界里经济现象，是从加密数字经济的运行过程中总结出的理论和实践经验。

加密数字经济的出现与加密数字货币的产生同步进行，没有加密数字货币也就没有加密数字经济，它们是一个硬币的两面。加密货币是从“脱媒”的分布式网络系统产生的。加密数字经济是一种从集中管理的网络经济转向没有第三方介入的点对点的分布式网络经济。

为了保证点对点的分布式网络的正常运作，就必须事先防范对分布式网络经济的破坏与攻击，密码学技术的应用起到了保护点对点网络运行的作用。

加入密码学后的点对点网络经济，怎样才能持久运行？怎样“吸引”更多的成员加入网络经济的社区活动，而且还要让所有参与者公平地参与活动，并且劳有所得、公平合理？这就需要经济学的介入，对各种共识机制和激励机制展开研究，并探讨各种共识机制和激励机制的实际场景应用。

在制造加密货币时，用到了区块链技术。在区块链技术的升级过程中，催生了各种加密货币。首先是中本聪的加密经济学推出比特币这种加密数字货币；接着是以太坊的加密经济学推出以太币这种类型的加密数字货币和代币；然后是 EOS 币，它来自 EOS 的加密经济学模型，EOS 加密模型是对以太坊网络平台的继续探讨与应用。

在加密网络经济的营运过程中，还会出现另一类的问题，比如激励和反激励、攻击和反攻击、贿赂和反贿赂等。在解决这类问题时，需要应用经济学中的博弈论。

什么是加密经济学？简短的答案是：

“加密经济学 = 分布式账户 + 密码学 + 激励机制和共识机制 + 博弈论”

加密经济学是加密经济的综合治理理论体系，应用区块链原理与技术、分布式网络与分布式账户，设计各种形式的加密经济体，使之能在特定的经济环境中正常运行。

8.1.2 分布式网络系统发展

（1）分布式计算

计算机网络是允许节点端共享资源的数字电信网络。在计算机网络中，计算设备使用节点之间的连接（数据链接）相互交换数据。这些数据链路是通过双绞线或光纤之类的电缆介质以及 Wifi 等无线介质建立的。

联网的计算机设备称为网络节点（Network Nodes）。节点通常由网络地址标识，还包括主机（例如个人计算机、电话和服务器）以及网络硬件（例如路由器和交换机）组成。当一个设备能够与另一设备交换信息时，可以说两个这样的设备已经联网在一起，而不论它们是否彼此直接连接。

计算机网络维持着大量的应用程序和服务，例如浏览互联网、数字视频、数字音频、共享使用的应用程序和存储服务器、共享打印机和传真机以及使用电子邮件和即时消息传递应用程序等。最典型的计算机网络就是我们日常使用的互联网（Internet）。

分布式计算中使用的分布式网络也是一种网络系统。计算机编程、软件及其数据通过该网络分布在多台计算机上，通过其节点交换复杂信息，并且互相依赖。分布式网络的目标是共享资源。

在计算机科学中，分布式计算，又称“分散式运算”，主要研究分布式系统如何计算。分布式系统是一组计算机，通过网络相互连接传递信息，并协调信息传递后的行为而形成的系统，网络中各组件之间彼此交互以实现一个共同目标。分布式计算把需要进行大量计算的工程数据分割成小块，由多台计算机分别计算，上传运算结果后，将结果统一合并得出数据结论。

目前常见的分布式计算项目，通常使用世界各地志愿者计算机的闲置计算能力，通过互联网进行数据传输（志愿计算）。

在分布式系统中，其组件位于不同的联网计算机上，这些组件相互交互以实现一个共同的目标。分布式系统有不相同的模式，从 SOA 的系统模式到 MMOG 模式，再到 P2P 应用程序模式。

①SOA 系统模式。

服务导向的体系结构模式（Service - oriented Architecture，SOA）是一种软件设计的模式，应用程序组件通过网络上的通信协议将服务提供给其他组件。服务导向的系统模式独立于供应商、产品和技术。服务是离散的功能单元，可以远程访问、独立操作和独立更新，例如在线检索信用卡的账单。SOA 可以结合使用不同的服务来提供大型软件应用程序的功能。面向服务的体系结构集成了分布式，单独维护和部署的软件组件。

②MMO 模式。

大型多人线上游戏（Massive Multiplayer Online Game，“MMOG”“MMO”），一般为游戏运营方搭设游戏的网络服务器，玩家通过客户端软件连接游戏运营方的服务器进行游戏。一般的 MMO 可以支持超过数千人同时进行游戏，且连接游戏的玩家可以在游戏中与其他玩家交流。MMO 通常具有巨大的持久开放的领域，游戏适用于大多数支持网络的平台，包括个人计算机、视频游戏机或智能手机和其他移动设备。MMO 可以使玩家进行大规模的合作和竞争，有时还可以与世界各地的人们进行互动，包括多种视频游戏类型。

③P2P 模式。

点对点网络（Peer - to - Peer，P2P），又称“对等式网络”，是无中心服务器依靠用户群交换信息的互联网体系。它的作用在于减少网络传输中的节点，以降低资料遗失的风险。与有中心服务器的中央网络系统不同，对等网络的每个用户端既是一个节点，又同时具有服务器的功能，任何一个节点都无法直接找到其他节点，必须依靠用户群进行信息交流。

P2P 节点能够遍布整个互联网，参与者包括开发者在内的任何人、组织或政府。P2P 广泛应用在网络隐私要求高和文件共享的各个领域中。使用一般型 P2P 技术的网络系统有比特币、Gnutella 和自由网等。另外，P2P 技术也被使用在类似 VoIP 等实时媒体业务的数据通信中。有些网络（如 Napster、OpenNAP 或 IRC@ find）包括了搜索的一些功能，既使用客户端/服务器结构网络，也使用 P2P 结构实现另外一些功能。这种网络设计模型不同于客户端/服务器模型，因为在客户端/服务器模型中进行通信通常要通过一个中央服务器。

分布式计算还指使用分布式系统来解决计算问题。在分布式计算中，一个问题分为许多任务，每个任务由一台或多台计算机解决，通过信息传递相互通信。在分布式系统中运行的计算机程序称为分布式程序。

在 20 世纪 80 年代之前，计算通常集中在一台低成本的台式计算机上。如今，计算资源（计算机或服务器）分布在各个地方，通过分布式网络建立起联系。云计算是分布式计算在网际网路的应用程序，存储和计算服务上的实用工具。云是计算机或服务器群集，它们紧密连接以提供可扩展的高容量计算或相关任务。

（2）客户端/服务器模型

在了解“客户端/服务器模型”这一概念前，先介绍几个关键词：客户端、服务器端和路由器。

①用户端（Client），是指与服务器（伺服器）相对应，为客户提供本地服务的程式。一般安装在普通的用户机上，需要与服务器端互相配合运行。网际网路发展以后，较常用的用户端包括全球资讯网使用的网页浏览器、收寄电子邮件时的电子邮件用户端，以及即时通信的用户端软件等。

②服务器（Server）也称“伺服器”，是指一个管理资源并为用户提供服务的计算机软件，通常分为文件服务器（能使用户在其他计算机存取文件）、数据库服务器和应用程序服务器。运行以上软件的计算机，称为网路主机（Host）。

服务器通常以网络作为媒介，既可以通过局域网对内提供服务，也可以通过广域网对外提供服务。服务器的最大特点就是其强大的运算能力，即使是一部简单的服务器系统，通常也至少要有两个处理器以构成对称多处理架构，使其能在短时间内完成大量工作，并为大量用户提供服务。

20 世纪 90 年代之后，随着调制解调器技术的发展，互联网由窄频的电话拨接升级成为宽频资料，这代表着以信息高速公路为特征的网路新时代来临。互联网的普及同时改变了计算机使用者的习惯，大大普及了网路联络传讯的方式，从文字到图片再到视频，服务器所能完成的工作也越来越复杂。而云计算、大数据时代造就了各种新形态行业，如网路商店、网路电商、网路拍卖、网路销售、网路游戏、网路设计及架设，以及越来越普遍的云端资料库或备份库。标准服务器及档案服务器（NAS）的普及正在优化及改变着人类现有的生活方式。

服务器的构成包括处理器、硬盘、内存、系统总线等，和通用的计算机架构类似，但是由于需要提供高可靠的服务，因此在处理能力、稳定性、可靠性、安全性、可扩展性、可管理性等方面的要求较高。在网络环境下，根据服务器提供的服务类型不同，分为文件服务器、数据库服务器、应用程序服务器、网际网路服务器等。

通常情况下，服务器分硬件服务器和软件服务器两种。服务器作为硬件来说，是指那些具有较高计算能力、能够提供给多个用户使用的计算机。服务器与 PC 机（Personal Computer，个人计算机）的不同点很多，例如 PC 机在一个时刻通常只为一个用户服务。服务器与主机不同，主机是通过终端给用户使用的，服务器是通过网络给客户端用户使用的，所以除了要拥有终端装置，还要利用网路才能使用服务器计算机，在用户连上线后就能使用服务器上的特定服务。

与普通的 PC 机相比，服务器需要连续工作在 7 × 24 小时环境里。这就意味着服务器需要更多的稳定性技术 RAS，比如支持使用 ECC 内存，通常会由多部机连接在一起运作。

服务器操作系统是指运行在服务器硬件上的操作系统。服务器操作系统需要管理和充分利用服务器硬件的计算能力并提供给服务器硬件上的软件使用。

常见的服务器操作系统有各种 Linux 发行版（如 SUSE）、AIX、HP - UX、IRIX、FreeBSD、Solaris、Mac OS X Server、OpenBSD、NetBSD 和 SCO OpenServer。微软也推出了 Microsoft Windows 各种服务器版本，从 Windows NT 4.0 Server 到 Windows Server 2016、Windows Server 2019 等。

服务器软件工作在客户端/服务器的架构上，有各种形式，常用的包括：

- 文件服务器（File Server）或网路储存设备（Network Attached Storage），如 Novell 的 NetWare。
- 数据库服务器（Database Server），如 Oracle 数据库服务器、MySQL、MariaDB、PostgreSQL、Microsoft SQL Server、MongoDB 和 Redis 等。
- 邮件服务器（Mail Server），如 Sendmail、Postfix、Qmail、Microsoft Exchange 等。
- 网页服务器（Web Server），如 Apache、lighttpd、nginx、微软的 IIS 等。
- FTP 服务器（FTP Server），如 Pureftpd、Proftpd、WU - ftpd、Serv - U、vs - ftpd 等。

- 域名服务器（DNS Server），如 Bind 等。
- 应用程式伺服器（Application Server/AP Server），如 Bea 公司的 WebLogic、JBoss、Sun 的 GlassFish。
- 代理服务器（Proxy Server），如 Squid cache。
- 电脑名称转换服务器，如微软的 WINS 服务器。

服务器经常遭到黑客攻击，所以服务器都要不定时做检查。如果没有强大的防火墙管理，或是没有做好系统漏洞更新，服务器本身会因为固定 IP 的关系成为攻击者的目标。比如，新闻中常见的网路勒索绑架案。除了家用主机之外，工作场所的服务器更是不法分子特别关注的目标。

上述硬件服务器和软件服务器的两种定义有时会引起混淆，比如，网页服务器，它可能是指用于网站的计算机，也可能是指像 Apache 这样的软件，运行在计算机上用来管理网页组件和回应网页浏览器的请求。

③路由器（router，又称“路径器”）是一种电讯网络设备，通过它连接两个或多个网络的硬件设备，在网络间起到网关的作用，是读取每一个数据包中的地址然后决定如何传送的专用智能性的网络设备。路由器提供路由与转送两种重要机制，可以决定封包从来源端到目的端所经过的路由路径（host 到 host 之间的传输路径），这个过程称为“路由”；将路由器输入端的封包移送至适当的路由器输出端（在路由器内部进行），这个过程称为“转送”。路由工作在 OSI 模型的第三层，即网络层，例如网际协议（IP）。

④客户端/服务器模型（Client - server Model）也称“主从式架构”，或者客户端/服务器（Client/Server）架构、C/S 架构，是一种网络架构，它把客户端（通常是一个采用图形用户界面的程序）与服务器区分开来。每一个客户端软件的实例都可以向一个服务器或应用程序服务器发出请求。

客户端/服务器架构通过不同的途径应用于很多不同类型的应用程序，目前最常见就是因特网的网页。例如，当用户在百度百科阅读文章时，电脑和网页浏览器就被当作一个客户端；同时，组成百度百科的电脑、数据库和应用程序就被当作服务器。当网页浏览器向百度百科请求一个指定的文章时，百度百科服务器从数据库中找出所有该文章需要的信息，结合成一个网页，再发送回浏览器上，供用户阅读。

客户端/服务器的主从式架构表现为：

- 服务端的特征：被动的角色（从）；等待来自用户端的请求；处理请求并传回结果。
- 用户端的特征：主动的角色（主）；发送请求；等待直到收到请求结果。

服务器可以是有状态或者无状态的。无状态的服务器不会保留任何请求之间的信息，有状态服务器会记住请求之间的信息。这些信息的作用域可以是全局的或者某个事务的。静态 HTML 页面服务器是一个无状态服务器，Apache Tomcat 是一个有状态服务器。

在客户端/服务器计算中，其中一台计算机（客户端）从服务器请求数据，主计算中心直接使用请求的数据响应客户端，有时也通过代理。客户端/服务器分布式网络在互联网的计算中也很受欢迎。客户端/服务器计算是客户端计算机可以为用户提供某些功能，并从为客户端提供服务的其他计算机请求其他功能。

客户端/服务器计算并不要求服务器主机必须具有比客户端主机更多的资源，而是使任何通用计算机都可以通过使用其他主机的共享资源来扩展其功能。但是，集中式计算专门将大量资源分配给少量计算机。从客户端主机到中央计算机的计算量越多，客户端主机越简单。它在很大程度上依赖于网络资源（服务器和基础结构）进行计算和存储。

在客户端/服务器模型中，服务器通常被设计为可为许多客户端提供服务的集中式系统。服务器的计算能力、内存和存储要求必须适当地扩展到预期的工作负载（即同时连接的客户端数量）。通常使用负载平衡和故障转移系统来扩展服务器的服务。

从 20 世纪 80 年代到 90 年代后期，随着微型计算机价格的下降和功率的增加，许多组织将计算从集中式服务器（例如大型机和微型计算机）过渡到客户端。这在计算机资源上提供了更大、更个性化的控制权，但信息技术管理却很复杂。在 21 世纪，互联网应用程序的成熟程度足以与特定微体系结构开发的应用程序软件相媲美。更实惠的海量存储以及面向服务的体系结构的出现都是产生云计算趋势的重要原因。

（3）点对点（Peer - to - Peer，P2P）网络

点对点计算或联网也是一种分布式应用程序体系结构，可在对等体之间划分任务或工作负载。对等方是应用程序中的同等特权，平等参与者。

为什么将 P2P 模式称为对等架构、对等网络模式呢？因为，目前广泛使用的网络架构类型是点对点架构。点对点架构不同于“客户端/服务器”主从式架构，在 P2P 网络上的每个使用端或程式的实体都拥有相同的等级，同时扮演着客户端与服务器端的两种角色。对等方将其部分资源（例如处理能力、磁盘存储或网络带宽）直接提供给其他网络参与者，而无须服务器或稳定主机的集中协调。与传统“客户/服务器”模型相反，对等端既是资源的供应者又是资源的消费者。新兴的协作式 P2P 系统已经超越了同行在共享资源的同时做类似事情的时代，并且正在寻找可以为虚拟社区带来独特资源和能力的多样化的同行，从而使其能够承担更大的任务。

P2P 系统以前曾在许多应用领域中使用过，但没有得到普及。P2P 体系结构的普及是在 Napster 于 1999 年发布并实施了“文件共享系统”后才开始的。“文件共享系

统”这一概念在人类交互的许多领域里激发了新的结构和理念。有人认为，P2P 系统作为一种模式是指在整个社会中普遍出现的，由一般 Internet 技术支持的平等社会网络。

在对等网络中，两台或多台计算机（点对点）汇集其资源并在分布式的系统中进行通信。对等体是非分层网络中的等价或等价节点。与客户端/服务器中的客户端不同，对等方直接相互通信。在对等网络中，对等通信协议中的算法平衡了负载，甚至具有适度资源的对等方可以帮助分担负载。如果某个节点不可用，则只要其他对等方提供该节点，其共享资源就保持可用。理想情况下，对等点不需要实现高可用性，因为其他冗余对等点可弥补任何资源停机时间。当对等方的可用性和负载容量发生变化时，协议会重新路由请求。

P2P 网络是无中心服务器的对等网络系统，其中互连节点（对等体）彼此共享资源，而无须使用集中管理系统，如图 8－1 所示。

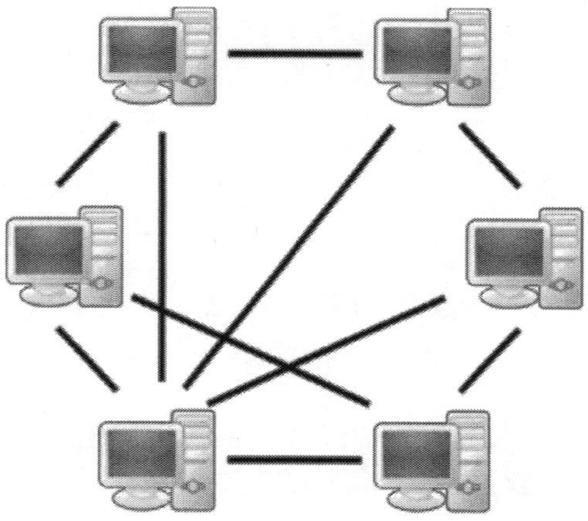

图 8－1　无中心服务器的对等网络系统

有中心服务器的中央网络系统，是一种基于客户端/服务器模型的网络，其中各个客户端从集中式服务器请求服务和资源。

P2P 网络的一个重要的目标就是让所有客户端都能提供资源，包括带宽、存储空间和计算能力。因此，当有节点加入且对系统请求增多，整个系统的容量也增大。这是具有一组固定服务器的客户端/服务器结构所不能实现的，因为在客户端/服务器结构中，客户端的增加意味着所有用户的数据传输变得更慢了。

P2P 网络的分布特性通过在多节点上复制数据，也增强了防故障的能力，并且在一般型 P2P 网络中，节点不需要依靠一个中心索引服务器来发现数据。在后一种情况下，系统也不会出现单点崩溃。当用 P2P 网络来描述 Napster 的网络时，对等协议被认为是重要的。但是，实际上，Napster 网络取得的成就是由对等节点联合一个中心索引来实现。这种方式能够快速并且高效地定位可用的内容。起初，Napster 网络的文件共享是免费的。后来，由于版权等原因，改为收费的服务。

根据中心化程度的不同，P2P 有三种类型。

- 一般型 P2P：节点同时作为客户端和服务器端；没有中心服务器；没有中心路由器；如 Gnutella。
- 特殊型 P2P：有一个中心服务器保存节点的信息并对请求这些信息的要求做出响应；节点负责发布这些信息（因为中心服务器并不保存文件），让中心服务器知道它们想共享什么文件，让需要它的节点下载其可共享的资源；路由终端使用地址，通过被一组索引用来取得绝对地址；如最原始的 Napster。
- 混合型 P2P：同时含有一般型 P2P 和特殊型 P2P 的特点；如 Skype。

根据网路拓扑结构分类，有三种 P2P：

- 结构 P2P：点对点之间互有联结信息，彼此形成特定规则拓扑结构；需要请求某资源时，依该拓扑结构规则寻找，若存在则一定找得到；如 Chord、YaCy、Kademlia。
- 无结构 P2P：点对点之间互有联结信息，彼此形成无规则网状拓扑结构；需要请求某资源节点时，以广播方式寻找，通常会设 TTL，即使存在也不一定找得到；如 Gnutella。
- 松散结构 P2P：点对点之间互有联结信息，彼此形成无规则网状拓扑结构；需要请求某资源时，依现有信息推测寻找，介于结构 P2P 和无结构 P2P 之间；如 Freenet。

P2P 网络的优点：拥有较好的并行处理能力。运用内存来管理交换资料，大幅度提高效能；不用大量投资在服务器的软/硬体设备上；适用于小规模的网路，维护容易。缺点：架构较为复杂，除了要有开发服务器端外，还要开发专用的客户端；适用于大规模的网路，资源分享紊乱，管理较难，安全性较低；对比特币类的加密数字货币交易进行金融监管难度更大，几乎不可能达到监管的目的。

P2P 技术有许多应用。共享包含各种格式音频、视频、数据等文件是非常普遍的，即时数据（如 IP 电话通信、Anychat 音视频开发软件）也可以使用 P2P 技术来传送。有些网络和通信渠道，像 Napster 公司、OpenNAP 和 IRC@，既使用主从式架构来处理一些任务（如搜索功能），同时使用 P2P 结构来处理其他任务。而有些网络，如 Gnutella 和 Freenet，使用 P2P 结构来处理所有的任务，被认为是真正的 P2P 网路。

P2P 技术已经应用在加密数字货币上，比特币的白皮书标题就是《一种点对点式的电子现金交易系统》。对等网络中每个节点的地位相当，没有任何节点属于中央控制地位，也没有任何节点扮演交易中介的角色；网络中每个节点既是服务端也是用户端；节点可以选择随时加入，随时退出；节点可以选择运行所有的功能，也可以选择运行部分的功能；节点越多，整个系统的运算能力越强，数据安全性越高，抗破坏能力越强。比特币便是采用了这种 P2P 网络协议，其后的许多加密货币，如以太坊、EOS 等仍然继续采用 P2P 网络协议。

2015 年 1 月 28 日，宾夕法尼亚州立大学的开发者联合麻省理工学院开展了开放知识行动。西蒙弗雷泽大学的研究人员，以及第二代网际网络 P2P 工作组，正在开发一种 P2P 网络的学术性应用，这个项目称为“LionShare”，基于第二代网络技术，更确切地说是 Gnutella 的模型。LionShare 主要目的是让众多学术机构的用户能够共享学术材料。LionShare 网络使用特殊的 P2P 网络类型，混合了的 Gnutella 分布的 P2P 网络和传统的 C/S（客户端/服务器）网络。

LionShare 网络与当前正在使用的其他 P2P 网络的主要不同点在于：一是 LionShare 网络不允许用户匿名，这样做的目的是防止版权材料在网络上共享，同时避免了法律纠纷；二是对不同组用户采用有选择性地共享个别文件，用户能个别选择哪些用户可以接收这一组文件或另一组文件。

8.1.3 密码学保障了“点对点”网络安全

（1）密码学释义

密码学（Cryptography）分为古典密码学和现代密码学。在西方，“密码学”一词源于希腊语“kryptós”（隐藏的）和“gráphein”（书写）。古典密码学主要关注信息的保密书写和传递，以及与其相对应的破译方法。而现代密码学不只关注信息保密问题，还同时涉及信息完整性验证（消息验证码）、信息发布的不可抵赖性（数字签名），以及在分布式计算中产生的来源于内部和外部的攻击等所有信息安全问题。

古典密码学与现代密码学的重要区别在于，古典密码学的编码和破译通常依赖于设计者和敌手的创造力与技巧，作为一种实用性艺术存在，并没有对于密码学原件的清晰定义。而现代密码学则起源于 20 世纪末出现的大量相关理论，这些理论使得现代密码学成为一种系统而严格的科学。

密码学是数学和计算机科学的分支，其原理涉及大量信息论。密码学的发展促进了计算机科学，特别是计算机与网路安全所使用的技术，如存取控制与信息的机密性。密码学已被应用在日常生活，如自动柜员机的晶片卡、计算机使用者存取密码、军事通信、电子商务、数字货币等。在数字经济转向加密数字经济的过程中，密码学发挥着越来越重要的作用。

以前，密码学几乎专指加密算法：将普通信息（明文，普通大众所理解的文字，共识文字）转换成难以理解的资料（密文，一般人所无法理解的文字）的过程。解密算法则是与其相反的过程：由密文转换回明文。加解密（加密 + 解密）包含了这两种算法。一般情况下，我们说加密时实际上同时是指加密和解密的技术，也就是加解密技术。加解密的具体运作由两部分决定：一是算法；二是密钥。密钥是一个用于加解密算法的秘密参数，通常只有通讯者拥有。历史上，密钥通常未经认证或完整性测试而被直接使用在加解密上。

密码协议是使用密码技术的通信协议。大多数近代密码学者认为除了传统上的加解密演算法外，密码协议也一样重要，加解密和密码协议是密码学研究的两大课题。在英文中，“cryptography”和“cryptology”都可代表密码学，前者又称密码术。但更严谨地说，cryptography 指密码技术的使用，cryptology 指研究密码的学问，包括密码术与密码分析。密码分析是研究如何破解密码学的学问。但在实际使用中，通常都称密码学，而不对两者作具体区分。

口语上，编码通常是指加密或隐藏信息的各种方法。但在密码学中，编码有更特定的意义，是指以编码取代特定的明文。例如，以“苹果派”（apple pie）替换“拂晓攻击”（attack at dawn）。编码已经不再被使用在严谨的密码学中，它在信息论或通信原理上有更明确的意义。

在汉语口语中，电脑系统或网路使用的个人账户“通行码”也经常常被称为密码，因为“通行码”也属于密码学研究的范围。但在学术上，虽然通行码与密钥两者有密切关联，但通行码与密码学中所称的密钥并不相同。

密钥与公钥是密码学里的两个关键词。在密码学中，密钥是指某个用来完成加密、解密、完整性验证等密码学应用的秘密信息。在对称密码学（或称密钥密码学）中，加密和解密用的是同一个钥匙，因此钥匙需要保密。而在公钥密码学（或称非对称密码学）中，加密和解密用的钥匙不同：通常一个是公开的，称为公钥；另一个保密，称为私钥。

①对称密钥加密（Symmetric - key Cryptography）。对称密钥加密是密码学中的一种加密法，是以转换其中一个数字、字母或字符串随机字母，一个秘密密钥会以特定的方式变更信息里面的文字或字母，例如更换字母相对位置（将 hello 变成 lohel）。只要寄件者与收件者知道密钥，他们就可以加密和解密并使用这个资料。

②公开密钥密码学（Public - key Cryptography），也称非对称式密码学（Asymmetric - key Cryptography，简称非对称加密）是密码学中另一种加密算法。它需要两个密钥，一个是公开密钥，另一个是私有密钥；一个使用其中一个密钥把明文加密后得到的密文，只能用相对应的另一个密钥才能解密得到原本的明文；甚至连最初使用加密的密钥也不能进行解密。由于加密和解密需要两个不同的密钥，所以将这种算法称为

非对称加密。虽然两个密钥在数学上相关，但如果知道了其中一个，并不能凭此计算出另外一个。因此，其中一个可以公开，称为公钥，任意扩展发布；不公开的密钥为私钥，必须由用户自行保管，绝不通过任何途径向任何人提供，也不会透露给被信任的要通信的另一方，因为用来加密的密钥在完成加密任务后，已经不能再用来解密了。

根据公开密钥加密的特性，它还提供数字签名的功能，使电子文件可以得到类似在纸制文件上亲笔签名的效果。

公开密钥基础设施建设通过信任数字证书认证机构的根证书，及其使用公开密钥加密作数字签名核发的公钥认证，形成信任链架构，已在 TLS 实现，并在互联网的 HTTP 以 HTTPS、在电子邮件的 SMTP 以 STARTTLS 引进。

信任网络则采用去中心化的概念，取代了依赖数字证书认证机构的公钥基础设施，因为每张电子证书在信任链中最终只有一个根证书授权信任，信任网络的公钥则可以累积得到用户的信任。良好保密协议（Pretty Good Privacy，PGP）就是其中一个例子，PGP 是一套用于信息加密、验证的应用程式，采用 IDEA 的散列演算法作为加密和验证之用。

③数字签名。数字签名（又称公钥数字签名、电子签名）是一种类似写在纸上的签名，使用了公钥加密的技术，用于鉴别数字信息的方法。在网路上，我们可以使用“数字签名”进行身份确认。数字签名是一个独一无二的数值，如果公钥能通过验证，就能确定对应的公钥的正确性。数字签名兼具“可确认性”及“不可否认性”（不需要笔迹专家验证）双重属性。

（2）早期密码学与现代密码学

①早期密码学。在古代，许多物理装置被用来辅助加密，例如古希腊斯巴达的密码棒，是一个协助置换法的圆柱体，可将信息内字母的次序调动，利用了字条缠绕木棒的方式，把字母进行位移，收信人要使用相同直径的木棒才能得到还原的信息。多字元加密法出现后，更多样的辅助工具出现，如阿伯提发明的密码盘、特里特米乌斯发明的表格法以及美国总统汤玛斯·杰佛逊发明的杰弗逊圆盘。

中国在很早以前就已经开始使用密码了。周朝兵书《六韬·龙韬》记载了密码学的运用，其中《阴符》和《阴书》记载了周武王问姜子牙关于征战时与主将通信的信息。

公元前，秘密书信已用于战争之中。公元前 5 世纪，希腊城邦为对抗奴役和侵略，与波斯发生多次冲突和战争。公元前 480 年，波斯秘密集结了强大的军队，准备对雅典和斯巴达发动一次突袭。希腊人狄马拉图斯在波斯的苏萨城里看到了这次集结，便利用一层蜡把木板上的字遮盖住，送往并告知了希腊人。最后，波斯海军覆没于雅典附近的沙拉米斯湾。

20 世纪早期，多项加解密机械被发明且被注册专利，包括第二次世界大战德军所用的转轮机，别名“谜”式密码机（恩尼格玛密码机），这种加密法是在第一次世界大战后针对当时破密术所做的设计。

20 世纪早期的密码学本质上主要考虑语言学上的模式。从此之后，加解密设计的重心开始转移，现在密码学使用大量的数学，包括信息理论、计算复杂性理论、统计学、组合学、抽象代数以及数论。密码学同时也是工程学的分支，因为它必须面对有智能且恶意的对手，大部分其他工程仅需处理无恶意的自然力。检视密码学问题与量子计算的关联也是目前热门的研究课题。

在近代以前，密码学只考虑信息的机密性，即如何将可理解的信息转换成难以理解的信息，并且使得有秘密信息的人能够逆向回复，而缺乏秘密信息的拦截者或窃听者则无法解读。时至今日，这个领域已经扩展到涵盖身份认证（或称鉴权）、信息完整性检查、数字签名、互动证明、安全多方计算等各类技术。

由经典加密法产生的密码文很容易泄漏关于明文的统计信息。以现代观点其实很容易被破解，可在一篇至少一页长的文章中算出每个字母出现的频率，在加密信件中也算出每个符号的频率，然后互相对换，这是频率分析的前身，此后几乎所有此类的密码都被破解。这种分析法除了用在破解密码法外，也常用于考古学上，如破解古埃及象形文字时便运用了这种解密法。1467 年，阿伯提发明了多字母加密法，对信息的不同部分使用了不同的代码。阿伯提也发明了第一个自动加密器。尽管如此，多字母加密法仍然受到频率分析法的部分破解。

②现代密码学。第二次世界大战后计算机与电子学的发展促成了更复杂的密码，而且计算机可以加密任何二进位形式的资料，不再限于书写的文字，以语言学为基础的破密术渐渐淡出历史舞台。多数计算机加密的特色是在二进位字串上操作，而不像经典密码学那样直接作用在传统字母数字上。然而，计算机同时也促进了破密分析的发展，抵消了某些加密法的优势。通常好的加密法都相当有效率（快速且使用少量资源），而破解它需要许多资源，使得破密变得不可行。

直到 19 世纪，学者们才认识到加密法的演算法并非理智或实在的防护。尽管如此，实际上加解密法还是有用的，即使对方（破解方）知道了加密方使用何种演算法，对好的加密法来说，密钥的秘密性理应足以保障资料的机密性。这个原则首先由奥古斯特·柯克霍夫（Auguste Kerckhoffs）提出。密码学上的柯克霍夫原则（Kerckhoffs's Principle，也称为柯克霍夫假说、公理或定律）由其在 19 世纪提出。柯克霍夫定律认为，即使密码系统的任何细节已为人悉知，只要密钥未被泄漏，密码系统应该算是安全的。

20 世纪 70 年代中期，美国国家标准局（National Bureau of Standards，NBS）制定

数字加密标准（DES），从那个时期开始，密码学成为通信、计算机网路、计算机安全的重要工具。许多现代密码技术的基础依赖于特定计算问题的困难度，例如因数分解问题或是离散对数问题。许多密码技术可被证明为只要特定的计算问题无法被有效解出，就是安全的。密码学演算法与系统设计者不但要留意密码学历史，而且必须考虑未来发展。例如，持续增加计算机处理速度会增进暴力攻击的速度，量子计算的潜在效应已经成为部分密码学家的关注焦点。

现代密码学重视分组密码与流密码的研究及应用。区块加密法在某种意义上是阿伯提的多字元加密法的现代化。区块加密法取用明文的一个区块和密钥，输出相同大小的密文区块。由于信息通常比单一区块长，因此有了各种方式将连续的区块编织在一起。

数据加密标准（Data Encryption Standard，DES）和高级加密标准（Advanced Encryption Standard，AES）分别是美国联邦政府核定的区块加密法标准。AES 在密码学中又称 Rijndael 加密法，美国联邦政府用来替代原先的 DES，已经被多方分析且广为全世界使用。经过 5 年的甄选流程，AES 由美国国家标准与技术研究院（NIST）于 2001 年 11 月 26 日发布于 FIPS PUB 197，并在 2002 年 5 月 26 日成为有效的标准。2006 年，AES 已成为对称密钥加密中最流行的演算法之一。

1976 年，惠特菲尔德·迪菲与马丁·赫尔曼提出了“公钥密码学”的概念：一对不同值但数学相关的密钥——公钥与私钥。在公钥系统中，要从公钥推算出配对的私钥在计算上是没有办法做到的。在公钥系统中，公钥可以随意传送，但私钥只有该人拥有。典型的用法是，其他人用公钥来加密给该接受者，接受者使用自己的私钥解密。他们还展示了如何利用公钥密码学来达成迪菲—赫尔曼密钥交换协定。1978 年，麻省理工学院的罗纳德·李维斯特、阿迪·萨莫尔和伦纳德·阿德曼发明了另一个公钥系统——RSA。早在 20 世纪 70 年代早期，英国情报机构政府通信总部的数学家 James H. Ellis 便已发明非对称密钥密码学。这两个最早的公钥系统提供了优良的加密法基础，因而被大量使用。其他公钥系统还有 Cramer - Shoup、El Gamal 以及椭圆曲线密码学等。

除了加密外，公钥密码学最显著的成就是实现了数字签名。数字签名是普通纸张签名的数字化，两者的特点都是某人可以轻易签名，但其他人却难以仿冒。数字签名可以永久地与被签署信息结合，无法从信息上移除。数字签名大致包含两个演算法：一个是签署，使用私钥处理信息而产生签名；另一个是验证，使用公钥验证签名的真实性。RSA 和 DSA 是两种最流行的数字签名机制。数字签名是公钥基础建设（Public Key Infranstructures，PKI）以及许多网路安全机制（SSL/TLS，虚拟私人网路等）的基础。

公钥演算法大多基于计算复杂度上的难题，通常来自数论。例如，RSA 源于整数因数分解问题；DSA 源于离散对数问题。近年发展快速的椭圆曲线密码学则基于和椭圆曲线相关的数学难题，与离散对数相当。由于这些底层的问题多涉及模数乘法或指数运算，相对于区块加密法需要更多计算资源。因此，公钥系统通常是复合式的，内含一个高效率的对称密钥演算法，用以加密信息，再以公钥加密对称密钥系统所使用的密钥来提高效率。

由此可见，密码学技术的应用不仅要解决加解密的问题，还涉及个人隐私、公司权益和国家层次的安全和机密保护问题。在设计和应用加密数字经济系统时必须引起高度重视，不要轻易碰触各国订立的相关法律。

（3）共识机制

共识机制，即达成共识的机制。共识机制可说是区块链的核心构成之一。区块链为什么需要共识机制？在现行银行体系中，存户之间的交易可通过查账来验证，这是中心化的运作模式，所有人相信银行这个中介体系不会做假账，值得信赖。由于加密货币多数采用“脱媒”（去中心化）的区块链设计，节点是各处分散且平行的，在区块链上并没有这样的中心化角色，它是建立在分布式网络上的，本身就是一种分布式账本。以比特币或以太坊这样的大型区块链为例，包含六七千个节点，每个节点对于当下该记什么账有不同的顺序选择。应该以哪个节点版本为准？而且其中甚至可能混杂有恶意节点的假账本。那么，如何识别假账本并加以剔除，同时获得多数节点的认同与记录？面对这些问题，必须设计一种模式（制度），来维护系统的运作顺序与公平性，统一区块链的版本，并奖励能够提供资源并维护区块链的使用者，以及惩罚恶意攻击的危害者。这样的模式或制度，必须依赖某种方式来证明，由谁取得了一个区块链的打包权（或称记账权），并且可以获取打包这个区块的奖励；又或是谁意图进行破坏，就会获得一定的惩罚，这种方法与实现过程就是共识机制。

目前，常见的共识机制有：工作量证明（Power of Work，POW），如比特币网络平台；权益证明（Power of Stake，POS），如以太坊网络平台；股份授权证明（Delegated Proof of Stake，DPOS），如 EOS 网络平台。以下将简单介绍这几种常见的共识机制，并分析他们的优缺点。

①工作量证明（Proof - of - work，POW）。工作量证明机制（POW）可有效阻止恶意攻击，其原理是由各节点以算力解题的方式来竞争当前区块的写入权，最快解得答案者将答案与他自己选择好的交易内容（也就是当前区块内容）发布给其他节点验证，若其他节点验证区块内容正确且同意他是最早解题者，则加入此链并将此区块内容储存起来，并以此区块内容作为依据开始解下一个题目。

POW 的优点：最安全的公有链共识机制；机制较简单容易实行；相对公平的挖矿

机制（也就是加密货币的产生与分配）。

POW 的缺点：消耗大量能源，算力是以能源消耗为代价制造出来的；区块的确认时间较难缩短；可能产生分叉，需要等待多个确认才能完成交易；如果产生分叉，理论上可说 POW 没有最终性，因为永远可能出现更长链来取代当前账本。

②权益证明（Proof - of - stake，POS）。权益机制 POS，即拥有越多加密货币（权益）的工作者越容易拿到当前区块的写入权（挖到矿）。权益证明（POS）与工作量证明（POW）不同，不需要消耗大量的算力，因为没有算力竞争的需求。原始版本的 POS 在创始初期就已产生出全部货币，也就是说新的区块并不会诞生新的货币，因此执行节点验证者不称为“矿工”，改称为“锻工”，他们所得到的奖励是拿到交易手续费。后来的权益证明（POS）版本也有出现过区块挖矿奖励的设计。比如，需要将权益证明（POS）应用在公有链上的模式设计。就 POS 而言，关键是如何选出当前区块的写入者？如果总是选择权益最高者，则拥有最多货币的成员将永远独占写入权，为克服这种缺点，通常实行以下两种方法：

一是产生随机数的选择方法。用某种程序产生随机数字，并以随机数搭配特定公式选出写入者。但是，用这种方法唯权益高者才有较大概率被选中。

二是依据持有加密币时间（年龄）的选择方法。这种方法用于改善大者恒大的情况。比如，持有的货币超过 30 天后可加入写入权竞争，将每批货币的数量乘以持有天数加总起来，可得到一个数字，此数字越大则有越高的概率被选为写入者，一旦获得写入权就会将这批货币的币龄归零，需再持有 30 天才能重新加入计算。上述所提的数字有上限值，币龄超过 90 天将无法进一步提高概率，持有大量的货币也可能达到概率最大值。这一方法可有效改善集中化的情形，也大幅增加了攻击的难度。

权益证明（POS）的优点：不要竞争算力，减少了能源的消耗，实现低耗能。竞争写入权的成员必定拥有货币，因此相较于破坏系统，他们宁可选择守护系统，以避免币值蒸发。与 POW 相比，POS 用同样规模的硬件预算，可保护更多的链上资产。

POS 的缺点：拥有权益的成员未必有意愿（希望）参与记账，即某些成员的参与度不高。加密社区（币圈）如果没有成员参与活动，这一社区的运作就会失效。拿到写入权的坏人若想改写另一条假链，仅需花费很小的算力，这可能导致“双花”（Double Spending）攻击成功。做坏事的代价很低，又缺乏惩罚机制。

基于上述缺陷，实行 POS 需要搭配其他机制来改善此种情况。

③权益授权证明（Delegated - proof - of - stake，DPOS）。DPOS 类似于民主的代议制度，它先通过权益证明选出记账参与者（验证节点），再通过运作机制让这些验证节点（参与者）竞争区块写入权。同时，由于验证节点数量大幅缩减，共识可快速达成。

目前提出 DPOS 共识机制的有 Bitshares 以及以太坊。以太坊是为解决上述 POS 共识中做坏事代价很低的缺点提出的新做法，要求有意参与验证节点者缴纳保证金（加密货币）才能参加，而如果验证节点违反规则参与了做假或攻击，甚至仅只是做了系统认为“无效”的事，则保证金将会被没收，这个共识机制就被称为“Casper”。以太坊宣称在未来某个适当的时机点将采用 Casper 作为共识算法。

Casper 并不是单纯的 DPOS，实际上还参考了实用拜占庭容错算法（PBFT）的机制来改良。单纯的 DPOS 和 POS 一样，会有分叉存在，无法有最终性，而 Casper 透过改良机制使区块的最终性获得保障，如果真的发生攻击使得两个同样高度的区块都被最终确认的话，则存在至少 1/3 的验证节点违反了规则，这些节点的保证金将被没收，价值可能高达数千万美元，而这些加密货币从市场上消失，将导致货币的价格上升，从而取代以往启用紧急硬分叉来修正攻击的手段。DPOS 除了具备 POS 的优点以外，还能够缩小参与验证节点的数量，大幅提高共识速度。

DPOS 的缺点：必须依赖加密货币的介入。但是，目前联盟链中有许多情况并不存在加密货币。撇除 Casper 的话，多数 DPOS 依然无法有区块最终性。

④实用拜占庭容错算法（Practical - byzantine - fault - tolerance，PBFT）。实用拜占庭容错算法（PBFT）是一种较适合用于联盟链的共识机制。PBFT 以数学证明模型来验证其取得共识的速度与容错能力，在其容错范围内可验证系统无法被分叉，上述的 POW 或是 POS 在制度上都能阻止黑客伪造大量有效益的验证节点，虽然原生的实用拜占庭容错算法并没有这种能力，但是如果将其应用在联盟链上，由于联盟链的成员与节点原本就受到筛选与验证，自然地解决了这一问题。

PBFT 的优点：系统在容错范围内无法被分叉；系统在容错范围内可容忍任何类型的错误；验证与共识速度极快；不须竞争算力，因此耗能低；基于第一点，区块具备最终性。

PBFT 的缺点：若超过 1/3 的验证节点出现故障时，系统就无法继续运作；无防范黑客伪造大量验证节点的能力。

8.2 加密经济体系中的代币化

代币经济学（Token Economics），在加密数字经济体系中，主要研究加密经济系统中的代币化、代币设计、代币社区的设立以及代币生态经济的发展。本节将围绕代币经济学研究的重点领域，依次介绍如下内容：第一，加密经济体系中的代币化，概念、溯源、发展以及以太坊和智能合约如何实现代币化；第二，从区块链金融看代币分类，讨论了 DApp 的标准，DApp 与代币的关系；第三，代币经济中的同质代币与非同质代币，代币与钱币的区别、关联，以及应用非同质代币的重要性。

代币经济学与加密经济学是区块链金融理论的姐妹篇。代币经济学是基于区块链的原理和技术，研究和设计新型数字经济系统的学问。在加密经济学中，研究了诞生首个加密数字货币的经济体系，这个体系所赖以生存的区块链技术和密码学技术，分布式网络，去中介的分布式账户技术，以及维护体系正常运行的安全机制、共识机制、激励机制和运行机制。代币经济学则是在加密数字经济体系中，研究加密经济系统中的代币化、代币设计、代币组织以及代币经济的发展。代币经济学的研究重点之一，是探讨如何将实体经济中的各种资产转化成加密经济体中的数字资产，进行交易、投资，创建新的加密数字资产，从而建立起新的加密经济运行体系。在各种（物理）资产转化成加密经济体中的数字资产时，代币化过程是促成这种转化的关键一环。

在讨论代币经济学时，国外也有作者制造了一个新名词“Tokenomics”（Tokenomics = Token + Economics）。Tokenomics 中的“Token”完全是加密经济体中的产物，与加密经济出现之前的“Token”有着明显的区别。“Token”这一单词有各种英文和中文翻译，随着时代的变迁，其词义也在演变中，比如将 Token 翻译成符记、令牌、标识、地铁硬币、代币、象征等。

以前，将 Token 翻译成“令牌”的居多。比如，有些 Token 都是一种硬体装置，用来作为身份验证，让计算机系统的使用者可以存取系统里的资料。这些硬体装置被学术界翻译成安全令牌（Security Token），又译安全性令牌，也被称为硬体令牌（Hardware Token）、授权令牌（Authentication Token）、USB 令牌（USB Token）、加密令牌（Cryptographic Token）、虚拟令牌（Virtual Token）等。从实践中看，这种令牌就是一种通关密码、凭证、验证。

在中国，兵符、令牌就是一种通关、调动军队的命令或证物。在分析加密经济体时，有部分学者、教授通过分析和论证认为将 Token 固定翻译成“通证”较为合理。目前，一些文章都还用“通证”这个词汇。但在金融界，大部分文章、著作都将 Token 翻译成“代币”。也有些学者在写作时，为了避免误解，直接用了 Token，或者中英文一起用：Token 代币。近年来，越来越多的作者使用了“代币”来表达英文的“Token”。

代币有以下基本特征：①它是在规定的“社区”里使用的，“社区”可大可小。比特币平台、以太坊平台、各种 DApp 平台、脸书 Libra 平台都是一种社区；淘宝的电商平台、亚马逊的购物平台也是一种社区；自贸区、自贸港也是一种社区。②社区中所使用的 Token 可以有不同的界定，有不同的效用，执行着不同的职能，它可以是有形的，也可以无形的；可以是物理的实体，也可以是一串字符；可以是现实资产的数字凭证，也可以没有价值。③社区间的代币有的可以交换，有的不能交换。需要交换的各种代币必须依照社区间的协议执行。④社区的特征是由社区的设计者设定，由社区的参与者共同维持，参与者的数量对社区的正常运行起着至关重要的作用。

“代币化”是代币经济学中的关键词，区块链中的智能合约在代币化过程中的重要作用就是让加密数字货币领域发展到了加密数字资产领域，使得代币能够映射现实世界的资产，它将具体（物理）资产数字化，使得（物理）资产在代币化后具有了流通性，就像传统金融所提出的“资产证券化”一样。基于区块链去中心化网络和加密技术，代币就成为一种可信的数字凭证，它可以应用在数字货币、金融产品、身份凭证、溯源对象等方面。

以太坊和智能合约是如何实现代币化的呢？这里需要掌握三个关键点：①数字经济中的代币化；②加密数字货币到加密数字资产到转化；③以太坊的 ERC20、ERC721、ERC1155，智能合约区块链场景应用得到普及。

首先，数字经济中的代币化。在人类的经济活动中，首先是价值的实现，将人类所重视的各种事物实行价值转化。加密经济学研究的是在信息网络系统中安全地代表实体经济中的各种资源和交换，然后能够以各种方式交换，分析、分发或以其他方式改变这些资源的价值。

在元宇宙数字经济中，价值的实现与交换过程必须是实体经济中的基础资产和交易的真实反映（映射）。因此，需要一套可信的方法来验证和维护这种真实性。以前，人们依靠的是权威的中介机构保证这些有价值的资产记录的真实性。直至区块链技术的应用，区块链网络的安全性和可信性使人们能够直接将真实世界资产的价值与可编程的数字资产相关联。这种关联，就是一种代币化，代币化就是将实际资产转换为数字资产的过程。

在代币化过程中，人们不再依赖冗长且通常昂贵的官僚程序来登记有价值的资产，而是可以将自己的资产证券化，并通过区块链网络对其进行验证。使用数字技术后，这样做的成本非常低。随着大数据、AI 传感技术、移动计算和社交网络的并行发展，现在能够跟踪以前无法解释的更多类型的价值交换，并为加密经济社区分配各种代币。在加密经济体系中，价值记录和交换的管理权转移到具有巨大影响的信息网络。代币经济也就将权力的位置向外转移到个人和管理这些经济的网络中。

其次，从加密数字货币到加密数字资产的转化。在讨论比特币加密系统时，人们关注的是加密数字货币，比特币系统实现并验证了区块链的价值表示和价值转移这两个核心功能，并展示了这两者是可以完全去中介（脱媒）的。以太坊系统的重心则是区块链和智能合约。以太坊也有类似于比特币的加密数字货币——以太币，但以太币被定位为以太坊区块链的燃料货币。以太坊白皮书说，以太币（ether，ETH）是以太坊的主要内部加密燃料，用于支付交易费。在价值转移上，以太坊延续了比特币的区块链设计，依靠分布式账本“脱媒”，实现点对点的价值转移。

在实际运行中，以太坊被主要用于解决两个问题：以太币表示的资产是什么以及如何发行。有了数字资产和相关工具之后，人们会很自然地发挥创意，创建关于数字资产的各类复杂应用。以太坊的系统设计和智能合约是为了更好地进行数字资产的交易。

智能合约与各种表示价值的代币见表 8－1。

表 8－1　智能合约与各种表示价值的代币

区块链	区块链 1.0	区块链 2.0
加密经济体系	比特币加密数字货币体系	以太坊加密数字资产体系
价值表示	比特币	以太币＋各种代币
所代表的资产	无，凭空发行的	链上资产，线上与线下资产
如何发行	算力挖矿	可自定义发行机制
如何进行复杂交易	需要二次开发	编写智能合约和去中介应用

一般来说，代币是资产在区块链上的价值表示物，涉及的资产包括三类：比特币和以太币等链上的原生资产；映射到链上的线上资产；映射到链上的线下资产。当这三类资产在链上表示后，我们将之统称为“数字资产”或者“加密数字资产”。

最后，以太坊的 ERC20—区块链应用场景的拓展与普及。以太坊区块链上创建了两种表示价值的代币——可互换的（同质的）ERC20 标准代币和不可互换（非同质）的 ERC721 标准代币。可互换的代币可类比为现金，不可互换的代币可类比为房契。对表示为代币的数字资产，以太坊智能合约可以进行各种交易，如代币间的兑换、抵押、分配与消耗等，由此可以形成复杂的数字资产交易与应用。

这里涉及三种资产：链上资产、线上资产、线下资产。其中，线上资产与线下资产均不在链上，可归为链下资产。通常，我们需要辅以预言机（oracle）等工具来连接线上、线下的资产，然后通过智能合约在链上交易。链上与链下的交互包括两大部分：一是将链下资产与代币关联，进行代币的发行与分配；二是在链上进行代币交易后，对链下资产进行相应的变动，并将变动在链上确认。

将资产表示成代币，即转变成代币式的加密数字资产带来的好处有：一是市场交易帮助发现价格；二是在流动周转中增加资产价值；三是在元宇宙中直接生产数字产品，形成数字资产的流通、投资等。关于流动增加总体价值的例子，我们在现实生活中也可以体验得到，如二手物品的流动让买方和卖方都受益，车辆与房屋的共享提升了资源的利用效率。

当数字经济逐渐成为当今社会的发展潮流时，基于区块链去中心化和加密技术，代币化过程促成价值表示物由加密币扩大到加密资产，代币成为一种可信的数字凭证，它可以应用在数字货币、金融产品、身份凭证、溯源对象、文物、房产等方面。

代币可以映射现实世界的资产，它将实际资产数字化，从而让代币具有了流通性，就像传统金融所提出的“资产证券化”。在广泛的金融应用中，代币可以分为以下几种：

（1）资产代币：使用数字密码来映射传统资产，比如房产、股权、学位、物品所有权等。它对应实际物品价值，通过数字化可以实现资产与资产的直接交易。

（2）服务代币：类似通用票务，比如油票、景区门票、会员卡、会员积分等。它对应实际的服务权益价值，通过数字化，可以实现服务与服务的直接交易。

（3）数字货币代币：一种通用货币，类似美金、欧元、人民币等。它代表一种等价的货币，可以充当货币之间的交易标准价值，是实现跨境交易、货币兑换等金融业务的工具。

（4）各种社区管理代币：如不同形态的去中心化自治组织（DAO）管理系统的代币及其应用。

代币经济就是在某特定“社区”（现实的和元宇宙的）里围绕代币建立一个可流通的、可信任的经济体系，帮助实体经济转型升级，减少流通代价，扩大交易范围，提高交易效率。

什么样的代币才是有价值的？主要体现在以下三个方面：一是所有权，代表了物品或者权益的所有权；二是货币属性，具有可流通性，在一定的生态环境中，它是一个硬通货；三是证券化，可以增值，具有收益价值，适合长期持有。

对于一个股票投资者而言，投资者关心的是企业的股票，它代表了拥有企业的权益，可以获得企业利润的分红，最重要的是企业是否具有增长潜力，未来股票的价值是否会提升。一个有价值代币，同样应该具备这样的能力。

区块链推动的是一个价值互联网生态的形成，把行为和资产代币数字化，推动价值的激励和交易，促进价值型的社区生态形成。可以把设计代币总结为以下步骤：

（1）设计代币的提供者：就像人民币（数字人民币），需要由中国人民银行发行，最终在社会流通，形成通用的货币单位一样，在代币设计之初，就要考虑由谁来生产、发行。

（2）设计代币的流通方式：需要考虑代币如何激励社区生态里的参与者，如何促进代币等价的物品在社区生态环境里流通。社区生态里的参与者是自愿参加社区活动的，可自由地加入或退出社区活动。

（3）代币依托的社区生态环境：在一个传统的经济社会中，西方经济学认为生产的三大要素是土地、劳动、资本。代币在整个生态环境中如何映射生产的三大要素呢？在分配部分，传统经济有按劳动成果分配、按资本要素分配、按管理要素分配、按技术要素分配等，它们对应了区块中不同的共识机制、算法机制与激励机制，比如 POW 对应按劳分配。

（4）代币的应用：一个代币要流通，就需要有实际的价值，它可以是交易货币，可以是资产凭证。代币需要应用和流通，为社区生态环境提供价值落地，就像食品需要消费者进行消费才有了实际的价值一样。

（5）代币的流通性：良好的代币需要有公平合理的激励机制，它能够促进社区生态环境中的每个角色都参与生态价值的建设；也能促进外部的用户加入社区生态环境，促进代币资产流通、数字经济的重新分配。

（6）跨越区块链的交易：从宏观上设计代币社区生态环境，能够和其他生态环境形成价值流通，也需要达成共识，定义不同的利益分配和交换机制。

（7）法律和监管：需要判定代币的不同流通方式是否合法，是否符合政策规定。

代币经济的设计，需要回归到商业最本质的东西，构建完整的经济体系，离不开现代市场经济的四个基本要素：

- 规范化的市场主体，代币映射资产或组织。
- 现代化的市场体系，代币的社区生态环境体系。
- 灵活有效的宏观调控体系，代币社区生态中的主要组织或者监管节点。
- 完善的社区保障机制，代币经济体系的分配、福利保障、促进机制。

以设计社交电商平台的代币经济体系为例，通过区块链网络和代币改造了整个社交网络的电商体系，主要解决了以下问题：

- 通过区块链网络，重构社交网络节点，通过去中心化和不可篡改的特性，它可以记录商品的生产和流通信息，并且实现溯源和智能分账，解决货物在社交网络的分销体系中假冒伪劣和信用分账问题，提升供应链。
- 通过智能合约和代币激励，实现全网所有用户参与分发、分享、出货等工作，促进整个社交网络的经济消费。
- 代币价值提升，随着生态环境资产增加，代币价值上升，促进外部投资和用户长期持有代币，有利于社交网络升级转型。

8.3 代币与分布式应用程序的关联

8.3.1 分布式计算系统的应用程序

区块链的兴起，加密数字货币、数字资产和DApp是最重要的两类产品。特别是以太坊，它是一个区块链社区生态环境，主要支持DApp平台的社区生态。DApp是区块链应用的重要技术，它还处于早期模式。在未来，随着数字经济社会（包括元宇宙）的发展，传统的App应用都会逐渐被新的DApp替代，它涉及外卖、电影、电商、社交、游戏、资讯、视频和出行等方面，社会经济由Token来进行流转，将会极大地促进社会经济的交易效率。

DApp是分布式应用程序（A Decentralized Application）的缩写。在一些文献中，DApp的英语缩写也被写成dApp、Dapp、dapp或者Dapps，是指在分布式计算系统上运行的计算机应用程序，又称去中心化的应用程序。

并非所有的计算机应用程序都称为DApp，要将某个应用程序视为DApp，必须满足以下条件：

一是该应用程序必须是完全开源的，必须自主运行，并且没有任何实体可以操纵应用程序里的代币。该应用程序可以根据其用户的提议或市场反馈来改进或调整其协议，但所有更改必须由其用户的共识来决定。

二是该应用程序必须将应用程序的数据和操作记录加密存储在公共的、分布式的区块链中，以避免出现中心故障。

三是应用程序必须使用加密代币（比特币、以太币或系统本身的代币）来运行应用程序，必须用应用程序的代币奖励参与者（矿工/农夫）所作的任何有价值的贡献。

四是应用程序必须根据标准加密算法生成代币，以证明价值节点对应用程序有所贡献，如比特币使用工作量证明（POW）算法。

根据分布式应用程序白皮书理论（The General Theory of Decentralized Applications），符合以上标准的申请才被称为分布式应用程序，简言之，开源（Open Source）、去中心化（Decentralization）、代币（Tokens）、算法（Algorithm）四者缺一不可。

比特币的模型，其创造者中本聪所描述“点对点电子现金系统”就是一种典型的

DApp。所有比特币软件应用程序都是开源的，没有任何实体（政府、公司、银行或组织）控制比特币，并且与比特币使用相关的所有记录都是公开和透明的。比特币使用无法更改的预定算法来生成其代币（比特币），而这些代币是比特币系统正常运行所必需的。比特币系统里矿工因在保护比特币网络方面作出了贡献而获得了比特币的奖励。比特币系统里的所有变更都必须通过工作量证明机制获得用户的多数同意。

目前，DApp 已被诸如以太坊区块链类的分布式账户技术所普及，其中 DApp 通常被称为以太坊的智能合约。

8.3.2 DApp 分类

这里讲的 DApp 分类是基于 DApp 是否具有自己的区块链或使用别人的 DApp 的区块链来进行划分的。根据这一标准，存在三种类型的 DApp：

I 型：去中心化应用程序具有自己的区块链。比特币是去中心化应用程序中最著名的例子，莱特币（Litecoin）和其他“替代币”（alt - coins）都属于这种类型。以太坊也属于 I 型的去中心化应用程序，它用自己的区块链发行以太币。

II 型：去中心化应用程序使用 I 型去中心化应用程序的区块链。II 型的分布式应用程序是一种协议，并具有其功能所需的代币。如 Omni 协议就属于 II 型分布式应用程序。

III 型：分布式应用程序使用 II 型分布式应用程序的协议。III 型分布式应用程序是协议，并具有其所需的代币功能。例如，使用 Omni 协议发布可用于获取分布式文件存储的“安全币”（safecoins）的 SAFE 网络就属于 III 型分布式应用程序。

如果将这三种分类以通常使用的计算机软件做比喻，那么 I 型的 DApp 就是计算机的操作系统，如 Windows、Mac OS X、Linux、Android、iOS 等。II 型的 DApp 就是通用的软件程序，如文字处理软件、Microsoft Word、电子表格处理软件、Microsoft Excel。III 型的 DApp 是一种专用设计的软件来解决某种特殊用途，如使用文字处理的邮件合并工具或使用电子表格的费用报告图表设计软件。严格地说，这些比喻不够确切，忽略了 DApp 中的一个重要因素：加密代币的发行、分配和交易。

8.3.3 DApp 平台与代币

DApp 的开发标准与操作过程都与其加密数字货币（代币）的发行、分配与交易分不开，DApp 的开发需要初始代币（Initial Tokens）分配，DApp 的操作需要依靠代币的发行机制、分配机制和激励机制。这些也都是加密经济学的核心内容。本书中我们还将进一步讨论不同种类的加密数字货币模型——DApp 平台与代币的关系。DApp 平台与加密代币列表见表 8-2。

表 8-2　DApp 平台与加密代币列表

代币名称	代号	司法管辖区	DApp 平台
Ethereum	ETH	瑞士	https://ethereum.org/
EOS	EOS	亚洲	https://eos.io/
Cardano	ADA	瑞士	https://www.cardano.org/zh/home-3/
NEO	NEO	中国	https://neo.org/
ICON	ICX	瑞士	https://icon.foundation/?lang=en
TRON	TRON	美国	https://tron.network/index?lng=en
Zilliqa	ZIL	新加坡	https://zilliqa.com/
NEM	XEM	新加坡	https://nem.io/zh/
LISK	LSK	瑞士	https://lisk.io/

注：以上列表不完全，仅供参考。

8.4 ERC20、ERC721、ERC1155 代币协议的重要性

8.4.1 ERC20 标准

在代币发行实现标准化之前，以太坊开发者必须为每种代币创建一种新的、单独的、基于 Solidity 语言的智能合约。每当需要支持一种新的代币时，交易所或钱包的创始人就需要编写一个独特的新代码。市面上出现的代币种类越多，这个过程就越烦琐。而且，这些在独特智能合约上发行的代币，彼此之间的兼容性也很差。因此，以太坊开发者为所有代币创建了统一的标准 ERC20。ERC（Ethereum Request for Comment），也就是“以太坊征求意见/请求评论”的意思，可以理解为以太坊开发者征求大家意见的协议提案，而“20”是分配给此提案的编号，该编号是任意选择的。不同的协议提案有不同的编号，比如 ERC777、ERC721、ERC1155。

2015 年推出的 ERC20 标准彻底改变了加密货币行业，成为规定哪些函数和事项必须在智能合约中执行的核心指南。从那时起，新的代币发行、交易和兑现过程变得简单多了。

在以太坊出现之前，很长一段时间内只有少量代币。虽然很多人都熟悉以太坊的原生代币以太币（ETH），但 ERC20 代币与 ETH 完全不同。2017 年，部分通过以太坊网络进入交易所的加密货币数量激增。简单来说，以太坊是一个去中心化应用开发的开发平台，允许其他开发人员利用以太坊网络在其上构建应用程序。这使得创建使用代币作为应用程序内结算或交易形式的去中心化应用程序变得更加容易。

代币不是具有自己独特区块链的完整加密货币，它们运行在以太坊区块链上，这使开发人员可以专注于应用程序而不是新区块链的编码。这些代币可以在去中心化应用程序中以多种方式使用，但通常我们将它们视为应用程序本身的必要且完全集成的部分。代币通常是用户与这些去中心化应用程序创建的智能合约进行交互以在应用程序中执行某些功能的方式。

代币不是一种独立的加密货币，而是一种与建立在以太坊区块链平台上的去中心化应用程序进行交互和利用的方式。随着“ERC20 标准”的创建，创建在以太坊网络上高效运行的代币过程在过去两年中发生了重大变化。这就是 ERC20 代币名称的由来。ERC20 标准概述了一组通用规则，所有代币都可以在以太坊网络上遵循这些规则以产生预期结果。ERC20 标准显著减少了项目的创建时间，因为开发人员不必不断地重新开发如何与代币交互以实现基本功能，例如传输或检索有关令牌的数据。

由于这些易于遵循的 ERC20 标准集已经到位，我们可以看到加密货币领域的代币数量大幅增加。这就是 ERC20 代币只能在以太坊平台上运行的原因，它们本质上与开发它们的网络相关联。

今天创建的大多数基于以太坊的代币都符合 ERC20 标准，尽管该标准目前尚未正式实施或采用。比较流行的 ERC20 代币有 OmiseGo（OMG）、EOS、Salt、Power Ledger（POWR）和基本注意力代币（BAT）。所有这些项目都建立在以太坊平台上，并结合了他们自己的 ERC20 代币来与去中心化应用程序交互。

8.4.2 ERC777

ERC20 标准实施后，不断被检测出各种缺陷和漏洞，而由于数以万计的代币、交易所和钱包都与 ERC20 标准紧密相关，有些漏洞难以修补。于是，以太坊开发者决定发布一种全新的代币标准 ERC777。针对 ERC777 的 EIP（Ethereum Improvement Proposals，以太坊改进提案）于 2017 年 11 月 20 日公布，并得到了以太坊社区的普遍认可。但如果要完全发挥该新标准的作用，还需要一个辅助的 ERC820 协议，为创建智能合约的统一记录表确定规则。通过这个中心化的记录表，将解决 ERC20 的主要问题，即无法判断智能合约执行的函数。ERC777 标准将解决接收方代币丢失的问题，即当代币被发送至某个不支持接收或无法管理资产的智能合约中时，这些代币也不会丢失。这一问题造成以太坊社区丢失了价值数百万美元的代币，其中很大一部分代币可能被永远困在一些顶级的 ICO 项目合约中。

ERC777 标准兼容 ERC20 标准，之前基于 ERC20 标准的任何项目都可以毫无障碍地转移到新标准上。

8.4.3 ERC721

ERC721 是另一种提案标准，是一个非同质代币，也就是拥有不一样属性的代币。ERC721 跟 ERC20 在本质上是不同的。ERC20 的每个代币都是一模一样的，可以等价交换，换句话说，ERC20 是可置换的，这意味着所有的 ERC20 代币没有区别，是一样的。

而 ERC721 就不一样了，ERC20 是标准代币的接口，ERC20 的代币可以无限细分为 10—18 份，而 ERC721 代币的最小单位为 1，不能被分割，它的每个代币都是独一无二的。就相当于你家的狗和他家的狗，那毛发、五官、脾气性格全都不一样。每只狗都是拥有不一样基因的狗，不能一对一地进行交换。

8.4.4 ERC1155

ERC1155 是游戏开发服务提供商 Enjin 发布的一个全新的代币标准提案，目的在帮助游戏开发者节省资金，促进原子交换，以此来提升代币之间的交易效率。它最大进步就是可以融合不同代币进行打包处理。

由于现行的代币系统 ERC20 和 ERC721，用户完成兑换交易需要经历四个独立的步骤，操作烦琐耗时。而如果采用 ERC1155 规则，用户能够将他们想要交换的所有代币捆绑在一个合约中，只需要一个批准步骤即可完成。此外，单个或多个代币还可以一次性地发送给单个或多个接受地址，节省了大量的 GAS 费用，提高了效率。比如，你在天猫买东西，你用 ERC20 或者 ERC721，买一样东西必须得结一次账，如果你要买 100 样东西，就要结账 100 次。而 ERC1155 就不一样了，就像天猫的购物车，挑好了你想要的东西，全部加入购物车，结一次账就可以。

8.4.5 代币经济中的同质代币与非同质代币

什么是 Coin？如果在实体经济中，它就是指硬币、铸币、钱币。在加密经济中，是一种加密数字货币，如比特币，替代性硬币，俗称山寨币（Altcoins）。有一些 Coin，比如 Litecoin 或 Namecoin，它们都是在照搬中本聪的比特币原生协议基础上制造出来的。也有一些 Coin，像 Ripple（瑞波币），它们有自己的特定目的，是基于自己的区块链创建出来的。

加密 Coin 具有与货币相同的特性：可互换、可分割、可接受、有便携性和有耐用性以及供应量有限。加密 Coin 是被绑定到一个公共区块链上的，可以发送、接收或开采，除了充当货币的角色外，不执行任何其他功能。

（1）Token 与 Coin 的区别

代币化的 Token 是一种加密数字资产，由基于区块链的项目发行，它可以作为其社区生态系统内的一种支付方式，就部分而言，跟 Coin 执行类似的功能。然而，主要的区别在于 Token 还赋予持有人参与网络的权利。此外，Token 还可以执行数字资产的功能或代表公司股份。

比如，你可以把 Token 视为一张音乐会门票。在这种情况下，它被认为是一种“真实的” Token，你只能在特定的时间、在特定的地点使用它。你不能去餐馆用音乐会的票来付账，因为音乐会的票只在音乐会上具有价值。加密数字 Token 也一样，因为它们只有在特定的社区（项目）中才会有特定的使用场景。

加密数字 Token 也代表资产和用途。所以，证券 Token 和实用 Token 是不同的。证券 Token 的设计用来代表公司的股份，而用途 Token 在项目中有特定的用处。创建加密 Token 要比创建加密 Coin 容易得多，你不用编写新代码或修改已存在的代码，只需使用以太坊等平台的标准模板，即可基于区块链来发行自己的加密 Token，而任何人只需几步即可完成。这也是造成各种山寨币（Altcoin）泛滥成灾的原因之一。

加密 Token 是数字资产，由一个基于区块链的社区（项目）所发行，它可以作为其社区生态内的一种支付方式，执行类似加密 Coin 的货币功能。Token 也赋予持有人参与网络的权利，加密 Coin 没有。

（2）Coin 和 Token 的关联

大多数加密 Coin 实际上并不具备货币的功能，也不是交换媒介。从技术上讲，货币代表一种记账单位、价值存储以及交换媒介。例如，比特币具有所有这些特性，在比特币之后其他加密 Coin 大多都是在比特币被认为是加密货币（cryptocurrency）之后才构思出来的。但是，大多数加密 Coin 并不具备上述实际货币的特征。

Token 和 Coin 是加密货币领域中常用的两个词。但是，许多人互换来使用，并把它们看作相关的术语。加密 Token 和加密 Coin 是两个完全不同的东西，可以用 Coin 购买 Token，但不能反过来，因为 Token 只在特定社区（项目）中有特定的用途。

（3）什么是非同质代币

我们简单介绍过 ERC20 代币，指出 ERC20 是一个以太坊区块链上的智能合约的一种协议标准（Fungible Token Standard，同质代币标准，也被称为可置换的代币标准，简称 FT），允许开发人员准确预测代币之间的交互。这些规则包括如何在地址之间传输代币以及如何访问每个代币中的数据。根据 Etherscan. io，截至 2019 年 7 月 16 日，在以太坊主网络上共发现了 200 778 个与 ERC20 兼容的代币。兼容的代币也称同质代币/可替代币（Fungible Token）。

与 ERC20 不同，ERC721 是一种不可互换的代币标准（Non - fungible Token Standard，简称 NFT）。ERC721 代币是一种非同质代币。

“同质”意味着物件之间是无差别的，可以互相替换的。在加密货币领域，“同质代币”即代表每一个代币不具有唯一性（个性/特殊性），它们彼此之间是可以互换的。目前绝大部分的代币都具有同质性，方便大家做交换、做计量单元，或做价值存储，它们就像美元一样，你的一块钱和别人的一块钱之间是没有任何区别的（其实也有区别，区别在于每一张一美元面值上的标识号码多不一样）。而具有唯一性或有独特价值的代币很少见到。

像比特币、以太币以及大型项目发行的代币，都具有同质性。但可以想象，如果有一天这些具有同质性的货币或代币可以被打上标记，并追踪到它们如何在一系列的非法活动中被使用，那么加密货币的价值又要被重新评估。不过，同质性今天依然是加密货币的常态。

“非同质代币”即代表每一个代币具有唯一性，它们彼此之间是不同。就像限量版的棒球卡一样，每张卡片不仅是一个普通的符号或象征，而且具有自己特色，从而产生了与众不同的价值。非同质代币的出现，意味着数字商品可以具有稀缺性，且这种稀缺性不需要通过一个中介机构来验证。比如，我们在电子游戏中常常会建立自己独有的人物，它是具有稀缺性的，但是却要依靠游戏开发商来保障这个稀缺性。在这种情况下，区块链就可以发挥巨大的作用，它用一种去中介化的方式来保证虚拟物品的稀缺性。

ERC721 的 NFT 让数字资产变得更有收藏价值，尤其是在加密货币收藏和网络游戏领域拥有巨大的潜力。在 CryptoKitties（加密猫）游戏中一只猫价值 1 000 个 ETH，在大型多人网络游戏中，一把剑可能价值 2 000 个 ETH，而在 ERC721 中它仅仅只是一个智能合约中的一个 Token。

非同质代币（NFT）非常适合作为加密虚拟资产收藏品。在加密数字社区中的产权需要确定，非同质代币无疑是非常适合用来确定虚拟资产的产权，毕竟智能合约非常擅长管理着加密数字社区的方方面面。另外，ERC721 还可以促进追踪、交易和管理诸如房屋或汽车等真实资产的交易和管理等。比如，虚拟收藏品行业已经开始广泛地使用非同质代币来代表一些实体物件的数字身份，如棒球卡、名人书画、重要人物签字等。另外，非同质代币也可用于代表现实生活中的财产，比如一件独特的艺术品、古董、油画、世界遗产、名贵跑车或各种别具一格的房子。

ERC721 才刚发布不久，就有若干个出色的项目使用了这个标准。加密猫是一个虚拟收藏游戏，可以让玩家哺育猫咪并且进行交易，如图 8－1 所示。加密猫社区（项目）的官方网站是这样介绍这款游戏的：加密猫里充满了各种可哺育、可收藏、可欣赏的小动物。每一只加密猫都是独一无二的，且 100% 归你所有。它无法被复制、拿走或销毁。

Cryptokitties 各种中文译名有加密猫、乙太猫、以太猫、虚拟猫、谜恋猫等，是一款以加密货币以太币（Ether）交易的虚拟休闲游戏，2017 年 11 月 28 日公开上线营运。自上线后，在加密货币爱好者社区（圈）内掀起一阵养猫的旋风，成为目前为止以太坊生态单日使用率最高的应用，曾占据以太坊网路 16% 以上的交易流量，导致以太坊网路不堪重负，出现严重拥堵，转账交易延迟，甚至无法转账。

图 8－1　加密猫 Logo

2018 年 10 月，加密猫总共达到一百万只。同年，加密猫和德国博物馆卡尔斯鲁厄艺术与媒体中心合作，为访客讲解区块链技术，展开贡献区块链教育的序幕。类似谜恋猫的社区平台（项目）也相继在以太坊甚至其他平台上推出。例如，EOS 链上的 CryptoZombies 、百度推出 Achain 链上的以太狗（CryptoDogs）等。

区块链版的“我的世界”（Decentraland）游戏提供了一个虚拟社区（世界），在有限的空间里，您可以在其中构建和探索 3D 创作，玩游戏并进行社交。玩家可以购买或开发自己的土地。“我的世界”的官方网站是这样介绍这款游戏的：在这里你可以随意地探索甚至开创属于自己的天地。可以通过以太坊区块链平台购买土地，成为这片土地的拥有者，没有人可以限制你在自己领地上的建造与使用。你对自己的领地有完全的控制权，并且可以在领地上创造出独一无二的使用体验。只有想象不到的而没有创造不了的：看演唱会，参加活动，跟朋友购物，创建一个公司，试驾一辆车，去水底世界游玩，所有一切都发生在这个 360 度的虚拟社区（世界）中。这款游戏非常受欢迎，它勾画出了一幅蓝图，越来越多的参与者可以同时在这片社区蓝图上展开创作。目前，成千上万的土地开发商和所有者正在建立分布游戏的体验。准备就绪后，您将可以在计算机，电话或 VR 耳机上探索这片虚拟的社区（世界）。

前面说过，区块链上数字资产一般都是用 Token 或 Coin 来表示，有一类 Token，是可以替换的同质代币。比如以太坊上的 ERC20 标准代币，你借给朋友 20ETH，他还给你 20ETH，由于都是同质的 Token，你和朋友之间的资产交换不会有影响。目前绝大多数的代币都是同质的代币，可以用它来做交换媒介、账户单位以及价值存储。类似于法币，你的 100 元和朋友的 100 元之间没有价值上的差距。严格意义上，因为编号标识不同，法币不完全算同质，但在价值交换上不存在问题。

再举个车牌的例子，你去申请车牌时，发牌单位的收费是固定，每个 50 美元。这时的车牌是同质与同值的。由于编号标识不同，你希望选择自己的车牌编号标识，发牌单位就要多收你 50 美元，然后根据你的要求印制车牌，这时你的车牌就是非同质的。假如你的车牌编号标识为：818 - 2008，然后放到车牌交易市场上出售，根据供求关系和非同质的特点，你的车牌就会卖出完全不同的价钱。

非同质的代币，彼此不同，都有自己的唯一性，有自己的特色。就像加密猫游戏中的猫一样，每只猫都有独特的基因，有不同眼睛、发色等。每只独一无二的加密猫都是非同质代币的表达。

非同质代币代表的是一类独一无二事物，在现实中广泛存在的事物。相对于同质，大多数的事物都是非同质的，比如不同的画作、不同电影、不同的歌曲、不同的书本、不同区域位置的球票等。非同质代币在语义上、在概念上理解起来不容易明白。对于普通用户来说，非同质的资产或代币可能更容易理解。比如加密猫游戏中的猫，每只猫都是非同质资产。这样的比喻用来了解非同质代币比较容易。因为一旦叫代币，大家自然就会把它跟计量单位产生联系，容易产生困惑。

（4）为什么非同质代币（NFT）很重要

有两个原因，其中一个原因就是现实世界中太多事物存在差异。用差异化来表达一个事物的价值具有普遍的需求。比如足球比赛的门票是代币，但不同观看位置、不同比赛场次的门票的价值不同的，世界杯决赛场次门票毫无疑问比小组赛的同一位置门票价值更高。第二个原因是区块链技术让非同质资产的衡量、收藏、存储以及交易变成可能。由于区块链技术是去中心化的分布式账本，可以保证记录不可篡改、不可逆，而且只有拥有了私钥，财产就永远属于持有人，任何系统和平台都无法剥夺、窃取该资产。

现实中，随着区块链技术的成熟，存在大量的非同质资产需要进行 Token 化的资产。在这些资产中有虚拟资产，也有现实资产。目前来看，虚拟资产代币化的速度最快，也最先落地。虚拟资产中，最重要的领域之一就是游戏领域。这里存在大量的独一无二的数字资产，而且非同质的数字资产相对容易被制造。游戏社区玩家的很多道具、装备等都是独一无二的，这些数字资产都是非同质资产，可以用非同质化的 Token 来表达。

如果没有非同质 Token 来表达这些有价值的独特资产，那么这些资产很难实现存储和交易。发明非同质 Token 的概念，对于整个区块链的 Token 化，对于区块链的价值流通来说具有非常重大的意义。区块链游戏最重要特色之一就是用户可以控制自己的数字资产，不管是账户还是道具。如果没有非同质化资产的标准，就不会实现游戏道具和装备的所有权及价值由个人完全掌控，区块链游戏的重要特色也就不存在。假如说，加密猫没有用非同质化资产来表示，加密猫独一无二的稀有价值如何来表达？所有权和价值如何来确定，如何来交易？

所以说，非同质化资产标准开启了区块链的游戏之门，在这个基础上，区块链游戏的场景会越来越丰富，会衍生出越来越多新的好玩的事物。ERC721 标准可以实现 Token 之间的区分，可以让 Token 代表不同类型的资产，其中包括了具体的物理资产和数字资产，同时还可以验证其所有权。

虽然 ERC721 可以方便地集成到其他平台使用，但也会存在一些效率问题，同时，ERC721 并不能满足所有需求。目前非同质代币标准有不少，比如 ERC721、ERC1155、ERC998、ERC994、ERC420、ERC809 和 ERC1201 等。目前，最常用的还是 ERC721，也是加密猫所采用的非同质代币标准，它从 2017 年年底开始，随着加密猫的流行开始逐步推广开来。

第 9 章
元宇宙与去中心化金融

去中心化金融（DeFi）是区块链、数字资产和金融服务三大模块相交叉的一个新发展领域。DeFi 协议就是要通过新的金融服务来使金融脱媒（去除中介层）。DeFi 市场从 2020 年开始经历了爆发式增长。根据 DeFi Pulse 网站的数据，锁定在 DeFi 服务中的数字资产价值从 2019 年的不到 10 亿美元增长到 2020 年底超过 150 亿美元，到 2021 年 5 月超过 800 亿美元。然而，DeFi 仍处于成长阶段。

本章描述 DeFi 服务的基本属性、DeFi 生态系统的结构以及新兴的发展。DeFi 是一个通用术语，涵盖各种数字金融中的活动和业务关系。其中包括了六大 DeFi 服务类别，即稳定币、交易所、信贷、衍生品、保险和资产管理、钱包和预言机等辅助服务以及 DeFi 八大模块组合。这六大 DeFi 服务类别和八大 DeFi 模块组合，同样适用于元宇宙，构成元宇宙中的数字金融生态体系。

9.1 DeFi 概述

DeFi 是“去中心化金融”（Decentralized Finance）的缩写，是在区块链结算层提供金融服务的去中心化应用（DApp）的总称，包括支付、借贷、交易、投资、保险、资产管理等。DeFi 服务通常在没有中心化中介或机构的情况下运行，并使用开放协议，允许以灵活的编程方式组合服务。在称呼 DeFi 为“去中心化金融”之前，DeFi 通常被称为“开放金融”。

从历史上看，中介机构在金融市场中扮演着重要的角色，充当信任、流动性、结算和安全的代理人和经纪人。中介机构的范围和价值随着时间的推移而增长，以满足日益复杂的金融系统需求。自 2008 年全球金融危机以来，中介金融体系的低效率、结构性不平等和隐藏风险越来越受到关注。2021 年，GameStop 空头挤压等争议，散户投资者在一段时间内被禁止交易，反映了传统金融基础设施的其他缺点：结算周期缓慢、价格发现效率低下、流动性挑战以及对基础资产缺乏保证。

比特币和许多其他数字原生资产，消除了交易中的所有中间商，从传统的数字支付方式（例如 Visa 和 PayPal 运营的方式）中脱颖而出。从各种交易中剔除中间商是 DeFi 的主要优势之一。DeFi 利用区块链技术促进并替代传统服务提供商和市场结构，提供了创造新服务的潜力，以提高金融市场的效率，在 DeFi 生态系统中发挥着重要作用。

传统金融与 DeFi 的比较，见表 9-1。

表 9-1　传统金融与 DeFi 的比较量表

项目	传统金融	去中心化金融
资产托管	由受监管的服务提供商或托管人代表资产所有者持有	由用户在非托管钱包中直接持有或通过基于智能合约托管
会计单位	通常以法定货币计价	以数字资产或稳定币计价
执行	中介机构通常处理各方之间的交易	通过智能合约对用户资产进行操作
清算和结算	由服务提供商或票据交换所处理，通常在一段时间后处理	将交易写入底层区块链完成结算过程
治理	由服务提供商、市场、监管机构和/或自律组织的规则制定	由协议开发者管理或由持有代币授予投票权的用户决定
可审计性	对专有代码或公开验证的开源代码潜力进行授权的第三方审计	开源代码和公共分类账允许审计员验证协议和活动
抵押品要求	交易可能不涉及抵押品，或抵押品少于或等于所提供的资金	由于数字资产的波动性和缺乏信用评分，通常需要过度抵押
跨服务交互	有限的。通过应用程序编程接口或专用中介转向开放金融	任何服务都可以与同一区块链上的任何其他服务集成，并可能跨链集成
访问和隐私	由服务提供商进行的身份检查。个人数据受国家隐私法约束	反洗钱监管机构正在讨论的身份验证要求。用户余额和交易活动通常是公开的
安全	在控制资产的软件系统中容易受到黑客攻击和数据泄露	易受黑客攻击以及智能合约的其他技术和操作风险的影响
投资者保护	政府强制披露和消费者保护、反欺诈执法、风险暴露限制和保险计划	用户默认承担所有风险，尽管 DeFi 保险等私人补救安排提供了一些防止损失的保护

DeFi 是一个快速发展的新领域。然而，它仍然不成熟，存在各种尚未解决的经济、技术、运营和公共政策问题。尽管一些协议在短时间内吸引了大量资金和相关的网络效应，但 DeFi 领域仍然不稳定。

尽管发展迅速，但 DeFi 仍处于早期阶段。迄今为止的大部分活动都具有高度投机性，随着时间的推移，现有的数字资产持有者的回报可能会被压缩。大多数服务的用户体验仍未针对主流零售市场参与者进行优化。金融系统对挤兑和其他熟悉风险的弹性，未经大规模测试。根据研究公司 The Block 的数据，黑客和其他耗尽资金的攻击非常普遍，2020 年有超过 1.2 亿美元被盗，其中不到 5 000 万美元被追回。支持当前绝大多数 DeFi 活动的以太坊区块链面临重大的可扩展性挑战。进一步的市场发展将需要在这些领域进行重大改进。

DeFi 具有改变全球金融系统的潜力，但迄今为止其活动主要集中在现有数字资产持有者社区的投机、杠杆和收益生成上。同时还必须认识到，DeFi 服务新颖的灵活性、可编程性和可组合性也暴露了新的风险，如从黑客攻击到协议之间的意外反馈循环。

散户投资者、专业交易员、机构参与者、监管机构和政策制定者需要清楚了解 DeFi 面临的挑战，从而降低对 DeFi 创新潜力的热情。开发人员正在积极致力于解决漏洞并引入新机制来有效管理风险，但该过程仍在进行中。DeFi 最终会成功还是失败，取决于它是否能够履行其对开放、信任最小化、非托管但仍然值得信赖的金融服务的承诺。

DeFi 面临的机遇与挑战列表，见表 9－2。

表 9－2　　DeFi 面临的机遇和挑战

在不表明立场的情况下，该表列出了 DeFi 可能产生的潜在好处，以及它面临的障碍。去中心化金融政策制定者工具包中提供了对 DeFi 风险的进一步分析

机遇	挑战
减少金融资产的创建、分配、交易和结算的摩擦和交易成本	区块链结算平台的可扩展性、吞吐量和交易费用是重要的限制因素。能源使用引发了对气候变化的担忧
提高标准化和功能互操作性，允许重复使用和重组金融原语	跨区块链和传统金融服务的互操作性有限
通过基于区块链的记录提高交易的可审计性和透明度	隐私考虑可能与交易透明度存在紧张关系
通过基于软件的治理系统改进决策问责制	不成熟的治理，因为高风险的决策是由缺乏经验的小团队做出的。开发人员匿名时缺乏问责制
通过非监管、非中介的服务提供，加强利益相关者的控制	控制权的隐性集中和较低的治理权门槛可能会给某些行为者带来不成比例的权力
通过提供全球 24/7 可用的服务并消除银行账户要求等障碍，改善市场准入	将国家法律要求应用于分散的全球网络时的监管问题和执法挑战
更快的结算，降低交易对手风险并释放资金	运用不成熟的管理高价值资产。不完善设计选择和实施导致了重大损失
通过向所有人提供自动化工具，以透明和非歧视的方式执行，提高金融服务的包容性	DeFi 早期增长阶段的极端短期回报吸引了不法分子并扭曲了用户的期望。有限的可用性阻碍了大规模普及
未经许可的创新，允许创造新颖的产品和服务	有可能为洗钱等金融犯罪提供便利

DeFi 正在迅速发展，开发人员正在试验新的服务、商业模式和 DeFi 协议的组合。DeFi 开发的一个重要方面涉及将 DApp 和金融原语组合为“Money Lego”（货币乐高）等聚合服务。DeFi 可组合性可能会创建新的金融工具和服务，以及面临由于意外交互影响而产生的新风险。

随着加密货币不太成熟的参与者和更成熟的机构交易者的加入，投资者群体也将发生变化。在短期内产生惊人回报的投机性需求泡沫将不可持续。监管机构将更积极地参与到 DeFi 领域，尤其是在金融机构和中心化金融提供商希望其参与其中的情况下。虽然目前无法预测 DeFi 的未来，但 DeFi2.0 已经出现。

9.2 DeFi 的八大模块组合及其特征

模块组合是去中心化金融的一大特点，就像乐高积木那样，可以根据金融服务的需要进行创造性组合。而且，每个模块设计是开源的，其本身也是一种创新组合。这也是为什么在 DeFi 里有各种金融服务的创新平台涌现出来。DeFi 的模块间界限比较模糊，根据乐高原理，新模块还在继续创造，并应用到金融服务中去。就目前 DeFi 发展的情况看，这八大模块相对应用较多。

9.2.1 DeFi 八大模块组合

（1）区块链：作为交易结算层的分布式账本，目前由于其功能和开发人员的采用，大多数 DeFi 服务在以太坊网络上运行。DeFi 服务也在其他区块链上增长。

（2）数字资产：代表可以在区块链网络内交易或转移的价值的代币。比特币和其他加密货币是基于区块链的数字资产。

（3）钱包：供用户管理存储在区块链上的资产的软件接口。使用非托管钱包，用户可以通过他们的私钥控制资金。使用托管钱包，私钥由服务提供商管理。

（4）智能合约：基于区块链的软件代码，根据预定义的条款和规则执行、控制和记录相关事件和操作。

（5）去中心化应用程序：由智能合约构建的软件应用程序，通常使用传统 Web 技术和面向用户的界面集成。

（6）治理系统：基于软件的机制，用于管理智能合约或其他区块链协议的更改，通常基于将投票权分配给利益相关者的代币。去中心化自治组织（DAO），以智能合约的形式定义和执行规则的实体。在元宇宙世界中，应用各种不同类型的 DAO。

（7）稳定币：价值与法定货币、一篮子法定货币或其他稳定价值资产挂钩的数字资产。

（8）预言机：数据馈送，允许将来自区块链以外的信息（例如股票或法定货币的当前价格）集成到 DeFi 服务中。

9.2.2 DeFi 的特征

并非区块链技术的每一个应用都是 DeFi，即使是那些涉及金融交易的应用。

（1）金融服务：DeFi 直接中介价值的转移和交换。预言机、查询系统和去中心化存储等辅助服务可能是 DeFi 活动的重要推动者，但它们应与 DeFi 服务本身区分开来。

（2）信任最小化操作和结算：DeFi 项目通常建立在提供智能合约功能的公共、无须许可的区块链上，例如以太坊。根据 DeFi 协议的规则执行和记录交易。信任最小化通常扩展到为协议更改建立条件的治理结构。

（3）非托管设计：DeFi 服务中发行或管理的资产理论上不能被第三方单方面征用或修改，即使是提供中介和其他服务的第三方。用户保留完全控制权。因此，托管数字资产的中心化加密货币交易不是 DeFi 业务。

（4）开放、可编程和可组合的架构：底层源代码和公共应用程序编程接口（API）具有广泛的可用性。组件可以组合在一起并进行编程以动态创建新的金融工具和服务。例如，稳定币可用作衍生品的基础，该衍生品用作贷款的抵押品并受保险合同的约束。

DeFi 特征流程，如图 9 - 1 所示。

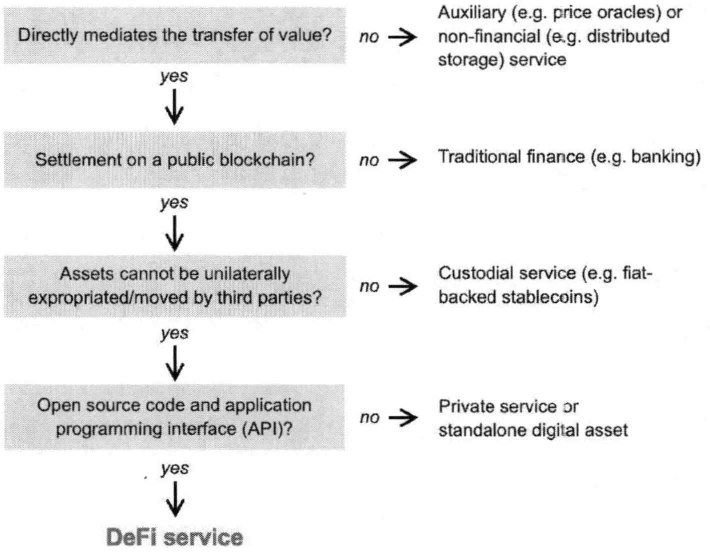

图 9 - 1　DeFi 特征流程图

9.3 DeFi 六大服务类别

DeFi 体现了满足最小信任、非托管、开放、可组合和可编程金融服务标准的各种特征。除了预言机和钱包等辅助服务外，DeFi 有六大主要类别，它们之间的界限并不总是很清楚。这些类别基本上反映了参与者对 DeFi 的看法。

（1）稳定币：寻求相对于某些资产（最常见的是美元或其他主要法定货币）保持代币的恒定价值。非托管稳定币本身充当 DeFi 服务。托管稳定币是中心化的，也可能会被纳入 DeFi 服务。

（2）数字资产交易所：允许用户用一种数字资产交易另一种数字资产。DeFi 交易所避免通过去中心化的订单簿或通过匹配订单及算法设置价格来保管用户资产。

（3）信贷：涉及创建必须在到期时偿还的有期限的计息工具，以及匹配贷款人和借款人以发行这些工具。

（4）衍生工具：是合成金融工具，其价值基于相关资产或资产组的函数。常见的例子是期货和期权，它们引用了未来某个时间的资产价值。

（5）保险：通过用支付小额保费换取在承保情况下收取大额赔付的可能性来提供风险保护。

（6）资产管理：寻求根据风险偏好、时间范围、多元化或其他条件最大化资产组合的价值。

需要注意的是，DeFi 正在快速发展，这些分类以及适合它们的项目可能会随着时间而改变。DeFi 在发展中不断创新，比如聚合器创新（Aggregators Innovation）。

小贴士：聚合器创新

由于 DeFi 服务是可编程和可组合的，因此出现了聚合器，聚合器在这些基本类别服务之间进行调解。例如，收益农业服务优化了流动性和抵押品提供的回报。1inch 和 Matcha 等交易所聚合器将交易订单发送到提供最优惠价格的交易所。Zapper 和 Zerion 为跨不同协议的订单路由、收益优化和其他 DeFi 活动提供了集成接口，从而降低了用户的复杂性。Tally 聚合 DeFi 治理代币活动，以促进参与治理决策。聚合器具有更好的可用性，未来可能会在 DeFi 活动中占据很大份额。

9.3.1 稳定币

稳定币对 DeFi 至关重要，因为它们将 DeFi 服务的风险/回报计算与数字资产的高波动性分开。金融互操作性需要稳定的价值交换价格，投资者期望金融服务有稳定的记账单位。

（1）稳定币分类

① 托管或中心化的稳定币：如 USDC 或 Facebook 提出的 Diem 使用持有的法定货币或优质流动资产作为储备。因为它们需要托管人的信任，所以不是 DeFi 工具。

②资产支持的稳定币：使用智能合约以加密货币或其他资产的形式组合和清算抵押品。

③算法稳定币：试图通过代币供应的动态扩张和收缩来维持锚定。

因为这些稳定币在非托管、去中心化、信任最小化的基础上运行，因此资产支持和算法稳定币本身就是 DeFi 服务。在规模上和在不同的市场条件下如何维持其锚定汇率的有效性仍然是不确定性的来源。

（2）稳定币的例子：MakerDAO 和稳定币 DAI

有三个关键词需要记住：稳定币 DAI、Maker 协议、MakerDAO 管理。Maker 指做市商。

稳定币 DAI 是一种建立在以太坊区块链平台上，与美元计价资产挂钩的稳定币。它基于 Maker 协议，由去中心化自治组织 MakerDAO 管理。Maker 基金会率先开发了 MakerDAO，但现在正在对其功能进行去中心化。

Maker 协议允许任何人将抵押品存入做市商金库（Maker Vault），以换取 DAI 稳定币的“贷款”。用户必须超额抵押他们的头寸才能开设 Maker Vault。如果抵押品的价值低于最低阈值，则 Vault 将被清算，从而减少供应以使 DAI 价格恢复到挂钩水平。要取回抵押品，借款人必须偿还 DAI 和利息。应计利息用于减少第二个非稳定代币 MKR 的供应，该代币授予对 Maker 协议的治理权。MKR 持有者投票设置利率、抵押率、允许的抵押品类型和其他属性。该系统包括其他几种激励机制和支持，以在不同的市场条件下维持价格挂钩。

由于 MakerDAO 在以太坊区块链上是去中心化和原生的，因此它被广泛纳入其他 DeFi 服务。截至 2021 年 5 月，流通的 DAI 超过 40 亿美元。

9.3.2 交易所

交易所对 DeFi 很重要，它们允许各种数字资产的持有者使用 DeFi 服务，并且提供从代币价值升值中获利的机会。中心化交易所需要交易者信任运营商来保护用户资金、提供准确的价格信息、匹配买卖双方处理交易、结算交易以及进行交易监控。无论交易所是纯粹基于法币（如纳斯达克），促进法币与数字资产之间的交易（如 Coinbase 数字资产交易平台），还是仅处理数字资产之间的交易（如 Uniswap 数字资产交易平台），都是如此（见图 9－2）。

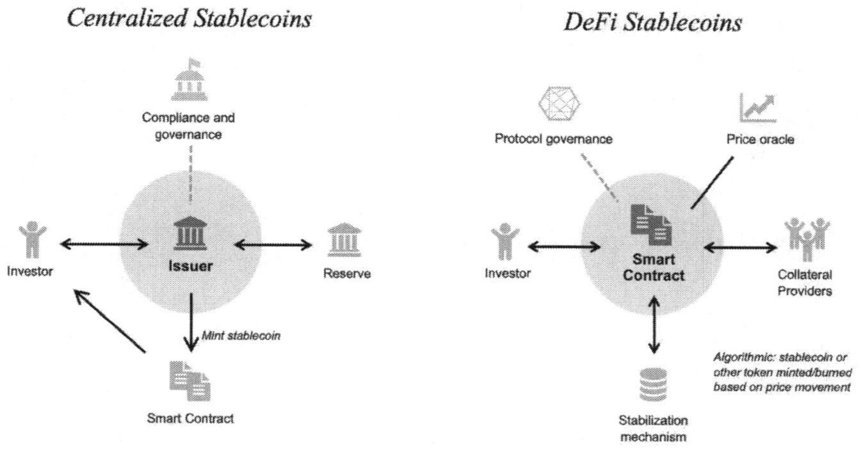

图 9－2　稳定币

必须注意的是，虽然中心化交易所可以交易 DeFi 服务中使用的数字资产，但中心化交易所本身是托管的，既不是信任最小化的，也不是可编程的。

相比之下，DeFi 交易所将关键功能分散，可以使用非托管钱包以编程方式访问它们。交易由智能合约在点对点的基础上或针对资本池自动处理。虽然交易所可以在区块链上或区块链外操作订单簿，但 DeFi 交易所最突出的形式是自动做市商（AMM），完全摒弃了传统的订单簿。任何数字资产持有者都可以锁定资金作为潜在交易的流动性，赚取交易者支付的收益。交易价格是根据交易资产的可用流动性比率，通过算法确定的。因此，交易者针对的是由做市商提供的流动性池，而不是受买卖价差影响的潜在交易对手的订单簿。DeFi 交易所的不同设计选择会在吞吐量、延迟、安全性、可扩展性、费用和滑点（较大订单改变价格的程度）方面进行权衡。

小贴士：DeFi 交易所的例子：Uniswap 和 Sushiswap

Uniswap 是一种建立在以太坊上的去中心化 AMM 协议。它使用一种算法，其中正在交易的两种数字资产中的流动性池代币计数的乘积始终等于常数（$x \times y = k$）。购买代币会将它们从流动性池中移除，导致它们的价格上涨以保持不变。Uniswap 收取交易费，其中一部分分配给流动性提供者。另外，该模型为交易非常稀少的资产（如古董、NFT 艺术品）提供流动性，并降低非流动资产的高点差。从 2018 年 11 月推出到 2020 年底，Uniswap 促成了超过 1 000 亿美元的交易量。与其他 DeFi 平台一样，Uniswap 正在快速开发和添加新功能。

2020 年，一位匿名开发者分叉 Uniswap 软件创建了 Sushiswap。它添加了一个治理代币 SUSHI，社区可以借此对协议的重大更改进行投票。整个平台的部分交易费用支付给 SUSHI 代币持有者。除了提供流动性之外，SUSHI 代币的增值潜力吸引了 Sushiswap 的大量兴趣。

Uniswap 失去市场份额后，不甘落后，随后也创建了一个 UNI 治理代币。Uniswap 的现金流尚未归于 UNI 代币持有者，但 Uniswap 已宣布计划这样做。

中心化交易所与去中心化交易所，如图 9－2 所示。

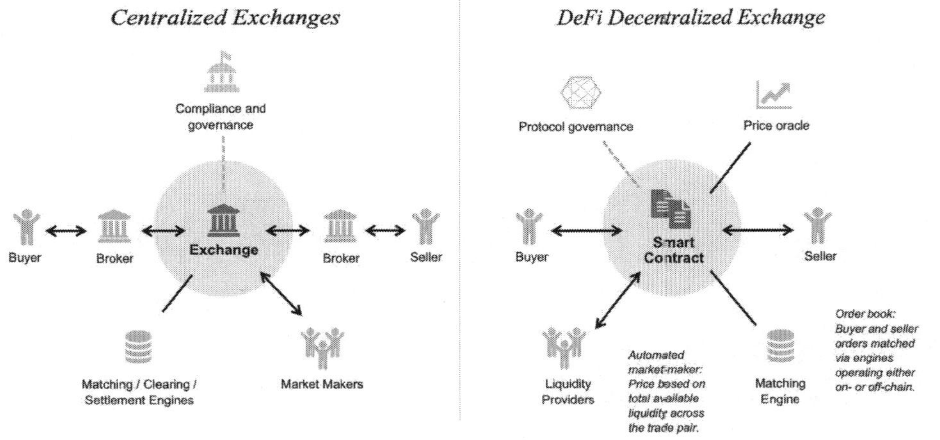

图 9－3　中心化交易所与去中心化交易所

9.3.3　借贷

借贷是金融的核心，因为它们促进了风险承担并通过杠杆作用扩大了资本供应。中心化信贷提供的经典形式是银行业。银行管理其支付给存款人（其资产具有流动性）的利率与其从借款人获得的长期贷款利率之间的利差。它必须评估借款人的信用并适当设定利率以应对违约。

相比之下，诸如 Compound 和 Aave 之类的 DeFi 信贷协议将代币汇集在一起，其利率取决于供应与借贷的比率。当贷方将资金投入 DeFi 信贷服务时，他们会收到代表其代币加上指定利率的平台原生代币。扣除交易费用（服务提供商应计），贷方收到和借方支付相同的利率，这通常是可变的（一些平台现在也声称提供固定利率）。双方均保持对其资产的完全保管和随时清算的能力。信用条款可能非常复杂，这些工具本身可以证券化和进行交易。

小贴士：借贷创新的例子：闪贷（flash loan）

闪贷使用户能够立即从 Aave 和 dYdX 等去中心化信贷协议中借款，无须抵押，前提是在同一交易结束时返回流动性（可能包含一系列操作）。如果没有发生这种情况，整个交易将自动撤销。

闪贷可用于交换支持贷款的抵押品，清算去中心化交易所的流动资金池以便为贷款再融资，或通过利用不同交易所之间资产的价格差异进行套利。它们还可用于利用协议进行市场操纵，从本质上创造人为杠杆。例如，在 2020 年 10 月，攻击者通过反复使用大量闪贷来操纵稳定币预言机价格，通过 DeFi 机器人顾问 Harvest Finance 窃取了价值 2 400 万美元的代币。

DeFi 贷款通常由数字资产形式的抵押品支持。由于贷款以智能合约中持有的资产为担保，因此在贷款前无须进行信用检查或其他特定于借款人的评估。为了缓冲价格波动，贷款通常是超额抵押的，这意味着借款人必须提供大于贷款金额价值的抵押品。与资产支持的稳定币一样，如果抵押品价值低于贷款价值的指定比率，则该头寸将自动清算以偿还债务。借款人支付的利息的一部分通常分配给准备金池，以在清算未能覆盖贷款价值（称为清算失败）时偿还贷方。这一要求意味着贷款通常用于杠杆交易或获取新资产。

小贴士：借贷资产池例子：Compound

借贷市场是 DeFi 的一种流行形式，它将借款人与加密货币的贷方联系起来。Compound 允许用户借用加密货币或提供自己的贷款。用户可以通过获得借钱的利息赚钱。Compound 通过算法设置利率，因此如果借入加密货币的需求更高，利率将被推高。

DeFi 借贷是基于抵押品的，这意味着为了获得贷款，用户需要提供抵押品——通常是以太币，这是为以太坊提供动力的代币。这意味着用户不会提供他们的身份或相关的信用评分来获得贷款，这是正常的非 DeFi 贷款的运作方式。

Compound 是一种货币市场协议，允许用户立即借出或借入智能合约中的资产池，所赚取的利息以借出的相同代币计价。利率是通过算法推导出来的，并且是每个市场上可用资产数量的函数，基于每种资产的供求关系，以反映市场状况。

COMP 是 Compound 的治理代币，持有者可以对所有协议变更提出建议和投票，包括利率模型和支持的抵押品类型。COMP 代币普及了“流动性挖矿”，即每天向所有贷方和借方分发预定数量的 COMP。虽然现阶段 COMP 没有现金流，但代币的价值反映了投资者对协议成功的期望。未来可能会有一个提案，允许 COMP 代币持有者直接从平台的使用中获取价值。

传统的信贷与去中心化信贷池，如图 9－4 所示。

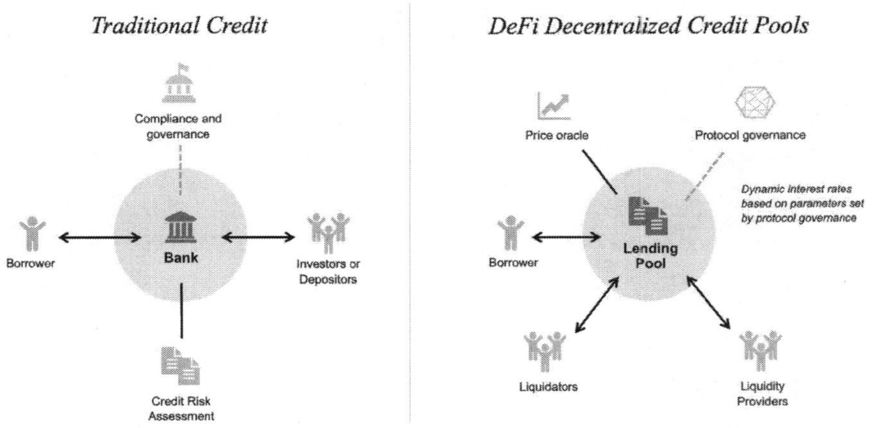

图 9－4　传统的信贷与去中心化信贷池

9.3.4　衍生品

衍生品增加了借贷之外的金融交易的复杂性，创造了宝贵的市场机会，带来了新的风险。衍生品可以基于股票、商品、数字资产当前或未来的价值，以及企业的现金流（建立众筹关系）或现实世界的事件，例如体育赛事的结果或天气的变化（创建预测市场）。

在中心化金融中，衍生品交易商依靠期货佣金商和其他中介机构接收买卖期货或期权合约的订单。他们还从客户那里接收金钱或其他资产来支持此类订单。交易者将订单提交给各自的清算会员公司，然后由其代表交易者进行交易。清算所位于两家清算公司之间，承担交易的法定交易对手风险。它执行涉及清算、保护和结算交易的所有活动。

DeFi 衍生品服务直接连接买家和卖家，与其他主要 DeFi 类别一样，由激励抵押品池提供支持。有些允许用户买卖数字资产的合成敞口，而无须实际持有它们。衍生品可以与杠杆相关联，放大收益和损失，或与资产价格成反比，相当于提供空头敞口。

其他应用程序涉及预测市场，用户可以在其中对未来事件的结果下注，通过“群体的智慧”共同生成信息。

小贴士：衍生品平台 —— Synthetix：合成资产发行协议

Synthetix 是一种建立在以太坊上的合成资产发行协议。用户可以通过创建称为 Synths 的合成资产来获得数字资产、货币、商品、股票和指数的价格敞口。这些合成器是超额抵押的衍生品。SNX 代币持有者质押并抵押所有未偿还的 Synth，从而赚取交易费用作为回报。他们可以通过三个不同的 DAO 参与协议的治理：协议 DAO、GrantsDAO 和 SynthetixDAO。值得注意的是，由于管辖权或其他监管要求，Synths 可能会跟踪用户无法直接购买的资产的价值。

上市衍生品和掉期与去中心化的衍生品，如图 9－5 所示。

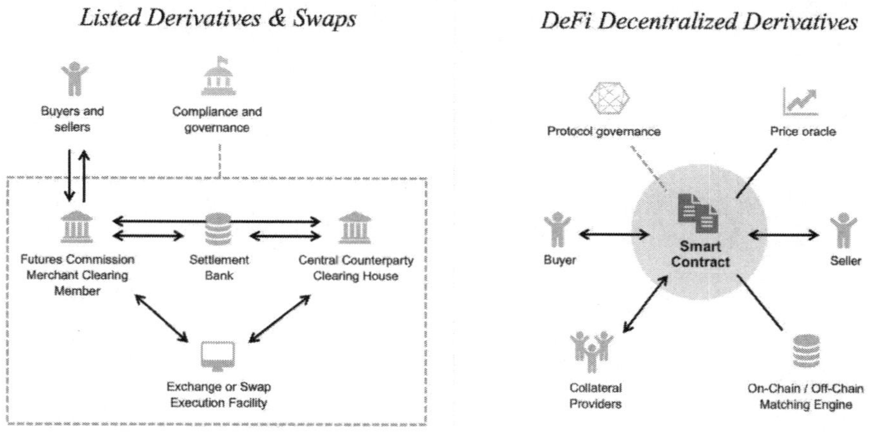

图 9－5 上市衍生品和掉期与去中心化的衍生品

9.3.5 保险

风险对融资至关重要，并且随着时间的推移与回报呈正相关。然而，投资者和其他人往往更愿意支付确定但很少的金额，以避免出现更大损失的可能性。其他人能够通过承担部分风险以换取报酬。中心化的保险公司将收到的保费与为维持足够的索赔资本储备以及相关的风险评估、承保和索赔管理而进行的投资相平衡。虽然 DeFi 衍生品有机会充当金融违约的保险，但 DeFi 保险服务的主要焦点是智能合约失败、DeFi 协议受到黑客的攻击、激励系统的博弈论风险等带来的 DeFi 特定风险。

DeFi 保险池以数字资产作为抵押，这些资产提供与单个协议相关的资本，以换取授予一部分保费的代币。如果发生黑客攻击或其他故障，这些资金会补偿付费用户。索赔评估员对是否支付索赔进行投票，而索赔付款通常由代币驱动的经济激励措施强制执行。盈余和投资回报通常归资本提供者或治理代币持有者所有。

小贴士：NexusMutual

NexusMutual 提供智能合约保险。最近，Nexus 启动了对存放在 BlockFi 和 Celsius 等中心化数字资产服务中的资金保护，以防万一。

NexusMutual 是一家受金融行为监管局监管的英国有限公司，类似于传统的保险公司。每个用户都需要接受身份检查才能成为相互的部分所有者，成员权利由 NXM 代币表示。NXM 代币可用于购买保险以及参与索赔评估、承保和共同治理。NXM 的价值由一个公式驱动，该公式包括由治理投票设置的变量，并与共同基金池的规模相关。随着时间的推移，Nexus Mutual 计划投资其资产以赚取浮动收益。

传统保险与去中心化保险池，如图 9－6 所示。

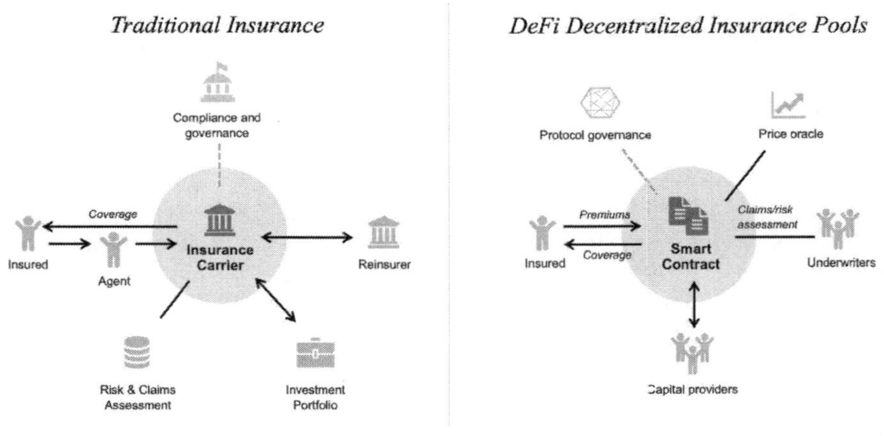

图 9－6　传统保险与去中心化保险池

9.3.6　资产管理

投资者依靠资产经理来管理和分配他们的投资组合。在传统金融中，投资经理通常会组装受监管的产品，例如共同基金、ETF、单独管理的账户或私募股权。财富管理机构将这些产品打包成资产配置，通过财务顾问和经纪人分发给客户。机器人顾问提供自动化金融服务，几乎不需要人工干预或监督。

在 DeFi 中，底层投资可以由代币、捕获传统敞口的数字资产、合成结构代币和计息账户组成。DeFi 资产管理协议通过智能合约将它们组合成“金库”或“池”，作为多元化的数字资产组合。资产类别和包类型之间的界限，以及这些服务的典型商业模式，仍在发展中。

小贴士：Set 协议（Set Protocol）

Set 协议是一个去中心化的投资组合管理协议，使用户能够创建一个代币，代表其他数字资产的完全抵押投资组合，包括比特币、以太坊和稳定币。支持每个 Set 的基础抵押品保存在保险库智能合约中。当满足某些条件时，使用预定义的逻辑设置自动平衡，例如重新平衡间隔或与目标的最小偏差百分比，类似于传统金融中的机器人顾问。

Set Protocol 和数据公司 DeFi Pulse 创建了前 10 名 DeFi 代币的资本加权指数，称为 DeFiPulse 指数。通过购买代表该指数的 Set，投资者可以一键式低成本地接触一篮子资产，这些资产每月会随着价格的变化而重新平衡。

9.4 DeFi 的创新

9.4.1 借贷创新

传统金融中的贷款活动通常没有抵押品担保，因为身份数据和信用评分用于评估信誉和限制违约。尽管目前还没有类似机制，但无担保的 DeFi 贷款解决方案（如闪电贷款）正在逐渐出现。

- 固定利率产品提供稳定的利率。尽管相关资产的价值会波动。Yield Protocol 创建的代币可以在预定的到期日之后一对一地赎回目标资产，类似于零息债券。

- 信用委托允许用户将抵押资产存入 Aave 等 DeFi 借贷服务，然后授权受信任的用户以该抵押品提取贷款。双方通过李嘉图合约的安排指定贷款的详细信息，其中法律协议以加密方式与区块链上的相关智能合约相关联。该系统允许具有未使用借贷能力的存款人将信用额度委托给他们信任的人以赚取额外的利息。借款人还可以以更优惠的条件为现有贷款再融资。

• Maple Finance 等机构的企业信贷服务允许机构从经验丰富的投资者管理的流动资金池中借款。

9.4.2 风险管理创新

人们越来越需要更好的工具来重新打包和分配与 DeFi 活动相关的风险，从而实现更高效的资本配置和开发更复杂的衍生品。

• 期权构成广泛的金融对冲策略的基础。Opyn 是一种用于创建代币化期权的 DeFi 服务，可用于对冲风险或进行投机头寸。它还支持 flash mint，类似于 flash 贷款，即在交易结束前销毁没有抵押品的期权。Ribbon Finance 进一步支持将期权与其他工具相结合以支持更复杂策略的结构性产品。

• 由 DeFi 服务 BarnBridge 开发的分批贷款将债务池分成具有不同风险/回报特征的资产档，投资者可以单独访问。

• 信用违约掉期允许投资者购买信用安排违约风险保险。Saffron Finance 正致力于在 DeFi 中启用这种机制，用户可以在其底层借贷平台上进行掉期交易。

• 再保险传统上是保险公司自身分散风险的方式。NexusMutual 和其他 DeFi 保险业者已经开始模仿这种方式，相互扩展智能合约保险。

9.4.3 规模创新

目前，以太坊速度缓慢，并且受到高额交易费用的影响，即天然气价格。其他区块链，如 Algorand、Avalanche、Binance Smart Chain、Cosmos、EOS、NEAR、Polkadot 和 Solana，正试图以更高的吞吐量和更低的费用承诺吸引专注于 DeFi 的开发人员和用户。然而，基础层更好的可扩展性可能会以去中心化程度或其他属性为代价。以太坊基金会承诺在即将推出的 Eth2 中显著改进可扩展性，而以太坊开发人员一直在构建各种 Eth2 解决方案，例如分片或“汇总”，以卸载计算执行，并将一些交易数据保留在链上。Eth2 还计划用权益证明系统取代因能源使用密集而受到批评的工作量证明挖矿。

9.5 DAO在元宇宙中的作用

DAO，即 Decentralized Autonomous Organization，去中心化自治组织，是一种摆脱传统自上而下等级化管理模式，完全自主运行的组织形式。

从公司或实体组织的层面去理解 DAO 更具商业和现实意义，但需要明确的是，DAO 并非某个具体的组织实体，而是一种通用的组织形式。

DAO 的管理和运营规则以智能合约的形式编码在区块链上，从而能够在没有集中控制或第三方干预的情况下自主运行。通过智能化管理手段和代币经济激励，实现自运转、自治理、自演化，进而实现组织的最大效能。

此外，所有决议将在提案上通过投票来决定，这样便能够确保组织里的每一个人都能自由表达意见。

相较于传统组织形式，DAO 更加安全、稳定，因为任何人都不能控制整个组织。并且，由于 DAO 运行在无须许可的、去中心化的区块链技术之上，所以它能够不受外部因素干扰，保持自治。

在 DAO 里，每个人的投票权通常是由手中的代币呈现出来的。有各种各样的 DAO 存在，每一种 DAO，根据需求将产生（创造）出适用于自身发展的代币。那么，不同形式的 DAO 的代币可以互换吗？从原理上说是可以的，一是通过专门设计的数字资产交易所平台进行交易；二是与稳定币挂钩，稳定币可以在交易所上市交易。从实践上说，则需要看每种 DAO 所要完成的使命。

去中心化的发展也为新世纪的工人运动带来了希望。DAO 是一种拥有共享所有权的互联网社区，可以发挥类似于工会的作用，代表其成员的集体利益，并推动有益的政策和机制。与工会相比，DAO 治理和链上资本流动的透明性降低了贪污和腐败的风险，因为资金如何流入和流出都是可见的。关于成员准入的开放规则减轻了制度歧视。有人认为，随着网络的增长，DAO 的规模将超过现有最大的公司。当然，DAO 将面临一系列挑战，包括扩展、治理、如何平衡资本提供者与积极贡献者的利益。毫无疑问，DAO 代表着一种令人信服的与利益相关者至上不同的新范式，而这种新范式则有利于工人。

9.5.1 激励结构和治理

激励结构和治理层不是必需的，但大多数 DeFi 服务都包含基于代币的激励结构，以实现流动性和治理等重要目标。

DeFi 的可组合以及程序化架构，收益率可以通过多种方式确定，包括按比例分配交易费用、通过协议治理过程设置的参数或奖励早期参与的绑定曲线。

使用代币激励去中心化网络的想法并不新鲜。Coinbase 联合创始人 Fred Ehrsam 在 2016 年概述了如何使用代币来帮助解决众所周知的“引导新网络”和“市场的鸡和蛋”问题。然而，在 2017 年首次代币发行（ICO）泡沫中，代币经常被出售给投机者，而投机者为了快速获利而抛售代币，对网络几乎没有建设意义。DeFi 为奖励长期专注的参与者代币模型提供了新的机会。更多流动性会增加网络价值，其中一些价值流回流动性提供者。要达成这类目标就需要精心设计激励结构，关注杠杆、波动性以应对风险。

DeFi 激励资产池化，如图 9－7 所示。

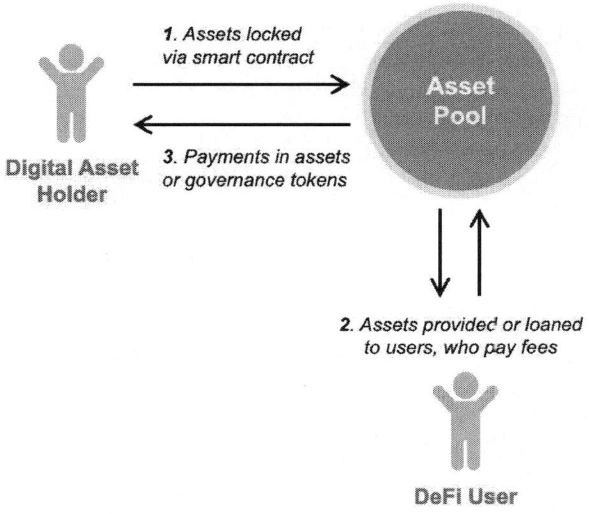

图 9－7 DeFi 激励资产池化

除了在激励方面的作用外，基于代币的治理还为 DeFi 服务的进一步去中心化提供了一种机制。随着开发人员将基本决策的更多控制权交给代币持有者，开发人员对协议的权力就会减弱。在当前的许多 DeFi 项目中，代币持有者投票可以指示指定的签名者更改某些协议值。进一步的去中心化需要多个指定的私钥（多重签名）来进行修改。去中心化自治组织（DAO）将代币投票的治理决策作为自动化智能合约来执行，没有人具有撤销的特殊权力。去中心化治理也伴随着风险。例如，攻击者可能会使用治理系统来实施允许其耗尽资金的策略，但目前没有有效的追索手段。

DeFi 治理机制，如图 9－8 所示。

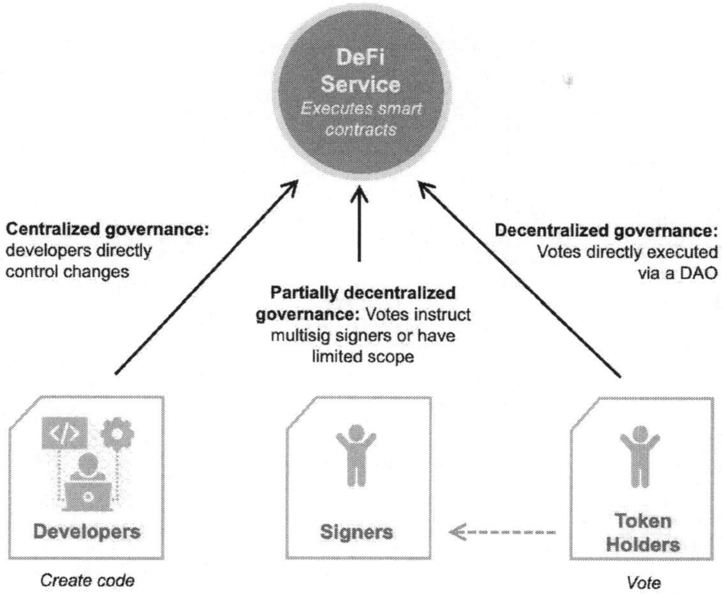

图 9－8 DeFi 治理机制

9.5.2 DAO 特点

- 有效的激励机制：通常来说，分配治理权、给贡献者奖励或者利润份额都能激励成员为 DAO 做贡献并积极参与治理。这反过来又使组织更有效率。
- 选民参与率高：驱动 DAO 价值增长的因素还在于更多成员积极参与治理，使得组织能够不断调整和完善。
- 持续交付项目：如果 DAO 实行了一个良好的激励机制且成员积极参与，那么 DAO 应持续交付其项目以及提出提案。定期推动项目发展的 DAO 通常意味着这个 DAO 在集体参与、执行能力和长期价值增值潜力等方面都不错。

9.5.3 DAO 八大分类

DAO 生态场景，八大分类列表，见表 9－3。

表 9－3 DAO 的八大分类列表

序号	八大分类	相关平台
1	DAO 运行系统	ARAGON；DaoStack；DaoHaus；COLONY；Syndicate：Orca；CW；Elastic DAO

续表

序号	八大分类	相关平台
2	投资类 DAO	MetaCartel; the LAO; Flamingo; Komorebi; UdacityFund; BitDAO; Free Company; Duck DAO
3	资助类 DAO	MetaCartel Ventures; MolochDAO; Audius Grants; Uniswap Grants; Mint Fund; Sevens Foundation; Compound Grants; Have Grants
4	收藏类 DAO	PleosrDAO; Flamingo; SquiggleDAO; FingerprintsDAO; BRRDAO; Whale; MUSEO; herstoryDAO; BeetsDAO; JennyDAO; MeebitsDAO; Gremlins
5	协议治理类 DAO	MAKER; Compound; UNISWAP; Curve; Index Coop; LIDO; pool; KeeperDAO; Badger; hDAO; Rari Capital; Balancer; Universe: Inverse finance; Aavegotchi; AAVE; Yearn; Sushi; OceanDAO; PieDAO; tornado; GITCOIN; RaribleDAO; O-lympus; AUDIUS; Cream Finance
6	服务类 DAO	DXdao; RAID GUILD; PartyDAO; MetaFactory; Fire Eyes; DeepDAO; Reverie; NeptuneDAO; Llama; MetaverseDAO; LexDAO dorg; DaoHaus; VitaDAO; ShinyD-AO; OPOLIS DoinGud; YGG; HoneyDAO; Myco; UniWholes; Yam DAO; Alad-dinDAO
7	社交类 DAO	FWB; Seed Club; TheWIPmeetup; Radicle; FiatLuxDAO; Metafam; KrausHaus; BAYC; ProsperDAO; CabinDAO; Meta Gamma Delta; SongCamp
8	媒体类 DAO	FOREFRONT; BanklessDAO; GCR; DarkstarDAO; rekt

（1）服务类 DAO——YGG DAO

与一些集中在艺术领域的 NFT DAO 不同，Yield Guild Game（YGG）在去中心化的游戏中建立了一个由玩家和投资者组成的 DAO，通过投资虚拟世界和基于区块链中使用的 NFT 获利。

YGG 背后的公司是一家位于马尼拉的游戏工作室，由 Gabby Dizon 创立，他是推出 Axie Infinity 和 Yearn Finance Communities 的团队成员之一。该工作室的联合创始人还有来自剑桥大学的企业家、CapchainX 的联合创始人、曾任主席的 Beryl Li 和区块链开发者、Axie Infinity 算法研发人之一的 Owl of Moistness。目前 YGG 团队已经有 20 多名成员，Nolan Manalo（也被称为 Nate）是游戏运营的负责人。

YGG DAO 主要通过直接或间接出租或出售 YGG 拥有的 NFT 资产赚取利润，公会成员能利用公会资产直接为 YGG 赚取游戏内奖励。而第三方（非公会成员）可以利用游戏内资产赚取利润，比如在游戏内的土地上开展经济活动，从而创造收入。这样一来，NFT 的所有权将随着游戏内资产经济价值的增长而升值，这也反映出持有人所持 NFT 在公开市场上的价值。此外，玩家还可以通过参与游戏赢得收益。

YGG 的 NFT 总供应量为 10 亿枚。其中 45% 已被预留，将在 4 年内逐步分配，以支持 YGG 社区运营；约 40% 将分配给投资者（24.9%）和创始人（15%）；其余 15% 将分配给公司的财务和顾问。

出于安全性考量，YGG 建立了一个子 DAO 来承载特定游戏的资产和活动。子 DAO 中的资产由 YGG 金库通过多重签名认证的硬件钱包进行购买、拥有和控制，以确保最大的安全性。

（2）收藏类 DAO——Pleasr DAO

Pleasr DAO 是为共同筹集资金，购买高价值 NFT 而成立的，出资费用和数字资产所有权由 Pleasr DAO 成员共摊共享。

Pleasr DAO 最初成立的目标是众筹购买纽约 3D 数字艺术家设计的 Uniswap V3 NFT 艺术品“x × y = k”（为迎接 DEX - Wniswap 的更新而创作的纪念视频）。买入 V3 NFT 之后，Pleasr DAO 又因入手 Edward Snowden 名为“Stay Free”的唯一一件 NFT 数字艺术品一跃登上主流媒体头条。2021 年 4 月 16 日，Pleasr DAO 在拍卖会购入第一件正式发行的斯诺登 NFT，价格创下拍卖史上最高纪录，购买资金随后被捐给新闻自由协会，以促进媒体内部的新闻透明和权力下放。

Pleasr DAO 将继续购买并委托制作 NFT 艺术品，同时投资去中心化金融，孵化新的产品，培养新的数字艺术家，以及对数字市场进行天使投资。

（3）投资类 DAO——Flamingo DAO

Flamingo DAO 主要通过研究链上新兴投资机会扩大 DAO 资金。秉持区块链收藏家是新一轮投资人和策展人的坚定信念，Flamingo DAO 认为转向研究数字财产所有权问题将在打造独特未知的数字内容市场和消费方式方面发挥重要作用。

Famingo DAO 的目标是在数字市场上占有一席之地，特别是最近前景广阔的区块链艺术市场。Famingo DAO 的成员有机会将个人 NFT 资产纳入 DAO 金库，从而获得由数字资产担保的信贷额度。此外，成为 DAO 成员后，投资者还能享受到多种福利。例如，成员可以在 DAO 数字画廊展示自己的 NFT，可以将 NFT 储存在 DAO 金库中，可以将 NFT 进行拆分，也可以将其作为在其他 DeFi 平台中的担保。成员能依据 DAO 份额获得一定比例的溢价收益。

9.6 5 个 DAO 项目以及运作方式

本节选择目前市场上比较主流的 5 个 DAO 运作方式及 5 个 DAO 概念项目进行讨论。

9.6.1 DAO 项目

（1） Aragon

Aragon 是以太坊区块链上的一个可以让任何人创建和管理任意组织的 DApp。Aragon Network 是一个由代币控制的数字管理组织，专注于为经济增长创造最好的条件。本质上 Aragon Network 是个可以让任意组织、企业家和投资人高效安全协作，并且没有技术漏洞和恶意参与方的生态系统。

（2） MANTRA

MANTRA DAO 是一个社区管理的 DeFi 平台，专注于抵押和借贷以及跨链 DeFi 产品。MANTRA DAO 已构建了一套 DeFi 产品，包括多资产抵押平台、货币市场借贷协议以及游戏彩票池和稳定币铸造协议。该套件当前基于 Ethereum 构建，但未来还将开发针对 Binance Smart Chain、Polygon 以及 Polkadot 的跨链产品。

（3） Maker DAO

Maker DAO 是以太坊上的去中心化自治组织和智能合约系统，为以太坊提供了第一个去中心稳定货币 Dai。DAI 是有数字资产抵押背书的硬通货，和美元保持 1∶1 锚定。MKR 是 Maker 系统的管理型代币和效用代币，用来支付 DAI 的稳定费用以及参与管理系统。与 DAI 稳定货币不同的是由于其独特的供给机制和在 Maker 平台上的作用，MKR 的价值和整个系统的表现息息相关。去中心化稳定货币 DAI 在抵押贷款和杠杆交易、避险保值和国际汇款，以及供应链和政府公开记账方面都有关键的应用。

（4） 0x DAO

0x 是一个点对点交易的开源协议，促进以太坊区块链中 ERC20 代币的交易。该协议旨在作为开放标准和通用构建模块，推动包括交易所功能的去中心化应用 DApp 之间的互操作性。交易由以太坊智能合约系统执行，可以公开访问免费使用，且任何 DApp 都可以接入。建立在协议之上的 DApp 可以访问公共流动资金池或创建自己的流动资金池，并对其交易量收取交易费用。该协议不会把成本强加于用户之上，也不会任意从一组用户中获取价值来惠及其他用户。

（5） Curve DAO

Curve 是一个以太坊上的去中心化流动池交易所，提供极其高效的稳定币交易。Curve 于 2020 年 1 月上线，能够让用户以低滑点和低手续费交易稳定币，同时其接入 DeFi 协议 iearn 和 Compound，为流动性提供者提供额外收益，自动化兑换的方式也对用户使用更加友好。

9.6.2 DAO 主流运作方式

（1） Uniswap

Uniswap 的开发团队于 2020 年 9 月推出了其治理代币 UNI，这一行为开创了一个新的治理结构，并在当天正式让 Uniswap 社区拥有发言权。任何持有 UNI 代币的人都可以对可能改变 Uniswap 协议的操作或基础设施的开发提案进行投票或委托投票。

（2） Aave

Aave 是一种 DeFi 协议，采用了动态治理系统让用户积极参与加密生态系统的管理和发展。自然这是通过引入 Aave 代币实现的，该代币提供了向 Aave 用户分配投票权的方法。用户可以通过持有 Aave 代币或质押 Aave 来参与该项目的治理过程。

最初只有 Aave 开发团队可以提交提案。在 2020 年 12 月激活了治理协议的更新版本，以确保去中心化仍然是整个 Aave 借贷生态系统运作的基石。通过此次升级实现的另一项改进，即分配给每个代币持有者的双重投票权。现在所有代币持有者都可以分别委托他们的投票权和提案权。

（3） Decred

Decred 本身就是一个区块链。Decred 使用结合了工作量证明 POW 和权益证明 POS 协议的混合共识机制。如果要投票则 Decred 用户需要对他们的 DCR 进行时间锁定以购买门票。这些 DCR 可用于平台的链上和链下投票。

对于链上投票来说，协议随机选择 5 张票来审查矿工创建的最新区块。5 张票中至少有 3 张必须投票认为该区块有效才能获得最终统计数据。投票完成后与该票证关联的 DCR 将被解锁并与通过投票成功获得的 POS 奖励一起返还给 DCR 所有者。

（4） Synthetix

Synthetix 允许成员定期选举代表，以在动态的 DAO 生态系统中扮演不同的角色。Synthetix 的独特之处在于其治理系统的稳健性。Synthetix 整合了 6 个不同的 DAO，在 Synthethix 生态系统中扮演特定的治理角色。

（5） UMA

UMA 是一种协议，允许用户在以太坊区块链上创建基于合成的资产。UMA 授权 UMA 代币持有者管理某些操作，包括对价格指标进行投票以及管理协议的基础设施设计。治理参与者在执行投票任务时会收到支付的 GAS 费用的回扣。此外，该协议将 0.05% 的 UMA 分配给治理参与者，比例取决于用于投票的代币数量。

提议者必须在平台的早期话语论坛上分享提议更改细节。提案人必须起草一份 UMA 改进提案并通知选民即将进行投票。在投票开始之前，选民有 48 小时的时间来审查。如果超过总票数的50%支持该提案，则该提案被批准实施。

9.7 DeFi的发展——DeFi2.0

DeFi发展的节奏很快，2020年我们见证了一个风起云涌的DeFi，当时的DeFi采用了流动性挖矿模式，引爆了整个加密领域。但随着对流动性挖矿模式的探索，人们逐渐发现了流动性挖矿的弊端。这种短期激励模式会导致一些流动性提供者对项目和协议的过度开采，甚至加速项目走向消亡。在这种模式中，流动性提供者和协议长期利益并没有达成一致，这种矛盾的存在导致DeFi处于增长缓慢的状态。在这种背景下，提出了DeFi2.0概念。DeFi 2.0是指DeFi在2021年的新变化，是一种新型的DeFi协议，试图通过试验协议设计和代币经济学来解决DeFi协议面临的最大问题——如何以可持续的方式吸引持久的流动性。DeFi2.0通过新的机制改变了协议和流动性提供者之间的关系，并最终重构了流动性服务本身。

每个提供流动性挖矿计划的协议都希望在流动性挖矿结束后，该协议可以通过建立信誉良好的品牌、与竞争对手明确区分从而保持对用户的吸引力。这通常也被称为围绕协议构建“护城河”。

所有新协议都面临着一个很大的困境，就是如何以可持续的方式带来用户和流动性，为了解决这个问题，一组新的DeFi协议决定提出一种创新的协议设计，将通常的流动性挖矿程序改变为更可持续的方式。

9.7.1 流动性捕获

DeFi之所以能成为DeFi，除了以太坊等底层公链基础设施之外，最重要的是有流动性的提供。这是DeFi能够运行的前提，是支撑其生命的血液。这也是为什么2020年第二季度，在Compound推出流动性挖矿之后，引爆了整个市场的重要原因。随着一年多实践展开，人们看到了流动性挖矿的弊端，短期的激励模型只会鼓励流动性提供者短期的行为。很多情况下，流动性提供者并没有跟协议形成长期的互利合作关系。流动性提供者随时可以撤退，并留给协议一地鸡毛。

为解决这个问题，出现了POL（Protocol Owned Liquidity）的概念，也就是协议控制的流动性，甚至还出现了“流动性层”的服务，专注于为DeFi项目提供流动性基础设施层。

为了更好地理解这种新设计是如何工作的，以下介绍 Olympus DAO 和 Tokemak 是如何运作的。

（1）Olympus DAO

Olympus（奥林巴斯）是一种基于 OHM 代币的去中心化储备货币协议。每个 OHM 代币都由存储在 Olympus 金库中的一篮子资产支持。这反过来为 OHM 创造了一个实际价格的底价。为了参与 Olympus，用户可以质押他们现有的 OHM 代币并从 rebase 奖励中获得新的 OHM，或者交易不同的资产以换取折扣 OHM。后一个过程，也称为“绑定”，是允许协议拥有自己流动性的概念之一。

目前，该协议支持绑定两种主要资产类型：代表流动性的 LP 代币添加到去中心化交易所，如 Uniswap 或 Sushiswap，以及单一资产，如 DAI、FRAX、wETH 或 LUSD。

当用户将 LP 代币换成打折的 OHM 代币时，LP 代币基本上由协议本身控制。众所周知，LP 代币的所有者始终可以完全控制其流动性。就 Olympus 而言，该协议拥有最常见的 OHM 对应的 LP 代币，例如 OHM - DAI、OHM - WETH、OHM - FRAX 或 OHM - LUSD。

2021 年底，Olympus 在所有市场和交易所拥有超过 99.5% 的自由流动性。

Olympus 使用的绑定机制不仅为奥林巴斯本身，也为通过 Olympus Pro 的其他协议开辟了许多新的可能性。Olympus Pro 允许其他协议利用使 Olympus 成功的相同绑定机制并将其作为服务提供。

Olympus Pro 开始吸引越来越多的协议寻求更可持续的方式来带来长期流动性。参与 Olympus Pro 的一些协议包括 Alchemix、Frax、StakeDAO 和 Pendle。

Olympus Pro 还推出了专门的债券销售市场。投资者能够通过这个市场以折扣价购买不同协议的代币，换取其他资产，然后这些资产可以成为协议金库的一部分。

Olympus 还即将发布其协议的 V2，以改进和优化一些现有功能。例如改进了绑定机制，绑定的 OHM 现在也将在绑定期间被质押在协议中。

跟之前 DeFi 流行的流动性挖矿模式不同，Olympus DAO 的核心之一在于 PCV，也就是协议控制价值，这改变了它跟流动性提供者之间的关系。Olympus 将资金流向协议，而不是团队。

Olympus DAO 向参与者发行折扣价格的 OHM 代币（债券），获得流动性提供者的 LP 代币头寸，从而捕获了“流动性”。随着其债券销售越多，其掌握的流动性也越大。截至目前，Olympus DAO 拥有超过 4.6 亿美元的流动性。

更好的流动性，可以提升参与者持续参与的信心，不用担心突然有一天流动性完全消失。

当然，也不是完全安全，只是相比之前的流动性支撑度更好些。随着 Olympus DAO 的成功，各个链上的类似项目已经多达十几个，但风险会越来越高。

在 Olympus DAO 自身的成功实践基础上，其还推出了可被其他 DeFi 协议采用的流动性服务产品。其他项目可以实现类似 Olympus DAO 的“流动性捕获”，同时对于 Olympus 来说，也可以将其代币 OHM 嵌入到更多的协议中，从而形成更多的应用场景。有人提出了流动性即服务（Liquidity as a Service，LaaS）的概念，也就是后文要提到的 DeFi 流动性方案进一步演化。

（2）Tokemak（托克马克）

Tokemak 专注于通过去中心化的做市协议，在 DeFi 中创造可持续的流动性。在 Tokemak 中，每个资产都有自己的池，称为“反应器”，其中协议代币 TOKE 用于引导流动性。流动性提供者仅向专用反应器提供 1 个代币，而 TOKE 持有者成为流动性主管，决定了应流向何处。

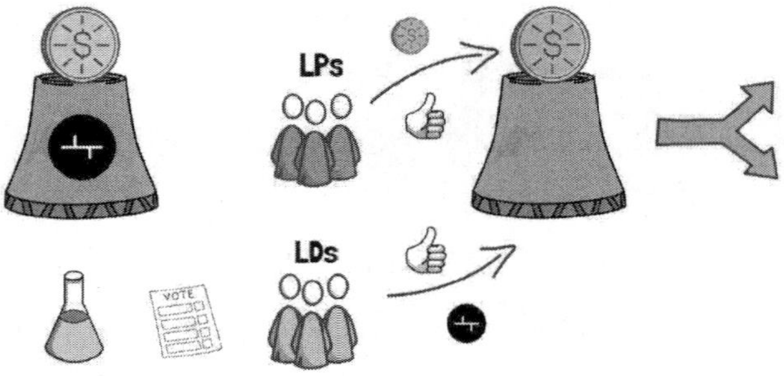

Tokemak 是一种专注于流动性供应的协议。简言之，它试图成为 DeFi 项目的做市商，成为 DeFi 的流动性提供的基础设施层。

Tokemak 协议可以收集各种闲置代币，参与者可以提供单边代币，其中包括 ETH、DAI 等代币，也包括不同协议项目的代币。这些代币可以组成代币对以提供流动性。每个代币资产都有自己的“反应堆”（当流动性提供者将某代币资产存入之后，会获得相应数量的资产，可以 1:1 赎回）。

Tokemak 的协议代币 TOKE 充当引导流动性的作用，也可以理解为将流动性进行代币化。TOKE 控制了流动性的流向。

对于 DeFi 项目来说，通过 Tokemak 可以以更低廉的成本构建“代币反应堆”，以构建可持续的流动性；对于流动性提供者来说，可以提供单边代币的流动性，不用担心无常损失。总的来说，它希望各种协议不再自己构建流动性池，而是通过 Tokemak 来获得流动性。

对于流动性提供者来说，其将代币存入“代币反应堆”，可以获得协议代币 TOKE 的奖励收益。这些存入“反应堆”代币资产跟 ETH 或 DAI 等资产配对，部署到 DEX 中。这些存入“反应堆”的代币，可以 1:1 赎回。那么，由谁来承担无常损失？这里就涉及 TOKE 代币。TOKE 代币是 Tokemak 的协议代币，不仅有治理功能，也用来为流动性提供者作为奖励。TOKE 代币可以捕获流动性的交易费用，这是支撑其价值的关键。同时，它也用来缓解无常损失。

当某个“反应堆代币”提取时存在无常损失，那么 TOKE 会进行支撑偿付。Tokemak 采用抵押网络来缓解无常损失。在 Tokemak 的设计中，除了流动性提供者外，还存在流动性引导者。流动性引导者通过质押 TOKE 来引导流动性，在这个过程中，流动性引导者会获得 TOKE 代币的奖励。如果产生了无常损失，首先会由协议财库进行支撑，最后由 TOKE 质押者（流动性引导者）的 TOKE 奖励支撑，如果这还不够，则由 TOKE 质押者的 TOKE 来支撑（按比例）。

对于 TokeMak 协议来说，其长远目的是在没有第三方参与者情况下提供流动性和做市服务，通过其流动性服务积累越来越多的价值。当然，前提是它有足够的网络效应，在这个过程中积累足够的价值，一旦价值突破临界点，它有可能产生类似黑洞的效应。

总之，DeFi 2.0 的核心概念使流动性挖矿更具可持续性。新的 DeFi 协议将有办法吸引持久的流动性，而不会陷入无休止地用流动性挖矿奖励补贴用户的循环。

9.7.2 DeFi 2.0 之资产效率优化

由于 DeFi 的去中介化模式，因此往往需要提供超额抵押的资产。这里存在资产效率低的情况。Abracadabra 模式跟 MakerDAO 类似，都是超额抵押资产以生成稳定币。不过跟 MakerDAO 不同的是，Abracadabrao 抵押的资产是带有收益的资产，这样对于抵押资产的用户来说，相当于提高了资金的效率。因为这些抵押资产本身还在获得收益。这些带有收益的资产包括 yvYFI、yvUSDT、yvUSDC、xSushi 等。超额抵押这一类资产可以生成其稳定币 MIM。

除了提高资金的利用率之外，因为这些抵押资产会增加价值，还降低了清算的可能性。

DeFi2.0 本质上要完善 DeFi 的基础设施层，DeFi 的基础设施不仅包括以太坊等公链，包括 DEX、借贷、衍生品等基础，还包括支撑这些模式的流动性。流动性本身也是 DeFi 可持续的重要基础设施层。

DeFi2.0 的核心就是要将流动性变成 DeFi 的基础设施层，在这个基础上，让 DeFi 变得更加可持续发展。从这个角度看，DeFi2.0 是 DeFi 必然的演化趋势。DeFi 就像是生命体，它要不断成长，需要完善它各个部分，最终成为可以不依赖于任何中介的自我增强且可持续的平台。

第 10 章

元宇宙与 NFT 数字资产的融合

10.1 非同质化代币（NFT）

元宇宙的代币生态体系中，我们解析了什么是不可替代的代币，也称非同质化代币（NFT），强调指出了 ERC20、ERC721、ERC1155 代币协议的重要性。尤其是 ERC721 代币协议，它确保了现实中物理资产的数字化，对数字资产的唯一性、独特性和稀缺性，提供了确权、授权和安全的保障。各种 ERC20、ERC721、ERC1155 数字资产的所有权、使用权、经营权、著作权、版权等得到了确认后，数字产品、数字资产就得以安全地进入流通领域，在区块链平台上进行交易、投资。

ERC1155 代币标准允许在一个代币标准中创建可替代、半可替代和不可替代的代币。这使得 ERC1155 代币成为更流行的 ERC20 代币和 ERC721 代币的一种组合。这也意味着可以在同一标准内创建可替代代币（NT）和不可替代的代币（NFT）。ERC1155 代币标准很实用，还允许单个智能合约处理所有代币。

除了游戏之外，还有许多其他现实生活场景同时使用可替代和不可替代的物品。例如，数字内容、艺术品、房地产等。总之，目前元宇宙中所使用的各种加密货币（代币），基本上就是以太坊平台上所使用的各种 ERC20、ERC721、ERC1155 数字资产。虽然新的区块链平台也可以使用各种 ERC20、ERC721、ERC1155 数字资产，但目前还未形成主流的数字代币。

NFT 是所有权的唯一标志，是存储在区块链中的独特所有权记录。由于 NFT 代表所有权，因此它们的潜在应用仅受人类想象力的限制。NFT 已经被用于销售音乐、区块链游戏中的英雄角色以及来自元宇宙项目（如 The Sandbox）的数字土地。此外，区块链技术的最新发展使投资者能够使用 NFT 购买实物资产，这是将物理资产所有权编码映射到区块链中的过程，其中最具影响力的是代币化的房地产。

进入元宇宙，NFT 首先碰到一个问题：如何为元宇宙提供版权保护？元宇宙是下一代互联网，也可以理解为是虚拟现实，即增强现实中的三维数字环境，它不仅可以通过智能手机和 PC 端或者 VR 设备和传感器等一系列设备进行连接，还将使在线和离线之间的障碍变得微乎其微。

10.2 NFT 与元宇宙

区块链是数字时代的最新产物，在过去短短几年间经历了飞速发展和多次更迭：2008 年比特币，2017 年萌芽，2018 年智能合约，2019 年更迭，2020 年 DeFi，2021 年 NFT、元宇宙，都无疑是这一领域里最热门的话题。

10.2.1 NFT 的发展元年

NFT 最早出现于 2015 年，第一批项目于 2017 年启动，并在 2021 年迎来飞速增长。2021 年上半年，NFT 的总市值为 25 亿美元。仅在 2021 年 7 月，销售额就飙升至 15 亿美元。然而，在 2021 年下半年，NFT 赛道逐渐趋于冷静。

10.2.2 NFT 的应用场景

NFT 最初的主要应用场景是虚拟收藏。由于每个 NFT 都是独一无二的，具有不可替代性，使用 NFT 对艺术品进行编码符合艺术品的稀缺性特征，这使它对收藏家、艺术家和其他卖家都非常有价值。

新的 NFT 项目不仅是商品销售的未来，也为音乐家在流媒体和数字内容共享时代提供了新的版权保护方式，为游戏开发人员创造了新的经济获利方式。

（1） NFT 的最初功能：艺术品收藏

Rarible 成立于 2020 年，是一个联络数字藏品的买家与卖家的平台，允许数字艺术家和创作者发行和出售代表其数字产品所有权的自定义资产，支持包括艺术、音乐、域名和 DeFi 保险等在内的交易，并允许用户在没有中间商的情况下直接交易。

目前，Rarible 已经推出了 RARI。Rarible 希望通过 RARI 在虚拟社区构建一个分散的自治组织，用户可以使用 RARI 对影响平台、创作的提案和艺术品进行投票。Rarible 也正在将 NFT 与 DeFi 集成，并于 2020 年 9 月与 Yearn Finance 和 Nexus Mutual 合作。

（2）NFT 投资的扩大：土地投资项目

土地经济是投资 NFT 的最独特方式之一。Decentraland 和 The Sandbox 是目前强大的买卖土地的虚拟现实生态系统。在这些平台中，用户可以通过开发房地产将土地货币化，甚至可以在土地上搭建功能性场所，比如游乐园、博物馆、画廊，进一步将其土地货币化。

小贴士：Decentraland

Decentraland，最初创建于 2015 年，2017 年首次在测试版中推出，在 2020 年 NFT 蓬勃发展的浪潮中逐渐成为元宇宙中强大的土地买卖平台之一。

Decentraland 是一个由区块链驱动的虚拟现实世界，用户能够创建内容和应用程序，并为用户提供了多个数字收藏品，如包裹、可穿戴设备、名称和遗产。用户可以在 Decentraland 内购买虚拟土地，通过网页浏览器与钱包连接以设置头像，创建虚拟身份，参与治理和交易稀有数字收藏品。

小贴士：The Sandbox

The Sandbox 成立于 2011 年，是一个去中心化的游戏平台，玩家可以创建并拥有专属的游戏世界，并从自己创建的虚拟房产中获利。在 The Sandbox 中，数字房地产被称作 LAND，玩家可以进行购买，并可以在其中自由添加游戏和资产。多个 LAND 组合在一起形成 ESTATE。

The Sandbox 也创建了 SAND，用户可以通过玩游戏获得，也可以通过购买、创造获得。虽然同为虚拟房地产项目，二者的功能也略有不同。Decentraland 仅使用 ERC721 标准；而 The Sandbox 则计划与 Enjin 合作，在游戏中支持和实施 ERC1155 标准，这使得 The Sandbox 具有更高的兼容性。此外，二者在用户活跃度上也存在差异。

The Sandbox 提供 NFT 选择更多，整体交易趋势，买家多于卖家，说明有源源不断的新人进入了用户群，而且这部分人要多于抛售资产的人。

（3）NFT 社区：延续与发展

①CryptoPunks。CryptoPunks 成立于 2017 年，每个 Punk 都是由算法生成的，Punk 总量为 10 000 个，其中人类 Punk 是最常见的种类，而其他种类的 Punk 则由于数量稀少而更为昂贵，比如僵尸 Punk 有 88 个，猿猴 Punk24 个，而外星人 Punk 只有 9 个。

在 CryptoPunks 创建之初，任何拥有以太坊钱包的人都可以免费认领，但由于总量限制，10 000 个 Punk 很快被认领完毕。在此之后，如果人们想获得 Punk，只能通过购买来获得。每一个 Punk 拥有不同的背景和不同的外形特征，稀有 Punk 的拥有者可以通过拍卖获取利润。

总交易量是一个基本指标，可以说明用户之间的销售数量和交换的总价值。该指标在很大程度上受新玩家增长、巨鲸、预售等情况的影响。可见，CryptoPunks 所占据的市场份额非常庞大，在众多 NFT 收藏品当中，交易量与交易人数都相当可观，巨鲸人数高达 163 位，显示出老牌 NFT 的强势地位。如图 10－1 所示，即使单从 24 小时交易量和最高成交价来看，作为老牌头部 NFT，CryptoPunks 的表现依然不俗，高居榜首。

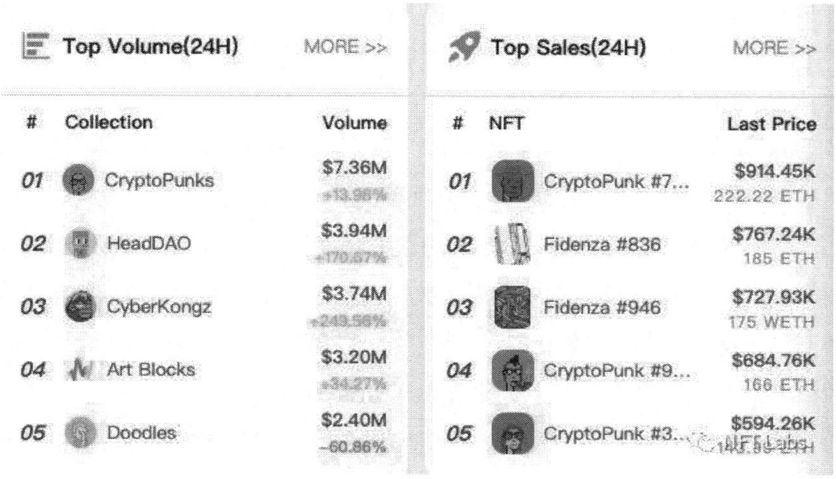

图 10－1　24 小时交易量和最高成交价

数据来源：NFTGO. io

②Bored Ape Yacht Club（BAYC）。Bored Ape Yacht Club 与 CryptoPunks 相似，是一个拥有 1 万多人的猿类头像 NFT 集合，用户可以自由创造猿猴的特征。该项目以具有不同属性和稀有性的卡通类人猿为特色，最便宜的类人猿的价格约为 6 ETH。BAYC 于 2021 年 4 月刚刚推出，提供的 1 万只猿猴在几天内迅速售罄，其总售价为 2 430 万美元，平均每只猿猴 200 美元。每个 BAYC NFT 持有人都可以终身加入一个仅限会员的秘密俱乐部。

BAYC 项目之所以能够一问市就广受欢迎，是由于它提供了丰富的选择空间和多样化的特征。在 BAYC 中，猿猴的特征可以通过算法随机生成，因此每只猿猴都拥有独特的背景风格、服装和帽子、耳环、眼睛、嘴巴和皮毛，这无疑满足了现在的人们彰显个性的需求。

（4）跨界应用和整合性平台

①Flow。Flow 由 NBA Top Shot 母公司 Dapper Labs 创建，是为 NFT 收藏品和加密

游戏设计的区块链平台。2017 年，Dapper 开发的 Cryptokitties 引起了以太坊的拥堵，在此背景下，Flow 应运而生。现在它被认为是新一代应用程序、游戏和数字收藏品的基础。

Flow 是一个区块链，旨在广泛扩展，能够提供快速和低成本的交易，它开发了各种消费者区块链应用程序，包括 Cryptokitties、Dapper 钱包和 NBA Top Shot，并为开发人员提供创建和交易特定类型的 NFT。

Flow 拥有丰富的生态系统，其中包括顶级娱乐品牌、开发工作室和风险投资初创公司，其生态合作伙伴包括华纳音乐、NBA 和 UFC 等全球 IPF 品牌。顶级开发商和一些世界级品牌已经在 Flow 上进行构建，并通过顶级内容实现全新体验。用户可以在 Kraken 和 Gate 等加密货币交易所购买流程，也可以通过 NBA Top Shot 或从 VIV3 NFT 市场购买艺术品与 Flow 进行交互。

②NBA Top Shot。NBA Top Shot 是 NBA 与上文提到的 Dapper Labs 合作创建的顶级 NFT 项目之一，建立在 Flow 区块链上，而不是以太坊上。这是美国国家篮球协会（NBA）推出的一个官方许可的区块链应用程序，用于与 Dapper Labs 交易收藏品。

在 Top Shot 平台中，球迷可以购买、出售和交易官方许可的特定视频亮点的编号版本，将球场中的精彩时刻定格下来，成为可被拥有、可被交易的虚拟产品，并包括玩家统计数据以及有关 NFT 交易历史的信息。在 NBA Top Shot 平台上，每周发行有限的 NFT 包，价格取决于其稀有程度。这些 NFT 经过 NBA 投篮认证，买家拥有该独家时刻的真实性和所有权。

除球场上的高光时刻，Top Shots 还包含玩家统计数据和球员历史信息，这就像一种虚拟的球星卡牌，为球迷们提供了新的收藏对象。

③Enjin。Enjin 成立于 2009 年，旨在开发一个游戏网络。2017 年，它推出了 Enjin coin（ENJ），开始为 NFT 构建一个专门的区块链生态系统。Enjin 的产品为 1 300 多个区块链营销活动提供了动力，为 Binance、CoinMarketCap、Kyber Network 和 CoinGecko 等公司提供了游戏化的在线参与。

Enjin 已经发展成为一个集成数字产品的生态系统，用于交易和游戏货币化。开发人员可以使用 Enjin 硬币在以太坊区块链上标记游戏项目。2021 年 3 月 31 日，Enjin 推出了 Efinity，这是基于 Polkadot 协议的下一代 NFT 区块链。

Enjin 是最受欢迎的加密 NFT 项目之一，为游戏货币化和交易提供各种数字产品。据报道，2021 年 3 月，Enjin 在所有 NFT 中达到了最高的市值，在 2021 年拥有最大的增长潜力。

随着对 NFT 可以提供的潜力和价值的了解越来越广泛，越来越多的大品牌、主要投资者和风险投资公司正在关注并参与其中。独立区块链游戏开发商也成功吸引了风险资本。虽然 NFT 的未来道路面临挑战，但作为一个新生的领域，仍然存在整体不断增长的空间，但期待更多新的 NFT 项目为我们打开想象力。

10.3 NFT 是元宇宙数字经济体系的奠基石

10.3.1 NFT 助力元宇宙经济增长

2019 年底，美国运动服饰巨头 Nike 公布了一项名为“CryptoKicks”的专利。引发了对于“加密鞋”的一波探讨。

Nike 的思路在于，当消费者购入一双“CryptoKicks”加密鞋时，也将收到基于该运动鞋而生成的 Token（NFT）。根据官方介绍，Nike Token 可能会采用双代币模型：一种 Token 对应于实体鞋，发行 ST（证券型代币），对运动鞋的信息进行记录与认证，实体运动鞋、ST 关联起来代表着该运动鞋的所有权；另一种 Token 则对应于“数字鞋”，这被称为一种更适合于新玩法的 UT（功能型代币），将不同运动鞋的造型结合，衍生出一代一代的新鞋型，这种衍生新鞋的思路与“加密猫”十分类似。

对于新的 NFT 虚拟鞋来讲，设计与发行平台正在引导其向“奢侈品”方向发展，这些品牌非常注意打造单品的稀缺性。RTFKT 的运动鞋目前只生产一个型号，而例如 Tribute 等品牌的产品也在严格控制产量，从而推升虚拟服饰的价值。Statista 最近发布的研究预计，截至 2022 年年底，消费者在游戏“皮肤”上的花费将达到 500 亿美元。“皮肤”允许消费者在游戏中更改自己角色的外观，尽管这种虚拟设计进入游戏市场的速度很慢，但“时尚”渗透到虚拟世界成为一种不可避免的趋势。

不过，数字货币近期的变化之快，也让与之挂钩的 NFT 虚拟产品的价值波动幅度变大。RTFKT 联合创始人也认为，对于普通用户来讲，眼下或许并不是最佳时机。同时，随着近期比特币热潮以及 ETH 价格的不断攀升，一些玩家对于虚拟鞋的竞价已经放缓。

通过 NFT，虚拟服饰已经成为区块链技术应用之下的美丽画布，给 NFT 的应用场景带来了新的思路。虽然市场上仍存在着不确定性，但我们能够确定的是，倘若想要建立一个面向数字受众群体的新时代的“Supreme”，NFT 或将不可或缺。

在可预见的未来，NFT 将会在元宇宙中大幅助力经济增长，还将在未来几年大幅度改变人们的生活形式。随着区块链技术的高歌猛进，元宇宙将完成互联网未竟的虚拟世界的愿景，在这个虚拟世界中，人们都将拥有虚拟身份并与加密资产甚至是具有虚拟现实的有形物体进行交互。

在这个过程中，NFT 将成为元宇宙的入场券，元宇宙本身也是 Web 3.0 的重要组成部分。可以说 NFT 的出现之于元宇宙，就像中本聪在2009 年1 月3 日在芬兰赫尔辛基的小型服务器上唤醒了比特币的创世区块。

一项新技术的诞生会催生各种新应用，各种新应用会形成各式的新商业，新商业必定会产生新组织，新组织推动新经济，新经济演变到新时代，新时代赋予新文明。

DeFi 是元宇宙中的数字经济体系，DeFi 新技术的出现，会不会延伸出新文明，要用发展的眼光去看待，DAO 毫无疑问是 DeFi 新技术下的新组织形态。DeFi 项目向 DAO 治理方向发展，已经成为一个趋势。

10.3.2 不断拓展中的 NFT 市场

自 2014 年以来，NFT 一直存在。然而，这些数字艺术作品直到 2020 年才成为主流，为日后达到更高的价值奠定了基础。简而言之，NFT 具有价值，因为它们不可替代，这意味着只有一个人才拥有的高度独特的数字艺术作品。区块链的使用很重要，因为它加强了 NFT 所有权、购买和销售的安全性。

NFT 有可能颠覆各种不同的市场，从艺术市场到体育、保险、游戏等。

艺术家的认可为这些数字创作提供了更多的合法性和价值。NFT 对艺术家很有吸引力，因为这些数字收藏品为创意人士提供了更高的自主权，即控制权。

NFT 的兴起消除了艺术画廊这一中间机构。数字艺术家可以创作精美的艺术品并将其直接出售给买家，而无需向拍卖行或其他介于他们与付费客户之间的企业支付费用。

体育界和交易卡行业对 NFT 尤其感兴趣，因为它们有可能取代传统的体育卡。事实上，NFT 类似于数字交易卡，但它们并不完全专注于体育运动。NFT 肯定会以视频形式展示顶级体育联赛的球员集锦，但它们也可以提供球员的静态照片、巧妙的图像、GIF 等。换句话说，NFT 很可能变得与传统卡一样具有收藏价值，甚至更具收藏价值。

10.3.3 NFT 的投资价值

NFT 是有价值的数字资产，主要是因为它们无法复制。

投资者应该将 NFT 视为一种现代数字形式的艺术，随着社会迅速向数字生活方式转变，它具有价值成倍增长的潜力。随着时间的推移，您以数百或数千美元购买的

NFT 很有可能会以指数方式升值。

NFT 不仅限于数字艺术作品，还包括推文、歌曲、GIF、域名、文章甚至游戏内的交易。这些数字项目的稀缺性是其吸引力的一部分。NFT 不能被复制，这意味着它是稀缺的。只有一个所有者可以声称对 NFT 拥有所有权这一事实使其变得更加稀缺。

NFT 在金融与艺术界，是证明数字商品所有权的唯一标识符。他们将数字艺术作品和其他收藏品变成独一无二的、可验证的资产，易于在区块链上进行交易。在 NFT 出现之前，数字艺术并不像莫奈或毕加索的画作那样具有价值。这仅仅是因为只需单击一个按钮就可以轻松复制数字作品，这使其几乎不可能与原件区分开来。Sacha Jafri 解释了软件如何使这成为可能，他说："有一种软件可以扫描艺术品。它不能被伪造。如果您扫描一张白纸和另一张白纸，它们是不同的，因为该软件会识别两张白纸之间的差异。"

NFT 市场有一定数量的收藏品，例如 Cryptopunks、Bored Ape Yacht Club 和 Cool Cats。

这些收藏中的每一个都仅限于 10 000 件数字艺术作品。每天销售 1 000 件 NFT 艺术品。就像在佳士得或苏富比拍卖会上发现的传统艺术品一样，艺术品越稀有，它的价格就越高。

10 000 个 Cryptopunks 收藏中剩余的 1/3 最近以超过 4.72 亿欧元的价格售出。这个像素化的艺术作品展示了未来 NFT 销售的潜力。您可能想知道为什么有人会投资于您可以在手机或笔记本电脑上轻松复制的东西。昂贵的 NFT 被用作为社交媒体账户上的个人资料图片，以显示财富，就像商务人士佩戴昂贵的手表一样。

拥有某些 NFT 可以让您访问独家内容和参加现场活动。

数字投资者正在利用 NFT 市场在短时间内赚取大量资金。此外，许多行业的商业模式正在重塑以纳入 NFT 交易。单个 NFT 可以多次买卖，但买方必须在每次销售时向原始所有者或创建者支付版税。特许权使用费率通常约为 10%。

Jumy 的联合创始人查尔斯·莫林（Charles Morin）说："由于我们可以在每次所有权转让时追踪代币的完整故事，因此艺术家们可以从版税中获得一些分红。"

10.4 NFT 与 DeFi

2021 年夏天，非同质化代币，即 NFT 突然爆发式兴起，一个 NFT 头像竟然可以卖几千万美元，各种 NFT 项目接连不断地涌现；2020 年，去中心化金融，即 DeFi 突然兴起，各种 DeFi 项目不断涌现。更为巧妙的是，2021 年下半年，元宇宙在“概念”上也爆发了。

DeFi 是元宇宙中数字经济的金融体系，NFT 是 DeFi 金融体系中独具一格的数字资产。在 DeFi 的各类金融服务中，NFT 都发挥其应有的数字资产的作用，如数字产品的生产、代币的铸造和销毁、交易、借贷、投资、保险、衍生品的期权交易等。NFT 是 DeFi 中不可或缺的重要组成部分。

2022 年上半年，如果有人提到元宇宙，估计没有人会特别注意。这一切说明，元宇宙在技术上、在体系上，都是一步一个台阶地向前。人类社会发展是不断在各个层面实现突破，到达在某个关键阶段，所有的突破性技术和应用会“整体上的整合”，然后进入到一个新的阶段。

NFT 与 DeFi 的技术与应用的大规模展开，为元宇宙打下基础。NFT 是 DeFi 数字经济体系中一种独特的数字资产，也是去中心化金融的一个重要发展领域。在未来元宇宙中，除了虚拟现实体验，率先应该形成的是元宇宙经济体系。未来的元宇宙，是一个全球统一的、以算法信任为最基础的信任经济体系、由大量的去中心化组织形成的去中心化金融产业主导、可以影响并决定着全球现有的产业。

未来世界的元宇宙并不是虚幻的，而元宇宙经济会先于元宇宙体验。我们现在看到的虚拟现实的游戏仅仅是第三产业，实际上以后可能会渗透到第二产业、第一产业。元宇宙现在正处于混沌期，元宇宙核心三大基础设施身份、映射、体验，都没有真正展开。信息产业正在向信任产业过渡，所有这些产业的升级进化都是技术革命推动的。

推特宣布的 NFT 验证功能，其他社交媒体陆续跟进，如 Facebook、Discord、Telegram 等，这样就形成了以以太坊为整个时空大背景的格局，Web 2.0 与 Web 3.0 就是这样融合的，Web 2.0 没有被吞并取代，而是成为 Web 3.0 的一部分。

Coinbase NFT 的消息再次激发了 NFT 热潮，NFT 不仅没有崩盘，热度反而越来越高。

NFT 的应用与社交、人际关系有很强的关联。人的工作量证明是 NFT 共识机制的主要模式。现在的邀请和聊天，还不能实现算法化，是极早期的粗糙实践，但很快将会出现算法化的人的工作量证明，这里的本质是去中心化身份。

知识产权质押、好点子质押、IP 质押，或许以后能够通过 NFT - DeFi 模式解决，关键是可以通过代币进行量化，通过 DeFi 又解决了流动性问题。

自 2020 年比特币减半后，也迎来了 DeFi 火爆，到年底比特币超过 2 万 USD 后，很多老牌项目也开始上涨，其中比较凶猛的是“狗狗币”。另外，币安智能链 BSC 生态也开始大爆发。现在看，这一年多时间里，真正的 DeFi 大赢家，一定是赵长鹏和 SBF。或者直接说，币安现在最应该“力推”以太坊主网 + BSC 的仿 OpenSea，完全独立出来的项目，跟进 Coinbase NFT，NFT 市场整体也会带动。

币安其实已经比 Coinbase 布局更广，而且很多都已经有了成效。币安生态圈已经形成。某个方面的成功是下一个成功的基石，无论是资金积累还是经验积累。另外，无论是人气聚集还是资金集聚，“聚集”本身的力量越大就往往越能聚集，这是熵减事物的属性决定的。

10.5 元宇宙的购物体验

要在元宇宙中购物，有两个准备工作是必须做的：一是把你手中的法币（如美元、欧元、人民币或者数字人民币）兑换成加密数字货币（代币），尤其是稳定币；二是选好存放加密货币的钱包。

10.5.1 元宇宙代币排名（2021）

根据 CoinMarketCap 的数据，Insider 研究了过去一年市值超过 10 亿美元的前十种表现最佳的加密货币如表 10－1 所示。

表 10－1　　市值超过 10 亿美元的前 10 种加密货币

1	Decentraland	Symbol：MANA	Market Cap：$6.8 billion	YTD Performance：4 397%
2	Harmony	Symbol：ONE	Market Cap：$2.2 billion	YTD Performance：4 464%
3	Kadena	Symbol：KDA	Market Cap：$1.9 billion	YTD Performance：8 131%
4	Fantom	Symbol：FTM	Market Cap：$3.9 billion	YTD Performance：8 966%
5	Solana	Symbol：SOL	Market Cap：$58.2 billion	YTD Performance：10 180%
6	Terra	Symbol：LUNA	Market Cap：$28.7 billion	YTD Performance：11 558%
7	Polygon	Symbol：MATIC	Market Cap：$16.3 billion	YTD Performance：12 817%
8	The Sandbox	Symbol：SAND	Market Cap：$4.9 billion	YTD Performance：14 629%
9	Axie Infinity	Symbol：AXS	Market Cap：$6.8 billion	YTD Performance：18 996%
10	Gala	Symbol：GALA	Market Cap：$3.6 billion	YTD Performance：50 829%

2021 年是加密货币（代币）成为主流金融的一年，名人、运动员和艺术品拍卖师潜入了基于区块链的数字收藏家的物品，而游戏赚钱平台改变了游戏经济的动态。

机构投资者和散户投资者纷纷涌入加密数字资产、基于区块链的产品和不可替代代币等服务，在不到 12 个月的时间内将 1 万亿美元的市场变成了 3 万亿美元的市场。

2022 年，去中心化金融正在发展。元宇宙和 NFT（例如，现实世界艺术品、音乐或视频的数字表示）越来越受欢迎，可以预计加密数字资产的价值还将进一步攀升。

加密货币市场的崛起不仅是由比特币推动的。迄今为止，其他较小的 coin 已成倍增长，获得了主流声誉。狗狗币是几年前作为玩笑而创建的加密数字货币，催生了一系列衍生产品，令人眼花缭乱。

许多人认为区块链原生的所谓山寨币将为未来的大部分金融世界以及数字领域提供驱动力，它们的价格已经飙升。亿万富翁加密货币多头 Mike Novogratz 称以太币比比特币更具吸引力，因为人们将其视为技术赌注。

但这些都是高度波动的小市场，意味着交易者可以在眨眼之间预期巨大的损失或收益。一种加密数字货币可以在一周内飙升 100%，但在几天甚至几小时内就会逆转并失去了所有收益。

比特币是市值领先的加密货币，2021 年上涨约 70%。同时，许多基于以太坊区块链的元宇宙原生加密代币已经从一周扩展到下一周，因为任何想要进入这些数字资产世界的人都必须首先拥有相应的数字货币。

例如，虚拟世界 Sandbox 的用户可以使用平台的实用代币 SAND 在以太坊区块链上构建、拥有和货币化他们的游戏体验。Decentraland 用户或 Axie Infinity 游戏玩家也是如此，他们可以培育、拥有和训练自己的小型数字生物。每个平台都有自己的本地数字代币。

10.5.2 购物

购物是构成这个新兴虚拟世界平台的重要组成部分，从购买名牌服装到购买虚拟房子。要在元宇宙中购物，需要数字钱包和数字货币。购买您的第一个 NFT 比您想象的要容易，购买 NFT 需要创建一个数字钱包。数字钱包用于保存您的加密货币和 NFT。您可以在多个平台（例如 OpeanSea）上找到 NFT。寻找一个吸引你注意力的 NFT，用数字货币购买它，持有直到它升值，你可能会在合适的时候出售加密货币。

- 获取加密钱包。流行的钱包是 MetaMask，可以通过在手机上下载应用程序或谷歌 Chrome 浏览器扩展程序来设置。您的钱包将允许您使用借记卡或信用卡将美元（或您使用的任何法定货币）兑换成加密货币。Wyre 或 Transak 等加密货币交易所将促进转换，但它们通常会收取费用。
- 将您的美元兑换成加密货币。一些流行的购买元界加密货币的平台包括 Binance、Gemini 和 Coinbase。这些交易所将帮助您将法定货币转换为您需要的元界加密货币。如果您已经拥有比特币或以太币等加密货币，您可以直接将其兑换为元界代币。

Ralph Lauren Corp. 正在 Roblox Corp. 虚拟世界中推出其首个数字时装系列，成为最新一家尝试在虚拟世界中建立品牌知名度的服装制造商。这家以马球衫而闻名的公司正在 Roblox 在线世界中提供“冬季逃生”体验。玩家可以一边滑冰，一边选购设计师在 21 世纪 90 年代系列的复古运动装。这些物品的价格预计为 125—300 Robux，约合 1.25—3 美元。

像 Roblox 这样的虚拟世界对公司很有吸引力，因为它们将年轻用户介绍给品牌，并让他们有机会在毕业使用现实产品之前了解他们的营销愿景。流量一直在蓬勃发展：VF Corp. 在 Roblox 的 Vans World 自 2021 年 4 月推出以来已获得超过 5 000 万次访问。

包括 Edward Stanley 在内的摩根士丹利分析师表示，到 2030 年，包括数字时尚在内的奢侈品 NFT 可能达到 500 亿欧元（约合 560 亿美元），收藏品越来越受欢迎。路易威登和巴宝莉等奢侈品牌也在涉足这一领域。

Ralph Lauren 认为，虚拟空间零售的市场机会非常重要。Delahunt 说：“随着我们看到它的增长轨迹，我们确实相信这是未来的收入来源，NFT 绝对是我们未来路线图的一部分。”

2020 年 8 月，Ralph Lauren 在 Snapchat 上为 Bitmoji 头像创建了可购买的数字服装，可以在 Ralph Lauren 网站上作为实体服装订购。

尽管 Roblox 尚未使用数字时尚来推动实体商品的销售，但实现可能并不遥远。品牌商品在平台上的售价也越来越高。如 Gucci Garden 的限量版虚拟手袋以 5 美元左右的价格售出，几周后又以数千美元的价格转售。

尽管许多加密货币的价值继续飙升，但众所周知，它的波动性也很大。部分原因是因为流动性较低和加密市场缺乏监管使其更容易受到全球市场变化和重大抛售的影响。但专家表示，对加密货币的兴趣不会很快消失。

10.5.3 加密货币

每个元宇宙平台通常都有自己的加密代币，用户可以在线购买和使用。

（1）以太币（ETH）：最常用于数字土地购买的加密货币。以太币是为区块链平台以太坊提供动力的加密货币，用于构建去中心化应用程序和 NFT。以太币是最受欢迎的加密货币之一，它可以在几乎所有的加密货币交易所购买，例如 Coinbase、Gemini 或 eToro。PayPal 和 Venmo 等数字支付应用程序也开始允许用户在其平台上购买加密货币。由于 Ether 并非特定于任何元宇宙世界，它可用于直接在最流行的平台上进行购买，包括 Decentraland 和 The Sandbox。

（2）MANA：MANA 是 Decentraland 上的原生加密货币，是一个用户可以拥有土地并与其他用户互动的虚拟世界。它可用于购买土地、化身和“可穿戴设备”，如服装和配饰。由于 Decentraland 是一个去中心化自治组织，拥有 MANA 还可以让您对游戏的某些方面进行投票，例如政策更新和 NFT 拍卖。您可以在加密货币交易所 Binance、Kraken 和 Gate. io 上购买 MANA。

（3）SAND：元界平台 The Sandbox 上使用的加密，功能类似于 MANA。它可用于在 The Sandbox 的市场上以 NFT 形式出售资产、购买土地和玩游戏。您可以在 Binance、Huobi、WazirX 和 UPbit 等交易所购买 SAND。

（4）AXS：AXS 是流行游戏平台 Axie Infinity 的加密货币。玩家可以在加密货币交易所购买这种加密货币，但他们也可以通过培育名为 Axies 的数字宠物来赚取 AXS 代币，这些宠物是独特的 NFT，也可用于参加比赛和锦标赛。您可以在 Binance、Coinbase、Gemini 等平台上购买 AXS。

第 11 章

元宇宙中的数字资产层

11.1 数字资产，从边缘到未来

2021 年 9 月，纽约梅隆银行的一份报告称，数字资产显然已经进入了主流，报告概述了数字资产的演变及它们如何帮助重塑金融生态系统，并强调了为帮助数字资产完全成熟并与传统资产无缝整合所需的基础设施和协作。

全球许多金融机构要么一直在努力整合和扩大其与数字资产有关的产品和投资，要么已经意识到他们不能再采取“等待和观望”的做法。在制定战略时，仍然在寻求为数字资产提供去中介化资产的价值，但也在寻找他们所期望的成熟机构的风险管理和安全基础设施，从本质上讲，投资者要求数字资产的基础设施能够与传统资产的基础设施相媲美。

11.1.1 三个因素推动数字资产的需求

（1）对数字资产的兴趣不断增加：2021 年 8 月，全球加密货币的市值超过 2 万亿美元，是 2020 年底的 2 倍多。换句话说，在存在的短短十年间，加密货币的全球市值约达到了黄金全球市值的 20%，在现代历史的大部分时间里，黄金仍然是世界货币的储备资产。

（2）代币化的新兴潜力：代币化是一个过程，即基础资产（有形或无形资产）被转换成数字代币，作为其中介资产，有可能将广泛的资产代币化，从现金、股权证券和债务证券到房地产、商品、工艺品和艺术品等实物资产，这种发展开启了包括托管、抵押品管理、现金和流动性管理、基金管理、会计和支付等领域的潜在创新。

在纽约梅隆银行2021年8月的一项研究中，72%的机构资产经理表示，他们计划开发资产代币化的解决方案。这还不包括，由于元宇宙的火爆所带来的新一轮对代币数字资产的需求量大幅度增加。

（3）不断发展的监管环境：监管机构正在努力弥补差距，促进数字资产监管环境的一致性。例如，2020年，欧盟委员会公布了立法草案，为数字资产创建一个欧盟范围内的框架，《加密（数字）资产市场条例》（MICA）可能将于2024年开始实施。此外，在美国，美联储、货币监理署和联邦存款保险公司（FDIC）正在进行机构间的加密货币“竞赛”，以制定一个加密货币监管的联合框架。

11.1.2 将数字资产嵌入传统生态系统

所有数字资产的模块都是“乐高式模块”，随着数字资产的相关性日益明确，机构对提供稳定和安全的全球基础设施的需求是显而易见的，投资者期望获得与传统领域相同的机构服务水平。此外，各种类型的机构利益相关者要求为整个资产生命周期提供稳定、可靠的服务，从发行到托管、交易、结算到核心资金服务、会计和支付。这些要求可分为三类：

（1）信任和财务稳健性：鉴于数字空间的潜力，机构正在寻求与传统资产相同的风险管理水平、对监管合规的关注以及严格的安全和安保标准。

（2）基础设施的完备性：机构正在寻找可扩展、透明度和全方位的支持水平，以帮助他们驾驭数字资产生态系统的风险，多管辖区的监管报告、市场弹性和处理复杂机构规模场景的经验将使一些供应商与其他供应商区分开来。

（3）无缝性：机构希望有一个一站式服务，以支持数字资产不断扩大的使用案例，并在数字资产的整个金融生命周期中提供价值（如交易、保管、抵押品管理和借贷）。

由于数字资产和市场在本质上是紧密相连的，要满足上述要求，需要行业内以及与金融科技供应商的紧密合作。在传统资产和市场中，资产所有者、资产管理人、机构投资者和服务提供商已经紧密合作。同样地，合作对于数字资产完全成熟也至关重要。如果技术开发商、金融基础设施和服务提供商以及整个价值链上的利益相关者共同创造和部署一个终极的综合解决方案，而非简单的一次性创新，最终得到的成果将更加强大。

去中心化是支撑数字资产的分布式技术的一个内在特征，我们期望新兴的世界是“多中心的”，全球机构和他们的合作者都发挥自己的作用，这个新的生态系统必须以信任和创新为基础，它将提供重要的增长机会。纽约梅隆银行还在报告中指出，2017—2021 年，已经有多家区块链公司在资本市场成长为了“独角兽”。

“数字资产正在改变世界，并日益成为金融生态系统的主流。纽约梅隆银行将致力于利用几个世纪的信任和创新，以建立一座通往未来的桥梁。”Roman Regelman 资产服务部首席执行官兼数字部主管如是说。

比特币是个人散户的事，数字资产是机构投资者的事。根据富达数字资产公司 2021 年机构投资者数字资产研究的新见解，大多数美国和欧洲机构投资者（84%）有兴趣购买并持有数字资产的机构投资产品，而在美国，投资者更喜欢通过传统金融公司获取这些产品。接受调查的投资者表示，在评估该领域的机构投资机会时，具有既定加密货币经验的基金经理是他们的首要考虑因素，其次是费用和业绩。虽然受访的三个地区（亚洲、欧洲和美国）对投资产品都有浓厚的兴趣，但直接购买数字资产是目前全球机构投资者中最常见的投资方式。

11.1.3 目前的投资配置

在接受调查的投资者中，数字资产最常被视为一种替代资产，然而，近 25% 的人将其视为一种独立的资产类别。如今，33% 的受访者直接投资购买数字资产，28% 的受访者购买持有数字资产的投资产品，16% 的受访者通过期货合约获得风险，近 25% 的受访机构投资者拥有比特币，20% 的人拥有以太坊。

2021 年 7 月发布的初步研究结果显示，超过一半的受访机构投资者目前投资于数字资产，在美国和欧洲的采用率逐年上升。所有接受调查的机构部门都报告了自己进行了一定程度的投资，而且一些机构在这一领域明显比其他机构更加活跃。

在美国，除了加密对冲基金和风险投资基金外，接受调查的家庭资产管理和财务顾问最为活跃，这两个部门的采用率分别同比增长了 28% 和 20%。在欧洲，继加密对冲基金和风险资本基金之后，接受调查的高净值投资者和财务顾问的投资最为积极。

11.1.4 机构投资前景

每 10 个接受调查的投资者中有 7 个计划在未来投资于数字资产。美国机构投资者的偏好预计将继续转向持有数字资产的投资产品，而欧洲和亚洲投资者的未来偏好是直接购买。

总的来说，接受调查的机构投资者表示非常倾向于主动管理和多数字资产基金，不过有 33% 的人表示对单一和多资产产品都感兴趣。当看到潜在的产品结构时，44%

的受访投资者认为比特币 ETF 最吸引人，其次是主动管理的多数字资产基金（41%）。在接受调查的美国和欧洲投资者中，超过17%的人对比特币 ETF 表示中立或积极的看法。

11.1.5 投资者对代币化资产仍持开放态度

该研究还考察了投资者对代币化资产的看法，以及由美元支持的中央银行数字货币（CBDC）的潜力。在接受调查的投资者中，近六成表示他们愿意投资于代币化的现实世界资产，大多数人认为房地产（27%）、贵金属（19%）和股票（18%）具有最大的代币化潜力，部分所有权（最低投资额较低）、流动性和价格透明度被认为是代币化的主要优势。在接受调查的三个地区中，加密对冲基金和风险投资基金、高净值投资者和财务顾问对投资代币化资产最为开放。

超过一半的受访投资者认为，由美元支持的 CBDC 有可能在未来 5 年内完成基础建设，而加密货币对冲基金和风险投资基金对数字美元的出现表示了最强烈的信念。虽然全球近70%的受访投资者对美元支持的 CBDC 持中立到积极的看法，但亚洲和欧洲的机构投资者比他们的美国同行持有更乐观的态度。

综上，从时间序列上看，金融科技、区块链金融、DeFi、NFT 和元宇宙的接连火爆不是偶然的，而是其内在的必然性驱动着数字资产从边缘走向主流。

11.2 互联网平台上的价值层

DeFi、NFT 和元宇宙中的数字经济生态系统都是价值互联网上运行的，互联网从信息互联网到价值互联网的转化是由于以太坊和以太币的出现，是以太坊在信息互联网上增加了价值层，产生了以数字资产为核心的去中心化金融体系。讨论互联网平台上的价值层，可从以下三个方面展开：一是有关以太坊的几个常见问题；二是从信息互联网到价值互联网；三是以太坊平台上的数字资产层。

11.2.1 有关以太坊的几个常见问题

（1）什么是以太坊？以太坊是一个全球性的、去中心化的货币和新型应用平台，在以太坊上，您可以编写控制资金的代码，并构建可在世界任何地方访问的应用程序。

（2）以太坊比比特币好吗？以太坊超越比特币，是第一代去中心化的应用，尽管通常与比特币相关联，但区块链技术还有许多其他应用，不仅局限于数字货币，比特币只是当今使用区块链技术的数百个应用程序之一。

至今，构建区块链应用程序还需要在编码、密码学、数学以及重要资源方面具有复杂的背景。但时代变了，以前无法想象的应用程序，从电子投票和数字记录的财产资产到法规遵从性和交易，现在正在以前所未有的速度积极开发和部署，通过为开发人员提供构建去中心化应用程序的工具，以太坊让这一切成为可能。

2013 年 11 月：Vitalik Buterin 发布以太坊白皮书。

2014 年 1 月：公开宣布以太坊平台的开发。最初的以太坊开发团队由 Vitalik Buterin、Mihai Alisie、Anthony Di Iorio 和 Charles Hoskinson 组成。

2014 年 8 月：以太坊结束了他们的 ICO 并筹集了 1 840 万美元。

2015 年 5 月："奥林匹克"以太坊测试网发布。

2015 年 7 月 30 日：以太坊发展的第一阶段"Frontier"发布。

2016 年 3 月 14 日：Homestead，第一个"稳定"的以太坊发行版，在 1 150 000 块上发布。

2016 年 6 月：DAO 黑客事件发生，损失价值 5 000 万美元的以太币，占当时流通的以太币总量的 15%。

2016 年 10 月 25 日：以太坊经典从最初的以太坊协议分叉出来。

2017 年 10 月 16 日：Metropolis Byzantium 硬分叉更新发生。

2019 年 2 月 28 日：大都会君士坦丁堡硬分叉更新发生。

简而言之，以太坊是一个基于区块链技术的开放软件平台，使开发人员能够构建和部署去中心化应用程序。

（3）以太坊与比特币相似吗？与比特币一样，以太坊是一个分布式公共区块链网络。尽管两者之间存在一些显著的技术差异，但最重要区别是用途和功能。比特币提供了区块链技术的一种特殊应用，一种支持在线比特币支付的点对点电子现金系统，用于跟踪数字货币（比特币）的所有权；而以太坊则专注于运行任何去中心化应用程序的编程代码。

在以太坊中，矿工不是开采比特币，而是努力赚取以太币，这是一种为网络提供动力的加密代币。除了可交易的加密货币之外，应用程序开发人员还使用 Ether 来支付以太坊网络上的交易和服务费用。

有第二种代币用于支付矿工在其区块中包含交易的费用，称为 GAS，每个智能合约执行都需要发送一定数量的 GAS 以吸引矿工将其放入区块链。

"比特币首先是一种货币；这是区块链的一种特殊应用。然而，它远非唯一的应用，以过去的类似情况为例，电子邮件是互联网的一种特殊用途，肯定有助于普及它，但还有许多其他用途。”以太坊联合创始人 Gavin Wood 表示。

（4）什么是以太坊智能合约？智能合约只是一个用来描述可以促进货币、内容、财产、股票或任何有价物交换的计算机代码的短语。当在区块链上运行时，智能合约就像一个自动操作的计算机程序，在满足特定条件时自动执行。由于智能合约在区块链上运行，它们完全按照程序运行，没有任何审查、停机、欺诈或第三方干扰的可能性。

虽然所有区块链都有处理代码的能力，但大多数都受到严格限制。以太坊则不同，以太坊不是提供一组有限的操作，而是允许开发人员创建他们想要的任何操作，这意味着开发人员可以构建数以千计的不同应用程序，这些应用程序远远超出我们以前见过的任何应用程序。

（5）什么是以太坊虚拟机（EVM）？在创建以太坊应用程序之前，它们旨在执行一组非常有限的操作，例如，比特币和其他加密货币是专门作为点对点数字货币而开发的，当开发人员在专门开发某种应用程序时遇到了问题，要么扩展比特币和其他类型的应用程序提供的功能集，这是非常复杂和耗时的，要么开发一个新的区块链应用程序和一个全新的平台。认识到这一困境，以太坊的创造者 Vitalik Buterin 提供了一种新方法："我认为（比特币社区的人）没有以正确的方式解决问题。我以为他们在处理个人申请，他们试图在某种瑞士军刀协议中明确支持每个用例。”

以太坊虚拟机是以太坊的核心创新。以太坊虚拟机是一个运行在以太坊网络上的图灵完备软件，它使任何人都可以运行任何程序，无论编程语言如何，只要有足够的时间和内存。以太坊虚拟机使创建区块链应用程序的过程比以往任何时候都更加容易和高效，以太坊不必为每个新应用程序构建一个完全原始的区块链，而是可以在一个平台上开发潜在的数千种不同的应用程序。

（6）以太坊可以用来做什么？

①以太坊使开发人员能够构建和部署去中心化应用程序。去中心化应用程序或 DApp 为其用户提供某些特定目的。例如，比特币是一个 DApp，为其用户提供点对点电子现金系统，支持在线比特币支付。由于去中心化应用程序由在区块链网络上运行的代码组成，因此它们不受任何个人或中央实体的控制。

任何集中的服务都可以使用以太坊去中心化。想想存在于数百个不同行业的所有中介服务，从银行提供的贷款等显而易见的服务，到大多数人很少想到的中介服务，如产权登记、投票系统、监管合规等。

②以太坊也可用于建立去中心化自治组织（DAO）。DAO 是一个完全自治的、去中心化的组织，没有单一的领导者，DAO 由编程代码在以太坊编写的智能合约集合上运行，该代码旨在取代传统组织的规则和结构，消除对人员和集中控制的需要。DAO

由购买代币的每个人拥有，但不是每个代币都等同于股权和所有权，代币充当赋予人们投票权的功能。

“DAO 由一个或多个合约组成，可以由一群志同道合的人资助。DAO 的运行完全透明且完全独立不受任何人为干预，包括其原始创建者。只要 DAO 能够支付其生存成本并为其客户群提供有用的服务，它就会留在网络中。”Stephen Tual，Slock. it 创始人，前以太坊 CCO 说。

③以太坊也被用作推出其他加密货币的平台。由于以太坊基金会定义的 ERC20 代币标准，其他开发者可以发行自己的代币版本，并通过首次代币发行（ICO）筹集资金，在这种筹款策略中，代币的发行者设定了他们想要筹集的金额，以众筹形式提供，并获得以太币作为交换。

以太坊最近构建了一个名为 ERC721 代币的新标准，用于跟踪独特的数字资产，目前此类代币最大的用例之一是数字收藏品，因为基础设施允许人们证明稀缺数字商品的所有权，目前正在使用这种技术构建许多游戏，例如一夜成名的 CryptoKitties，这是一款用户可以收集和繁殖数字猫的游戏。

（7）去中心化以太坊平台有什么优点？由于去中心化应用程序在区块链上运行，因此它们受益于区块链的所有特性。

- 不变性——第三方不能对数据进行任何更改。
- 腐败和防篡改——应用程序基于围绕共识原则形成的网络，因此无法进行审查。
- 安全——没有中心故障点并使用加密技术进行保护，可以很好地保护应用程序免受黑客攻击和欺诈活动的侵害。
- 零停机时间——应用程序永远不会停机，也永远不会被关闭。

（8）去中心化以太坊应用程序的缺点是什么？尽管分布式应用程序带来了许多好处，但它并非完美无缺。因为智能合约代码是由人编写的，所以智能合约的好坏取决于编写它们的人，代码错误或疏忽可能导致意外，如果代码中的错误被利用，除了获得网络共识并重写底层代码之外，没有其他有效的方法可以阻止攻击或利用。这违背了区块链的本质，区块链的本质是不可变的。此外，中心方采取的任何行动都会引发有关应用程序去中心化性质的严重问题。

（9）如何访问以太坊？可以通过多种方式接入以太坊网络，其中一种最简单的方式是使用其原生 Mist 浏览器。Mist 提供了一个用户友好的界面和数字钱包，供用户交易和存储 Ether 以及编写、管理、部署和使用智能合约，就像网络浏览器提供访问和帮助人们浏览互联网一样，Mist 提供了一个进入去中心化区块链应用程序世界的门户。

还有 MetaMask 浏览器扩展，它将谷歌浏览器变成了以太坊浏览器。MetaMask 允许任何人从它们的浏览器轻松运行或开发去中心化应用程序。虽然最初是作为 Chrome 插件构建的，但 MetaMask 也支持 Firefox 和 Brave 浏览器。

虽然现在还处于早期阶段，但 Mist、MetaMask 和各种其他浏览器看起来已经准备好让更多人访问基于区块链的应用程序。即使没有技术背景的人现在也可以构建区块链应用程序，这是区块链技术的革命性飞跃，可以将去中心化的应用程序带入主流。

（10）在以太坊上开发哪些应用程序？以太坊平台正被用于在广泛的服务和行业中创建应用程序。但是开发人员处于未知领域，因此很难知道哪些应用程序会成功，哪些会失败。以下是一些令人兴奋的项目：

Weifund 为利用智能合约的众筹活动提供了一个开放平台。它使贡献能够转化为合同支持的数字资产，可以在以太坊生态系统内使用、交易或出售。

Uport 为用户提供了一种安全便捷的方式来完全控制他们的身份和个人信息。用户不再依赖政府机构并将他们的身份交给第三方，而是控制谁可以访问和使用他们的数据和个人信息。

Block App 正在寻求为企业提供最简单的方式来构建、管理和部署区块链应用程序。从概念验证到完整的生产系统以及与遗留系统的集成，Block App 提供了创建私有、半私有和公共行业特定区块链应用程序所需的所有工具。

Provenance 利用以太坊使不透明的供应链更加透明。通过追溯产品的起源和历史，该项目旨在建立一个开放且可访问的信息框架，以便消费者在购买产品时能够做出明智的决定。

Augur 是一个开源预测和预测市场平台，允许任何人预测事件并因正确预测而获得奖励。对未来现实世界事件的预测，例如谁将赢得下一次美国大选，都是通过交易虚拟股票来实现的，如果一个人在获胜预测中购买股票，他们将获得金钱奖励。

“以太坊是一项壮观的公共实验，它展示了公共区块链上智能合约的价值，这是自互联网早期以来我们从未见过的颠覆性创新的结果和来源。” Caleb Chen London Trust Media 表示。

（11）什么是以太坊分叉？人们使用以太坊来建立去中心化的自治组织，在 2016 年，DAO 是一个由一家名为 Slock. it 的初创公司团队开发和编程的项目，他们的目标是建立一个无人值守的风险投资公司，让投资者能够通过智能合约做出决策。DAO 是通过代币销售获得资金的，最终从数千名不同的人那里筹集了大约 1.5 亿美元。筹集资金后不久，DAO 就被一名身份不明的攻击者入侵，并窃取了价值约 5 000 万美元的以太币。虽然攻击是由 DAO 软件中的技术缺陷而不是以太坊平台本身造成的，但以太坊的开发人员和创始人被迫处理这个烂摊子。

为了解决以太币被盗事件，以太坊社区投票决定通过执行所谓的硬分叉或更改代码来取回被盗资金。硬分叉将被盗资金转移到一个新的智能合约，旨在让原始所有者提取他们的代币，但这使事情变得复杂。

以太坊基于区块链技术，其中所有交易都是不可逆转和不可更改的。通过执行硬分叉并重写区块链执行的规则，以太坊开创了与区块链本质背道而驰的危险先例。如每次涉及足够大的金额或者有足够多的人受到负面影响时都更改区块链，则区块链将失去其主要价值主张——安全、匿名、防篡改和不可更改。

虽然提出了另一种不那么激进的软分叉解决方案，但以太坊社区及其创始人仍处于危险的境地：一方面，如果他们不找回被盗的投资者资金，可能导致投资者失去对以太坊的信心；另一方面，收回投资者资金需要采取违背权力下放核心理念的行动。

以太坊社区的大多数人投票决定进行硬分叉，并收回 DAO 投资者的资金。但并非所有人都同意这一行动方案，这导致现存两个平行区块链的分裂。对于那些即使发生黑客攻击也强烈反对对区块链进行任何更改的成员，可以使用以太坊经典。对于同意重写区块链的一小部分并将被盗资金归还给所有者的大多数人来说，可以使用以太坊。

两个以太坊区块链都具有相同功能，并且在实现硬分叉的某个区块之前的各个方面都相同，这意味着在以太坊上发生的所有事情直到硬分叉在以太坊经典上仍然有效。

尽管 DAO 受到黑客攻击的影响，但以太坊仍在前进并展望光明的未来。提供一个用户友好的平台，使人们能够利用区块链技术的力量，以太坊正在加速世界经济的去中心化。去中心化应用程序有可能深刻颠覆数百个行业，包括金融、房地产、学术界、保险、医疗保健和公共部门等。

以太坊平台也在帮助我们改变使用互联网的方式。去中心化的应用程序正在推动从我们可以即时查看、交换和交流信息的信息互联网到价值互联网。

随着行业继续研究区块链平台，以太坊很明显正在成为事实上的领导者。例如，摩根大通公开开源了其 Quorum 平台，该平台由 Jeff Wilcke 和他的团队围绕 Go 以太坊客户端进行架构和开发。微软正在将其 Bletchley 平台作为基础区块链元素锚定在其上。各行业无论是公开的还是保密的，都继续为以太坊做出贡献，帮助有前途的幼儿代码库达到成熟。

（12）什么是以太币（ETH）？以太币是以太坊区块链的原生货币。它就像货币一样，可用于类似于比特币的日常交易，您可以将 Ether 发送给另一个人，以根据当前市场价值购买商品和服务，以太坊区块链记录转账并确保交易的最终性。

除此之外，Ether 还用于支付允许智能合约和 DApp 在以太坊网络上运行的费用。可以将在以太坊网络上执行智能合约视为驾驶汽车，要开车，就需要燃料，要在以太坊上执行智能合约，您需要使用 Ether 支付称为 Gas 费用。

以太币正在慢慢演变成为其独特的储备货币和价值储存手段。目前，在 DeFi 生态系统中，Ether 是首选资产选择，用作许多 DeFi DApp 的抵押品，它为这个金融体系提供了安全性和透明度。

（13）什么是以太坊的 Gas？在以太坊上，所有交易和智能合约执行都需要支付的费用，这笔费用称为 Gas。在技术术语中，Gas 是指执行操作或智能合约所需的计算工作量的度量单位。执行操作越复杂，完成该操作所需的 Gas 就越多。Gas 费用完全以 ETH 支付。

Gas 费用可以手动设置。在网络因高利用率而拥堵的情况下，与其相关的 Gas 费用最高的交易将优先进行验证，经过验证的交易将被最终确定并添加到区块链中。如果支付的 Gas 费用太低，交易将排队等待。

（14）什么是去中心化应用程序（DApp）？在以太坊的背景下，DApp 是通过使用智能合约与区块链交互的接口。从正面看，DApp 的外观和行为与常规的 Web 和移动设备的应用程序相似，它们只是与区块链以不同的方式交互。

①DApp 建立在去中心化的区块链网络（如以太坊）之上，通常具有以下优点：

- 不变性：一旦信息在区块链上，则任何人都无法更改。
- 防篡改：发布到区块链上的智能合约无法在不提醒区块链上的所有其他参与者的情况下被篡改。
- 透明：支持 DApp 的智能合约是可公开审计的。
- 可用性：只要以太坊网络保持活跃，建立在它上面的 DApp 就会保持活跃和可用。

②DApp 的缺点是什么？

- 不变性：智能合约是由人类编写的，人为错误是不可避免的，不可改变的智能合约有可能将错误复合成更大的错误。
- 透明：可公开审计的智能合约也可能成为黑客的攻击媒介，因为他们可以查看代码以发现漏洞。
- 可扩展性：在大多数情况下，DApp 的带宽仅限于它所在的区块链。

11.2.2 从信息互联网到价值互联网

在以太坊出现之前，应用程序定义了互联网，如果你让谷歌定义互联网，你会得到这样的答案：

- 全球计算机网络；
- 提供各种信息和通信设施；
- 由相互连接的网络组成；

- 使用标准化通信协议。

这是信息互联网的特征，在技术上是正确的。互联网是一堆不同的技术，应用程序位于顶部。虽然没有堆栈的任何一部分（如图 11－1 所示），“互联网”都无法存在，但互联网的应用层定义了互联网如何对我们的生活产生有意义的影响。应用层以下的所有层都是达到目的的手段，为人们提供产品和服务。

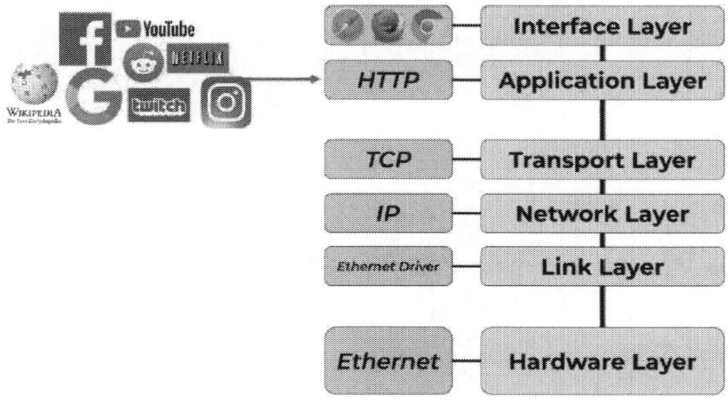

图 11－1　信息互联网的技术堆栈

在信息互联网的技术堆栈图中，缺失了数字经济运行的架构层——价值层。互联网背后的创新是使数据便宜、可用且可无限复制，然而，便宜、可用和可复制与货币和价值恰恰相反。货币和价值从定义上来说是稀缺、昂贵且难以获得的。

当比特币解决了互联网的双花问题时，它创造了互联网稀缺性。

由于互联网架构中增加了价值层（如图 11－2 所示），出现了信息互联网与价值互联网并存的格局，以太坊作为互联网上的一个新层，它使用下面的通信协议来创建一个新的网络，该网络定义了数字价值的管理方式。

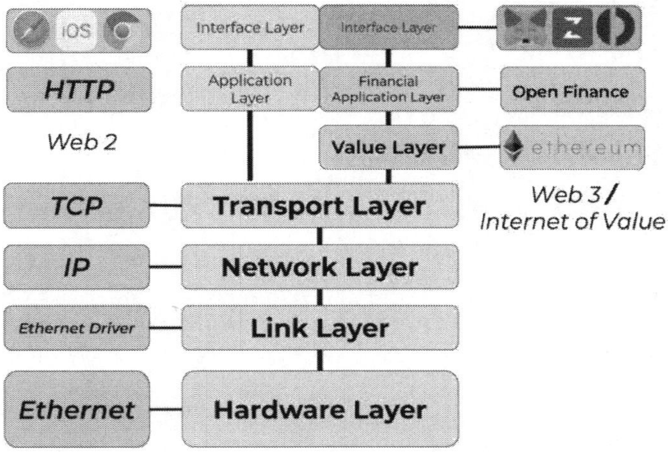

图 11－2　在信息互联网架构中，增加了价值层

如果您访问 Ethereum. org，您会发现以下对 Ethereum 的定义：

- 以太坊是一个用于去中心化应用程序的全球开源平台。
- 在以太坊上，你可以编写控制数字价值的代码，完全按照编程运行，并且可以在世界任何地方访问。互联网上的应用程序定义了互联网是什么，同样，以太坊上的应用程序将定义以太坊是什么。

11.2.3 以太坊平台上的数字资产层

以太坊的变革是在互联网上建立一个新的应用层。Web 2.0 的互联网是中心化数据库和中心化数据的互联网，Facebook、谷歌、亚马逊及其产品代表了 Web 2.0 的大型应用。以太坊提供了另一种选择，价值层，允许新的应用程序。虽然 Web 2.0 的互联网已经饱和，并且被庞大的用户所主导，但 Web 3.0 提供了一个无人认领的潜在价值应用领域。

以太坊的开放金融格局在其价值互联网上横向产生。每个应用程序都可以与其他应用程序组合，从而在每个应用程序之间生成无限的交易排列。

以底层区块链为基础，以太坊的应用程序以映射到遗留金融系统的方式将自己分层。

货币始终是金融系统的基础。黄金是一种很好的无须许可的价值存储货币，全球 90% 的黄金供应都被中央银行捕获，而这些中央银行之下的金融产品和服务都被降级为法定货币。由于黄金的可捕获性，美联储下的每个金融层都必须征求其上层的许可，因为有钱的是上层。

黄金是无须许可的，比特币也是如此，但如果利用这些资产价值的系统不是无须许可的，那么随着时间的推移，它们可以捕获资产并生成一个允许寻租的系统。

综合起来看：

- 以太坊是价值互联网。
- 数字资产的互联网原生全球结算层。
- 无须许可的金融应用程序，共同支持无须许可的经济。

现实资产有三类，以太币揽括所有三个资产类别：

（1）资本资产：生产性资产、产生持续的价值来源、创造价值/金钱/现金流。包括股票、债券、可出租的房地产或出租车牌照，以某种方式为所有者带来现金流的资产。

（2）可转换/消耗性资产：你可以消耗/燃烧它——一次使用；您可以将其转换为另一种资产；它的消费产生经济收益。包括黄金、石油、商品（小麦、咖啡）或能源，这些类型的资产通常用于工业以产生某种对经济有利的结果，想想电子产品中的镀金、汽车中的汽油或咖啡机中的咖啡豆。

（3）保值（SoV，Store - of - Value）资产：不能食用；价值跨越时间/空间持续存在；稀缺。包括黄金、货币、房地产、艺术品或比特币。

这是最简单的资产类别，这些类型的资产必须是稀缺的，并且难以生产或复制，它们应该在全球范围内无处不在，它们是受益于全球对资产感知价值的信任的资产。

你可能已经注意到，有些资产属于多个类别，房地产是很好的价值存储，你也可以出租它们来产生现金流。

同样，黄金是工业产品的重要组成部分，因为它能够携带电信号和抗腐烂，它也是人类有史以来最伟大的价值储存资产。

以太币非常适合所有三种资产类别。Ether 可以作为上述任何三种资产类别中的一种，甚至可以同时代表所有三种资产。

（1）以太币是一种资本资产

第一，以太坊的共享。以太坊网络是一个去中心化的机构，以太坊网络为其价值互联网生产产品和服务，以期发展其网络、发展其用户并获取更多价值，它创造的产品和服务越好（MakerDAO、Compound、dYdX、Augur），以太坊的客户就越多。以太坊的客户既是其上的应用程序，又是这些应用程序的用户。

第二，对以太坊费用的索赔。为了保持网络运行，以太坊需要支付其人工工资，这些工作人员以验证者的形式出现，确保所有用户客户都遵守以太坊的服务条款（以太坊的 ToS：遵循 EVM 的规则；不要双重花费）。

第三，创作作品的权利。拥有以太币就拥有生产工作的权利，并收取以太坊的费用。以太币是确保以太坊网络与其工作人员之间激励一致的机制，所有工人必须拥有 ETH 才能为以太坊提供工作。如果你想成为以太坊网络的员工，并为你的服务获得报酬，那么你必须拥有 ETH。

当前 ETH 2.0 规范有一个动态的发布时间表。ETH 持有者总数较少意味着 ETH 持有者获得的报酬相对更高，这是为了激励更多的 ETH 持有者为以太坊提供工作/安全。当更多的 ETH 质押者质押他们的 ETH 时，以太坊向每个质押者支付的费用会减少，因为提供了更多的总体安全性。

然而，这并不是向 ETH 权益持有者支付报酬的唯一方式，以上回报率仅针对新发行的以太币，ETH 权益持有者还收到支付给网络的部分费用。

（2）以太币是一种可消耗/可转换的资产

以太币的原始定义“以太坊的汽油”，很好地说明了这一点，以太币的消耗是在以太坊内部转动经济轮子，任何经济活动（资产转移、生成贷款、进行交换、执行购买或 DAO 的启动）完成后，都会消耗以太币。

（3）以太币是一种价值存储资产。如果你曾经关注过“锁定在 DeFi 中的 ETH”指标，那么就会关注作为价值存储资产的以太币。“被锁定”是指它如何被用作某物的抵押品，如果它没有承诺充当支持以太坊上某种协议/合同/资产的价值，它就不会“被锁定”。

以太币作为一种无须许可的全球资产，是在以太坊上生成无须许可的金融机构的工具。我们将这些无须许可的金融机构称为 DApp，并将它们创建的经济网络称为 DeFi 或开放金融。

11.3 以太坊平台上的数字资产层

以太坊是一个平台，旨在支持金融上层结构，上层结构中的用户行为会产生推动和拉动在其内部运行的资本的力量。在金融堆栈的每一层发现的指标将说明以太坊的经济状况。

以太坊是一组建立在最上方层，每一层都为它上面的层有效地表达自己提供了基础和稳定性，每一层也都有自己的度量标准，用于构建和响应以太坊经济内部的市场力量见图 11－3。

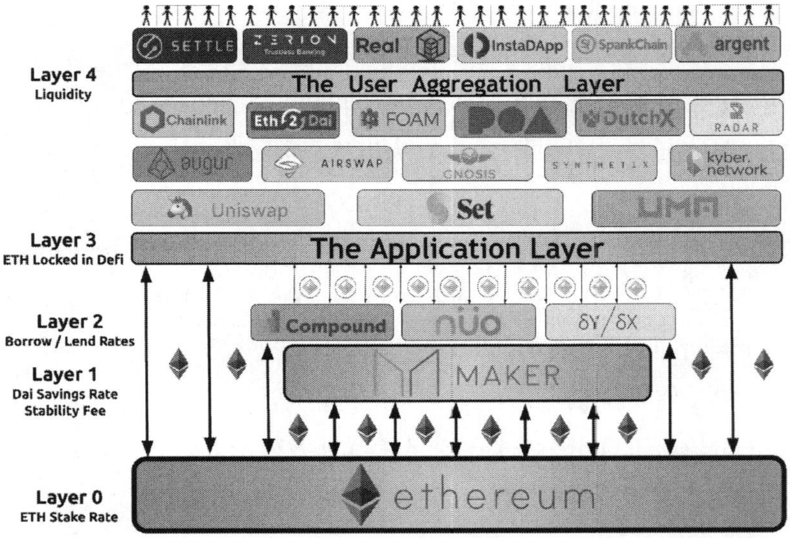

图 11－3　以太坊的数字资产层

第 0 层——以太坊：ETH 质押率；

第 1 层——MakerDAO：稳定费、Dai 储蓄率；

第 2 层——借贷：Dai 成交量加权平均借贷/供应利；

第 3 层——应用层：ETH 锁定在 DeFi 中；

第 4 层——流动性：资产交易量。

每一层的稳定性增加了它上面的层的潜力，这就是为什么以太坊开发如此重要。同样，它也显示了正确构建 MakerDAO 的重要性，尽管不如构建以太坊那么重要。

如果以太坊经济的这两个基础建立得足够好，它们将能够支持一个充满活力的金融应用生态系统，这些生态系统完全由代码管理，并由市场参与者进行交互。

11.3.1 第 0 层：以太坊：ETH 质押率

指标：ETH 质押率

以太坊 2.0 将启用 ETH 抵押，拥有 32 ETH 的人可以在他们的计算机上验证网络交易，并因此获得利息，利息金额取决于验证池的大小。

这种股权证明是单一数字债券市场的开端。以 ETH 作为货币，有资本的人可以进行质押，并获得低风险的回报，该回报与资本规模和总投资时间成正比。对于那些希望获得低风险、低收益、较少接触 ETH 和以太坊数字经济的人来说，这是一种稳定的投资策略。

在传统的债券市场中，您可以从美国财政部购买债券或票据。赎回债券或票据后，购买者通常会收到比他们支付的多 1%—3% 的收益。这些利率是可变的，因为这些证券在二级市场上自由交易，并共同产生收益率曲线，换句话说，当你购买债券时，你将你的美元抵押在美国经济网络中，你将获得与资本规模和债券到期时间（抵押期）成正比的保证回报。

迄今为止，债券市场是所有全球证券市场规模中最大的（18 万亿美元），也可能是所有全球资本最强大的引导力量。

债券市场之所以强大，是因为它们是所有市场的基础。资本成本（或债券利率）最终决定了股票、房地产或基本上所有资产类别的价值。

这是因为债券市场和 ETH Stake Rate 是各自金融市场的最下游，它们决定了上游所有市场的市场动态。

政府发行债券以生产支持方式保护政府和军队的经济，而在以太坊中，区块链向质押者发放奖励，以支付数字经济的安全性。

11.3.2 第1层：MakerDAO

指标：Dai 储蓄率、稳定费

MakerDAO 是 Dai 的诞生地。为了推动 Dai 发展，DAI 的生成者即 CDP 持有者，承诺支付稳定费。稳定费是贷款的利率，是用于管理二级市场 Dai 价格的工具，更高的费用就意味着更高的 DAI 价格。

稳定费还决定了资本成本，是衡量 CDP 持有人在给定年份预期获得回报标准，以及他们从抵押资产产生的贷款。如果稳定费为 20%，并且 CDP 持有者生成 Dai，他们相信可以通过 Dai 每年获利 20% 以上。稳定费是 Dai 总市值的“拉动”方。

MakerDAO 于 2018 年公布了 Dai 储蓄率（Dai Savings Rate，DSR）。DSR 是一种帮助 MakerDAO 管理 Dai 的价格。在引入 DSR 之前，CDP 持有者支付的所有稳定费都用于 MKR（或 PETH），这是 MakerDAO 承担的风险管理费用。并非所有资产都具有同等风险，有些资产几乎没有风险（例如代币化的美国国债）。资产风险越小，其稳定费就越多地用于 Dai 储蓄率，而不是 MKR。DSR 越高，Dai 的供应量就越高，在 DSR 中锁定 Dai 的人可以获得更多奖励。

DSR 使持有者能够以具有稳定价值的货币获得无风险回报，从而对后期回报价值具有高预测能力。只要 Dai 存在，就会有人支付稳定费，如果有人支付稳定费，那么有人能够捕获支付给 Dai 储蓄率的 Dai，支付稳定费的人越多，就越能获得 DSR 的费率。

11.3.3 第2层：借贷

指标：Dai 加权平均借款率（Weighted Average Borrow Rate，WABR）和加权平均供应率（Weighted Average Supply Rate，WASR）

WABR 和 WASR 起源于 LIBOR，是一种传统的金融工具，用于衡量各家银行贷款的平均成本。

WABR 和 WASR 采用 Dai 提供给所有 Dai 借贷平台或从所有 Dai 借贷平台借入的平均利率，通过加权平均价格，根据每个市场（Compound，DyDx）的交易量，借入和供应利率给出一个数字，显示向“市场”供应 Dai 或从“市场”借入 Dai 的利率。这两个指标是有用的跟踪指标，因为资金经理需要寻找数据来支持他们的决策。

11.3.4 第3层：应用层

指标：ETH 锁定在 DeFi

以太坊的应用层是以太坊变得有趣的地方。

什么是以太坊的应用层？以太坊的重大创新是将“EVM”或“以太坊虚拟机”纳入其区块链。“虚拟机”是程序员对“计算机”的称呼。以太坊的 EVM 是以太坊区块链在区块链上本地处理计算的方式。换句话说，EVM 允许以太坊运行软件，并使该软件能够处理在其区块链上发现的数字资产（又名货币、财产、代币），这就是“可编程货币”一词的由来。以太坊应用程序基本上是对货币或其他资产的运作方式进行编程的计算机软件。

以太坊的应用层意味着“价值互联网”：可编程货币是不可估量的。如此强大的以太坊研究人员和开发人员才刚刚开始触及“可能”的表面。与 20 世纪 90 年代难以想象互联网的可能性类似，价值互联网正在显示出同样丰富的可能应用程序和用例的早期迹象，一个重要的区别是互联网运行在数据上，而以太坊运行在价值上。

小贴士：以太坊的应用

- MakerDAO：数字原生稳定币 Dai；
- Compound：数字原生自主资产借贷；
- Kyber Network：聚合来自以太坊各个部分的流动性的链上流动性协议；
- Uniswap：数字原生自治资产交换；
- Augur：数字原生预测市场；
- DyDx：算法管理的衍生品市场；
- UMA（通用市场准入）协议：合成资产平台；
- 0x（‘Zero - X’）：一个向基于订单簿的交易所提供订单的平台。

这些应用程序都代表了某种金融原语，每个都为不断增长的基于金融的应用程序网络添加了一个关键的构建块，其中许多应用程序也类似于中心化公司的传统金融服务。

UMA 协议生成跟踪其他资产价值的代币，例如纽约证券交易所的股票，让全球投资者可以接触股票市场。DyDx 是一个利用资产多头或空头的平台，是 TD Ameritrade 或 Robinhood 等其他保证金交易平台的替代品。Augur 是一个买卖未来结果概率份额的市场，该产品理论上以集中形式提供，但始终受到政府监管的限制。Uniswap 只是一个交易所，就像纽约证券交易所一样，但通过算法进行管理，以匹配任何资产的买家和卖家。同样，Compound 使那些人能够提供抵押品以借入资产，并向借出资产的人支付费用。

需要了解如何在各种协议之间进行交易，可参阅数字资产系列丛书《DeFi——理论、范式与实践》。

11.3.5 第4层：流动性——资产交易量

流动性提供层，中间件层，接口层，有效市场假设层。

第4层是最后出现的层，因为它的结构和用途完全依赖于它下面的应用程序，成功的第4层应用程序的最佳示例是 InstaDapp 的跨协议桥接器。

InstaDapp 构建了一项服务，可以自动将一个人的债务从 MakerDAO 转移到 Compound，从一个借贷平台转移到另一个平台，以获得更好的利率。InstaDapp 生成13个内部交易，完成用户执行的单个交易。

InstaDapp 在 MakerDAO 和 Compound 之间架起了一座桥梁，并允许用户通过单笔交易跨越这座桥梁。通过实现从协议到协议的自动迁移，InstaDapp 将有助于为以太坊需要或应得的部分增加流动性。

Settle Finance 提供类似的服务：一个去中心化的交易界面，聚合市场数据并提供所有交易所的最佳汇率，通过生成流动性服务和良好的 UI，可以减少用户与以太坊金融交互的摩擦，帮助提高以太坊生态系统的整体流动性和效率。

Token Card 展示了一个有趣的聚合场景。通过将像 Visa 这样的支付网络连接到加密货币支持的借记卡，Token Card 可以聚合用户，并在用户每次交易时向分散的交换环境提供交易量。

RealT 是一个代币化的房地产平台。投资者购买房地产股份，并每天收到他们的租金份额。RealT 增加了 Dai 的每日买卖量，因为它将用户与其服务聚合在一起，并将 Dai 移动到整个以太坊生态系统中。随着越来越多的用户来到 RealT，更多的房产被出售，更多的租金收入被换成 Dai，并发送给 RealToken 持有者，增加了应用层的流动性。

11.4 元宇宙的数字资产层及其应用

11.4.1 数字资产层是元宇宙的价值依托和原生动力

元宇宙中数字资产的构成和要素来自于核心架构层的区块链技术、智能合约及相关的代币标准。

数字资产层是整个元宇宙生态中的价值依托和原生动力，元宇宙中所有的资产都在这一层以各种形态存在，并被应用到更上面的应用层中，在应用层的交换中实现它的经济价值。在以太坊平台上，数字资产层中的资产就是基于同质化代币、NFT 及这两类代币标准实现的智能合约。从形态上看，数字资产既包括具有货币属性、权益属性、使用价值等的代币（比如在一些以太坊去中心化应用程序中流通的代币如 Maker、Uni、Sushi 等），也包括表示地位、身份等社会属性的代币（比如以太坊上流行的一些化身项目如 CryptoPunk、BAYC 等）。数字资产层产生的这些以代币形式存在的资产是整个元宇宙生态经济运作和发展的根本。

以太坊和智能合约技术保证了代币持有者对代币的所有权不受侵犯，以技术形式实现了私有财产不可侵犯；以 Uniswap（uniswap. org）、Opensea（opensea. io）等为代表的去中心化交易平台实现了以太坊内各种代币的自由交易和兑换。这些技术和应用的存在使得以太坊内的代币有了牢固的价值基础和交易渠道，为代币的价值变现提供了绝佳的场所，进一步为元宇宙的整个经济生态提供了价值基础。没有这样的数字资产，元宇宙就无法形成一个强大的经济体，更无法成为一个有生命力的世界。

对元宇宙生态而言，仅有数字资产还不够，元宇宙要产生价值、发展出生态，还需要数字资产发挥作用，而数字资产要发挥作用就需要有实际的应用场景，具体的应用场景就是位于数字资产层上面的应用层。

11. 4. 2 元宇宙数字资产的应用层

（1）去中心化乐园

第一个去中心化的虚拟世界，被称为 Decentraland（DCL）。DCL 成立于 2017 年，是一个包含 90 000 个地块的广阔空间。拥有多个地块的人可以将它们组合成庄园，每增加一个地块，庄园的建筑高度也会增加（这样所有者可以向上和向外建造）。许多领先的高科技公司拥有财产并在 DCL 中占有一席之地；一些人现在将他们的空间用于虚拟现实活动或展示，而另一些人则紧紧抓住这片土地，大概是希望它在未来会变得更重要。

任何拥有台式计算机的人都可以访问 DCL，在其中四处走动并访问不同的地点。其中大多数在游戏计算机上的运行效果比在普通台式 PC 上的效果要好。DCL 在构建时就考虑到了虚拟现实，一旦 VR 技术更加普及，它的全部潜力就会释放出来，届时，DCL 地图上的一些地区重点区域将开始变得更有意义，因为人们将使用虚拟现实来访问从大学课程到购物中心的所有内容。DCL 拥有自己的原生加密货币，称为 MANA。

DCL 发展得很快，每隔几个月，就会看到更多上次看时没有的建筑。大部分房地产对公众开放，允许走进其他人的建筑物并浏览，但有些土地所有者限制邀请客人进入。

作为第一个去中心化的虚拟世界，DCL 有其自身的问题，其中包括将某些土地保留到指定地区的决定，这些地区应该围绕某些重点领域（购物、嘉年华游戏、未来体验、大学课程、博物馆等）建立，该系统运行不佳。事后看来，如果开发商只是将这些土地出售给公众并让用户随着时间的推移组织自己的地区，DCL 可能会更成功。潜力与空间一样广阔，土地价格已经上涨，越来越多的人在音乐会和艺术画廊展览等活动中使用 DCL。

（2）沙盒（Sandbox）

沙盒是另一个虚拟世界。Minecraft、Roblox 和 Sandbox 的移动应用程序向我们展示了像素化积木游戏的力量。该项目由 Sandbox 的母公司 Animoca Brands 运营，资金非常充足，一旦世界被分割和发展，管理将过渡到一个分散的自治组织。

沙盒元宇宙世界是一个 408×408 的网格，包含 166 464 个地块，它永远不会更大。个人用户可以拥有自己的财产并通过自己的财产体验货币化，这些可以是游戏或其他相关体验。其他用户可以创建 NFT 对象并从中获利，以在这些游戏世界中使用。与其他虚拟世界一样，有可能通过出租自己的土地供他人开发和使用来赚取收入。

Sandbox 有一种名为 SAND 的原生加密货币，可以在市场上使用它来买卖游戏中的物品。地块是另一种称为 LAND 的 NFT，多个地块可以组合成庄园。

对于任何关注该项目开发的人来说，拥有一家资金充足的公司带头进行开发显然有好处。不断创新，稳步前进，与社会沟通清晰。另一件对 Sandbox 非常有益的事是其开发商保留和分配土地以与其他组织建立战略伙伴关系的方式。Atari、Dapper Labs、Binance、Gemini、行尸走肉、蓝精灵、鲸鲨、Bored Ape Yacht Club、Roller Coaster Tycoon、Deadmau5、Zed Run、2 lx、Socios、Zepeto 及其他合作伙伴和品牌已经在 Sandbox 的土地上打造独特的体验。随着新游戏、内容创作者或影响者增加，社交媒体的新潮涌入以及更多关注该内容的用户进入 Sandbox，在这些合作伙伴附近购买一块沙盒土地也是对该合作伙伴的赌注，因为如果该特定空间产生大量活动和流量，那么周围的土地应该更有价值。

沙盒中有 Voxo Deus、Richie Hawtin、Bored Ape Yacht Club、Deadmau5、Gordon Ramsey's Hell's Kitchen、Land Vault、RTFKT 等拥有和正在开发的土地。较小的绿色地块大多为个人所有，他们也可以在地图上购买较大的庄园。

有一天，当消费者厌倦了体验游戏并决定不想每天在块状元宇宙中花费时间时，他们可能最终会达到饱和点。也许用户不会像游戏创作者认为的那样在 NFT 上花费那么多，这些 NFT 是 Sandbox 经济的关键，因为这是在虚拟世界的地块之上将其体验货币化的主要方式。

Sandbox 的成功可能取决于扩展 NFT 以涵盖广泛的体验（例如，不仅是游戏，还包括粉丝代币、音乐会体验、艺术画廊等）。随着这个元宇宙世界的发展，土地所有者、NFT 内容创作者和游戏/体验建设者已经有了不同的角色。

（3）睡眠空间

Somnium Space 有一张有趣的地图，其中大部分地块都与水相邻，将迷人的风景与一些华丽的建筑设计相结合，能够获得奢华的体验，所以，这就是在 VR 中创建自己的家的样子！

Somnium Space 的货币是 CUBE 代币，可在多个加密货币交易所使用。Somnium Space 存在几个缺点：首先，Somnium Space 似乎拥有一个由非常忠诚的用户组成的核心群体，还没有像该领域的其他项目那样扩大其基础。也许这是因为它是一个相对较小的世界（5 000 个地块），导致土地价格非常高，也许是因为这个空间内还没有多少活动。如果有人可以在上面构建一些游戏或体验，那么这个世界将是非常有吸引力的。

Somnium Space 可能会受益于互操作性，可能提供一个人们想要在其中度过一段时间的世界。因此，想象一下，用户可能会通过诸如 Decentraland 或 The Sandbox 之类的东西进入元宇宙，但他们可能会访问这些世界之一中的门户，从而允许他们进入 Somnium Space 并在其梦想世界中享受一段时间。

（4）Cryptovoxels

Cryptovoxels 没有花哨的广场，没有主题区（除了社区自然形成的区域），也没有时尚的合作伙伴关系，到目前为止，大部分活动都是与艺术画廊进行的。人们可以访问，浏览，甚至参加那里的表演。该空间还举办了音乐会、夜总会和其他活动，至于空间的数量没有硬性限制。事实上，开发商偶尔会创建新的岛屿和额外的地块。虽然更多的土地可以为新用户提供机会，但大多数现有业主更喜欢限制面积以维持现有土地的价值。

（5）SuperWorld

SuperWorld 没有创建虚构的地图，而是使用已有的地球仪，使整个地球作为它的元宇宙门户。人们可以在任何可通过 AR 发现的位置种植物体，可以在世界上任何其他人可以通过增强现实找到和体验的地方建造结构、隐藏宝藏、展示艺术品并建立体验。

SuperWorld 将地球划分为大约 640 亿个大小相同的地块（每个地块都是 100m × 100m 的矩形），人们可以购买地块包，然后将拥有在该地点通过社交媒体活动产生任何收入的权利。

此类活动可能包括游戏、NFT 销售、广告或基于位置的服务，任何人都可以把任何东西放在任何地方，但只有该财产的所有者才能从该地块上的任何活动中获得收入。这也适用于广告。如果你拥有一个包含地铁站或繁忙街角的地块，像耐克这样的公司可以在 AR 中放一只鞋子，那个空间的所有者将从该广告中获得收入。当然，你也可以控制你看到的东西，所以如果你的位置在一个漂亮的空海滩上，你可以选择关闭任何广告并享受它。

任何人都可以创建 NFT 对象、艺术品、建筑物和其他物品，或者使用可用的东西来创建覆盖自己在现实世界的体验。你可以创建 Pokemon Go 风格的寻宝游戏并邀请你的朋友一起玩，或者，如果你愿意，可以在热带海滩中间或雪山山顶建造度假屋，这些增强中的每一个都是 NFT。

SuperWorld 也可以是 VR 的门户，主要关注 AR 增强现实世界位置的能力。VR 是一大进步，但随着我们转向更多虚拟图像，AR 对大多数人来说可能是一个更简单的过渡。

11.5 元宇宙数字资产层的游戏项目

许多多人在线游戏为玩家提供身临其境的体验，其中只有少数允许用户在去中心化的游戏世界中拥有土地并将这些地块代币化，同时还拥有代币化的 NFT 组件。从理论上讲（尽管他们自己的游戏目前占主导地位），这些土地可以作为开源游戏板，其他开发人员可以在其上构建额外的体验。

这些组织收取最低限度的费用，加上加密货币的通胀结构和 DeFi 的好处，玩家、建设者、创作者和其他参与者可以使用这些资金。

积累土地或 NFT 的人将拥有游戏本身的虚拟权益，激励他们与他人分享并帮助游戏发展。游戏只是一个开始，但它将帮助数百万人解锁元宇宙中的就业机会。

11.5.1 Axie Infinity

Axie Infinity 一直是去中心化游戏领域的先驱，创造了一个人们可以通过游戏赚钱的互动游戏世界。游戏以可爱的幻想生物为中心，称为 Axies，有点类似于 Pokemon 或 CryptoKitties，这些生物是 NFT，可以在游戏中买卖、繁殖和饲养。Axie Infinity 被认为是一种赚钱游戏，因为那些熟练掌握它的人可以以加密货币的形式赚钱，这款游戏也被人们称为“边玩边赚”游戏（play to earn，P2E）。

游戏中的货币称为 Axie Infinity Shards（AXS），可以在主要交易所和交换应用程序（例如 Binance 和 Uniswap）上找到。

这款游戏的发展速度非常快，凭借其游戏赚钱的潜力，该游戏吸引了菲律宾和委内瑞拉等发展中国家的大量玩家。在工作（或缺乏工作）提供的收入潜力有限的情况下，Axie Infinity 等游戏为许多人创造了新的经济机会。

菲律宾的用户 John Aaron Ramos（在游戏中被称为 Magnus TV）开始玩 Axie Infinity 并且能够从中赚到很多钱。随着 Axie 的原生代币（ $SLP）升值，他节省了资金并从中受益，上场不到一年，拉莫斯的收入就足以在 Axie Infinity 买两套房子和一支球队。随后，他参与了 Yield Guild Games，该游戏允许玩家以少量费用出借资产，帮助其他人开始游戏。

很多人都在看到了 Axie 不可思议的成长，其他区块链游戏正在开发中。Axie 的“先发优势”是否具有持久力，拭目以待。

11.5.2 Ember Sword

与 Axie Infinity 一样，Ember Sword 更像是一个游戏世界，而不是一个虚拟的陆地平台。但是，由于 Ember Sword 允许玩家成为土地所有者并从活动中获利，所以我们将其归类在此处。

Ember Sword 是一款角色扮演游戏，容纳大量用户。土地所有者可以在游戏中从他们土地上的经济活动中获利，他们还从世界范围内的其他土地销售中获得少量特许权使用费（当在其邻近地区出售一块土地时，邻近地块将获得更高的特许权使用费）。

土地所有权有几个级别：常规地块、定居点、城镇和城市。常规地块是 1×1 块土地，无法开发，但可以容纳资源并可以举办游戏活动；定居点可以在 1×1 地块上拥有小型建筑物；城镇包括 4 个地块，可以开发成一个小型枢纽，提供某些特定功能，例如为玩家制作或重新供应资源；城市由 16 个地块组成，可以成为特定地区名副其实的经济活动中心。

11.5.3 高地（Upland）

Upland 是一款基于 EOS 区块链的房产收购和开发游戏（是否将其归入游戏类别有待讨论），它可能是没有游戏玩法的大富翁游戏。Upland 允许用户在代表实际“现实世界”位置的虚拟地图上购买、出售、交易和开发地块，游戏开发商与《第二人生》游戏的运营商达成了协议，该协议应能够在其 UPX 代币和法定货币（如美元）

之间实现直接进出，换句话说，玩家不需要通过外部交易所来转换任何收入。

游戏开发商并没有让市场决定哪些地区价格更高和受到追捧，而是创建了涵盖每个城市特定地区和街道的预设集合，以优化游戏化房地产收购和交易的体验，但也导致了地图和房地产经济学的扭曲。

EOS 区块链是一种权益证明系统，可实现快速且免费的交易。在 EOS 上构建的开发人员并不多。Upland 是其最大的项目之一，在一个建立在以太坊（包括其后代和侧链）上的世界中，我们将看到这个项目的未来。

11.5.4 Mirandus

与 Ember Sword 一样，Mirandus 是一款角色扮演类型的经典 RPG 奇幻游戏，农业、手工艺和冒险是主要活动。农业专注于资源，而手工艺则涉及制造诸如剑或盔甲之类的物品，这些物品可以在自己的商店中展示并出售。一个人可以经营其他场所，例如旅馆、面包店或小酒馆。也可以带领玩家进入荒野冒险，或者扮演更成熟的角色，与邪恶的怪物作战或在君主的法庭上担任骑士。

土地所有者在这个世界上扮演着重要角色，他们持有契约，可以将契约放置在游戏板上几乎任何开放空间，然而每一个都对应着不同规模的土地开发，其中最小和最便宜的是基本的农庄和小村庄，而较大的地块可以是更广阔的城镇、村庄和城堡。

Mirandus 的开发商 Gala Games 也有其他一些去中心化的世界，比如 Farmville 风格的 Town Star。

11.5.5 War Riders

这是为疯狂麦克斯粉丝准备的，如果你喜欢装甲车并炸毁其他军用车辆以赚取加密货币，请查看 War Riders。这是一款新兴的多人在线游戏，任何人都可以设计和制造一辆车，然后驾驶它穿过游戏的反乌托邦沙漠荒地，寻找挖矿节点来获取加密货币。你可以自定义装备的细节，比如油漆工作，你甚至可以在上面贴上自己的标志，但你需要花钱来添加更重的 NFT 物品，比如枪。目标是尽可能多地积累游戏中的加密代币，称为苯（BZN）。

问题是，即使积累了一些代币，当你在荒地上开车时，你的战利品也很容易受到攻击，只有在安全返回车库并存入代币后，它才会进入你的账户。在此之前，其他人可以攻击你的装备，炸毁您，从而窃取你携带的任何代币，因此，最好与一群朋友一起玩游戏，个人玩家还可以在线寻找其他玩家以保护彼此。

War Riders 是一个虚拟世界，车库提供了土地所有权元素。最初，有一个免费的中央车库，但现在有几个不同的车库，而且大多数都收取停车费。该游戏分散了车库点的所有权，因此，在这些车库中拥有停车位的用户可以获得该车库停车收入的一部分。

11.5.6 Illuvium

Illuvium 是一款具有令人印象深刻的图形的游戏，正在以太坊的第 2 层协议之一上开发，是一个角色扮演冒险涉及加密生物的游戏。但 Illuvium 生物看起来不像是从 Hello Kitty 商店逃出来的。

Illuvium 中的游戏结合了战斗、捕获和竞赛。你可以专注于获取神话生物或专注于使用它们与其他人战斗，因此，如果你使用 Axie Infinity 或 Zed Run，并添加令人印象深刻的生物和电影画面，就会接近 Illuvium。

这个游戏没有土地所有权。那些将 Illuvium 加密代币放入池中的人将在游戏的去中心化治理结构中拥有完全的投票权，并且还将以加密代币的形式获得定期奖励，所有者可能期望从拥有其他虚拟土地中获得的两个主要好处。

Illuvium 将完全去中心化。图形质量远远超出了我们在大多数早期加密游戏中所看到的，它很可能会流行到足以在元宇宙中开辟一个人们消磨时间的地方。

地块是另一种 NFT 工具。土地所有权 NFT 可以购买、出售或出租，在大多数陆地世界中，土地所有者享有根据该地块上的活动赚取收入的权利，并且一些个人拥有的地块，可能成为同一网格上其他游戏和体验的基础。

11.5.7 Zed Run

Zed Run 是一种为马匹育种和赛马的游戏活动，拥有一匹马，玩家可以用它做两种不同的事情：一是通过繁殖马匹，获得种马费（对于公马的主人），创造更多的马 NFT（对于母马的主人）；二是玩家可以利用潜在的加密代币奖励或开发以更高价格出售的有价值的赛马比赛。

促销合作伙伴关系可以产生额外的收入，并可能超出 Zed Run 增长计划所需的收入。在游戏比赛、允许出租马匹、整合 DeFi、让用户运行自己的独立赛道等方面，有更多的运行空间。目前为止，赌博是实际赛马中的主要资金来源。

目前，赛马池的资金来自育种产生的一部分稳定费用。另一种方法可能是转移一些稳定的费用来创建更多的版税等级，这样母马和种马所有者将继续从马匹后代的比赛奖金中受益。

养马者和赛马者，有更多的能力来控制他们马匹的独特 DNA 并将他们的活动代币化。

当你拥有一匹马时，你可以控制它的使用方式，并有权以多种方式从中获利，任何皮肤或其他装饰性增强都是与马不同类型的 NFT。拥有一匹马就像拥有土地一样，从这个角度来看，Zed Run 也在元宇宙中绘制了自己的领域，这个项目还很年轻，正在不断改进中。

11.5.8 Aavegotchi

Aavegotchi 是 Aave 区块链上的游戏。

Aavegotchi 是一款将金融与游戏相结合的 DeFi 游戏，你可以抵押一些加密代币，就像在 DeFi 网站上一样，然后将其存储在 NFT 中。它们可以被购买、出售、交易、使用可穿戴设备进行增强以及在游戏中使用，例如，你可以质押一些以太币或与美元挂钩的稳定币，如 USDC 或 DAI。在 DeFi 中，你将获得该金额的回报。

有了 Aavegotchi，NFT 就像一个钱包，可以带着你购买的加密代币四处走动，赚取利息。

目前为止，Aavegotchi 看起来很时髦，这个概念是创新的。

第 12 章

元宇宙文件存储系统

元宇宙一定是一个开放、公开的虚拟现实世界，只有去中心化存储的元宇宙才可能成为真正的元宇宙。

12.1 NFT 存储的现状

区块链技术在数字世界中实现了对货币的映射，产生了一系列同质化加密数字货币，而非同质化代币 NFT 的出现，展示了映射整个现实世界的可能。现实世界中的大多数物体都是独一无二的，它们的价值都不尽相同。

受限于目前的技术瓶颈，由于链上拥堵的通信状况、有限的可扩展性和高额的 Gas 费用等原因，NFT 的元数据和媒体数据并没有完全存储在链上，而是选择了在链下存储，失去了区块链技术的保护。也就是说，现在的 NFT 还未能做到像比特币等加密货币一样的可靠性，而这一点却淹没在了对 NFT 的狂热情绪之中，并没有引起更多人的关注。

根据 CoinGecko 的数据，NFT 市场总市值为 229.7 亿美元，占全球加密货币市值的 1.2%，24 小时交易量为 32.5 亿美元，仍保持着强劲的增长势头。NFT 庞大市值背后的安全性却十分脆弱。因链下存储的不确定性，NFT 丢失事件时有发生，一旦其相对应的元数据和媒体数据失效，在链上所保存的 NFT 所有权凭证，就只是一张没有承兑方的无价值支票。

目前应用范围最广的 NFT 标准 ERC721。William Entriken 曾说："只有在你信任实际管理你资产的保管人的前提下，你那个被记录在账本上的资产所有权才有效。"

NFT 的交易流程也是在链上完成，但由于其特殊性，往往会涉及复杂的元数据和所需存储空间较大的媒体数据，通常会存储在链下的项目自有中心化服务器、第三方云服务器、IPFS 或者是 MEFS（MEmo File System）等存储项目中，这些错综复杂的“保管人”相较于链上存储都存在不同的风险因素。

NFT 是一种源于以太坊智能合约的非同质化代币，其作为独特的数字资产，具有不可分割、不可篡改、不可替代、独一无二等特性。NFT 以其独有的特性赋能各领域创作者，是一种更方便可靠的数字资产确权方式。创作者可以很容易地通过 NFT 证明数字作品的存在性和所有权，包括但不仅限于图片、视频、艺术品、门票等。此外，创作者还可以在每次 NFT 交易流通中赚取版权税。

NFT 数字资产确权的技术构成包括区块链、智能合约、链上交易和数据编码。

12.1.1 NFT 建立的底层逻辑

NFT 建立的底层逻辑是以分布式账本为基础，同时其交易依赖于点对点的网络。如果将区块链这个分布式账本看作一种特殊类型的数据库的话，那么 NFT 就将存储于这个数据库之中。假如这个数据库具有基本的安全性、一致性、完整性和可用性等特征，那么整个 NFT 生态闭环主要包括以下几个场景：

（1）NFT 数字化：NFT 创作者将检查文件、标题、描述语句是否完全准确，然后将 NFT 的元数据转化为适当的格式。

（2）NFT 存储：NFT 创作者可以选择链上和链下两种方式来存储元数据。链上存储费用较高、交通拥堵，但元数据会与代币一起永久存在；链下存储限制较小，但理论上存在元数据丢失的风险。目前，链下存储可选择的解决方案有集中式数据存储、IPFS 和分散式云存储等。

（3）NFT 签名：NFT 创作者对包含 NFT 数据、Hash 值在内的信息进行签名，然后发送给智能合约。

（4）NFT 铸造和交易：智能合约在收 NFT 的完整信息后，便可以开始铸造同时启动交易流程，其主要机制是由代币标准来制定的。

（5）NFT 确认：一旦交易信息在链上得到确认，NFT 的铸造流程就完成了，被铸造的 NFT 将永久性地链接到一个独一无二的区块链地址以证明它的存在。但 NFT 的实际内容通常存储在链下，与 NFT 的所有权分属两个存储系统。

12.1.2 NFT 的关键属性

NFT 本质上是一种 DApp，即去中心化的应用，因此它拥有来自底层公共账本所赋予的各种特性，可以总结为以下几点：

（1）可验证性：NFT 的元数据和所有权可以公开验证。这个前提是元数据在链上存储，如果存储在链下，则由链下存储系统决定是否可以公开验证。集中式存储是无法公开验证的，设备所有者可以随意更改数据；IPFS 可以通过 CID 验证数据是否被篡改，而无法验证存储状态；MEFS 等分散式云存储系统不仅可以验证数据是否被篡改，也可以验证数据的存储和冗余状态。

（2）交易透明：NFT 从铸造到出售再到购买，整个流程都是公开透明的。但 NFT 元数据和媒体数据的存储并不是完全公开透明的，NFT 创作者会自行选择存储方式，但大部分存储方式的安全性并无法清晰评估。

（3）可用性：NFT 所依赖链上系统永远不会瘫痪，只要是已发行的 NFT，不存在无法出售和购买的可能性。而 NFT 链下存储的数据会存在不可用的风险，目前除了 MEFS 等分散式云存储系统有完善的风险控制措施以外，中心化存储和 IPFS 并未有可控措施。

（4）防篡改性：NFT 的元数据和完整的交易记录一旦被确认以后，永久存储，且只能添加新信息，不能修改过往信息。如果元数据存储在中心化服务器中，服务运营商可以随意篡改数据，IPFS 和 MEFS 等文件系统具有不可篡改的特性。

（5）易于流通：每个 NFT 用户所看到的信息都是即时更新的，消除了传统生产者——信用中介——购买者之间的信息壁垒，信息清晰，易于流通。

（6）原子性：NFT 的交易可以在一个原子性、一致性、隔离性和持久性（ACID）的系统中完成。

（7）可交易性：NFT 及其相应的产品能够任意的进行交易和交换。而 NFT 的存储标准是其价值的主要支撑，所交易 NFT 的价值构成有待考量。

12.1.3 NFT 的风险评估

NFT 系统是由区块链、存储和网络应用集合而成的技术，其安全保障具有一定的挑战性，每一个组成部分都有可能成为安全的短板，致使整个系统受到攻击。本文采用 STRIDE 方法进行威胁建模，从仿冒（Spoofing）、篡改（Tampering）、抵赖（Repudiation）、信息泄露（Information Disclosure）、拒绝服务（Denial of Service）和权限提升（Elevation of Privilege）等方面，全方位评估 NFT 系统存在的风险。

（1）仿冒：仿冒与真实性相对应，是指一种在系统中冒充另一个人或物的能力。当用户铸造或者交易 NFT 时，恶意攻击者可能利用认证漏洞或者窃取用户私钥非法获得 NFT 的所有权。建议对 NFT 智能合约进行正式验证，并使用冷钱包与线上数据隔离，防止私钥泄露。

（2）篡改：篡改与完整性相对应，是指对 NFT 数据进行恶意修改。区块链是一个强大的分布式账本，其使用的哈希加密算法是具有原像抗性和次原像抗性，如果 NFT 的元数据存储在链上，那么交易一旦确认，NFT 的元数据和所有权是不能被恶意篡改的。但如果是存储在链下的 NFT 元数据，以及存储在链下的媒体数据，这些数据是有可能被操纵的。建议使用去中心化的分散式云存储系统，以保障数据的安全可靠性。

（3）抵赖：抵赖与不可拒绝性相对应，是指 NFT 创作者或者所有者在交易信息通过链上确认后，无法拒绝或者撤回。这一流程的安全性由区块链分布式账本的特性和签名的不可伪造性进行保证，但其中涉及哈希值有可能被恶意攻击者窃取或者替换。建议使用多重签名验证的智能合约，可以规避掉部分风险。

（4）信息泄露：信息泄露与保密性相对应，是指 NFT 的相关信息泄露给未经授权的用户。在 NFT 系统中，智能合约的状态信息和交易指令代码都是完全透明的，任何人都可以公开访问，这种情况下存在多种信息泄露风险，即使只获取 NFT 的哈希值，恶意攻击者也可以利用哈希值与交易信息的关联性作恶。建议 NFT 创作者使用保护隐私的智能合约来替代普通的智能合约，以保护隐私。

（5）拒绝服务：拒绝服务与可用性相对应，是指恶意攻击者攻击 DApp 或者链下存储的原始数据，导致其对 NFT 系统拒绝服务。得益于区块链的高可用性，用户可以随时调用自己所需要的信息，不用担心链上系统拒绝服务的情况。但由于链上有限的空间和通信压力，部分 NFT 的功能需要依赖链下系统来实现，比如元数据和媒体数据的存储，中心化的网络应用和存储系统仍有遭受传统 DOS 攻击的风险，进而拒绝对 NFT 系统进行服务。建议使用新的混合区块链架构，或者去中心化的分散式云存储系统。

（6）权限提升：权限提升与授权性相对应，是指攻击者通过利用智能合约的漏洞获取 NFT 相关权限，或者通过攻击 NFT 链下相关系统获取非法权限。NFT 的授权完全由智能合约进行管理，设计不良的智能合约会存在授权方面的风险，同时存储在链下的 NFT 元数据或者媒体数据，也有可能对权限造成影响，比如，篡改或者删除存储在链下的元数据或者媒体数据将使 NFT 的所有权失去意义。建议创作者在铸造 NFT 时使用成熟完备的智能合约，在不考虑成本的情况下将数据全部存在链上，或者使用更可靠的去中心化分散式云存储系统降低成本。

12.2　NFT 存储案例分析

NFT 凭借其独特的属性，对包括元宇宙、数字艺术品、收藏品、游戏、DeFi、公共事业和体育等多个领域都带来了一定程度上的改变，以下根据 NFT 产品类型，分析 NFT 存储状况。

12.2.1 元宇宙类

（1）Decentraland。Decentraland 是一个基于以太坊的虚拟现实平台，用户可以创造内容和 DApp 并将他们货币化，创作内容可以供其他用户交互体验。Decentraland 中土地使用笛卡尔坐标系进行标记，社区拥有永久所有权，他们可以完全掌控自己的作品。Decentraland 将数字资产所有权和其他可交易的信息存储在以太坊区块链上，而其他类似场景状态和用户位置等需要实时交互的信息，则存储在用户电脑或者场景所有者的私有服务器上，场景开发者们需要自行选择什么信息值得存储在链上，因为这需要较高的成本。

（2）The Sandbox。The Sandbox 是一个社区驱动的 UGC 平台，用户可以获取自己的数字土地以及创作内容的所有权，他们的作品都可以自由进行交易，从而真正成为这个完全由用户创造的元宇宙中的一部分，元宇宙中的所有元素都是社区自驱的。

The Sandbox 的通证 SAND 使用 ERC20 标准，数字资产的确权和交易使用 ERC1155 和 ERC721 标准，这些信息都存储在以太坊区块链上。而数字资产的实际媒体数据存储在 IPFS 上，同时使用亚马逊的 S3 云服务对网页前端进行支持，创作者尚未铸造的数字资产将存储在 S3 云服务器上，而数据隐私风险需要进一步使用去中心化存储方案进行保护。

（3）CryptoVoxels。CryptoVoxels 是一个基于以太坊的元宇宙世界，用户可以在街道上建造、开发和销售数字资产，其所有权将永久地记录在区块链上。风格比较类似于 Minecraft，用户可以使用自定义的像素单色块建造自己的土地，同时也为用户提供系统原生的 COLR 通证为土地添加颜色。目前，CryptoVoxels 将用户在土地创造数字作品对应的媒体信息存储在公司运营的服务器中，其曾在社交媒体表示，将会考虑将数据转移到去中心化的存储系统中。

12.2.2 数字收藏品类

（1）CryptoPunks 是一系列拥有不同特征的像素风格头像，总数共 10 000 个，最初可以通过以太坊钱包免费认领，目前需要通过二手交易平台购买。最初为了节省 Gas 费用，CryptoPunks 将 10 000 个角色聚合在一张图片之中，并将这张图片的哈希值存在链上的智能合约里，但并未透露其原始媒体数据的存储位置。随着 NFT 存储风险得到了更多重视，CryptoPunks 花费了 75M 的 Gas 费用将全部头像存储在了以太坊区块链之上。

（2）Bored Ape Yacht Club 是一系列拥有不同特征的猿猴头像，总数共 10 000 个，目前已全部铸造完成，可通过二手交易平台购买。BAYC 在其官网公布了每个头像所对应的 TokenID、SHA 256 哈希值和 IPFS 哈希值，同时还使用去中心化存储系统将每个头像的媒体数据进行了备份，且将备份信息也进行了公示。

（3）NBA Top Shot 是一个供 NBA 球迷们收集和交易 NBA 历史上各个高光瞬间的收藏平台，这些高光瞬间通过同样由其开发团队 Dapper Labs 开发的公链 Flow 铸造成 NFT，并可以自由进行交易。NFT 的一些描述性的数据信息存储在链上，而每个 NFT 相对应的视频流数据存储在链下的集中数据中心里。

12.2.3 游戏类

（1）Gods Unchained 是一款基于以太坊的类似于《炉石传说》的 NFT 卡牌游戏，玩家可以通过组建自己的卡组参加竞标赛、大逃杀等游戏模式，卡牌可以在市场上自由交易，玩家拥有所有权。目前，游戏中 NFT 的所有权存储在链上，而 NFT 卡牌的元数据和媒体数据存储在公司服务器上，提供 API 接口在智能合约中使用。

（2）Axie Infinity 是一款基于以太坊侧链 Ronin 的类似于《精灵宝可梦》的宠物养成游戏，玩家可以收集、训练和养育 NFT 形式的 Axie 幻想宠物，并拥有宠物的所有权。该项目将每个 Axie 的所有权信息和其所独有的遗传数据存储在链上，而为了满足游戏的低延迟需求，将媒体数据存储在链下的中心服务器中。

（3）MyCryptoHeroes 是一款基于以太坊的架空世界 RPG 游戏，玩家可以收集 NFT 形式的英雄，组建自己的英雄团队进行战斗。该项目所涉及 NFT 的元数据存储在链上，而媒体数据存储在公司管理的服务器中。

12.2.4 NFT 交易平台类

（1）OpenSea 是最早也是目前最大的 NFT 交易平台，占有交易市场 90% 以上的份额。最初 OpenSea 也是使用中心化的服务器存储 NFT 的元数据和媒体数据，但随着单个 NFT 的价值不断升高，中心化存储所引发的数据丢失情况也时有发生，OpenSea 现在也为 NFT 创作者提供去中心化存储方案以供选择。创作者现在可以选择使用 IPFS 实现 NFT 元数据和媒体数据的去中心化，但他们需要为这一选择自行付费。

（2）Rarible 是目前第二大 NFT 交易平台，支持 ERC721 和 ERC1155 协议，该项

目将创作者铸造的 NFT 元数据和媒体数据存在网站后端，也就是中心化的服务器之中，新的买家根据需要可以在链上进行调用。

（3）SuperRare 是一个线上艺术画廊，同时也具有交易功能，并且发行了自己的交易通证 RARE。SuperRare 所竞拍的 NFT 没有向用户展示很详细的技术信息，比如智能合约、TokenID、元数据等，这或许是该平台市场份额占比一直较低的原因。通过查询，SuperRare 使用 IPFS 进行元数据和媒体数据的存储。

12.2.5 链上存储类

目前，NFT 使用的区块链主要包括以太坊、Flow、BSC 等公链，Polygon、Ronin 等侧链。受限于链上高昂的 Gas 费用和拥堵的通讯状况，大部分 NFT 项目选择只将 NFT 的所有权数据存储在链上，以确保所有权的不可篡改、可追溯、不可抵赖等特性。交易不需要通过中心化的信任机构做中介，可以直接通过链上的智能合约完成，给予了 NFT 良好的流通性，使用不受任何第三方控制的技术作为信用中介，而代表 NFT 实际形态的媒体数据被存在链下，在某些情况下还包括一些比较复杂的元数据信息也存在链下，与所有权存储系统分离，这使得被区块链技术严密保护的所有权蒙上了一层阴影。

12.2.6 链下存储类

目前 NFT 链下存储的方式主要包括中心化、中心化可验证、去中心化和去中心化可修复四种方式。

（1）中心化：大多数 NFT 项目没有 OpenSea 这样的市场体量，很多也都在起步阶段，并没有很重视链下数据存储的安全性问题。智能合约中的特定标识符可以用来返回相关元数据和媒体数据，他们通常会使用运行在 Web 服务器上的 URL 来作为标识。这个服务器是由公司运行或者由亚马逊等云服务商提供，这种中心化的存储会带来篡改、拒绝服务等风险。

（2）中心化可验证：以 CryptoPunks 为例，其最初将产品集成图像存储在中心化服务器中，然后将图片的加密哈希值存储在智能合约中用于验证。这样做的好处是可以通过哈希值对图片进行验证，以确保没有进行过任何修改，赋予了 NFT 媒体数据不可篡改的特性。但媒体数据本身存储在中心服务器中，而不是像链上 NFT 所有权存储一样进行全网节点备份，存在数据遗失、拒绝服务等多方面风险。

中心化可验证的链下存储方式是对中心化方式的优化，但仍存在多方面风险，不能很好地解决 NFT 乃至元宇宙对确权数据本体的高可靠性存储需求。

（3）去中心化：IPFS 作为目前去中心化存储的代表项目，已逐渐被 NFT 产业所接受。IPFS 旨在为传统中心化的 HTTP 提供去中心化的寻址方式补充。以 Bored Ape Yacht Club 为例，其元数据和媒体数据都存储在 IPFS 中，IPFS 提供冗余备份和稳定的内容寻址，其作为一个运行在多节点的寻址网络，解决了之前中心化存储 URL 地址失效的痛点，规避了对中心化服务商的依靠。

IPFS 这种去中心化的寻址方式进一步改善了 NFT 元数据与媒体数据的存储方式，但其作为一个寻址系统，并不能提供足够安全可靠的存储服务，即使 CID 地址会在系统中一直存在，但其对应的具体数据并没有相匹配的稳定性，原因是 IPFS 中的网络节点对内容的备份是自驱动的，如果只有单个节点或者少数一部分节点备份了相应内容，这些节点损坏或者下线，存储数据将会消失，CID 只能指向一片空白。

（4）去中心化可修复：去中心化可修复的存储系统作为 NFT 解决链下存储新的可能，正在得到行业内外的广泛关注，Filecoin、Memo、Arweave 等去中心化的分布式云存储项目也在积极探索为 NFT 爱好者提供更好的存储优化方案，其中 Filecoin 和 Memo 分别推出了基于各自存储生态的 NFT 存储项目。

NFT. Storage 是由 Protocol Labs 推出的基于 Filecoin 生态的 NFT 存储项目，通过该项目存储的 NFT 将被存储在 IPFS 或者 Filecoin 中，目前单个存储数据容量限制在 100MB 以内。其修复功能基于 Filecoin 的激励机制，通过对存储节点的评分验证系统，及时发现和修复损坏或者遗失的数据，但 IPFS 中的存储由 Protocol Labs 提供，需要更多网络节点参与，进一步去中心化。Filecoin 中的存储还未能与主网链接，由测试网节点提供，存在因网络重置造成丢失的风险。

Metastorage. org 是基于 MEFS 存储文件系统开发的，Memo 生态的 NFT 存储项目，通过该项目存储的 NFT 将在 IPFS 和 MEFS 中进行双份存储，其中 MEFS 是 Memo Labs 开发的存储系统，目前对存储数据量没有限制。其修复功能基于 MEFS 存储系统，采用多副本和纠删码的冗余机制，同时提供公开的验证手段. 系统中的 KEEPER 角色负责为用户匹配通过验证和挑战的节点，并持续评估维护。虽然 MEFS 整体修复机制与区块链解耦，但仍需要 Memo 系统有更大范围的节点参与，以为 MEFS 系统提供支持，形成稳定生态。

去中心化可修复的存储系统有望成为 NFT 存储的未来解决方案，让 NFT 元数据和媒体数据的存储与所有权的存储更加匹配。目前，产品技术和规模仍处在起步阶段，落地实施程度有待进一步观察。

12.3 NFT 存储的机遇与挑战

12.3.1 NFT 存储的机遇

（1）元宇宙价值支撑

一般来说，元宇宙是指使用包括互联网和 VR 在内的一系列技术而建立的虚拟世界。在几十年前，这个概念就已经诞生但迟迟没有落地实现。随着区块链的快速发展，元宇宙迎来了成为现实的可能，区块链为元宇宙世界提供了一个理想的去中心化的环境，而 NFT 的出现也为数字资产确权提供了可行路径。受制于目前的区块链技术，NFT 的实际内容需要与之所有权存储相匹配的存储方式，以需求倒逼技术发展，致力于解决 NFT 存储问题的分散式云存储行业将随之迎来广阔的市场空间，以突破目前 NFT 中心化存储的安全瓶颈。

在这个由区块链推动的虚拟现实中，参与者可以有非常广阔而丰富的想象空间，如享受游戏、展示自制的艺术、拥有和交易虚拟财产等。此外，用户还有机会从独特的虚拟经济体系中获得利润。他们可以购置无中心化机构掌控的土地，在上面以 NFT 的形式进行自由建造，将建筑物出租给他人以获得报酬，或者饲养繁殖稀有宠物并出售以获取收益。

（2）P2E 游戏产业的基础设施

P2E 是边玩边赚钱（Play to Earn）的简称。近期 P2E 游戏迎来爆发期，得到了玩家和资本市场的广泛关注，尤其 Axie Infinity 一举反超 NBA Top Shot 成为市值最高的 NFT 项目，可以看出 NFT 在游戏行业有很大的潜力。

已经存在的一些加密游戏有 CrytpoKitties、Cryptocats、CryptoPunks、Meebits、Axie Infinity、Gods Unchanged 和 TradeStars，这类游戏的一个很吸引人的特点是“繁殖”机制，用户可以亲自饲养宠物，并花很多时间繁殖新的后代，他们还可以购买限量版、稀有版虚拟宠物，然后以高价出售它们。由于 P2E 游戏的价值流通特性，目前的存储方式不能很好地契合其对高安全性的需求，Memo 等分散式云存储系统是更适应 NFT 高价值存储的基础设施。

额外的奖励吸引了许多投资者加入游戏，这使 NFT 变得更加重要。NFT 的另一个功能是提供了游戏中物品的所有权记录，玩家可以拥有个人专属的游戏道具，促进了生态系统中的经济标识，使开发商和玩家双方同时受益。玩家和作为 NFT 发布者的游戏开发者可以在每次 NFT 在公开市场被出售时赚取版税，完成了反哺生态的良性循环。

NFT 存储的可靠性将决定 P2E 游戏产业增长的天花板，产业发展到一定程度，NFT 存储环节中存在的种种隐患终将会得到越来越多的关注，各个游戏项目终将投入一定程度对 NFT 存储进行改善，降低风险。

（3）庞大的资本市场

NFT 的存在创造了一个互利的商业模式，玩家和开发商从二手 NFT 市场中获利的同时，区块链社区也在很大程度上扩展了 NFT，包括各种类型的数字资产和繁荣的虚拟经济活动。传统的在线经济活动依赖于提供信任和技术的中心化公司。尽管区块链已经开发出了数种融资途径，如 ICO、IFO 和 IEO 等，但其试用场景仍非常有限。

NFT 极大地扩展了区块链的额外属性，如唯一性、所有权和流动性等，在 NFT 的帮助下，区块链迅速扩展了其应用范围，使得每个人都能链接到一个特定的事件，就像我们现实生活中的模式一样。要达成这一愿景，NFT 的存储方式是重要一环，FT 即同质化通证所对应数据量较小，直接存储在链上，而 NFT 同样需要更可靠的存储方式。

比如购票这一常见的经济活动，在传统票务市场上买票时，消费者必须信任提供业务的第三方，因此，消费者存在着被欺诈或者所购门票无效的风险，这些门票可能是假的、伪造的或者是可以被取消的，在极端情况下，同一张票可能会被多次出售，或者一些不支持转让的门票在市场内流通，而由区块链发行基于 NFT 的门票，以证明有权进入任何体育或者文化活动。NFT 受益于区块链在 FT 阶段已经解决的双花、篡改和伪造等问题，分布式账本的独有特性赋予 NFT 门票相对于传统门票的明显优势。一张基于 NFT 的门票是唯一且不可篡改的，这意味着持票人在售出门票后不能再次转售。NFT 这种基于区块链的智能合约为消费者、活动组织者等利益相关者提供了一个透明的门票交易平台，消费者可以从智能合约中购买和出售 NFT 票，而不需要依赖任何第三方。

高价值的交易需要高安全基础设施来作为支撑，随着 NFT 形式的多样化和复杂化，NFT 存储产业也会随着 NFT 生态项目的发展而成长。

（4）保护数字产权

数字收藏品包含各种类型，如交易卡、葡萄酒、数字图像、视频、虚拟房地产、域名、钻石、加密货币邮票和知识产权等其他实物。我们以艺术领域为例。首先，传统方式下，艺术家只有很少的渠道来展示他们的作品，传统渠道需要资金和人脉资源，同时也需要耗费大量精力。由于缺乏关注，价格无法反映其作品的真正价值，甚至他们在社交网络上发表的作品也会被平台和广告商收取中介费、平台费和广告费。

NFT 将他们的作品转化为具有综合权益的数字格式，艺术家不必将所有权和内容交给代理人，这为他们提供了获取高额收益的可能，典型的例子包括 Mad Dog Jones 的 REPLICATOR 以 410 万美元成交，Grimes 的作品总共卖出了约 600 万美元。NFT 对艺术品产权做了很好的保护，而其对应的实际内容，如元数据和媒体数据等，并未有安全可靠的行业存储标准，Memo 等分散式存储系统有望解决这一问题。

其次，艺术家在传统情况下不能从其作品的未来销售中获得版税。相比之下，NFT 可以被编程，使艺术家在其数字作品每次在市场上交换时，都会收到一笔预设的版税费用，这是一种管理和保护数字杰作的有效方式。此外，一些平台，例如 Mintbase 和 Mintable，甚至已经建立了一些工具来支持普通人轻松创建自己的 NFT 作品。

这些数字收藏品的媒体数据其实就是其铸造的 NFT 的本体，一旦失去了作品本身的所有权和版税权将变得毫无意义，而 NFT 本身也将失去价值。传统收藏行为通常伴随着较高的贮存成本，而数字时代的收藏显然需要更好的存储解决方案。

12. 3. 2 NFT 存储的挑战

为了实现上述 NFT 存储应用的发展，就像任何新生技术一样，必须克服一系列障碍，如可用性、安全性、可监管性和可扩展性等典型的挑战，包括基于区块链的平台所造成的系统层面的问题和人类因素，如监管者、法规和社会因素。

（1）可用性挑战

可用性是指在测试特定产品时，衡量用户的有效性、效率和满意度来评判一个特定的产品。大多数的 NFT 项目都是建立在以太坊之上。因此，很明显，以太坊的主要缺点被继承了。

（2）匮乏的冗余机制

NFT 目前多使用集中式数据中心和 IPFS 进行存储，这两种方式的冗余机制并不是很可靠。集中式数据中心通常使用多副本的冗余方式，将文件复制多份进行冗余，成本较高。IPFS 没有自运行的冗余方式。虽然文件所对应的 CID 是全网广播的，而文件本身的数据存储在节点本地，需要其他节点自发来进行备份。Filecoin 作为 IPFS 的激励层，也没有很好地完成激励节点进行备份的使命，网络节点中存储的大多数是为了获取激励而存的无效数据。Memo 所研发的 MEFS 系统，使用多副本与纠删码相结合的存储方式，利用数据分片存储和风险感知修复技术，以低成本实现高耐久的冗余方式。

（3）缓慢的确认速度

NFT 通常将交易发送到智能合约，以实现透明可靠的管理，如铸造、卖出和交换。

然而，目前的 NFT 系统是与它们的底层区块链平台紧密耦合，这使得它们的性能很低。比特币仅达到 7 TPS，而以太坊只有 30 TPS，这导致 NFT 的确认速度极慢。解决这个问题需要重新设计区块链拓扑结构，优化其结构或改进共识机制。现有的区块链系统无法满足这些要求，这也决定了只能将复杂的元数据和庞大的媒体数据存储在链下系统的现状。

（4）高昂的 Gas 费用

高昂的 Gas 费用已经成为 NFT 市场的一个主要问题，特别是在大规模铸造 NFT 的时候，需要将元数据上传到区块链网络，每个与 NFT 相关的交易都比简单的转账交易更昂贵，因为智能合约会涉及要处理的计算资源和存储。复杂的操作、高拥堵的通信压力和昂贵的费用大大限制了 NFT 的广泛采用。铸造 NFT 所产生的交易费用大多数情况下都远远高于 NFT 的现有价值，尽可能地将 NFT 相关数据存储在链下是目前调整这个严重失衡情况的主流方案，而其又带来了各种各样的风险。

（5）存储安全和隐私问题

来自用户的数据是任何系统的首要任务。然而，这些数据，储存在链外但与链上标签相关联，面临着失去联系的风险或被恶意滥用的风险。

（6）NFT 数据的不可访问性

在主流的 NFT 项目中，大多使用加密的哈希值作为标识符，而不是真正的媒体数据，然后记录在区块链上，以节省 Gas 消耗，这使得用户对 NFT 失去信心，因为原始的文件可能会丢失或损坏。一些 NFT 项目已经开始与专门的文件存储系统进行合作，如 IPFS，它允许用户通过哈希值进行内容寻址，只要 IPFS 网络上的某个地方有人在托管它，用户就可以成功获取这个哈希值相对应的内容。尽管如此，这样的系统还是有不可避免的缺陷，当用户上传 NFT 元数据和媒体数据到 IPFS 节点时，不能保证数据会在所有节点被复制。该数据存在 IPFS 上，有可能只有一个节点对该内容进行托管，而没有其他节点对它进行备份，如果存储它的唯一节点从网络上断开，数据可能会变得不可用。

此外，一个 NFT 还有可能指向一个错误的文件地址，如果是这种情况，用户无法证明他实际拥有该 NFT。总而言之，依靠一个外部系统作为 NFT 系统的核心组件是脆弱的。

（7）匿名性和隐私性

大多数 NFT 交易都依赖于他们的底层以太坊平台，它只提供伪匿名性，而不是严格的匿名性或隐私，用户可以部分隐藏他们的身份，如果他们的真实身份和相应的地址之间的联系被公众所知，那么用户在暴露的地址下的所有活动都可以被观察到。现有的隐私保护解决方案，如同态加密、零知识证明、环形签名、多方计算，由于其复杂的加密基元和安全假设，尚未大规模应用于 NFT 相关方案，与其他类型的基于区块链的系统类似，降低昂贵的计算成本成为保护 NFT 数据安全和隐私的关键。

（8）NFT 互操作性

现有的 NFT 生态系统是相互隔离的，用户一旦选择了一种类型的产品，就只能在同一生态系统内交易它们，这是由于其底层区块链平台的原因。目前，如果想跨生态进行交易，就需要通过类似 OpenSea 的第三方交易平台来完成，脱离原属区块链平台的信任机构，将增加信任成本。互操作性和跨链沟通始终是广泛推广 DApp 的障碍，跨链通信只有在外部可信方的帮助下才能实现，这样一来，去中心化的特性就不可避免地在某种程度上丧失了。

但是幸运的是，大多数与 NFT 相关的项目都采用 Ethereum 作为其底层平台，这代表着，他们共享一个类似的数据结构并可以在相同的规则下进行交换，而 NFT 项目的存储方式各不相同，如何保持去中心化和统一风险结构是未来的重要课题。

（9）可更新的 NFT

过渡性区块链一般通过软分叉和硬分叉两种方式更新其协议，说明了对现有区块链进行更新时的困难和权衡。尽管是通用模型，新的区块链仍然有严格的要求，如容忍特定的对抗行为和在更新过程中保持在线，NFT 方案密切依赖其基础平台，并与之保持一致。虽然数据通常存储在独立的组件中（如 IPFS 和 MEFS 文件系统），但最重要的逻辑和 TokenID 仍然被记录在链上，适当地更新系统的改进将是必要的。

12.4 星际文件系统（IPFS）

星际文件系统（IPFS）是一种协议和点对点网络，用于在分布式文件系统中存储和共享数据。IPFS 使用内容寻址来唯一标识连接所有计算设备的全局命名空间中的每个文件。IPFS 的全称是 InterPlanetary File System。

IPFS 允许用户以类似于 BitTorrent 的方式托管和接收内容。与中心化的服务器不同，IPFS 是围绕一个去中心化的系统构建的，该系统由持有部分整体数据的用户操作员组成，创建了一个弹性的文件存储和共享系统，网络中的任何用户都可以通过其内容地址来提供文件，并且网络中的其他对等方可以使用分布式哈希表（DHT）从任何拥有该内容的节点查找并请求该内容。

与 BitTorrent 相比，IPFS 旨在创建一个单一的全球网络。这意味着如果 Alice 和 Bob 发布具有相同哈希的数据块，则从 Alice 下载内容的对等方将与从 Bob 下载内容的对等方交换数据。IPFS 旨在通过使用可通过 HTTP 访问的网关来替换用于静态网页交付的协议。用户可以选择不在他们的设备上安装 IPFS 客户端，而是使用公共网关。这些网关的列表在 IPFS GitHub 页面上维护。

（1）协议实验室

IPFS 由 Juan Benet 创建，他后来于 2014 年 5 月创立了 Protocol Labs。根据其网站和世界经济论坛的网站，Protocol Labs 是“区块链技术的开源研究、开发和部署实验室”，“创建应对重大挑战的软件系统”，其目标是“让人类生存”通过技术提高几个数量级。

Protocol Lab 的项目包括 IPFS、Filecoin、libp2p、Multiformats、IPLD 和 SourceCred。Protocol Labs 的总部设在美国并在特拉华州成立，但其团队远程工作。截至 2021 年，它拥有 130 名成员，2.5 亿美元的资金（包括 Filecoin ICO），公司位于加利福尼亚州帕洛阿尔托。

（2）实现和使用

IPFS 于 2015 年 2 月以 alpha 版本推出，到同年 10 月，TechCrunch 将其描述为“通过口口相传迅速传播”。

2017 年 9 月至 10 月举行的加泰罗尼亚独立公投，被西班牙宪法法院认定为非法，许多相关网站被屏蔽。随后，加泰罗尼亚海盗党将该网站镜像到 IPFS 以绕过加泰罗尼亚高等法院的封锁令。自 2018 年 7 月以来，网络钓鱼攻击也已通过 Cloudflare 的 IPFS 网关分发。网络钓鱼诈骗 HTML 存储在 IPFS 上，并通过 Cloudflare 的网关显示。该连接通过 Cloudflare SSL 证书显示为安全的。IPStorm 僵尸网络于 2019 年 6 月首次被发现，它使用 IPFS，因此它可以在 IPFS 网络上的合法数据流中隐藏其命令和控制。安全研究人员之前已经研究出将 IPFS 用作僵尸网络命令和控制系统的理论可能性。

（3）其他值得注意的用途

2017 年，土耳其政府阻止了对维基百科的访问。IPFS 团队通过在其去中心化网络上镜像该网站的土耳其语版本来作出回应。尽管被禁止，仍允许访问维基百科的内容。维基百科的存档版本是有限的不可变副本。

Filecoin 也与 IPFS 相互关联，由 Juan Benet 和 Protocol Labs 开发，是一个基于 IPFS 的协作存储云。

Cloudflare 运行分布式 Web 网关来简化、加速和保护对 IPFS 的访问，而无需本地节点。

微软的自我主权身份系统 Microsoft ION 通过基于 Sidetree 的 DID 网络建立在比特币区块链和 IPFS 之上。

Brave 使用 Origin 协议和 IPFS 来托管其去中心化商品商店，并在 2021 年为其浏览器增加了支持。

Opera for Android 默认支持 IPFS，允许移动用户浏览 ipfs：// 链接以访问 IPFS 网络上的数据。

12.4.1 IPFS 的工作原理

上传到 IPFS 的文件被分成更小的块，分布在多台计算机上，并分配一个哈希值以允许用户定位它们。IPFS 链接不是像普通 Web 那样使用熟悉的基于位置的链接，而是基于每个项目的唯一哈希标识符。这有助于定位哪个或哪些节点具有可用的文件或网站，然后通过点对点连接将其提供给用户，类似于 BitTorrent 技术。

IPFS 不是基于区块链，但它同样是不可变的——内容不能改变，否则哈希本身也会改变。但是，IPFS 有一个版本控制系统，可添加文件的新版本并将其连接到前一个版本，从而确保维护整个历史记录。

有多种 Web 3.0 服务已经在广泛的不同应用程序中使用 IPFS：

- Filecoin，Protocol Labs 自己的分布式存储网络，基于 IPFS。它激励节点运营商通过加密货币奖励来托管文件。
- Audius 是一种去中心化的音乐服务，使用 IPFS 来托管其音频文件。
- Pinata 是一种 NFT 托管服务，它使用 IPFS 为 Rarible 和 Sorare 等合作伙伴备份加密收藏品。
- OpenBazaar 是一个由 IPFS 驱动的点对点电子商务平台。
- Morpheus. Network 是一个使用 IPFS 的供应链网络服务。

（1）IPFS 的使用：一些浏览器本身支持 IPFS 浏览，而另一些浏览器需要附加组件。Brave 和 Opera 都直接支持 IPFS 链接，用户只需将链接粘贴到浏览器中，然后转到站点或文件即可。Brave 为用户提供了通过公共网关或用户自己的本地节点访问 IPFS 内容的选项，后一种选择适用于那些想要在本地验证内容的人。

（2）运行 IPFS 节点：运行 IPFS 节点并向网络添加内容最简单的入门方法是使用协议实验室的官方软件套件 IPFS Desktop，它适用于 Windows、Mac 和 Ubuntu，并允许用户安装和操作自己的节点，因此用户可以将自己的文件添加到网络中。

同时，IPFS Companion 是适用于 Chrome、Edge、Brave、Firefox 和 Opera 的网络浏览器插件，它使用户可以直接从浏览器与 IPFS 桌面和已安装的 IPFS 节点进行交互，它还向本机不支持它们的浏览器添加了对 IPFS 地址的支持。

（3）IPFS 的发展：自 2020 年初以来一直没有更新其官方路线图，但 IPFS 项目负责人 Molly Mackinlay 在 GitHub 上写道，她的团队专注于一系列技术增强以及进一步的浏览器集成，她的团队也一直努力更好地讲述为什么使用 IPFS 的故事。

IPFS 不像标准网站那样流畅和易于使用，但就像现在的许多 Web 3.0 平台一样，这应该会随着时间的推移而改进，尤其是当更多的 Web 浏览器支持原生链接时。

当 NFT 收藏品在 2021 年初爆红时，突然有报道称，由于托管它的平台或服务器出现故障，人们新购买的昂贵的物品丢失了。IPFS 巧妙地抓住了蓬勃发展的 NFT 市场机会，提供了一种有效地将 NFT 备份到分布式网络的方法。

协议实验室似乎专注于将 IPFS 的核心扩展到新产品和用例中。IPFS 催生了 Filecoin，这是一个分布式网络存储平台，可以用加密货币向节点运营商支付空闲存储空间和带宽。2021 年 8 月，该公司添加了 Web3. 0storage，这是一项与 IPFS 和 Filecoin 相关的服务，以促进 Web 3.0 应用程序的创建。

IPFS 正以各种其他有趣的方式推动 Web 3.0 开发。例如，名为 Snapshot 的治理投票系统允许代币持有者对去中心化自治组织（DAO）内的提案进行投票，这是去中心化金融（DeFi）项目中越来越常见的组成部分。

简单用一句话来描述，IPFS 就是一个存储和访问数据（包括文件、网站、应用等）的分布式系统。

（4）如何按地址寻找信息？比如我们要研究元宇宙（Metaverse），我们可以在维基百科上查到 Metaverse 一些基本信息，维基网页网址是：https：//en. wikipedia. org/wiki/Metaverse。当我们把这个网址在浏览器的地址栏输入并回车后，我们的电脑就会向维基网站的服务器发出请求，希望服务器能给我们的电脑回传信息使我们能在电脑的浏览器上打开这个网页。在互联网诞生后的很长一段时间以来，这是我们唯一能在本地浏览器看到网页的方式，而现在我们有了另外一种浏览这个信息的方式，它所依赖的系统就是 IPFS。

当我们向 IPFS 系统中输入上面这个信息后，系统就会知道去哪里找这个网页，这种寻找信息的方式和现有互联网寻找信息的方式不同，我们称这种寻找信息的方式为“按内容寻址”的方式。

当我们提交这一串字符信息后，电脑会向 IPFS 系统发出请求，让系统将这个网页的信息分享给我们，只要 IPFS 网络系统中有任何一台电脑存储有这个网页的信息，系统就会把这个信息从这台电脑下载到我们的浏览器端，我们就能得到这个网页，而在传统的网站中，我们只能向这个网站的服务器索取这个网页的信息。

当我们使用 IPFS 获取数据时，我们不仅从 IPFS 系统中某个存储有该数据的电脑中获取该数据，我们同时也在帮助分发和传播这个数据，比如，我们在获取这份数据的同时，附近邻居也突然想从 IPFS 系统要这份数据，那么我们的电脑很可能会成为中转者，把我们获得的数据就近传给了附近的邻居，当然，邻居也可能从 IPFS 网络系统中其他电脑获取这份数据，从而做到了哪里近就哪里取，哪里方便就哪里取，节省了时间和使用资源的成本，达到了减碳的目的。IPFS 系统对网页的传播是如此，对任何文件和信息的传播也都是如此。

12.4.2 IPFS 技术的特点

（1）去中心化

去中心化意味着替用户可以从很多源头获取文件，而这些源头不像在传统信息系统中那样被某个中心化机构或组织管控。IPFS 中的去中心化有以下优势：

第一，一个更灵活的网络。如果使用 IPFS 系统，即便有黑客攻击了维基网站的服务器或负责管理服务器的工程师犯了错误导致服务器死机，用户仍然可以从 IPFS 系统中的其他节点获取他想要的信息。

第二，内容的获取更加方便。由于存储在 IPFS 系统中的信息可以存储在网络系统中的多台节点电脑中，当用户无法从某台节点电脑获取文件时还可以从其他节点电脑获取文件。

第三，加速信息在网络中的传播速度。如果用户需要的文件同时存储在 IPFS 系统中的多台节点电脑上，其中某些节点离用户很远，而另一些节点离用户很近，系统就会从距离用户近的节点将文件传送给用户，这样用户下载文件的速度就会快很多。

对于某些只能连接到局域网而难以连接到互联网的用户来说，这个功能显得尤其重要和有价值。目前也有一种被称为内容分发网络（CDN）的技术也能实现这个功能，但使用这个技术的费用相当高昂，而使用 IPFS 的成本则低得多。

（2）点对点的网络

IPFS 系统是一个点对点（Peer to Peer）的系统，这种系统通常也被称为 P2P 网络。在 IPFS 系统中，所有的节点都是对等节点，不存在某个节点拥有特殊的权限或职能。

在这个系统中，每个节点电脑同时作为客户端和服务器端，没有中心服务器，没有中心路由器，这意味着可以替用户从很多源头获取数据，而这些源头不像在传统信息系统中那样被某个中心化机构或组管控。

P2P 网络的一个重要目标就是让所有的节点都能提供资源，包括带宽、存储空间和计算能力等。IPFS 也是如此，因此当有节点加入 IPFS 且对系统请求增多时，整个系统的容量也增大。

这是具有一组固定服务器的客户服务器结构不能实现的，因为在客户服务器结构中，客户端的增加意味着将替所有用户忍受更慢的数据传输、争夺更紧张的系统资源。

IPFS 通过在多节点上复制数据，也增加了防故障的健壮性，节点不需要依靠一个中心索引服务器来发现数据，系统也不会出现单点崩溃。

（3）内容寻址

以食蚁兽为例，在 IPFS 系统中寻找内容所需要提交信息的格式看起来有点奇怪：“/ipfs/QmXoypizjW3WknFiJnKlwHCnl72vedxjQkDDP1mXWo6uco/wiki/Aardvark. html”，这段字串中“/ipfs/”之后的那一串字符被称为内容标识符，它是 IPFS 用来获取内容的方式。

传统的文件地址（互联网网址、电脑中的文件地址等）看上去是下面这样的：

https：//en. wikipedia. org/wiki/Aardvark

/Users/ Alice/Docum ents/term_ pa per. doc

C：\ Users \ Joe \ MyDocuments \ project_ sprint_ presentation. ppt

传统的文件地址是通过文件所在的地址寻找文件的，比如文件所在的电脑在哪里，文件在哪个硬盘等。但如果一份文件同时在多个位置，就无法用地址寻址的方式找文件了。

与基于位置的寻址方式不同，IPFS 通过内容寻找文件。上面提到的内容标识符是用加密算法对一个文件的内容计算所得出的哈希值。

这个哈希值只和内容有关并且是唯一的，但相比文件的内容，在多数情况下它会短小一些。用户用这个哈希值能验证他得到的文件是否就是他所需要的文件。在这里，为什么我们在“内容标识符”中使用“内容”而不使用“文件”或“网页”？因为一个内容标识符能指代各种类型的数据：一个小文件、一个大文件的碎片或元数据等。

一个 IPFS 地址指的是任何一种内容信息的元数据，这个内容信息可以是文件的碎片整个文件、文件目录、整个网站等。

由于 IPFS 中一个文件的地址是从内容创建得到的，因此指向该地址的链接不能更改。例如一个 IPFS 文件是一个网页，当网页上的文本信息改变之后，系统会为这个网页生成一个新的、不同的地址。此外，一个文件的内容也不能用不同的地址，这和现有的互联网处理手段不同。在现有的互联网中，一个公司可以重新组织它网站上的网页或网页内容。

比如将一个网页从“http：//mycompany. com/what_ we_ do”迁移到“http：//mycompany. com/services”，尽管地址不同，但两个地址所指的文件却是同一个。但在 IPFS 中，一个链接就始终只能指向一个内容。在实际应用中，人们会经常更新文件的内容，但并不想每次更新就更新文件的链接，IPFS 也提供了处理这种状况的应对方法。

（4）无门槛的广泛参与

IPFS 使用了很多复杂的技术，但它最根本的思想是要改变网络中人和机器的通信方式。现在的万维网（world wide web）是基于掌控权和访问权构建的，这意味着用户只能从信息掌控者那里获取信息，并且信息掌控者要赋予用户访问权限用户才能获取信息。

而 IPFS 则基于拥有权和参与度构建，这意味着系统中的节点之间可以互相拥有其他节点的信息并且这些信息可以公开分享。系统的一个节点可以从系统获取信息和服务，也能向系统提供信息和服务。

（5）参与节点越多系统越强大

在 IPFS 中，参与系统的节点越多，IPFS 的功能和性能就越强大。在传统网络系统中，当用户与他人分享自己电脑上的数据时，如果用户关机后，其他人就无法再获取这些文件了，而在 IPFS 系统中，其他节点也可以参与共同保存这个用户共享的数据。因此，即便当该用户关机，IPFS 系统中的其他节点仍然可以提供这些数据。

（6）灵活的系统服务

在 IPFS 系统中，默认状态下，当用户从系统中下载了一份文档后会在一定时间内与系统中的其他节点电脑共享这份文件。

用户也可以用“pin”的方法让这个文件永久存储在系统内，当使用“pin”时，IPFS 系统会把文件一直存在用户的电脑上让其他电脑共享，除非用户用“unpin”的方法解除它，这种方式使得用户能够基于 IPFS 构建灵活的存储服务。

在现有的互联网解决方案中，如果用户想自己的文件永久保存在互联网上，会用到付费的文件共享服务，比如 Dropbox。由于 IPFS 本身就内嵌了“pin”这种永久存储的技术手段，用户可以基于“pin”实现永久存储的服务，这被称为“pinning service”。

用户完全可以和朋友、合作伙伴或机构（比如博物馆、图书馆等）合作，共同分享彼此的文件。IPFS 团队希望这项技术能成为网络的基本工具，让社区、公司、组织等所有机构都参与进来，形成一个比现在互联网更可靠、稳定和健壮的分布式网络。

（7）无限的可扩展性

由于 IPFS 是无门槛的点对点、去中心化协议，它可以架设在任何网络上，因此理论上 IPFS 拥有无限的可扩展性，IPFS 的名称“星际文件系统”也说明了该系统设计者的“无限可扩展性”初心。

12.4.3 IPFS 的意义

信息技术的发展已经将我们带到了互联网时代。我们不仅能够通过互联网娱乐，还能够通过互联网订餐、出行、购物等，我们的生活已经无法离开互联网。但我们在一边享受互联网给我们带来巨大便利的同时，也越来越感受到互联网对我们无处不在的“控制”和“监视”：我们被商家用算法推算出我们的癖好和习惯；我们被商家用算法进行营销；我们的 ID，本该归个人所有的数据，被收集到他们的数据库中，用来交易，作为商家的产品被毫无顾忌、毫无代价地滥用。

我们在享受商家提供服务的同时也成为商家的“商品”。商家不仅剥夺了我们的利益，也损害了我们的隐私，更重要的是，一旦我们所依赖的商家出现技术故障或者经营问题，我们的生活将受到严重的影响，互联网巨头们垄断了我们的生活。互联网发展到现在，之所以会出现这种状况，其根本原因就在于互联网巨头已经垄断了我们的信息。因此，完全有必要打破这种垄断，恢复市场的公平，而要做到这点最根本的是必须要破除互联网巨头作为信息中介的角色。

一切信息的处理都不离开存储，因此去中心化存储不仅在技术上，在商业上也有其重要的意义。包括 IPFS 在内的去中心化存储项目和协议要建立的就是一个去中心化的存储世界。在这个世界中，没有寡头，没有垄断，只有千千万万能够灵活提供存储的节点，在这些系统中不存在因为某个节点无法工作而导致存储服务无法正常工作的情况，也不存在因为某个节点垄断了用户数据在商业领域滥用个人信息的情况。

去中心化存储技术将给我们带来颠覆性的意义：

一是从本质上改变了网络数据的分发机制。在 IPFS 中不存在服务器的概念，或者也可以说在这个系统中，每个节点都是服务器。在互联网中存储在某一台服务器上的文件，在这个系统中将存储在多台服务器上。

这一方面保证了数据的备份，另一方面也使得数据的下载和访问更加便利。当用户需要下载某个文件时，IPFS 会根据用户的位置为其寻找逻辑上离他最近的节点，用户便可以从最近的节点下载。即便由于某种原因，那个节点的文件损毁了，系统会切换到其他存储有同样内容的节点供用户下载。

另外，我们现在访问网站上所有的网页都是存储在运营该网站的服务器上，一旦服务器出问题，则该网站所有的网页都会受影响。

未来有可能当我们访问网站时，网站上每个网页都存在彼此相距千里的多台不同节点上。当我们看其中一条新闻时，访问的可能是中国的一个节点，当我们看另一条新闻时，则有可能访问的是美国的一个节点。因此，用户不用再担心因互联网中某台服务器受到攻击而无法找到数据，或者若干网站出问题导致无法访问数据的问题。

二是数据的存储将安全可控。在互联网服务器中，要长期保存数据则必须人为作备份计划，这极易导致因为人为疏忽而丢失数据的情况发生，而在 IPFS 中，任何一个文件都可以有多个备份存储。

另外，随着数据量越来越大，在互联网服务器中存储数据对服务器的要求也越来越高，这会极大地增加服务器的成本，而在 IPFS 中，文件可以被分割、灵活地存储。因此，去中心化存储技术在理论上能够解决现有中心化存储技术所面临的很多问题。

三是将给元宇宙带来无限的扩展空间。在 IPFS 中，任何节点都可以无需许可地加入系统，成为系统的一部分，为用户服务。因此，在理论上 IPFS 的系统存储容量是无限的，它的可扩展性和灵活性远胜于中心化存储技术，这种无限的可扩展性正是元宇宙所需要的，也是元宇宙的发展方向。

我们现在已经看到了互联网巨头对现有世界垄断的弊病、更看到了巨头垄断对互联网发展所起的反作用，我们无法想象未来的虚拟世界仍然是由少数巨头控制的。

12.5 去中心化存储 Arweave 和 Filecoin 比较

Arweave 和 Filecoin，虽然两者都是数据存储解决方案，并且具有去中心化和基于区块链技术构建等相似之处，但 Arweave 专注于长期数据存储的问题，而 Filecoin 则试图通过低成本替代临时存储市场来颠覆当前的存储市场。

此外，Arweave 正在为永久应用程序建立一个完整的生态系统，这将为用户和开发人员提供新的体验和经济类型；而 Filecoin 正在为更传统的 Web 应用程序提供存储。

12.5.1 Filecoin

Filecoin 将自己描述为一个去中心化的网络，旨在存储人类最重要的信息。Filecoin 的主要目的是创建一个大型网络来存储世界各地的数据，这些人被激励存储其他人的数据。将 Filecoin 视为数据存储的 Airbnb，就像人们在自己的房子里租一个房间或套房一样，Filecoin 想从世界各地的服务器上出租多余的数据存储，这些服务器的所有者可以向你我出租空间，以按月保存我们的数据。

Filecoin 的目标是成为比云存储行业的大玩家更便宜的替代品。他们已经积累了超过 10 亿 GB 的存储容量，主要是在中国的服务器上。Filecoin 不是将信息存储在一个地方的中心化网络，而是创建了一个去中心化网络，其中数据可以跨多个位置复制并可从任何地方访问。这允许数据更接近需要它们的来源，并且也不会为黑客提供中心攻击点。Filecoin 希望它成为一个可靠且低成本的存储网络，能够颠覆由亚马逊网络服务和阿里巴巴以及谷歌等大型公司主导的云存储行业。所以，Filecoin 也称为基于

IPFS 的存储云。

12.5.2 Arweave

Arweave 将自己描述为一种新颖的数据存储区块链协议，可实现永久网络，并首次创建真正的永久数据。当 Arweave 的创始人分析互联网数据的当前状态时，很明显，互联网并不是一个很好的数据存储库，互联网实际上每 20 年就会丢失 95% 以上的网络信息。因此，Arweave 着手解决的主要问题是如何长期可靠地存储数据，他们的愿景是成为一座新的亚历山大图书馆——一座古老的图书馆，旨在成为世界知识的宝库。

当 Arweave 着手解决长期数据存储的问题时，他们对当前的区块链技术进行了创新，并为人们永久存储数据开发了独特的激励系统。Arweave 没有制作区块链，而是制作了一个 blockweave，类似于机织织物由多股线连接在一起的方式，块状织物由整个数据存储中的多个链接连接在一起，例如，将新数据添加到 blockweave 的唯一方法是服务器是否可以调用已经在 blockweave 上的随机选择的文件（或文件组），只有那些可以调用这个先前随机块的服务器才能存储任何新数据。数据存储的这种创新以及对矿工（存储数据的人）的一些新的经济激励为数据的长期保存创造了条件。

blockweave 的到来也解锁了数据存储的几个新功能。

（1）它使数据既不可更改又无法删除。如果文件副本在全球各地的服务器上被无数次复制，那么几乎不可能更改已上传到永久网络的任何文件。

（2）存储数据的付款不再需要按月支付。取而代之的是 permaweb，以一次付费的方式工作。数据永久性的发明也让 Arweave 能够让其他人建立一个永久性应用生态系统，可以在 Arweave 协议之上解决创新问题。

现在我们已经了解了 Filecoin 和 Arweave，让我们先看看两者之间的相似之处，然后再仔细研究它们的不同之处。

12.5.3 Arweave 和 Filecoin 的共同点

Arweave 和 Filecoin 之间的主要相似之处在于它们都是在去中心化系统上使用区块链技术的存储设备，如果我用手机拍一张数码照片，我们有很多不同的选择来存储它，Arweave 和 Filecoin 都可以用来存储这些文件。

Arweave 和 Filecoin 也是去中心化的，这意味着没有总部控制他们的服务器。相反，服务器由世界各地的个人（称为矿工）控制，他们将收费存储数据。矿工受一套预先制定的规则的约束，如果区块链网络运行正常，它将随着时间的推移而建立起来，包括成千上万的矿工在彼此之间共享和复制数据。

最后，Arweave 和 Filecoin 都有自己的数字货币形式，作为支付数据上传到各自网络的一种方式，Arweave 使用 AR 代币，而 Filecoin 使用 FIL 代币。

12.5.4 Arweave 和 Filecoin 的不同点

尽管 Arweave 和 Filecoin 之间有很多相似之处，但 Arweave 的创始人 Sam Williams 会说他们从根本上做了不同的事情，Arweave 在允许永久数据存储方面实现了从零到一的改变，通过可持续的捐赠结构支持数据存储，由协议而不是公司裁决，它使得以一次性费用永久存储数据成为可能。

Filecoin 提供的服务与其他提供商基本相同，按月收费的数据存储，主要区别在于 Filecoin 在幕后使用了一种不同且可能更具成本效益的方法来提供这种临时存储。

Arweave 正在为市场提供一项全新的服务，通过一次性付款方式长期存储数据，同时允许在其上构建新型永久应用程序。如果你查看放置在两个网络中的一段数据，则 Filecoin 中没有内在的内容来保证其永久性，如果你的 Filecoin 账单未支付则你的数据将被删除。相比之下，Arweave 旨在确保数据的永久性，矿工必须参考以前存储的数据，证明他们仍然拥有这些数据。

这似乎只是一个很小的差异，但是当大门在小铰链上摆动时，这个看似很小的差异却带来了巨大的可能性。Arweave 向前发展的根本区别和最大潜力在于，他们正在其协议之上构建一个新的永久应用程序生态系统，这是 Arweave 未来的主要重点，孵化越来越多的与其协议交互的永久性 Web 应用程序，这些永久应用程序的潜在能力对开发人员和用户来说都是一个游戏规则改变者。

Arweave 将这些永久性 Web 应用程序称为利润分享应用程序，因为它们具有与 Arweave 本身相同的属性，它们是永久性的且是基于代币及由社区治理的，并具有符合开发人员和用户而非企业的经济激励。与合作社类似，这些利润共享社区的目的是在应用程序的开发者、用户以及代币持有者之间“分享”利润，利润共享社区改变了应用程序的激励结构，以在开发人员和用户之间建立更好的联盟，并允许双方更充分地参与应用程序的成功。

Filecoin 要想在云存储市场上取得成功，就需要能够在价格上更具有竞争力，他们的主要竞争对手是亚马逊和阿里巴巴等现有科技巨头。由于其网络的安全性和去中心化性质，他们可能能够收取溢价，但他们需要与世界巨头进行价格竞争才能长期生存。这对 Filecoin 来说并不容易，因为大型中心化公司在规模经济方面具有竞争优势，可以随着时间的推移不断降低价格。

如果你希望将数据保留更短的时间并且可以按月付费，那么 Filecoin 可能是适合你的服务。Arweave 希望为长期永久存储打造一个新市场，在商业中最难做的事情之一就是将产品创新带到从未开发过的市场，Arweave 有许多早期采用者，他们看到了永久存储的价值和用例，Arweave 的一些最大的早期采用者是其他区块链（如 Solana)，他们希望确保自己的区块链数据永久保存。

但大多数人甚至不知道永久数据是一种选择，大规模采用将需要更强的意识、公众发现以及开发人员的宣传。当普通大众看到 Arweave 解决了其他任何方式都无法解决的问题时，他们就会开始关心 Arweave。需要永久保存合同的律师，想要存档独一无二的文件的历史学家，希望确保他们的工作能传到子孙后代，长期数据存储是一个新的且令人兴奋的及有时令人困惑的概念，而且它确实还处于起步阶段，随着这种与数据的新型关系成为可能，未来几年它在市场上的表现将会令人着迷。

总而言之，Filecoin 正在寻求通过提供比亚马逊或阿里巴巴更好的低成本分散式临时存储解决方案来分割当前的存储市场。Arweave 正在寻求为长期数据存储提供解决方案，并在此基础上构建新的永久应用程序浪潮。

第 13 章

元宇宙的数字资产交易所（平台）

13.1 数字资产交易所概述

13.1.1 加密数字货币投资综述

自 2009 年 1 月初有了加密货币，虽然它不是主权货币，或者说它不是法定的货币，一旦加密货币慢慢地进入到流通领域，产生了加密货币的资本市场，加密货币的投资就形成一种趋势。

目前存在 2 000 多种加密货币。2017 年，当比特币的价值增加了 13.18 倍时，与其他一些数字资产，比如瑞波币（Ripple）的收益相比，瑞波币的上涨高达36 018%。加密货币的泡沫在 2018 年初爆发，使得许多以高价购买加密货币的投资者不知所措，一些新手投资者认为比特币投资是一场骗局，摆在他们面前的选择，要么完全放弃加密资产投资，要么还是投资到像股票这样的传统金融资产。但经过一轮剧烈的波动之后，加密货币市场仍然在不断发展，而且变得更加稳定，同时也引起全球和美国许多主要金融机构的关注和支持，越来越多的人开始使用加密货币，更多的卖家会接受加密货币支付，开始认定这是一种新的付款方式。

加密货币是一种新兴加密经济社区的数字货币。当加密货币越来越被大众接受时，人们可以像使用传统货币（数字货币）一样以电子方式支付货款。加密货币与其他形式的货币不同之处是支撑加密数字货币背后的区块链技术。加密货币的出现，是为了解决目前世界货币体系中存在的各种各样问题。

在国外，人们对加密货币仍然有各种误解，比如认为加密货币只适用于犯罪分子。一些加密货币以匿名作为其主要特征之一，在进行交易时不会泄露他们的身份。有的加密货币应用了分布式的区块链技术，使得各国央行无法对加密货币进行跟踪与监管。另外，在法制不健全、政治不稳定的国家里，守法的公民不信任当地的银行或国家，他们存储资金的最佳方式就可能选择区块链技术的加密货币资产。

加密货币的使用者可以使用所有加密货币进行匿名交易。有许多人将比特币等同于“匿名币”，真实的情况是，比特币以及许多其他加密货币根本不包含匿名性。使用此类加密货币进行的所有交易均在公共区块链上进行。

很多人错误地相信区块链技术不向公众开放，只能由普通用户网络访问。尽管一些公司创建了自己的私有区块链，仅供员工和业务合作伙伴使用，但绝大多数加密货币背后的区块链都可供公众访问。任何拥有计算机的人都可以实时访问这些交易。例如，任何人可以在网上查看实时的比特币交易情况。比较受欢迎的网站如，https：//www. blockchain. com/。

加密数字资产投资者所面临的另一类问题是加密数字的投资风险问题。经济学的基本常识总是提醒说，任何一种投资，利润越高，风险就越大。就像生活中的其他东西一样，加密货币带有自己的风险包袱。无论是交换加密货币、投资加密货币还是仅仅保存加密货币，都必须事先评估和了解风险。一些备受关注的加密货币风险还包括其波动性和缺乏监管的情况。2017 年，当大多数主要加密货币（包括比特币）的价格飙升至 1 000% 以上然后崩溃时，波动性尤其失控。然而，随着加密货币炒作平息，价格波动变得更加可预测，并且遵循类似的股票和其他金融资产模式。如同所有金融领域的监管与风控一样，加密货币投资者也要面对缺乏监管和监管风险，学会处理加密货币投资的风险事件。

除了加密资产投资的监管风险与风控之外，货币主权的国家常常讨论的另一个问题是加密货币与法币的关系。这一问题的答案需要根据各国的货币制度、经济运行情况来观察，不能一概而论。最根本的原因之一是世界各国都远离货币的金本位制而去，让本来就复杂的货币权利问题变得更加复杂。

有些国家，当中央银行面临严重的经济问题时，他们有能力简单地多印钞票。这个过程也称为量化宽松（Quantitative Easing）。通过印更多的钱，政府可以挽救债务或使其货币贬值。例如，当国家印太多钞票时，其货币价值下降太多，以至于通货膨胀急剧上升，人们甚至买不起日常商品和服务。但使用加密货币不一样，因为大多数加密货币的发行有一定的限制，可使用加密币数量有限。当所有的加密币都在流通时，中央实体或区块链背后的公司没有简单的方法来创造更多的加密币或者随意增加加密币的供应。

又比如，如果使用传统的现金，基本上就把现金拥有者的全部控制权交给中央银行和政府。政府在任何时候都可以冻结他的银行账户并拒绝他使用属于他自己的资金。

再比如，使用传统资金每次转账时，由于存在银行或数字支付服务这样的中介管理机构，他们都收取很高的费用。如果使用加密货币转账，不仅速度快，而且费用也会是最小的。

联合国相关资料显示，世界上有一半以上的公民无法使用政府所提供的各种金融服务，所以提出普惠金融的概念与解决办法。加密货币旨在通过在全球范围内传播数字商务来解决这个问题，以便拥有移动电话的任何人都可以接受金融服务。

总之，对于加密数字资产的投资者来说，只是多了一项投资的选择，孰优孰劣只能由证券资产投资者自己决定。如果选择加密数字资产投资，还是需要掌握这类投资的基本功。

13.1.2 投资加密货币的价值

无论你是一个经验丰富的投资者还是刚刚开始投资，你可能想知道为什么应该考虑在投资组合中加入加密货币。投资多样化，通俗地说就是不要把所有鸡蛋放在一个篮子里。

金融资产投资多样化，包括了股票、债券、外汇、加密数字货币等。你可以通过多个投资时间框架（短期和长期）来分配你的投资。在投资组合中添加加密货币，实质上是平衡该投资组合的一种方式。特别是因为加密数字货币行业与传统行业存在很大差异，这种多样化可能会构建最优投资组合，增强投资收益潜力。这种更高潜力的主要原因之一是加密货币市场可能对各种全球和金融事件作出不同反应。

股票市场让你有机会了解公司的利润。通过购买该公司的股票，你成为该公司的部分所有者。你买的股票越多，你的蛋糕就越大。

对于大多数投资者而言，股票投资的魅力在于价格随着时间的推移而增加并产生大量资本收益的可能性。投资股票，收取股息，提供了定期收入流。股票和加密货币的共同点是，当各自的市场强劲时，通常可以期望从价格升值中受益。不过，两个市场也都有过糟糕的日子，有时甚至是糟糕的岁月。

股票投资的缺点是，股票面临不同类型的无法轻易消除的风险。其中包括业务和财务风险、市场风险、事件风险、政府控制和法规、外国竞争等。

从几千种股票中选择出若干种股票并预测公司未来的表现是很困难的。通过投资加密货币市场，可以平衡上述一些的风险。加密货币投资非常不对称。正确的加密投资可以产生巨大的投资回报（ROI）。例如，NXT 的投资回报率为 6 972.95 倍，以太坊的投资回报率为 1 600 倍，而 IOTA 自投产以来的投资回报率为 2 823 倍。世界上没有其他投资可以超越这一点。表现最好的股票是 Netflix，在这十年内上涨约为 640 倍。

债券也称为固定收益证券。由于发行债券的公司承诺在债券到期时偿还固定金额，债券价格通常不会与公司的利润相关联。随着市场利率的变化，债券价格上涨和下跌。债券、加密货币和股票之间的另一个相似之处在于它们都是由各公司发行的。此外，许多政府机构也发行债券。因此，要在债券市场内实现多元化，仍然可以从一系列相对安全的选择中选择高度投机的产品。

债券投资所涉及的一些风险与加密货币和股票相似，即购买力风险、商业和金融风险以及流动性风险。债券还有一种额外的风险，即预付风险。与加密货币和股票相比，债券的高回报潜力要低得多，但债券所涉及的风险也相对较低。

外汇是一种可能比加密货币风险更高的另类投资。通过参与外汇市场，你可以买卖货币。不是加密货币，而是法定货币，如美元、欧元、英镑、澳元或政府发行的任何其他货币。前面讲过，法币是由政府签发的国家法定货币。

与股票和加密货币相比，分析外汇市场需要一种非常不同的方法。因为在考察外汇市场时，需要关注发行国的经济状况，即将出现的经济数据，如国内生产总值（GDP）、失业率、通货膨胀率、利率等，以及政治环境。

就像加密货币市场一样，你需要配对交易外汇。配对交易的概念可以应用于加密货币市场。例如，将比特币（BTC）和以太坊（ETH）相互配对，也可以将比特币等加密货币与美元等法定货币配对，并相互推测其价值。但是，在这种情况下，就需要分别分析每种货币。

许多投资者可以投资加密货币以获取资本收益，同时也可以在外汇市场中以不同的方式交换不同的加密货币。这是一种交叉加密货币的交易。

在纸币出现之前，长期以来一直使用金和银等贵金属制造硬币和买东西。贵金属一直是市场参与者最喜欢的投资工具。通常，当债券、房地产和股票市场等投资下降或政治环境不确定时，人们更喜欢在这些时候拥有贵金属。贵金属和加密货币之间的一个关键相似之处在于两个类别都具有不受管制的特征。在不同时期和不同地方，黄金一直是一种不受监管的货币。当投资者不信任官方货币时，不受监管的货币变得更有价值，加密货币似乎只是这种趋势的另一个例子。

投资贵金属需要考虑许多风险因素。一方面，考虑其便携性风险。鉴于其重量，高进口税以及对高安全性的需求，转移贵金属可能是昂贵的。相比之下，使用加密货币不需要进行物理转移。即使使用了加密资产的硬件钱包，移动加密货币也比转移贵金属要快得多且成本更低。

另一方面，加密货币价格在市场上出现的短时间内波动性大于所有贵金属的价格。随着加密货币投资变得更加主流，更多人将其用于日常交易，加密价格可能变得更加可预测。

资本增值是指加密货币的价格或价值的增加。这也是许多投资者（以及非投资者）寻求加速资本增值的原因之一。同时还可以利用一些加密货币来支付类似于股票市场的股息。

根据定义，股息是上市公司定期向股东支付的一笔钱。美国公司每年支付数十亿美元的股息。然而，许多投资者（特别是年轻人）并不太关注股息。他们更喜欢资本收益，因为奖励可以更快。在传统的股票市场中，公司通常每季度支付股息。公司的董事会决定向股东支付多少股息或者是否支付股息。有时，董事会决定支付股息，因为股票价值表现不佳。因此，他们选择较高的股息率，以保持投资者对购买股票的兴趣。

与美元和欧元等法定货币不同，大多数加密货币永远不会受到中央银行的量化宽松的影响。大多数加密货币在受控供应下运作，换句话说，无法任意印钞票。事实上，即使在需求很高的情况下，网络也会限制代币的供应。例如，比特币的供应将在时间上减少并且将在 2140 年左右达到其最终数量。所有加密货币通过代码中写入的时间表来控制代币的供应量。也就是说，今后每个特定时刻加密货币的货币供应量大致可以计算出来。

政府对加密货币的控制缺乏也有助于降低通货膨胀风险。历史一再表明，当某个政府实施不良政策，腐败或面临危机时，该国的个人货币就会遭受损失。

13.1.3 加密货币投资基本功

加密货币投资与非加密投资既有相同点，又有不同点。共同点是：为什么要投资加密货币；要买什么样的加密货币；要什么时候买进；什么时候卖出；投资时的风险评估；掌握好税收与政策的信息等。

对加密资产投资而言，不但需要了解加密技术与区块链技术，还要了解加密货币投资的特殊性。获取加密资产的途径基本上分为两大类：一是从加密资产投资中获取；二是从 NFT 造币、ICO、STO 中获取。

根据加密资产的特殊性，需要了解的基本知识包括：

- 寻找适合的加密资产交易所或经纪人。
- 选择安全的加密货币钱包，存储数字资产。
- 查找有关当前加密货币的背景信息。
- 在任何给定的时间点上，确定最佳的加密货币投资。

- 应用加密和非加密资产的投资组合方法，降低投资风险。

大多数加密购物、投资和交易都发生在网上。最流行的购买加密货币的方法是直接通过在线加密货币交易。无论你使用何种方法购买加密货币，你都必须准备好加密货币钱包来存储你的数字资产。

加密货币交易也称为数字货币交易（Digital Currency Exchange，DCE）。它是一种网络服务，可以帮助人们将现金兑换成加密货币；反之亦然。大多数交易所更专注于提供服务，帮助将比特币等加密货币兑换成其他数字货币，如以太坊、Litecoin 等。

大多数交易所在线运营，也存在多种实体企业，他们为客户提供交换传统支付方式和加密货币的服务。这些选项类似于国际机场的货币兑换处，将国家的货币换成正在访问的国家/地区的货币。

加密货币交易形式主要有三种：

（1）集中式（有中介）加密货币交易（CEX）：类似于传统的证券交易所。

（2）分布式（脱媒）加密货币交易（DEX）：按照区块链原理所设计的加密货币，去中心化（脱媒）的一种交易。

（3）混合加密货币交易：下一代加密交易市场，结合了 CEX 和 DEX 的优点。

13.1.4 加密货币交易所

数字资产交易所分三类：一类是中心化交易平台；一类是去中心化的交易平台；再一类就是中心化/去中心化混合交易平台。

CEX（Centralized Exchange）指中心化交易平台，以 Coinbase、BSC 和 OKCoin 等交易所为代表，聚集了庞大的用户量和交易量，提供了充分的资产流动性。其业务主要是在交易平台中进行，为用户提供账户体系，实名认证、资金充值、交易撮合、资产清算以及兑换等业务。

DEX（Decentralized Exchange），也称“分布式加密货币交易所”或“脱媒加密货币交易所”，是一个基于区块链的去中心化的交易平台，它不将用户资金和个人数据存储在服务器上，而只是作为一种基础设施来匹配希望买卖数字资产的买家和卖家，以 Uniswap v3、PancakeSwap 和 Sushiswap 等交易所为代表。

（1）CEX

CEX 就像传统的证券交易所。买家和卖家走到一起，交易所扮演中介人的角色。这些交易所通常收取佣金以促进买方和卖方之间的交易。在加密世界中，“中介”意味着相信别人来处理你的钱。

CEX 的工作方式：第一步，把钱交给了交易所。第二步，交易所（如银行或可信赖的中介人）持有这笔钱。第三步，在交易所查看加密货币的价格。第四步，下订单。

大多数加密交易所，可以互相交换两种加密货币。有的加密交易所可以将法定货币（传统货币，如美元、日元）换成加密货币（比如比特币或以太币）。下单后，交易所找到卖家以匹配买单。如果卖加密币，交易所会找到买家。

- 加密/加密配对涉及将一种加密货币（如比特币）与另一种加密货币（如以太坊）交易。
- 法定/加密配对涉及将加密货币（如比特币）与传统货币（如美元）进行交易。

CEX 存在的问题之一是它们易受黑客攻击。在过去的一些黑客丑闻中，CEX 已经自掏腰包支付了客户的费用。

①“法定/加密”配对。如果不熟悉加密投资，从提供“法定/加密”配对的加密交易所开始交易比较容易。提供“法定/加密”配对服务的交易所在 2017 年和 2018 年最受欢迎：

- Coinbase：支持比特币（BTC）、比特币现金（BCH）、Litecoin（LTC）和以太坊（ETH）。在法定货币方面，你可以使用美元（USD）、欧元（EUR）和英镑（GBP）。网站：www. coinbase. com/。
- Bittrex：总部设在西雅图，这个快速增长的加密交易所支持美元（USD）、比特币（BTC）、以太坊（ETH）、Tether（USD）以及其他各种配对。网站：https//bittrex. com/。
- Kraken：Kraken 拥有多种加密/命令配对，不仅仅是美元（USD）和欧元（EUR），在 Kraken 的交易所网站上可以查看列表。网站：https：//www. kraken. com/。
- Gemini：总部位于纽约，在美国拥有高监管标准。它支持比特币（BTC）、以太坊（ETH）、Zcash（ZEC）和美元（USD）。网站：https//gemini. com/。
- Robinhood：一个流行的金融服务和交易应用程序平台，最初提供股票和 ETF（交易所交易基金）服务，Robinhood 现在提供比特币（BTC）和以太坊（ETH）的配对。它还支持更多密码的实时市场数据，如 Dash（DASH）、Ripple（XRP）、Stellar（XLM）等。由于易于使用，也是许多加密投资者的最爱之一。网站：http：//share. robinhood. com/。
- Bitfinex：Bitfinex 适用于活跃的加密货币交易者，需要至少 10 000 美元的股权才能开始运作。它提供各种法定货币，如美元（USD）、日元（JPY）、欧元（EUR）和英镑（GBP）与越来越多的加密货币交易。使用这个网站时，需要注意的是，如果在账户中持有余额，但没有积极参与市场，它会收取“不活动费”。网站：www. bitfinex. com/。

②“加密/加密”配对。有的中心化交易所（CEX）仅提供“加密/加密”配对，比较受欢迎的加密交易所有：

• Binance：Binance 是 2018 年增长最快的交易所之一，提供移动应用程序，可以进行加密投资。网站：www. binance. com/。

• Huobi（火币）：这个 CEX 支持 Tether（USDT）、比特币（BTC）、以太坊（ETH）和 Huobi Token（HT）匹配各种其他加密货币。网站：www. huobi. com/。

（2）分布式加密货币交易所（DEX）

在 DEX，可以直接从其他市场参与者买卖加密资产，也可以通过智能合约进行交易。智能合约是自动执行合约，其中买方和卖方之间的协议条款直接写入代码行。它们是自动交换的基础技术，可以在不使用分布式交易的情况下对另一个加密货币进行交易。

通过 DEX，智能合约和自动交易可以将加密货币交给运行交易所的网络托管服务。加密货币之所以需要网络托管是因为交易需要长达 5 天才能清除。作为买家，立即从账户中取出现金，在加密交易清除之前，资金不会转移到卖家的账户。DEX 允许自己成为银行并负责自己的资产。

在未来，DEX 有可能完全取代 CEX，但在目前 DEX 还存在不少问题有待解决：一方面，DEX 交易更难以破解；另一方面，用户也更容易将自己锁在钱上。也就是说，如果用户忘记了登录信息，用户的账户就会被锁定，因为系统认为该用户是黑客。DEX 还存在低产量和低流动性的问题。流动性是指在市场上买卖加密货币的速度。低流动性造成在寻找某人与 DEX 上的买/卖订单相匹配时遇到更多困难。这个问题是一个恶性循环，因为只要 DEX 不那么受欢迎，它们的流动性仍然很低。只要流动性低，DEX 可能仍然不那么受欢迎。这就是为什么，至少就目前而言，CEX 比 DEX 更受欢迎。

此外，大多数债券不提供存入或取出美元等法定货币的服务。从取消订单到转移加密交易所，一切都需要支付费用并等待至少几分钟，有时需要几个小时的确认。一些流行的 DEX 有：

• IDEX：交易以太坊（ETH）代币的分散交易所，这个交易所可以轻松连接到客户的加密钱包。网站：https：//idex。

• Waves DEX：允许交易比特币（BTC）、以太坊（ETH）、Litecoin（LTC）、Monero（XMR）以及各种其他加密货币，还包括交易所自己的加密代币 Waves（WAVES）。你还可以交易法定货币，如美元和欧元。截至 2018 年 7 月，Waves DEX 的日交易量已达到 500 万美元。网站：https：//wavesplatform. com/product/dex。

• Stellar DEX：基于 StellarTerm. com，这个交易所是 Stellar 平台的 DEX 系统。它

支持比特币（BTC）、以太坊（ETH）、Ripple（XRP）和 Litecoin（LTC），以及一些法定货币，如美元、日元、港元和人民币。要开始交易此 DEX，你必须先存入 20 个（XLM）。网站：www. stellar. org/developers/guides/concepts/exchange. html。

- Bisq DEX：Bisq DEX 基于纯粹的点对点基础设施，可以为比特币交换美元、欧元或日元等法定货币，并为比特币交易各种替代加密货币。网站 https：//bisq. network/。这种 DEX 是最纯粹的去中心化交易形式。它们完全是 Onchain（在区块链上交易），也就是说所有订单都通过区块链直接相互作用。

（3）混合交易所（Hybrid EX）

加密货币交易的混合方法旨在融合 CEX 和 DEX 的优势，为消费者提供两全其美的服务。更具体地说，Hybric EX 提供了具有隐私性的 DEX 和安全性的 CEX 的功能和流动性。许多人认为这种交换是加密货币交易体验的真正未来。

混合交易所希望为加密货币交易服务提供机构用户在传统交易所习惯的速度、易用性和流动性。Hybrid EX 的交易方法允许用户像在 CEX 中一样访问交易平台，然后像在 DEX 中那样参与点对点交易活动。然后，Hybrid EX 在区块链上提供确认和记录交易。Hybrid EX 也被称为半分布式交易，因为它们包含链上和链外组合件，离线交易将加密货币价值移到区块链之外。

第一个 Hybrid EX 是 Qurrex（https：//qurrex. com）。2016 年 Qurrex 团队由在外汇市场工作多年的专家、贸易终端开发人员，以及成功运营股票和期货交易所的创始人组成。他们认识到应用传统交易的最佳实践来创建新一代加密货币交易的巨大潜力，提供了集中和分散元素的和谐融合。

另一个受到关注的混合加密货币交易是 NEXT. exchang（https：//next. exchange/）。如果拥有其原生代币 NEXT，可以在法定货币对和加密货币对之间进行交易，如比特币（BTC）/欧元（EUR）或以太坊（ETH）/美元（USD）。总之，加密资产交易者先对加密货币有所研究，然后根据需要选择交易所，一旦变得有经验，就可以根据当前的市场条件选择加密资产进行交易。

13. 1. 5 加密货币与各国法币的关系

法币是当地政府通过中央银行支持的法定货币。加密货币的出现让一些法定货币发行人（中央银行）感到担忧。实际上，加密货币是不可能在未来取代法定货币的。因为法币是代表国家主权的货币，加密币是一种跨国界的“社区代币”，代表不了一个国家的主权。以比特币为例，其本身就有各种局限性：

（1）世界各地的未知矿工构成了重大的安全威胁。我们不知道这些大型采矿农场的位置以及他们计划如何使用比特币。

（2）在像比特币这样可以开采的加密货币中，一群矿工可以聚集在一起控制 50% 以上的网络，阻止正常的交易过程，并可能导致安全问题和黑客入侵。

（3）比特币的供应非常有限，上限为 2 100 万个加密币。

（4）全球 40% 的比特币由 1 000 人持有，因此金融不平等已经开始，将权力掌握在一小部分人的手中。这与加密货币的概念并不相符。用区块链原理所制造的加密币是为了解决全球金融不平等问题。

（5）缺乏安全性也是比特币的一大问题。

从目前情况看，获取加密货币的方法之一就是用法币进行交易。所以，世界法定货币的基本走势与加密货币的走势是密切相关的。加密货币投资者需要了解两种货币的走势，以及两种截然不同的货币间的关系。

首先要观察的是美元（USD）作为世界储备货币与加密货币市场的关系。如果你住在美国，你的第一笔加密货币投资很可能是美元与像比特币这样的数字资产之间的交易。比特币的价格可能非常不稳定，而美元的波动也很剧烈，这可能会导致交易更好或更糟。交易好，就赚钱；交易糟，就赔钱。世界上任何一个国家可能会接受美元以换取当地货币。这种影响力给了美国很大的特权。许多人只是在他们的储蓄账户中堆积美元。通常，当美元需求走高时，美元变得更加强大。使用美元购买加密货币时，如果美元走强，你会得到更好的交易。如果加密币的价值低于美元，你可以购买更多单位的加密币。许多因素影响美元，价格行为、市场情绪、人群心理以及供求关系都可能导致美元的强弱，就像它们影响其他金融资产一样。

影响美元价值的一些基本因素包括：

（1）利率：利率是借钱支付的价格。它是指借款人向贷方支付的借入金额的百分比。当美联储提高利率或预计会这样做时，美元通常会比其他法定货币和加密币更强。

（2）通货膨胀：当通货膨胀率上升时，美联储试图通过提高利率来控制通胀。由于通货膨胀影响利率的方式，通货膨胀的增加通常会对 USD 产生积极影响。通货膨胀数据以消费者价格指数（CPI）来衡量。

（3）国内生产总值（GDP）：当 GDP 高时，美元会变得更强劲。

（4）失业率：美国失业率的下降意味着经济状况良好，创造了更多的就业机会，从而导致美元走强。

（5）非农就业数据（NFP）：非农就业数据显示每个企业的美国有偿工人总数，不包括农场、私人家庭和广义政府等地的雇员。不断扩大的非农就业数据表明经济正在增长，因此导致美元走强。

比特币和美元之间的主要区别之一是价格波动。即使比特币（BTC）在 2018 年 6

月至 9 月期间被认为已经平静下来，其价格行为还是比美元指数 DXY 更为疯狂。DXY 衡量美元相对于一篮子外币的价值。这种相对稳定性使美元在安全方面具有优势。

除了观察比特币的价格波动，还要注意其他加密货币如以太坊（ETH）、Litecoin（LTC）和比特币现金（BCH）等加密币的波动。因为这些加密币也可以在 Coinbase 等加密货币交易所与美元进行交易。大多数其他加密货币，甚至是一些著名的加密货币，如 Ripple（XRP）和 Stellar Lumens（XLM），不适用于支持美元的交易所。

可以跟踪其他加密货币的价值与美元关系的网站有：

- AVATrade：www. avatrade. com/? tag = 87597&tag2 = Nprofile_ default；
- eToro：http：//partners. etoro. com/A75956_ TClick. aspx。

除了美元之外，有七种特定货币是受欢迎的。投资者称这些货币为主要货币。因为它们在世界范围内更容易获得，而且因为它们的价格波动更具可预测性，而且它们的交易费用较低。这七种货币为：欧元（EUR）、英镑（GBP）、瑞士法郎（Swiss Franc）、日元（JPY）、加元（CAD）、澳元（AUD）、新西兰元（NZD）。

人们在投资时很少将比特币和其他加密货币视为货币。大多数投资者和市场参与者都将加密货币视为普通股等证券。但事实上，购买加密货币，就必须与另一种货币交易：法定货币或加密货币。由于这种需要，许多外汇经纪商已开始为其外汇交易提供加密货币服务。

将外汇与加密货币进行比较就像比较苹果和橘子一样。外汇与加密货币是两种不同的金融工具，围绕它们制定投资策略时，需要采用不同类型的方法。

外汇和加密货币交易之间的相似之处是它们都带来了巨大的风险。如果你选择短期交易加密货币而不是其他数字或法定货币，更需要使用技术分析方法来研究它的价格行为。随着加密货币市场变得更加主流，可以期待加密币的波动变得可预测。在大多数情况下，加密币的流动性足够高，主要加密货币和外汇配对，使得交易订单容易通过。

外汇和加密货币市场之间的一些主要差异在于：

（1）规模：外汇市场是迄今为止世界上最大的市场，外汇市场的日交易量约为 5 万亿美元。加密货币市场的日交易量接近纽约证券交易所，约为 500 亿美元。外汇市场庞大并不意味着可以从中获得更多利润。每天外汇市场的波动会使风险更高，更难预测。

（2）品种：目前，有大量的加密货币可供选择，但只有 7 种主要的法定货币可参与交易。这种情况使得外汇交易者更容易选择法币，如果要选择加密币就必须分析数百个加密币才能作出决定。

（3）目的：外汇更适合日间交易者。大多数外汇交易商比任何其他类型的投资者更快进入和退出头寸。相比之下，大多数加密投资者持有更长时间的资产。

（4）货币供应：货币供应可能是外汇和加密之间的关键区别。一个国家的中央银行在决定其主要货币的未来方面上发挥着重要作用，但比特币和其他加密货币是区块链行业的产品，它们不受中央银行的监管。

13.1.6 加密货币投资的技术分析

加密货币投资的技术分析将帮助确定最佳买入价和卖出价。许多加密货币交易所和经纪商提供图表服务，帮助加密资产投资者可以更轻松地直接从他们的平台进行交易。其中一些图表很复杂，有的平台的图表就容易掌握。

简而言之，技术分析是研究资产价格行为历史，预测其未来波动的艺术。资产价格变化是一系列因素相互作用的结果，这些因素包括了：

（1）投资者行为：行为金融研究表明，投资者根据一些重复自己的心理偏见作出决策。

（2）群体心理学：许多市场参与者使用相同的技术分析方法，因此加强了关键价格水平。

当价格变动模式重演时，早期发现它们的投资者可以在战略发展中获得优势并获得优于平均水平的回报。即使加密货币市场相对较新，但这些模式已经在短期和中期的时间框架内形成。所以，要做投资技术分析，就要掌握有关图表类型、时间范围和心理因素的基础知识。

技术分析师喜欢图表，因为他们可以直观地跟踪数字导向的活动。随着越来越多的投资者利用它们在股票、外汇和加密货币市场制定策略，图表在过去几十年中也在不断发展。

这里例举 TradingView 说明相关的技术分析。

TradingView 交易网站提供了各种形式的工具和图表，你可以选择你所喜欢的图表来观察实时的交易变化。一些最受欢迎的图表选择包括：

（1）折线图和底线图：对于任何给定的时间段，从一个收盘价到下一个亏损价格绘制一条线，可以看到所选择的股票，外汇和加密货币市场在一段时间内的一般变动情况。

（2）条形图：在任何给定的时间范围内，条形图显示开盘市价，该时间段内的价格行为以及收盘价。

（3）烛台图：烛台图表看起来像条形图，但开盘价和收盘价之间的区域是彩色的，以显示该时段内市场的整体走势。如果市场在这段时间内普遍上涨（称为看涨市场情绪)，该区域通常为绿色。如果市场下跌（看跌市场情绪)，该区域通常为红色。你可以选择自己喜欢的任何颜色来看涨市场和看跌市场。烛台图表还显示了该时期内资产的低价和高价。

13.1.7 数字资产交易所白皮书

如前所述，加密货币交易所是一种业务，允许客户将加密货币与其他资产进行交易，其中包括传统的法定货币或其他加密货币。加密货币交易所将买卖价差作为服务的交易佣金，或者作为纯粹收取佣金的配对平台。

加密货币交易所可以是实体业务或者线上业务。实体交易所接受传统的支付方式以交换加密货币，线上交易所则接受电子支付方式以交换加密货币。通常加密货币交易所于西方国家以外的地区营运以避免监管与被起诉，但它们会持有多个国家的银行户口以处理不同国家货币种类。

交易所可能接受信用卡付款、电汇或其他形式的支付以交换加密货币。

交易所可以将加密货币传送至用户的个人加密货币钱包，亦有些交易所会将加密货币余额转换至匿名的预付卡，用户可以于全球的自动柜员机提取货币。有部分的加密货币是由现实商品支持的，比如黄金。

加密货币的创造者很多时候与为该货币提供交易所之间并没有关系。在一类系统中，加密货币供应商为他们的客户持有及管理账户，但不会发行加密货币给客户。客户自行于加密货币交易所买入或卖出货币，并于加密货币供应商提供的账户进行存取。部分交易所为加密货币供应商的子公司，但大多数交易所为独立的合法企业。供应商账户中的资金可以是真实或者加密货币。

由于加密货币交易所所交易的加密币不是法币，经营加密货币交易所时，面临的最大问题是法规、监管和税收问题。一份白皮书对于一家金融科技企业来说，就是一份金融科技企业的创新宣言。一家数字资产交易所的网页也是该公司的白皮书。世界各地数字资产交易所的网站包括：

https：//www. coinbase. com/
https：//www. coindesk. com/
https：//quadency. com/
https：//www. binance. com/en/
https：//bittrex. com/
https：//www. kraken. com/
https：//support. kraken. com/hc/en – us
https：//gemini. com/
https：//www. bitfinex. com/
https：//www. kucoin. com/#/
https：//www. poloniex. com/
https：//ww. getmonero. org/

13.1.8 案例：Coinbase 的发展之路

Coinbase 是全球第一大合规数字资产交易所，业务范围涵盖：数字资产交易、OTC、托管和存储等。服务市场包括美国、欧洲在内的 33 个主要国家和地区，政商资源雄厚。网站：https：//www. coinbase. com/。

Coinbase 成立于 2012 年 6 月，是一个数字货币钱包和平台，商家和消费者可以使用比特币，以太币和莱特币等新的数字货币进行交易。总部设在加利福尼亚州旧金山。比特币是世界上使用最广泛的替代货币，总市值超过 1 000 亿美元。比特币网络由数千台由世界各地的个人运营的计算机组成。

经过六年多的发展历程，其注册用户超过 2 500 万，累计交易量逾 1 500 亿美元，托管的数字资产超过 100 亿美元，月活跃交易账户超过 60 万。截至目前，Coinbase 在全球主要城市设有 7 个办事处，但拥有的员工数量仅为 600 名左右，是不折不扣的“轻资产”运作模式的成功典范。

Coinbase 的核心优势为：①合规性好：Coinbase 拥有多个美国数字资产管理和交易牌照，是目前全球范围内最合规的交易平台之一。②团队优秀：创始人 Brian Armstrong 被誉为继扎克伯格之后最具创新精神的企业家，核心团队成员均来自互联网巨头和顶级金融机构，多名高管拥有政府及美国证券交易所（American Stock Exchange，SEC）履职背景。③投资机构及战略合作伙伴强大：股东包括 Tiger Global、Union Square Ventures、IDG、SVC 等全球顶级的投资机构；战略合作伙伴包括 VISA、PayPal、MasterCard 等主流的支付结算机构。④经营业绩突出：在数字资产领域，Coinbase 的累计交易额、注册用户数量、月活用户数量等多项经营指标稳居全球第一。在品牌及安全性等方面，优势更为明显。

2012 年，前 Airbnb 工程师 Brian Armstrong 创立了 Coinbase，并出任 CEO 一职。Brian 以对在其平台上交易的币种异常严苛而著称，随着业务扩张，Coinbase 对人才的需求也与日俱增。他先后邀请了 Twitter、TD Ameritrade 等知名企业的高管加入团队，并在 2018 年 4 月发起了两次大规模的收购。

随着加密货币理念逐步深入人心，主流的金融体系开始接受这一新的投资形式。投资者和监管机构都希望能够与完全合法的交易平台展开合作。这类平台依法审计，遵守监管规则，有精心培育的品牌，值得信赖，与那些游走在灰色地带、随时可能人间蒸发的交易所完全不同。

相较传统的投资渠道，加密货币市值波动很大。对于这种新型资产而言，审慎的态度非常重要。Coinbase 首席运营官 Asiff Hirji 表示，我们主张以慢为快，精心筹划，再作决断，绝不贸然行事。

投资者要确保他们的加密资产安全，在线钱包不会被黑客攻破。为最大程度地降低这种风险，在 Coinbase 平台上，大约 99% 的客户资金都存储在未联网的设备中。只有 1% 的流动资金用来进行日常交易，这部分资金全额投保了劳氏保险业联盟（Lloyd's of London）的保险产品，提供了双重保障。通过这样的手段，Coinbase 让其客户相信，他们的资金永远不会遭遇自然波动之外的任何风险。

一方面，Coinbase 在加速区块链应用推广方面作用巨大。它在加密货币交易所行业中占据绝对的主导地位，使其成为加密货币能否走向主流金融市场的风向标。尽管市面上的加密货币币种为数众多，但 Coinbase 平台上的交易币种非常有限。此前只有比特币、比特币现金、以太币和莱特币等主流代币能够在其平台上进行交易。

另一方面，Coinbase 也在积极地重塑区块链行业环境。此前，它推出了一个全新的投资部门 Coinbase Ventures，为加密货币发展计划注入资金。Coinbase 的企业文化十分强大，根植于此，产生了一大批附属产业从业人员。许多前 Coinbase 员工离职后开始着手创建自己的加密货币企业或从事基金投资，Coinbase Ventures 给他们提供了强有力的财务支持。以 Coinbase 为核心，已经产生了一个完备的加密货币产业链，他们被业界戏称为"Coinbase 系"。显然，这和中国的"阿里系""腾讯系"有异曲同工之妙。

在加密货币市场中，Coinbase 守法、克制、审慎的做法并非主流，遭到质疑和反对在所难免。那些"加密货币原教旨主义者"总是声称，Coinbase 太守旧，不符合加密货币的特征。但实际上，只有加密货币能够尽可能地被人所知，区块链技术的传播半径才会扩大，发展前景才能更好。所以，依法合规是行业发展的必由之路。

由于加密货币行业飞速发展，公司在高速增长时期会产生很多新的工作内容，团队感到不堪重负，他们希望雇用新人摆脱这种烦恼。但问题是，随着企业规模扩张，面试官通常自己也是新人，对企业的实际需求并没有深入地了解，导致招聘标准不断降低。为提高招聘质量，Coinbase 特设了一个"标准提升官"的职务，全程参与每场招聘，有一票否决权，招聘经理的权限则相对较小。

虽然标准提升官拥有否决权，但并不意味着只有他一个人负责提升 Coinbase 的招聘标准。事实上，在 Coinbase 工作的每个人都被告知，需要尽可能的提高标准，以便应对挑战。对于新人而言，当你知道你加入的平台，每个人都是全票通过时，你对企业的认同感就会提高，工作本身就会变成一种激励。

Coinbase 应用类产品覆盖全球市场，惠及散户、活跃交易者、指数基金等不同群体。在其核心业务中，零售经纪业务占比达 80%，包括：合规托管（Custody）、针对机构客户的经济业务（Prime）、DApp 浏览器与钱包（Wallet）、数字资产支付解决方案（Commerce）等。交易所业务包括撮合引擎（Markets）、数字资产任务奖励平台（Earn）、去中心化 ERC20 交易所（PARADEX）等。截至目前，Coinbase 已在美国 52 个州中的 42 个州获得 Bitlicense、电子货币（VC）、货币转账（MT）、支票交易（SC）、支付工具销售（SPI）等牌照，可以合法地开展数字资产交易。

同时，Coinbase 还通过收购和合作，拥有了经纪人（Broker Dealer）、另类交易系统（ATS）、托管、投资咨询等牌照，可开展 STO 的发行和交易业务。Coinbase 目前支持 33 个国家的数字资产交易，主要交易地点为北美及欧洲地区。2018 年，Coinbase 在日本设立了办事处，并计划与日本金融厅（FSA）合作，以确保其标准符合当地的法律。

尽管六年多的行业发展很稳健，但征途上处处有风险，毕竟加密货币交易是最具风险的行业之一。一个企业家的成功，不在于他能赚多少，而在于他能赔得起多少。世界上从来就没有过稳赚不赔的事，对于加密交易所来说也是如此。

13.2 DEX 详解

13.2.1 CEX 和 DEX 解决的问题

CEX 和 DEX 两者最大的区别在于：

（1）CEX 的交易资产被保存在交易所的钱包里；而 DEX 的交易资产被保存在用户的钱包里。

（2）CEX 需通过 KYC，交易所可获取用户的相关信息；DEX 大部分是不需要 KYC，也无需注册登录，即用即走提供交易兑换服务的交易所等。

CEX 和 DEX 扮演了各自不同的角色，两者都在不断完善加密货币交易生态的发展，看好交易所存在巨大的盈利空间，同时有更多的交易所加入。

CEX 扮演了传统交易所、银行、基金公司等的角色，帮助买家和卖家持有资金、进行交易、提供安全性和监控；而 DEX 也是 DeFi 项目中规模最大的项目类别，在交易中支持匿名，无需第三方干预资金，给大多数投资者对私钥的控制权限，增强交易过程中的可信度。

2020 年夏天 Compound 引入流动性后，DeFi 生态随之增长，吸引更多的投资者和项目涌入，凭借着巨大的交易流动性，DEX 也逐渐威胁着 CEX 的垄断地位，从 CEX

到 DEX，它们在各层面上解决不同的问题：

（1）资金安全性。用户担心自己的资金被盗或者是担心交易所跑路，在交易过程中缺乏信任，DEX 的存在，给用户提供一些保障，在安全性方面有很大的提升，每一个用户都有一个独立的交易地址，但要加强对密钥的管理，一旦丢失就无法找回。

（2）业务合规性。CEX 受到政府的监管，各国对区块链生态的监管条文都不一样；而 DEX 作为去中心化的创新生态，目前还尚未受到有效的监控，所有人都可以参与生态的建设和运营，这是各项目方比较重视的问题。

（3）交易效率。DEX 大部分项目在以太坊网上进行交易，造成网络拥堵的问题，使得整个交易以及结算的过程效率低下，而 CEX 中心化程度较高，在效率上占据一些优势，钱包充值到交易所后，自动转入到交易所的总地址，等待用户发出指令，交易所进行撮合交易。与传统的金融 P2P 的模式相似，CEX 交易所作为撮合的中介。

13.2.2 DEX 业务分类

底层技术的不断完善以及以太坊公链上应用的蓬勃发展带动了 DeFi 的生态崛起。Footprint Analytics 显示，当前 DeFi 的项目高达 1 026 家，其中 DEX 项目为 254 家，其他类型项目为 772 家；DeFi 总锁仓量（或 TVL）达 2 807 亿美元，其中 DEX 为 860 亿美元，DEX TVL 占 DeFi 总 TVL 的 33%，DEX 在 DeFi 生态中起着支柱作用。

从 CEX 到 DEX，交易一直都是用户日常活动形式之一，而 CEX 在 DEX 未兴起前已成为市场上最为主流的加密货币交易平台，所以 DEX 在开发之初的核心理念是复制成熟的 CEX 的模式，比如在做市机制上选择订单薄和撮合的模式。但受 Gas 费、出块顺序和时间因素的影响，链上相较于中心化服务器更不灵活等，做市体验与 CEX 有较大的差距。后来，DEX 通过自动做市商（AMM）自动完成交易人与流动性池内资产的互换，实现币币交易。AMM 模式打破订单薄和撮合的限制，成功将 DEX 从 CEX 的模式中释放出来。

（1）AMM，即自动化做市商

目前，交易量排名靠前的 DEX 项目采用了 AMM 交易模型，譬如，头部项目 Curve、Uniswap、Sushiswap 和 Balancer。当前代币交易量已达 10 亿美元级别之上，AMM 的出现帮助 DEX 打破 CEX 对加密货币交易市场的垄断地位，让无需许可、开放自由的链上交易成为现实。AMM 并非十全十美，各项目在采用该交易模型过程中慢慢地暴露出它的缺陷：

- 功能层限制，AMM DEX 的报价及交易需要根据兑换池的实时状态来完成；
- 链上交易问题，从做市到交易整个过程需在链上完成，受网络拥堵的影响，以及需要支付昂贵的 Gas 成本；

• AMM 模型存在高滑点的问题，AMM DEX 的流动性取决于兑换池，当单笔交易的规模相较兑换池规模过大时，就会产生滑点损失。

已有对应的 DEX 头部平台不断地去完善 AMM 机制，解决 AMM 模型高滑点以及高 Gas 成本的问题。Bancor 从 V1 版本到 V2 版本更新，让模型可以抵押单边资产，在获得无常损失保护情况下赚取收益。Uniswap 版本迭代，V2 版本比 V1 版本扩大了交易对，支持任何的 ERC20 代币，LP Token 可自动复利，继续流动，这是 Uniswap V2 最创新的点。到 Uniswap V3 集中的流动性，一是给 LP 提供可自定义的流动性价格范围，提高资金利用率；二是 LP 可以按需选择费用比例（0.05%、0.30%、1.00%）。这说明 Uniswap V3 在 AMM 模型中很注重资本效率最大化。

除此之外，AMM 套利方式，是抢先交易，通过更高的 Gas 费在另一个交易者之前执行交易，影响交易顺序，从而影响交易的结果。

（2）PMM，即主动做市商交易所（Proactive Market Maker）

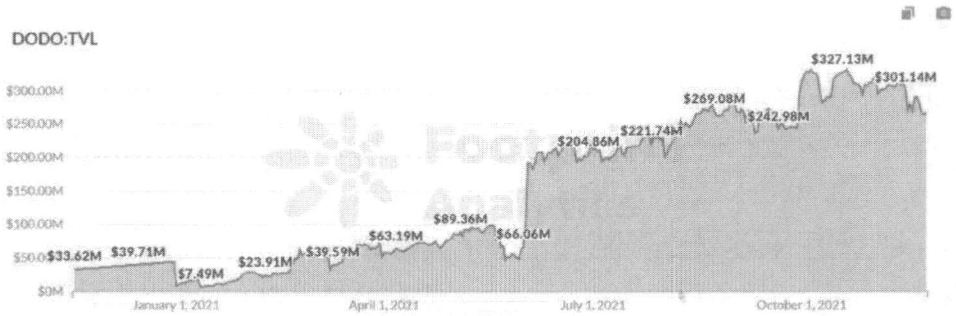

Footprint Analytics：DODO TVL 趋势

根据 Footprint Analytics，在 6 月初，DEX 项目 DODO 的 TVL 在几天之内，由 4 900 万美元突破到 2 亿美元之上，增幅了 340% 多，其是采用了自身独创的 PMM 算法，给用户提供比 AMM 协议更低的滑点以及单个资产的风险敞口，并降低无偿损失。

PMM 的核心是通过引入预言机来指导价格，模仿人类做市商行为，通过引入价格参数获得某个通证的当前市场价格，这样可以将大量的做市资金聚集在市场中间价附近，实现相对平缓的价格曲线，提供更充足的流动性。这也意味着 PMM 拥有较高的资金利用率和较低的滑点，提供的价格会更优惠。

（3）DMM，即自动化动态做市商（Dynamic Market Maker）

DMM 通过动态费用降低无常损失并提高流动性提供者的利润。一个比较典型的 DEX 项目 Kyber，它继 AMM 的模型资本效率低下和无偿损失的问题中，监控链上交易量并调整相应价格：

- 当市场处于常态时，DMM 会像其他 AMM 那样运作；
- 当交易量比平常高时，DMM 会提高费用；
- 当交易量比平常低时，DMM 就会降低费用。

这就类似专业市场做市商的收益最大化策略，动态调整做市费用。

（4）DEX，聚合器

在流动性做市机制问世之后，流动性聚合器等多种应用陆续上线，扩大了整个 DeFi 生态的业务范围。什么是聚合器？顾名思义，它可以整合流动性并智能地传递订单以使用户最佳地执行交易，降低交易成本，交易次数和 Gas 费。

在 Swap 时，报价比最终成交价格低时产生正滑点。譬如，当用户购买 ETH 时，ETH 报价为 1 000 美元，由于网络拥堵导致最终结算时，ETH 的市场价格已跌至 995 美元，但用户仍然需要支付 1 000 美元购买一个 ETH，说明用户多付了 5 美元购买 ETH，这 5 美元就是正滑点。

目前，有诸多 DEX 聚合器代表性项目涌现，包括 1inch、Matcha 和 Paraswap。

小贴士：1inch

1inch 是一个 DEX 聚合服务商，为用户自动匹配最优交易路径并一键执行兑换。

DEX 聚合器采用先进的算法，通过搜索超过多种流动性协议，发现最有效的兑换路径，从而使交易者可以获得最有效的交易价格。

Footprint Analytics 显示，1inch 的 TVL 和交易量的趋势相对比较平稳，在头部 DEX 协议交易排名中，1inch V 交易量位居第 9，说明该聚合器也在不断更新版本，提供给用户更优的交易。

上文提到去中心化交易所在使用过程中存在效率低下，难以找到最佳汇率的交易路径等问题，DEX 的聚合器可以为用户在最短时间内找到最佳代币兑换汇率，通过多种策略，如连接来源 122 协议、最大利润、最低 Gas 费等，用户可以收到准确的报价金额，让用户以最佳价格完成最优交易，避免受价格波动造成损失和风险。

区块链生态在不断更新迭代，各个项目也在不断突破创新，通过从 CEX 到 DEX，它们在各个层面上去解决网络拥堵、高 Gas 费，资金利用率等等多种的问题，提供给项目以及用户更好的体验、更多的溢价，相信在不久的将来会有更多的项目带给 DEX 赛道新的启发，给加密市场带来更大的价值。

13.2.3 DEX 发展项目

（1）Uniswap。Uniswap 作为 DEX 领域的热潮领军项目，其一直都保持较为活跃的高流通量，已经奠定了相当于CEX中币安的地位。其在升级迭代中一直走在前沿，目前该项目经历了Uniswap V2到Uniswap V3的升级，其提供了更为聚合的流动性和灵活的费率以及更为先进的流动性预言机。上线以来Uniswap V3在短短的几个月里就已经跃居去中心化交易所（DEX）交易量的榜首位置。

（2）1inch。1inch由币安交易所孵化，是行业的主要参与者，该项目自2021年上半年通过DEX聚合交易服务，用户数量实现了从8万到60万的增长，在当时是为数不多表现出强劲增长的基于DEX聚合器项目，来源于官方介绍，他们有着低Gas成本、免费交易、安全智能合约和支持BSC及Polygon等优势，并且提供了移动应用程序。9月底1inch Network宣布1inch聚合协议和1inch限价订单协议上线Arbitrum One。

（3）Zenlink。波卡生态跨链DEX协议Zenlink，其有两个核心功能：一是Zenlink DEX模块，项目方可以通过插拔方式部署一键发DEX的业务；二是它提供了基于XCMP的跨链DEX协议，能把所有平行链的流动性打通的同时实现跨链交易功能。虽然项目仍然处于开发期，但已经和包括Plasm、Chainlink以及Phala等众多项目建立合作，而放置于波卡的庞大跨链网络中，其自身也将获得更多的资源机会，当波卡平行链开始工作起来时，它的未来价值值得期待。目前，Zenlink刚刚发布了经济白皮书，且计划于Kusama和Polkadot网络发行同一套ZLK Token。

（4）Serum DEX。Solana新公链的爆火直接带动了其生态内项目的走高，其中Serum更是其中的佼佼者备受行业关注。Serum项目于2020年DeFi元年开启，建立基于Solana的去中心化交易所，意在将CeFi的高质量交易经验带入DeFi，具有中心化限价订单簿模式且具有极快的速度。可以预测当建构起所有基础性应用的核心驱动力后，Serum将获得许多真正面向巨量用户的项目在其上进行构建。

未来布局DEX的项目方只多不少，而其内部竞争也将变得越发激烈。曾经看起来不可撼动的中心化交易平台，似乎在这场DEX升级浪潮中正在逐步被追击，但DEX取而代之的追赶或反超论调还需要一定的时间。在未来，DEX和CEX应该是互补融合和相互补充的关系，共同满足未来用户的交易需求，提供给用户更多的交易选择。不过从短期来看，DEX的交易量显然无法与主流CEX相抗衡。在未来，DEX会有机会占据很大的市场份额，但是CEX依旧占据主导地位。

13.3 元宇宙中的原生代币

元宇宙的持续发展靠技术的创新和进步，这些都离不开风投和科技公司的加入，这也意味着元宇宙中蕴藏着大量的商机。那么，在元宇宙板块当中有哪一些元宇宙的子板块，以及元宇宙相关的代币是值得我们关注和投资的。

以下分析五个值得关注的元宇宙币种，供读者参考。

13.3.1 flow

Flow 它是一条公链。Flow 的创始团队，也是打造加密猫游戏的明星团队。加密猫 Cryptokitty，是 2017 年 11 月由 Dapper Lab 团队研发的全球第一款区块链游戏，并且迅速在区块链行业刮起了一股养猫和吸猫的旋风，上线仅仅一周的时间就有 27 000 只猫被交易，交易额达到了 8 449 枚 ETH，当时的以太坊也是因为加密猫的出现而陷入了严重的拥堵。Dapper Lab 的开发人员发现，当他们在以太坊上运行这个收藏品游戏时，NFT 用户数刚刚达到 1 万人时，网络就会崩溃。这个也是为什么 Dapper Lab 这个团队在两年以后选择推出一条他们自己的公链——Flow，并且许多人称其为以太坊的潜在接班人。

Dapper Lab 的愿景就是要吸引多达 10 亿人使用他们的 DApp。目前还没有任何的区块链平台具备这样的扩展能力，他们想做的就是一个更快的去中心化网络可以为整个去中心化应用生态赋能，尤其是要专注在游戏和数字收藏品这两个领域。大家熟知的 NBA Top Shot，就是 Flow Network 的一个成功案例。

Flow Network 的诞生说明了两点：第一，他们做的和以太坊是同一件事情，要创造一条公链，并且他们要做以太坊的升级版。第二，由于之前加密猫的成功，Flow 可以看成是含着金钥匙出生的新二代，是一个值得我们关注的项目。

13.3.2 MANA

要说 MANA 就一定要说到 Decentraland。Decentraland 是一款 VR 的虚拟现实的游戏，而 MANA 就是这个游戏的 ERC20 代币，它是在 2017 年发行的，在这个平台上的创作者可以在自己的土地上搭建场景，出售自己设计的虚拟产品和服务赚取 MANA。

这个项目有两大亮点值得我们去关注：第一，它的游戏激励体系不同于单纯的游戏积分，Decentraland 在体系内设计了两种数字资产：一种是土地；一种是 MANA（ERC20 代币），土地以 MANA 定价和交易，这两种数字资产都可以在二级市场上交易，解决了因为传统游戏封闭体制导致的数字资产流通困难的问题。

第二，他们利用了 VR 技术更广阔的扩展项目的使用场景。目前，很多品牌使用 VR 技术推广时都可以在 Decentraland 获得更多的曝光量或者直接赚取收益，这样它给品牌商做广告提供了很好的场景。

13.3.3 sand

sand 是 Sandbox 沙盒游戏的治理代币。Sandbox 和 Decentraland 一样，也是一款元宇宙的游戏，最近 Sand 的币价火箭般的上升，但原因是因为 Facebook 改名为 Mate，正式进军元宇宙领域，而让 Sand 的代币拉升了一波。值得注意的是，Sandbox 这款游戏在 2012 年的时候就被苹果评为了年度最佳游戏，2018 年，它的 3D 版本游戏上到了区块链，人家确实是有底蕴和实力的，不是一个暴发户。Sandbox 被誉为全球领先的线上虚拟世界的创作者团队，目前有 40 多位高级工作人员，他们都具备 10 多年的架构和维护数百万级玩家实时参与游戏的经营经验。

Sandbox 是面向玩家和创作者的生态系统，也就是说，你不仅能够玩游戏，还可以创建游戏。Sand 的代币持有者就可以通过自治组织，也就是 DAO 参与平台的管理，他们可以对 Sandbox 生态系统的关键决策实行表决权。这说明 Sandbox 这款游戏走的是去中心化的路线而且决心很强，在游戏当中的玩家是可以收集代币和资源，并与平台上的其他玩家创作者、艺术家进行交易。

在 Sandbox 这个游戏当中，玩家是可以收集任何东西的，而且这个东西是玩家真正拥有的，他们可以将他们拥有的这些东西通过代币 Sand 出售给其他玩家。

13.3.4 Theta

我们现在都是在如 YouTube、爱奇艺上看视频，视频内容其实都是在这些供应商的服务器上，它的管理是一种中心化的方式，而随着视频清晰度越来越高，中心化的分发网络不一定能够满足用户对视频的清晰度和时间延迟上的需求，Theta 的出现就是要解决这个问题。

Theta 的解决办法是要通过让用户本身成为一个分发节点，建立一个分布式的网络。

Theta 是要利用分布式的节点，即利用的 CDN 技术提高视频网络加载速度，要通过代币激励机制鼓励用户贡献自己的闲置带宽和计算资源，让自身的设备成为网络中的缓存节点，观看视频的用户就可以从最近的缓存节点获取视频，而不需要从 CDN 服务器基站来获取。

这件事情就和 Theta 代币联系起来了，这种设计不仅降低了视频内容分发商的带宽成本，而且可以通过就近节点的原则提高流媒体的质量以及用户体验。视频这个东西在将来是不会消失的。

13.3.5 Enj

Enj 是 Enjin 公司的一个代币，而 Enjin 是最大的在线游戏社区创作平台，有人把它叫作链游平台。

Enj 是在 2009 年推出的，总部在新加坡，拥有 25 万个游戏社区工会、电竞团队、minecraft 服务器、游戏社区、游戏部族等，现在有 1 870 万个注册玩家，每个月约有 6 000万的全球游戏玩家访问，游戏专注于内容管理系统和论坛创作者，每个社区商店每月销售数百万美金的虚拟商品，它的 Enj 代币可以让玩家内容创作者和游戏发行者添加虚拟商品，并且为游戏和社区提供价值。

Enjin 一个非常大的创新，就是它创建了半同质化特性的 ERC1155 代币标准。举个例子，区块链游戏当中需要有游戏道具并且经常会有道具向多个账户发送，而且每次发送都要调用一次合约，非常费钱。比如，一个日活 10 万注册用户 100 万人的游戏进行升级，要给每一个人送一把剑，就相当于给 100 万个人每人转一次账，以目前以太坊链上的转账费用来计算，是需要几百万美金的费用，这对游戏公司来说是一笔不小的开销。ERC1155 不再代表着某一个物品，而是某一个类别，就比如说游戏道具汇总的外套就是一个类别，转账的时候设置外套的数量，这样只需要调用一次合约就可以发送多种数量的道具了。

刚才说到的游戏升级的时候要给每一个用户发一把剑，其实这就是一个类别，而这一类别中的代币（Token）并没有区别，仅仅是类别之间的非同质化。2021 年 11 月，Enjin 公司宣布成立 1 亿美元的元宇宙基金，用来正式地支持它的生态系统合作伙伴，并使去中心化的元宇宙成为现实。它的币价也因此飞速地上涨，Enjin 有可能成为一个有潜力的加密游戏领域巨头。

13.4 国外元宇宙投资板块

13.4.1 Decentraland（MANA 币）

MANA 最近被炒得火热，不少朋友目前也被套在山顶了。巅峰时期价格为 4.9 美元接近 5 美元。风头过去之后现在价格正在回落，能否再次被拉高目前也不确定。MANA（Decentraland）和 Enj（Enjin）算是 NFT 中的两大龙头项目，其中 MANA 曾是区块链游戏类第一大流通市值项目，被认为是 VR 版头号玩家。

Decentraland 显然是资格比较老旧的一个，特别是对于加密元宇宙，目前处于早期阶段。MANA（Decentraland）是一个分布式共享虚拟平台，是 Decentraland 平台的 ERC20 代币。MANA 有固定的供应量，当用 MANA 购买 LAND 后该 MANA 即被烧毁，所以它也是一种通缩代币。Decentraland 是一个在以太坊区块链上运行的 VR 虚拟现实平台，用户可以创建和体验甚至可以依靠开发平台内容和程序体验来获得收益。简单来说，MANA 就是区块链上的《我的世界》。

13. 4. 2 Sandbox

Sandbox 声称是一个虚拟世界，玩家可以使用平台的实用程序令牌 Sand 在以太坊区块链中构建，拥有自己的游戏并从中获利。沙盒（Sandbox）旨在通过提供真实所有权和数字稀缺性以及货币化功能和互操作性的优势，将区块链带入主流游戏以吸引加密和非加密游戏爱好者。

我们才刚刚开始真正将移动应用程序用户转变为元世界应用程序用户，然后他们可以进入 VR 耳机和桌面以及控制台诸如此类的东西，其有一个非常活跃的庞大用户群。Sandbox 允许你在 Sandbox Metaverse 中买卖土地和资产，只有 166 464 块土地可用于托管游戏，构建多人游戏体验和创建住房或者为社区提供社交体验。与 Decentraland 相比，客观地说更多的人有更多的时间在 Sandbox 中实际购买土地。

13. 4. 3 Axie Infinity

在所有加密项目中 Axie Infinity 实际上在代币价值背后有一些实质内容。它是一款全世界都有玩家在玩的游戏，在玩游戏的同时还能赚钱。有些人把玩 Axie Infinity 作为他们的全职工作。这家公司在 2018 年才刚起步，只有少数几个开发人员，但它却发展迅速。

Axie Infinity 使用区块链技术和激励设计来进化传统游戏世界，创建一个数字国家。这是同类元节中的第一个。尽管仍处于抢先体验阶段，但该游戏已产生超过 800 万美元的收入，这是一种游戏化区块链的方法。

很多早期游戏玩家都理解它为何如此受欢迎，因为他们在 Axie 与游戏中的人互动时获得了很多乐趣。很多人只投资了 AXS 虚拟币，早期投资者获得了很多收益。你只需要注意未来会有更多的 Axie。

13.4.4 Starlink

Starl 币英文全称是 Starlink，中文名称是星链币，星链 Starl 币是以太链上一个 100% 由社区拥有的去中心化的虚拟空间元宇宙加 NFT 项目。Starl 是星链元宇宙生态系统的唯一治理代币。星链 Starl 币是一种 ERC20 代币，总供应量为 10 万亿且有着 100% 的代币流通，初始流动性和合约所有权已经被销毁。这意味着不能够再铸造更多的 Starl 代币。此外，由于 Starl 是 100% 公平发布的，所有的代币都可以一直进行公开交易。Starl 是完全透明并且 100% 由社区拥有的驱动。

此外，Starl 将成为元宇宙中的交换媒介。星链代币将用作元宇宙中的交易货币，允许用户购买属于自己的部分空间站，而卫星的获利方式可以通过广告和买卖 NFT 以及交易物品等，所有这些都在星链生态系统内一个相互关联且充满活力的经济体中。

13.4.5 Decentral Games

Decentral Games（DG 虚拟币）是 GameFi 领域极具影响力的项目，还与 Binance Smart Chain、Polygon、Decentraland 和 Hashkey 等行业公司建立了深度合作关系。波场 TRON 和 APENFT 基金会与 Decentral Games 宣布达成战略合作，并对 Decentral Games 进行了战略投资。

2021 年 8 月，波场 TRON 与 APENFT 基金会共同推出了一个 3 亿美元的资金池，专门用于推进 GameFi 相关技术。波场 TRON 创始人孙宇晨表示，GameFi 将成为下一个火爆的领域，它能让 DeFi 和 NFT 和加密世界更容易被理解和接纳。

Decentral Games 是一个领先的元宇宙项目，是一款提供元宇宙领域就业机会的公司，其主要业务是在区块链上为消费者和商业市场开发 3D 元宇宙游戏，这些游戏包含了 NFT 和 P2E 模式以及押注类游戏，以及融入了音乐娱乐的 3D 虚拟活动游戏，具有沉浸式体验而且为所有玩家创造一个正向收益预期环境。

13.4.6 Star Atlas

Star Atlas 结合了区块链、实时图像、多人电子游戏以及去中心化金融等各种先进的技术，致力于构建下一代的游戏元宇宙。Star Atlas 运行在 Solana 公链上并且通过 Serum 来进行交易，同时利用了虚幻引擎 5 的核心技术 Nanite。游戏采用双币治理的经济模型。通用代币分为 Atlas（游戏中的交易货币）和 Polis（游戏的管理代币）。

Atlas 是在游戏中使用的代币。例如，在游戏中购买 NFT 为飞船加油和维修机器等都需要支付 Atlas。项目团队将不持有任何该代币，全部掌握在玩家和投资人等手中。同时，开发团队将不会在未分配的代币供应中质押任何代币。

代币的一小部分约 10% 将通过银河资产发售（GAO）的两个阶段所售出，GAO 完成后 Atlas 将只能通过游戏内的经济活动或与其他玩家的交易中获得，超过 80% 的 Atlas 代币将会作为奖励玩家参与游戏的收益。

而 Polis 作为游戏治理代币，分为游戏内治理和现实世界治理两种模式。游戏内治理指拥有 Polis 的玩家具有超然的政治地位，可以在其所在的领域内监督其他玩家行为。例如，某块土地的 NFT 拥有可能会收取税金或通过费，如果费用过高或不合理，Polis 拥有者可以发起投票要求降低。而现实世界治理指代币拥有者可以投票调整游戏内的资源水平和通货膨胀率以及难易度等。

Star Atlas 从游戏的概念设计来看具有很高的可玩性，融合了当下比较流行的多种游戏模式，而且游戏的背景具有较强的热度和吸引力（赛博朋克未来世界），技术层面的加持使游戏的画面也非常值得期待，而且从白皮书和专门为游戏撰写的经济模型论文来看官方团队有着非常宏大的愿景和蓝图，希望能打造一个游戏元宇宙。

13.5 国内元宇宙投资板块

如今，虚拟的元宇宙与现实的宇宙并驾齐驱，好像也挺不错的。元宇宙行业前景光明，目前尚处于行业的导入期，2021 年是元宇宙的元年，随着互联网巨头 Facebook、苹果、阿里、百度的加速布局，元宇宙行业会加速渗透。

第一，百度宣布将发布元宇宙产品“希壤”，同期的百度 AI 开发者大会将在希壤 App 举办，这是国内首次在元宇宙中举办的大会。

第二，据央视财经报道，炒房团涌入元宇宙，2021 年 11 月 22 日到 28 日的一周内，四个最主要的元宇宙房地产交易平台的总交易额接近 1.06 亿美元。

第三，新华社让 26 位虚拟人物集体开会，进行大秀才艺。虚拟人物就是虚拟数字人，也是元宇宙的一种应用场景。

元宇宙现在处于题材炒作阶段，因此板块的龙头是不断切换的，从中青宝到佳创视讯，再到中文在线，现在的美盛文化和锋尚文化。

第一，中青宝：公司致力于打造一款能映射玩家内心世界到元宇宙的模拟经营类游戏，将虚拟世界的体验感做得真实。《酿酒大师》作为一款经营酒厂的养成经营游戏可以将虚拟映射到现实中，用户可以在游戏中体验现实，也可以在现实中触碰游戏。

第二，奥雅设计：公司布局元宇宙的空间体验场景。奥雅绽放数字艺术馆将通过全息影像、VR、AR、MR 以及传感技术等，为观众提供一个面向未来科技与生活方式的“全沉浸、低延时、强交互”的元宇宙空间体验场景。

第三，锋尚文化：公司已经布局增强现实、虚拟现实的内容制作技术，完成数字化内容和场景搭建，在“元宇宙”中搭建舞台等虚拟场景具有先发优势。

第四，华立科技：公司持续关注和积极探索“元宇宙”模式。公司拥有多款 VR、AR 作品，为消费者提供身临其境的游乐体验，公司将深挖市场需求，不断探索更多更具延展性功能的 VR 作品。

第五，奥飞娱乐：公司是中国玩具市场销售龙头，已经推出了小猪佩奇盲盒。目前涵盖技术、设备、IP、内容、衍生等 VR 方面布局。

第六，天神娱乐：公司的休闲游戏平台推出了“后浪”开发者扶持计划，为开发者提供支持，助力开发者在元宇宙等领域逐步实现发展。

第七，汤姆猫：公司具备元宇宙产品开发的用户基础，坚定看好元宇宙发展方向，已经成立了元宇宙方向的专项工作组，协调境内外的研发团队，对特定品类的产品进行概念开发与立项工作。

第八，天下秀：公司研发的一款社交元宇宙产品“虹宇宙”正在灰度测试中，该产品将为用户提供高度自定义的虚拟住宅、虚拟物品、虚拟形象与虚拟朋友，让用户在虚拟世界体验养成式和沉浸式社交。

第九，中文在线：公司已申请如中文元宇宙、IP 元宇宙、17K 元宇宙等商标，公司可为元宇宙持续提供 IP、有声产品及互动阅读产品，丰富构建虚拟世界。

第十，佳创视讯：华为元宇宙概念，公司与华为 VR 建立了内容合作关系，目前公司及子公司自主研制开发的相关产品应用主要涉及 VR 视频、VR + 社交游戏、VR + 展馆、VR 直播等。公司开展的 VR 业务涉及“元宇宙”概念的核心技术基础之一。

13.6 加密货币投资的风险

不同的资产会产生不同类型的回报。加密投资最受欢迎的原因是看到加密硬币价值的增加。有些人将这些硬币与黄金等贵金属联系在一起。这样做是有道理的，因为就像黄金一样，大多数加密货币的数量有限，制造各种加密货币的一种方法是采矿。

许多投资者认为加密货币是资产，人们购买加密货币，希望在价格上涨时出售。如果加密代币的价值从你购买的时间开始变高，那么当你卖出代币时，你将获得资本收益。反之，如果价格走低，最终会导致资本损失。

任何类型投资都遵循着一个事实，预期收益越大，风险就越大。由于加密货币被认为比其他资产风险更高，因此它们也可能提供更高的回报。风险与收益之间的关系被称为风险收益权衡。早期的比特币投资者等了好几年才看到回报。如果没有足够的耐心看到投资获得有意义的回报，可能需要忘记完全投资。

13.6.1 加密炒作风险

加密炒作风险的主要原因是大多数人不知道他们投资的是什么。当开始弄清楚他们投资了什么，价格就崩溃了。交易炒作的投资者可能甚至没有投资策略，除非认为赌博也是一种策略。

13.6.2 安全风险

自从比特币问世以来，诈骗、黑客、盗窃这些问题一直是加密货币市场的一个共同话题。每一则丑闻，都影响到加密货币的价值波动。为了防范这类风险于未然，事先应提高防范意识，其中包括：

（1）白皮书。加密货币本身已有数百种加密货币可供投资，数千种新的 ICO 正在进行中。在选择加密货币进行投资时，必须对区块链的白皮书（协议）进行自我教育。白皮书（协议）是区块链网络商定的一套通用规则。在每个加密币的网站上都可以找到该加密币的白皮书。白皮书加密创始人列出了有关加密货币的所有信息。需要注意的是，加密公司不太可能在白皮书中分享他们的缺点，说好话的多过说缺点。

（2）交易所。交易所是交易加密货币的地方。有些交易所存在许多问题，例如缺乏测试策略，缺少版本控制软件以及缺乏适当的管理。随着所有这些问题的堆积，交易所成为大规模黑客入侵的受害者。大约有 8 501 000 比特币丢失了，虽然 2 001 000 比特币最终被收回，但剩余的 650 000 比特币从未被收回。许多交易所从事件中吸取了教训，并且正在跟上最新的安全措施。但是，交易所发生黑客攻击的事件几乎每个月都会发生。

（3）加密货币钱包。加密钱包的正确使用非常重要。加密货币投资者了解各种不同形式的钱包，存储好加密资产，使用和保管好加密钱包。

13.6.3 波动风险

波动风险基本上是意外市场波动的风险。就像任何其他市场一样，加密货币市场可能突然向与预期相反的方向发展。如果没有做好市场波动的准备，可能会损失你在市场上投资的资金。防范加密货币波动风险的最佳方法是综合考虑长短期投资。如果有一个短期投资期限，波动性更显得重要，因为它表明你可以在短期内赚多少钱。但如果有一个长期的视野，波动性就会变成一个机会。你还可以通过在各种交易所使用自动交易算法来抵消波动风险。

13.6.4 流动性风险

流动性风险是指无法以合理的价格快速出售（或清算）投资的风险。流动性对任何可交易资产都很重要。外汇市场被认为是世界上最具流动性的市场。但即使在外汇市场，缺乏流动性也可能是一个问题。如果你的交易量非常低，你可能甚至无法关闭交易，因为价格不会移动。投资加密货币更会遇到非流动性的情况。流动性问题是导致比特币和其他山寨币高度波动的因素之一。当流动性低时，价格操纵的风险也会发挥作用。一个大玩家可以通过下大量订单轻松地将市场推向他或她的“目标”。加密社区将这些类型的大玩家称为“鲸鱼”。在加密货币市场，鲸鱼经常使用巨额资金来移动小山寨币。

从好的方面来看，随着加密货币投资变得更加可用和可接受，市场可能变得更加流动。可信加密交换数量的增加将为更多人进行交易提供了机会。加密自动取款机和支付卡正在涌现，有助于提高认识和接受日常交易中的加密货币。

加密货币流动性的另一个关键因素是各国对加密货币监管的立场。如果监管当局能够定义消费者保护和加密税等问题，那么更多的人会习惯使用和交易加密货币，这将影响流动性。

在选择加密货币进行交易时，必须通过分析其接受程度，受欢迎程度以及交易的数量来考虑其流动性。鲜为人知的加密货币可能具有很大的上行潜力，但由于缺乏流动性，它们可能不利于投资。

13.6.5 监管风险

加密货币最具吸引力的地方是加密币缺乏监管。大多数数字货币都得不到当地政府支持，每个国家和地区都有不同的监管标准。监管事件风险并不一定意味着加密货币的市场表现不佳。这只是意味着市场参与者对意外的监管条例或声明作出了反应。在2018年，每一个看似微小的监管公告都推动了许多主要加密货币的价格波动。在一些国家（如日本和美国），加密货币交易是合法的，只要它们在金融当局注册即可。一些国家，如中国，对加密货币更为严格，但对区块链行业本身更为宽松。

13.6.6 税务风险

当加密货币投资刚刚受到欢迎时，几乎没有人对投资收益征税。然而，随着市场受到更多监管，当局可能会对税收变得更加严格。

虽然，几乎所有投资都容易受到税率上涨的影响，但对加密货币征税是一个模糊的领域。大多数监管机构甚至不能就加密代币所代表的基本概念达成一致的看法。如果你居住在美国或是美国公民，则税务风险涉及当局可能对税法进行不利变更，例如扣除限制，提高税率和取消免税。在其他国家，税收风险可能会变得更加复杂。例如，菲律宾尚未明确国内税务局是否将加密货币视为股权、财产或资本，从中收取所得税。

不同的国家，不同的规则。就个人而言，当从一个国家搬到另一个国家，如果个人的应急基金不足，那就只好提交延期报税并支付罚款。这就是为什么在制定投资策略之前，对税收进行全面了解至关重要。

第 14 章

元宇宙大平台的构建

14.1　构建元宇宙平台的主体

当元宇宙火爆之时，每个人都在谈论元宇宙，每个人都在定义着他（她）心中的元宇宙，究竟谁在构建元宇宙平台？Coinbase 创始人 &CEO Brian Armstrong 以及 Coinbase 身份产品负责人 Alex Reeve 的团队整理了一份关于元宇宙的内部报告，内容包括：谁正在开发元宇宙，以及加密货币将如何帮助元宇宙的实现。他们认为，对元宇宙（Metaverse）的想法深受风险投资家和作家 Matthew Ball 的影响，互联网的未来是一个大规模、持久、交互式和可互操作的实时平台，由相互连通的虚拟世界组成，人们可以在其中进行社交、工作、交易、娱乐和创造。

互联网最早的版本 Web 1.0 是关于访问静态网页的，Web 2.0 是关于封闭生态系统中的交互式社交体验，而 Web 3.0 将是关于开放且去中心化环境中的数字所有权。Web 3.0 经过漫长的演变将成为元宇宙。在最完整的形式中，元宇宙将是一系列去中心化的、相互连通的虚拟世界，具有功能齐全的经济系统，人们可以在其中做他们在物理世界中可以做的任何事情。元宇宙并不是游戏（游戏只是你在元宇宙中可以进行的一项活动），不是虚拟现实（VR 只是与元宇宙交互的一种方式），也不是 Web 3.0（Web 3.0 只是元宇宙的早期形态）（见图 14 - 1）。

如果将上述的看法应用到现实的例子中，以此为坐标，每个人、每家企业的元宇宙实现了吗？

	魔兽世界	罗布乐思	Web3	Axie	Facebook
用例		社交、玩、创造、交易（有限的）	玩、社交、交易、创造、工作	玩、交易（有限的）	玩、社交、交易、创造、工作
元宇宙属性					
虚拟世界	√	√	√（通过某些App）	部分满足	还待确定。可以通过Horizons Workroom和Facebook在社交及游戏方面的努力看到早期的信号
大规模	√	√	×	×	
持续	√	√	√	部分满足	
同步且永远在线	√	√	√	√	
可参与创建的平台	×	部分满足	√	×	
功能齐全的经济	×	×	逐步的	×	
开放且去中心化	×	×	通常是	×	
可互操作	×	×	通常是	部分满足	
是元宇宙吗？	不是，是游戏	早期的	有创建模块，但是是早期、小众的	不是，总体来说是游戏	愿景似乎与我们的定义一致

图 14－1　游戏中的“元宇宙”元素

显然，所谓完整的元宇宙离大家还很远，但它将基于每一人当前正在创建的基础之上。

就像今天的互联网一样，元宇宙将依赖于硬件和基础设施、工具、标准以及监管框架——其中大部分尚未完全成型（见图 14－2）。但与今天的互联网不同，元宇宙不会只有一个。将会有许多元宇宙，它们将相互连接。这就是为什么任何元宇宙都必须是去信任的（这意味着人们可以直接交互而无需通过中介），是无需许可的（这意味着任何人都可以在没有管理机构授权的情况下参与）。

图 14－2

为实现这一目标，元宇宙将依靠区块链在虚拟世界之间转移身份和所有权，通过算法证明来验证它们，建立支付渠道允许人们在去中心化经济中买卖和赚取收入（见图 14－3）。

虽然还不能构建任何接近完整元宇宙的东西，但不同的公司和组织正在从某种角度切入，试验它的不同元素。

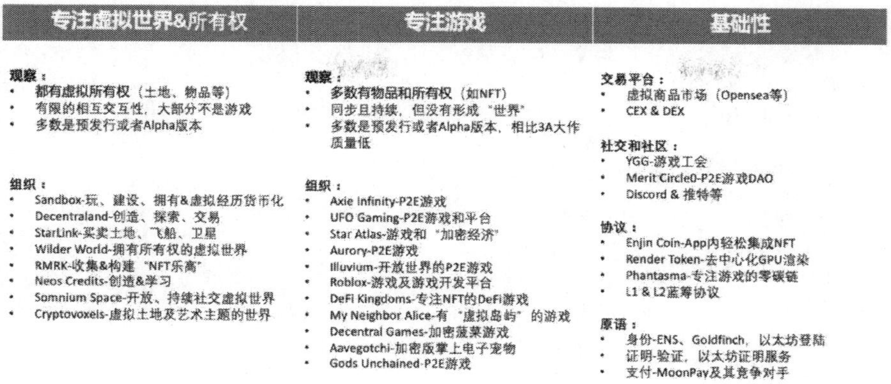

图 14－3 “元宇宙”目前的布局

元宇宙生态系统仍处于起步阶段：新兴但尚未定义。这也是它的魅力所在。现在人们非常关注游戏，主要是因为受资本力量的驱动，它很容易变现。

站在元宇宙的入口处，构成现实中的元宇宙四大模块，依然是每位元宇宙建筑师的出发基地。这四大模块分别是：（1）以接口技术为核心的各项高新技术的综合应用；（2）以去中心化为主要内容的互联网基础设施的发展；（3）改造和升级支撑数字资产生态系统的区块链平台；（4）形塑元宇宙中的主人翁，阿凡达身份 ID 论证技术。

元宇宙的身份 ID（以下简称“阿凡达”）论证技术很重要，身份决定了你是谁，你可以访问什么和做什么，以及你在元宇宙世界中的代表方式。你的元宇宙身份 ID 会不会被盗用，被拐卖，被当作数据所有权出售，这不但关系到元宇宙本身和谐社会的建设，也关系到现实社会和虚拟现实的交互操作。此外，阿凡达不仅代表个体身份，还体现了个体行为（是个体在虚拟世界活动的载体），而个体行为背后又映射出社会、文化、心理等综合复杂却有生命活力的因素。阿凡达 ID 和阿凡达 ID 之间的行为活动的多元多维关系，终将引向虚拟世界的社会和经济体系。由此，身份 ID 不单单是一个技术问题，还会衍生出更生动的虚拟世界构造的社会问题，也会引发哲学、伦理、精神寄托（宗教信仰）、道德等方面的思考。而在未来 AI 技术发展的推动下，阿凡达会不会演化出脱离其原型的思维方式，从而反过来影响现实世界，这也是在元宇宙构建过程中不可回避并值得探讨的课题。

在元宇宙中，我们的身份必须包括简单登录、唯一的 ID、代表我们的头像、跟随我们的元数据以及证明，以便我们可以证明我们是谁。这是目前每个部分发展的阶段：

将所有的身份元素整合在一起——本质上是创建一个进入元宇宙的身份入口（见图 14－4）。

	需求	目前状态	谁在建设
易登陆	可以轻松进入元宇宙	Web3通过钱包连接登陆是事实存在一种标准	• Spruce：用以太坊登陆 • Wallet Connection
唯一ID	代表个人的唯一ID	ENS是以太坊上最普遍的	• ENS • Goldfinch UID
头像	个人身份的虚拟代表	NFT大量被用作头像	• NFT（连接到ENS） • Walled garden worlds
元数据	可拓展的元数据	有限的，一些可纳入ENS	• 链上数据 • 链下API
证明	法律标识	有限的	• Schemas • Goldfinch UID

图 14－4　元宇宙的身份状态

14.2　元宇宙的身份 ID 与以太坊的 ENS

元宇宙的存在，将是一系列相互关联的虚拟世界，也就是相互关联的大大小小的元宇宙。元宇宙的身份 ID 很重要，不论阿凡达是以 2D 的形式还是 3D 形式出现，开发相关的身份 ID 技术，能让用户购买头像、定义和维护他们的公开资料并建立信任。开发阿凡达的目标是让任何人都能轻松建立自己的身份，并以简单、可信和去中心化的方式访问这些世界。如果成功，它将让元宇宙充分发挥其潜力——并保持它的自由属性，并对所有人开放。

ENS 的全称是“去中心化以太坊域名服务”（Ethereum Name Service）。自 2021 年 11 月 2 日域名 ENS 宣布空投之后，近 7 日仅仅 ENS 应用交互 Gas 费就燃烧了 2 535 ETH，并在 11 月 9 日开放领取后短时间内造成了以太坊链上拥堵，以太坊每笔交易 Gas 费用一直维持在 0.04 ETH 上下约为 150 美元，可见域名 ENS 的受欢迎程度。

ENS 空投被领取后最早上线于去中心化交易所 Uniswap，在二级市场迅速形成价格一度冲至 30 美元。随后 OKEx 和币安等各大中心化交易平台跟进。11 月 10 日 ENS 价格最高冲至 86 美元之后在 65 美元附近震荡。ENS 的价格疯狂让人们对它的想象力不断放大，甚至有不少人认为 ENS 会冲至 100 美元。而空投和交易热度过后才是真正检验 ENS 应用的最好时机。

Coinbase 官方推特化身 ENS 市场推广大使，为 ENS 的空投宣传造势，并申请成为 ENS DAO 的治理代表。Coinbase 表示同意名称所有权是一项绝对权利和同意注册费作为一种激励机制存在，以及同意 ENS 收入基金用于其他公共物品，同意 ENS 集成全局命名系统；同时，Coinbase 表示自己的世界级身份识别团队专注于定义和构建领先的身份标识标准，可帮助 ENS 和加密生态系统发展，以利于创建更广泛的加密生态系统。尽管此前 ENS 核心团队称不会联系交易所上市代币，但 Coinbase 的热情让 ENS

在其交易平台上架变成了值得期待的事情，剩下的就只是时间问题了，ENS 代币也应声连连上涨。

以太坊域名到底解决了什么问题？它在区块链网络领域中承担什么角色？这需要了解 2003 年互联网域名交易热潮。2003 年 IT 行业快速回暖的时候，men. com 被美国某企业以 130 万美元买入，此举瞬间引爆了域名交易市场并掀起了持续相当长时间的域名投机热潮。2021 年 8 月，百威啤酒花了 30 枚以太币买下 Beer. eth 域名（ENS 域名）。

人类可读的域名背后关联的是由一串用点分隔的字符组成的互联网上某一台计算机或计算机组的名称，用于在数据传输时标识计算机的电子方位。由于这些字符性的地址对于用户非常不友好几乎无法记忆，所以出现了 Domain Name System，即 DNS 域名系统，旨在将计算机可读地址转化为人类可读地址。这些域名的价值往往源自社会共识，这也就是为什么 men. com 被企业以 130 万美元的天价买走，因为“men”是一个普通到任何人都能理解的词，它有一个社会化的共识价值。而诸如 google. com 和 apple. com 这些域名则更多的是一种品牌价值，这些价值依旧源于共识。

ENS 在以太坊上扮演了和 DNS 完全一样的角色，即机器和人类之间的翻译。通常以太坊的钱包地址都类似于一串十六进制字符串，对于机器来说十六进制地址显然是合理的，而对于人类用户连输入这些地址都是件困难的事情。于是 ENS 应运而生，它将反人类的十六进制字符串翻译成了人类可读的地址，例如 example. eth。不需要记得冗长的那串地址，只需要输入像域名这样的东西，就像“6448”是你的终身代号一样。

传统的互联网产品允许用户使用简单的用户名或手机号或邮箱注册成账户，来管理和使用产品。区块链想要普及链上地址也急需优化，变成易于用户识别的语言形态以提升使用体验。ENS 就是在解决链上地址的可读性问题，它将链上地址翻译成普通人易于识别和使用的方式，把一连串无序的字符解析为互联网网民已经习惯的域名语言 example. eth。

由于 ENS 建立在以太坊链上，目前注册 ENS 域名需要支付的链上 GAS 费十分昂贵，每笔交易的 GAS 费平均在 160 美元左右。此外，ENS 域名是基于以太坊的 ERC721 标准构建，因此也可以将每一个 ENS 域名视作一个 NFT。这意味着你可以像持有和使用 NFT 一样管理 ENS 域名，它同样允许交易和转移。

因此很多人在注册完 ENS 域名后，就将之在 NFT 交易市场 OpenSea 上挂售，期待有需要的买家。注册 . eth 域名成功后，用户可以设置反向解析，将以太坊地址转换为域名来方便今后记录和转账。反向解析成功后你在链上的 DApp 应用界面上连接钱包后，显示的就是域名类似 youtube. eth 的表达了，而不再是以 0x 开头的冗长地址。

简化链上的转账支付是 ENS 域名更重要的用途之一，它不但适用于 ETH 地址，目前也支持 LTC 和 DOGE 以及 BTC 等地址，如果你想转账这些资产给另一方，不需要输入任何地址而只需输入对方的 . eth 域名即可，例如 example. eth。

此外，你还可以把你的域名与你的社交账号和邮箱等互联网账户相绑定，你购买的 NFT 作品地址也可记录在域名上，或设置为你的 ENS 域名头像。这个 ENS 域名使用权归你所有，你控制你的个人资料和数据，并可将其带到你使用的每个以太坊的 DApp 应用和服务中。

除此之外，ENS 域名还可以是一个去中心化网络或去中心化应用的名字。目前，很多链上应用虽号称是去中心化应用，但网站域名依旧是中心化域名。随着去中心化应用的发展和基础设施的普及，去中心化应用的名字和网站可能都会以去中心化域名表达，供用户识别和检索。

综合上述的 ENS 特征，ENS 可以创建一个唯一的用户名 NFT，该 NFT 可以解析为钱包，构成了一个宇宙的阿凡达身份识别，并允许用户在元宇宙中的不同世界中携带一个唯一的 ID，起到了连接和沟通作用。

ENS 目前是以太坊链上域名应用板块的“花魁”，可以预见在多链格局下，各种仿 ENS 域名服务的项目将会出现，那时每个链都将建立各自的域名服务体系，跨链的存在也让域名的彼此识别成为技术挑战，对于用户来说管理各种域名又会变成一件麻烦事。当以太坊平台的应用出现各种问题时，解决问题的办法也就出现了。

14.3 元宇宙平台的选择：以太坊还是波卡

以太坊承载着元宇宙中的数字金融生态系统，其中，DeFi 中的借贷、交易、稳定币、保险、衍生品、数字资产理财的运作，以及 NFT 数字资产的铸造、元宇宙身份 ID 等都需要在以太坊平台上运维。随着数字经济的增长，元宇宙体量的扩大，以太坊面临着带宽、交易量、Gas 费用上涨等诸多问题的挑战。

14.3.1 以太坊的选择：侧链、多链和 Layer2

目前，以太坊已经发展到可以支持来自去中心化金融和 NFT 以及游戏等领域的数千个应用程序。整个网络每年结算数万亿美元的交易，超过 1700 亿美元被锁定在平台上。与此同时，问题随之而来，以太坊的去中心化设计最终将其可以处理的交易量限制为每秒 15 笔。由于以太坊的受欢迎程度远远超过每秒 15 笔交易，这就导致以太坊的交易拥堵以及 Gas 费的高昂。这也让许多潜在用户望而却步，并限制以太坊目前能够处理的应用程序类型。如果基于智能合约的区块链想要成长为数十亿用户的金融和 Web 3.0 应用程序，就需要可扩展的解决方案。所幸的是现在的市场上已经出现了很多以太坊解决方案。

以太坊解决方案的目标，是增加可公开访问的智能合约平台可处理的交易数量，同时保持足够的去中心化。解决之道有两个：一是建立与以太坊竞争的全新网络，可以处理更多的活动。二是建立可以处理以太坊过剩容量的互补网络。Layer 就是它的最基本释义“层”的意思，所谓 Layer1 和 Layer2 也就是第一层和第二层。其中第 0 层对应 OSI 模型的底层协议，大致包括物理层、数据链路层、网络层和传输层。第一层（Layer 1）大致包括数据层、共识层和激励层。而第 2 层（Layer 2）则主要包括合约层和应用层。

以太坊被认为是 Layer1 区块链，一个独立的网络可以在一个地方保护用户资金和执行交易。例如，在以太坊中，用户就可以使用 Uniswap 等 DeFi 应用程序将 100 USDC 换成 DAI。竞争的 Layer 1 可以完成以太坊所做的一切，但在一个全新的网络中却不尽然。它们的区别在于新的系统设计可以实现更高的吞吐量从而降低交易费用，但通常要以增加中心化为代价。该领域目前由 Solana、Avalanche、Terra 和 Binance Smart Chain 领导，每个都拥有不断增长的生态系统且价值已超过 100 亿美元。

所有 Layer 1 都在竞争以吸引开发人员和用户。在没有任何以太坊的工具和基础设施的情况下，可以轻松构建和使用应用程序这是很困难的。为了弥补这一差距许多 Layer 1 采用了一种称为 EVM 兼容性的策略。

EVM 代表以太坊虚拟机，它本质上是执行计算以使交易发生的大脑。通过使他们的网络与 EVM 兼容，以太坊开发人员可以通过复制和粘贴他们的代码，轻松地将他们现有的以太坊应用程序部署到新的 Layer 1。用户还可以使用现有的钱包轻松访问与 EVM 兼容的 Layer 1，从而使迁移变得简单。

以 BSC 为例。通过推出兼容 EVM 的网络并调整共识设计以实现更高的吞吐量和更便宜的交易，BSC 在去年夏天见证了数十个 DeFi 应用程序的使用量激增，这些应用程序都类似于 Uniswap 和 Curve 等流行的以太坊应用程序。Avalanche、Fantom、Tron 和 Celo 也采取了相同的方法。相反 Terra 和 Solana 目前不支持 EVM 兼容性。

侧链与 EVM 兼容的 Layer 1 非常相似，不同之处在于它们专门用于处理以太坊的过剩容量而不是与整个以太坊竞争。这些生态系统与以太坊社区紧密结合，并以互补的方式托管以太坊应用程序。

Axie Infinity 的 Ronin 侧链就是一个很好的例子。Axie Infinity 是一款最初建立在以太坊上的 NFT 游戏。由于以太坊高 Gas 费使玩游戏变得非常昂贵，因此 Ronin 侧链旨在允许用户将他们的 NFT 和代币从以太坊转移到低 Gas 费用环境。这使得更多用户可以负担得起该游戏并提高了这款游戏的受欢迎程度。

像 Ronin 这样的侧链是特定于应用程序的，而其他侧链则适用于更通用的应用程序。目前，Polygon 的股权证明 POS 侧链是行业领导者且拥有近 50 亿美元的价值，部署了 100 多个 DeFi 和游戏应用程序，其中就包括 Aave 和 Sushiswap 以及名为 Uniswap 的克隆版本 Quickswap。

同样，Polygon POS 与 EVM 兼容的 Layer 1 看起来确实没有什么不同，但它是作为扩展以太坊框架的一部分而构建的并不是与之竞争的。Polygon 团队表示，未来以太坊仍然是以高价值交易和价值存储的主导区块链，而日常交易将转移到 Polygon 的低成本区块链上。由于交易费用不到一分钱，Polygon 的未来愿景看起来似乎是合理的。在激励计划的帮助下用户纷纷涌向 Polygon POS，其每日交易量超过了以太坊。

Layer 1 和侧链都面临着一个明显的挑战，那就是确保其区块链的安全。为此，他们必须向新一批矿工或股权验证者支付费用，以验证和确保交易的安全，通常以基础代币的通货膨胀形式，例如 Polygon 的 MATIC 和 Avalanche 的 AVAX。然而，这也带来了显著的缺点。第一，拥有基础代币使得该生态网络具有更多竞争力而不是与以太坊互补。第二，验证和保护交易是一项复杂且具有挑战性的任务，该生态网络将无限期负责。

Layer 2 是位于以太坊之上的独立生态系统而且其安全性依赖于以太坊。至关重要的是 Layer 2 不需要具有原生代币，因此它们不仅与以太坊更具互补性而且本质上是以太坊的一部分。

Arbitrum 和 Optimistic 以太坊是当今实现 Optimistic Rollups 的两个主要项目。值得注意的是两家公司都仍处于早期阶段，都保持集中控制的水平但都计划随着时间的推移去中心化。一旦成熟 Optimistic 的 Rollups 可以将可扩展性提高 10 倍到 100 倍。即使在早期 Arbitrum 和 Optimism 上的 DeFi 应用程序已经积累了数十亿美元的网络价值。

Optimistic 主义在其采用曲线上较早，在 7 个 DeFi 应用程序中部署了超过 3 亿美元的 TVL，其中最著名的是 Uniswap、Synthetix 和 1inch。Arbitrum 走得更远，在 60 多个应用程序中的 TVL 约为 25 亿美元。Arbitrum 还被选为 Reddit 的首选扩展解决方案，因为他们期待已久的努力是为社交媒体平台的 5 亿月活跃用户标记社区积分。

从长远来看，如果智能合约平台要扩展到数十亿用户，这些扩展解决方案是必要的。然而，在短期内，这些解决方案可能会给用户和加密运营商带来重大挑战。从以太坊导航到这些网络需要使用跨链桥，这对用户来说很复杂并带有潜在风险。例如，几个跨链桥已经成为 1 亿美元以上的攻击目标。更重要的是多链世界碎片化打破了可组合性和流动性。

我们要明确的是 Layer1 和 Layer2 的概念并不单单指的是以太坊网络，而是业内借鉴计算机网络通信体系架构的 OSI 模型（Open System Interconnection Reference Model，即开放式系统互联通信参考模型），将区块链逻辑架构划分为三层分别为 Layer0 和 Layer1 以及 Layer2。

按照这个维度来划分，像我们所熟悉的比特币网络和以太坊主网等主流公链都属于 Layer 1 的范畴。由于在当前众多的公链项目中，以太坊是运行智能合约和 DApp 最多的公链，也是锁仓资产价值和日均交易量最大的公链，所以在有关以太坊网络 Layer1 和 Layer2 不同扩容方案的讨论也是最多的，如没有特殊说明，所提到的 Layer1 和 Layer2 一般以太坊为主。通俗来说，在以太坊网络中，Layer 1 的主要作用就是确保网络安全以及去中心化及最终状态确认，做到状态共识并作为一条公链网络中可信的“加密法院”，通过智能合约设计的规则进行仲裁，然后以经济激励的形式将信任传递到 Layer2 上。layer 2 建立在以太坊的基础上承袭了以太坊的安全性，以智能合约来协助以太坊进行有效率的数据处理，再将数据回传到以太坊，最终的分配和裁决还是在以太坊，等于 layer 2 是以太坊的数据助手，但不是独立于以太坊存在。总之，layer 2 让以太坊上的数据运行得越快，以太坊就越不会塞车，大家就不用争着付很高的 Gas 费来抢矿工了。而 Layer2 则以追求更高效的性能为终极目标，作为第二层网络可以替 Layer1 承担大部分计算工作，近年来，不少项目都是基于 Layer2 搭建的，从而将交易行为从主链上分离出来，降低一层网络的负担，提高业务处理效率从而实现扩容。在这个过程中，Layer2 虽然只做到了局部共识，但是基本可以满足各类场景的需求。

目前，行业内比较贴切的是将 Layer1 和 Layer2 的关系和中央银行与商业银行的关系来类比：Layer1 承担着中央银行的角色，而 layer2 则是各大商业银行。在现行主流的金融系统中，所有的资产都必须在中央银行结算，而具体的流通过程可以同时发生在中央银行和商业银行。如果所有人都去央行结算的话，势必会发生业务拥堵的情况，更好的解决办法当然是由商业银行先来处理大量交易业务，然后由各个商业银行和中央银行结算一次整体业务，这样才能使得整个金融系统更加高效有序地运转起来。所以，我们能够得到的启示就是，对于在以太坊网络中存在的交易拥堵和手续费居高不下的问题，一个可行的解决方案就出炉了——将以太坊的资产存入 Layer2 之后的资产流动交易环节都在 Layer2 上进行，只把最终结算过程放到 Layer1 上就可以了。

其实有关 Layer1 或是 Layer2 的争论，最终的核心焦点都会回到扩容的话题上来。而基于 Layer2 的扩容方案也就是链下扩容，其主要目的是扩展区块链的性能，同时保留分布式协议的去中心化优势，现阶段主流的解决方案有侧链、状态通道、Plasma 和 Rollup 四种。总之，以上各种方案在本质上都是相通的，相当于建立了更加多样的商业银行体系。

现在火红的去中心化金融 DeFi 和元宇宙迫切需要以太坊扩容来降低用户缴交的 Gas 费负担，layer2 的开发等于间接影响了 DeFi 项目和元宇宙项目的运作，如果 layer 2能发展顺利，就能让更多项目移到 layer 2 上发展，解决因为 Gas 费太高而逐渐没落的窘境。

随着许多 DeFi 项目移到 layer 2 上发展，加上传统金融业也渐渐移向以太坊，以太坊有望借由 layer 2 扩展成世界最大的加密结算层。各个在 layer 2 上的平台纷纷开始筹措发币，用户可以趁 layer 2 正在蓬勃发展时进行概念币投资。

dYdX 协议是以太坊上的以衍生品交易业务为重心的去中心化交易所。在 2021 年第一季度，dYdX 团队宣布将其部分产品迁移至 Layer2，同时公布了几项迁移至 Layer2 之后的重要产品更新计划，包括合约交易支持的最高杠杆倍数由 10 倍提高到 25 倍，并增加更多的交易标的资产。交易时不用支付 Gas 费而只有手续费。从中可以看到，对于将产品迁移至 Layer2 之后的预期，不论是在交易效率的提高还是在交易费用的降低方面，dYdX 团队都相当乐观。

14.3.2 元宇宙的选择：波卡还是以太坊

（1）波卡（Polkadot）

Polkadot，波卡是一个加密货币网络，它将所有不同的区块链编织在一起。

Polkadot 的特征：①是一个“多链网络”，旨在将不同的专业区块链连接成一个统一的网络。②与 Polkadot 连接的区块链作为所谓的“平行链”并行工作。③这使他们能够访问 Polkadot 网络对交易和安全性的权益证明验证。

目前，区块链是独立运行的。Polkadot 承诺为去中心化网络创建一个可互操作的“区块链”互联网。这意味着波卡要链接的是大大小小的元宇宙，形成分布式的统一元宇宙网。当然，这是对建立在公有链上的元宇宙而言。

波卡的最终目标是充当所有选择加入的区块链的框架，有点像 HTML 允许站点、浏览器和服务器相互交互的方式。这个想法是处理混乱且昂贵的加密货币挖掘过程（包括验证交易和安全协议），并使开发人员能够专注于创建 DApp 和智能合约功能。目前，构建创新的去中心化系统的开发人员必须从头开始设计这些系统。这也意味着时间、人才和资源被转移到建立竞争网络上，而不是创建一个每个人都建立起来的标准。这就是 Polkadot 的目标，为开发人员创造一种在所有区块链之上创造价值的方式，而不仅仅是一个区块链。

波卡是如何工作的？区块链可以与 Polkadot 连接并作为所谓的“平行链”并行工作，以权益证明对网络交易和安全性进行验证。

在网络所谓的“中继链”中，交易地址被检查，数据被标准化，以便每个系统都能理解，让所有链都感到安全的地方。在处理功能的同时，连接到 Polkadot 的区块链可以使用自己的 PoS 机制，决定何时以及如何更新其代码并运行他们选择的 DApp 或代币。它本质上是一个选择层，允许网络保持自己的安全性并能结合新的协议。

Polkadot 由 Web 3.0 基金会和 Parity Technologies 开发，其联合创始人是 Gavin Wood 和 Jutta Steiner。Gavin Wood 又是以太坊的联合创始人。波卡的创建是要解决区块链的系统最需要解决的两个问题：一是可扩展性（网络每秒可以处理的交易数量）；二是社区如何管理协议升级和变更。

Polkadot 有加密货币 DOT，是 Polkadot 网络的内部代币。该代币允许持有者对潜在的代码更改进行投票，如果达成共识，则会在网络上自动升级。Polkadot 于 2020 年 5 月首次推出其主网，并迅速在投资者、开发商和加密货币交易者中获得关注。在不到一年的时间里，它已经获得了许多令人印象深刻的赞誉和发展，其中包括：攀升成为第四大加密货币，市值达到近 180 亿美元的峰值；进行面额拆分，旧的 DOT 代币拆分 100 种方式来生产新的 DOT 代币——将供应量从 1 000 万增加到 10 亿；由设计机构 Koto 重新命名，通过 Polkadot 品牌赏金计划使用社区输入；开发者活动急剧增加，当年平台上积极开发的项目就有 340 多个。

（2）选择平台：以太坊还是波卡

Polkadot 是最受期待的下一代以开发者为中心的区块链之一。把波卡与最广泛采用的面向开发者的链以太坊进行比较，目的是帮助网络的新手了解两者之间的差异，并可能帮助开发者选择在哪一个平台上进行构建。

从较高的层次上观察，这两个项目只是部分重叠。以太坊是一个用于部署智能合约的平台，或者是控制单个以太坊链上本地资产或状态转移的逻辑片段；而 Polkadot 旨在提供一个框架来构建你自己的区块链，并提供将不同区块链相互连接的能力。虽然有这些差异，但这两个平台都是为开发者构建去中心化应用程序而设计的。

以太坊和 Polkadot 都旨在提供一个让开发者可以创建去中心化应用程序的空间。这两个平台都包含智能合约功能，以太坊基于 Solidity，波卡基于 ink!（注：虽然波卡具有 ink! 合约语言和合约模块，但波卡中继链本身并不能直接部署智能合约，波卡上的一些平行链可以部署智能合约）。

如果比较以太坊 2.0，那么这两个平台都在追求基于并行执行的扩展策略。每个执行线程在以太坊 2.0 中称为一个分片，在 Polkadot 中称为平行链或平行线程。以太坊 2.0 和 Polkadot 都将使用 Wasm 作为底层技术来支持链上逻辑和状态转换。

以太坊和 Polkadot 之间最大的区别之一是设计目标。以太坊旨在成为去中心化金融和智能合约执行的平台，而 Polkadot 的愿景是帮助人们构建整个区块链并将这些区块链相互集成。表 14 - 1 列举了以太坊 1.0、以太坊 2.0 和 Polkadot 之间的关键差异点。

表 14 - 1　　关键差异点

	以太坊 1.0	以太坊 2.0	Polkadot
架构	单链	多链（分片）	多链（平行链、平行链线程）
后端开发	Solidity（类似 JavaScript）、Vyper（类似 Python）	Solidity（类似 JavaScript）、Vyper（类似 Python）	Rust、Substrate 框架
执行环境	单个虚拟机	多个同构分片	多个异构分片
可组合性	智能合约之间可同步调用	智能合约可以在同一个分片内同步调用，也可以在分片之间异步调用	智能合约可以在同一个平行链中同步调用，或者跨平行链异步调用
治理	链下	链下	链上（例如民主、议会、国库模块）
共识机制	Ethash 工作量证明	Casper 权益证明	BABE/GRANDPA 权益证明
程序执行费用	每次调用收取 Gas 费/基于 Gas metering	每次调用收取 Gas 费/基于 Gas metering	无限使用的平行链插槽的市场成本，或每次调用平行线程的费用
状态（截至 2019 年 11 月）	2015 年已上线	从 2021 年起开始分阶段上线	预计在 2021 年第一季度上线主网（注：波卡已在 2020 年 5 月上线主网，预计在 2021 年逐步上线平行链）

①以太坊标准（ERC20、ERC721 等）成为行业标准。

以太坊的主要优势在于其庞大且成熟的开发者、用户和企业生态系统，包括其丰富的开发者工具、教程等。它已经从这个生态系统中获得了显著的网络效应，使其成为事实上的智能合约平台，在许多情况下，以太坊标准（ERC20、ERC721 等）成为行业标准。

以太坊网络的价值同样重要，基于底层以太币的价值提供高度的经济安全性。DeFi 领域是加密领域中最受开发者关注的领域之一，主要建立在以太坊上，并利用不同以太坊智能合约之间的可组合性，这些智能合约可以在支持以太坊 1.0 的单个以太坊虚拟机中相互调用。

以太坊面临的主要挑战是可扩展性。CryptoKitties 应用程序的成功证明了影响 Ethereum 1.0 的一些可扩展性限制。一个流行的应用程序能够显著降低网络上交易的性能和吞吐量。

另一个挑战是在平台上运行智能合约所需的 Gas 成本。Gas 费用是必要的，是为了系统的整体安全性，保护系统免受失控程序的阻碍。但随着 Ether 价值的上涨，运行智能合约的 Gas 费用也随之上涨，并让某些用例变得非常昂贵。这些成本与可扩展性有关，因为如果有更多容量，则可以降低每笔交易的费用。

以太坊 2.0 旨在解决所有这些可扩展性问题，但它是一个多年路线图，伴随着多年重构平台带来的执行风险。大部分以太坊核心开发的精力都将投入到以太坊 2.0 中，这让现有以太坊 1.0 链没有太多升级和改进的余地。

②Polkadot：建立在灵活的框架之上，但它是新平台且未经证实。

Polkadot 最大的优势是 Substrate。Substrate 是一个用于创建与 Polkadot 兼容的区块链的开发框架，根据开发者的需求提供不同级别的抽象。Polkadot 本身是使用 Substrate 构建的。它大大减少了创建新区块链所需的时间、精力和金钱。

与以太坊等智能合约平台相比，Substrate 为开发者提供了更大的画布进行实验。它允许完全控制区块链的底层存储、共识、经济和状态转换规则，这些在标准智能合约平台上通常无法修改。

Polkadot 允许在其网络内共享安全的设计是另一个优势。共享安全有两个主要好处：

第一，它通过从中继链提供安全服务，来减轻平行链构建者的负担。这与 Cosmos 等其他网络采用的方法不同，后者每个区域都对自己的安全负全部责任。这种共享的安全性简化降低了构建者的摩擦，并简化了启动新平行链的过程。

第二，共享安全为平行链提供了一个相互交流的框架，最终允许平行链专业化。它让我们想起了旧的 Unix 哲学，在那里你可以创建完成一项工作并且做得很好的工具。然后，你可以通过将这些专门构建的工具组合在一起，来实现更高层次的目标。可以在 Polkadot 生态系统中看到类似的事情发生。这就是 Polkadot 设计的力量，而这会在网络中产生强大的网络效应。

波卡所竞争的正是以太坊所拥有的。在所有面向开发者的平台中，以太坊拥有主导地位和最大的开发者社区。此外，市场上有许多新平台希望与以太坊竞争并获得开发者的关注。目前，只有这么多开发者可以四处走动，开发者平台的数量多于支持和构建平台的开发者数量。Polkadot 面临的真正挑战是获得足够的吸引力并建立足够的生态系统和开发者社区，来让它架构的网络效应开始发挥作用。

③开发者如何选择。

如果你的应用程序可以轻松地表示为智能合约，如果你在 Gas 费用方面可以负担得起，如果你不需要大量的交易吞吐量或控制系统的基础经济学，或者如果你需要在项目启动时与其他以太坊生态系统项目进行互操作。那么在以太坊上开发通常比 Polkadot 更简单。

如果你的应用程序最好由专用区块链提供服务，如果它需要更高的交易吞吐量性能，如果你想要完全控制你的应用程序运行的环境、状态转换功能、存储和经济性，并且如果你可以接受更高的实现复杂性，或者有需要跨区块链集成的用例，Polkadot将满足这些要求。

14.4 构建元宇宙的技术

元宇宙火爆之前就存在着各种技术，元宇宙火爆之后，就有人称“所有技术都与元宇宙相关”。

14.4.1 区块链技术

这是本书所要说明的重要技术。一般而言，区块链技术主要是指非常底层的概念性分类，也就是大家更加熟知的公链、联盟链、私有链，可以说他们是区块链最底层的一个分类，简单来说，公有链是对所有人开，任何人都可以参与；联盟链只对特定的组织团体开放；私有链主要对个人或实体开放，三者的包容性依次递减。而区块链还有另一个最大的特点便是去中心化且不可篡改，因此可以传递价值和权益，所以区块链又叫作价值互联网，而这也是让元宇宙更有价值更有真实感的最重要的基础。

14.4.2 Game（游戏技术）

（1）游戏引擎：指一些已编写好的可编辑电脑游戏系统或者一些交互式实时图像应用程序的核心组件，包括渲染引擎（即“渲染器”，含二维图像引擎和三维图像引擎）、物理引擎、碰撞检测系统、音效、脚本引擎、电脑动画、人工智能、网络引擎以及场景管理等。

这些系统为游戏设计者提供各种编写游戏所需的各种工具，其目的在于让游戏设计者能容易和快速地做出游戏程式而不用由零开始。简单来说，游戏引擎就是游戏所需的各种现成的要素和工具的集合，提供游戏所需的各种半成品，再由游戏设计师将内容添加进各种半成品最终做成一款游戏，而无须从最基础的代码做起。

而游戏引擎的发展，将会决定我们在元宇宙中的图像的发展以及让我们有更加真实的体验。就像我们看一些大片里有许多以假乱真的特效，但这些特效都是由特效公司专门针对电影的画面进行的调整，工作量已经很大了。但是，随着游戏引擎的发展，可以把游戏内的画面做出能以假乱真的效果。

（2）实时渲染。渲染是处理器将需要计算的画面信息，计算并“绘制”在显示屏幕上的过程，也就是让计算机画出所要求的画面。这其中就主要分为离线渲染与实时渲染。离线渲染，就是在计算出画面时并不显示画面，计算机根据预先定义好的光线、轨迹渲染图片，渲染完成后再将图片连续播放，实现动画效果。实时渲染，是指计算机边计算画面边将其输出显示，优点是可以实时操控，缺点是要受系统的负荷能力的限制，必要时要牺牲画面效果来满足实时系统的要求。

实时渲染往往会需要牺牲画面效果来满足实时画面输出的要求，由于元宇宙是十分重视实时交互层面的，因此，实时渲染技术会是影响我们在体验元宇宙时，感知到真实度与否的最直接的技术之一。

目前，比较前沿的实时渲染技术是光线追踪技术，以及 DLSS 2.0（深度学习超采样）技术。光线追踪，是一种基于模拟真实光线弹射路径渲染成像的技术。我们可以通过还原现实光线的实际动态，能够获取改进的阴影效果、准确的全局照明、以及超逼真的反射效果。而 DLSS 2.0 则是一项开创性 AI 渲染技术，利用深度学习神经网络的强大功能提高帧率，为游戏生成精美清晰的图像，一举打破了以前性能和画面无法兼得的窘境。

（3）建模技术：要建设出千变万化多姿多彩的元宇宙，需要大量建模来丰富元宇宙，自然一款好的建模软件是必不可少的。对于集硬件与软件技术于一身的英伟达来说，建模正是他们擅长的领域。在 2021 年 4 月的英伟达 GTC 大会上，黄仁勋似乎是在自家厨房做了主题演讲，直到 4 个月后的 8 月 2 日，英伟达官方才公布原来那次的主题演讲，有一部分是虚拟的，虚拟的场景虚拟的黄仁勋，竟然欺骗了全世界 4 个月。随后，英伟达于 2021 年 8 月 10 日正式宣布，全球首个为元宇宙建立提供基础的模拟和协作平台——NVIDIA Omniverse 将通过与 Blender 和 Adobe 集成来实现大规模扩展，并将向数百万新用户开放。

对于元宇宙，英伟达有一个清晰的路线图：第一阶段，做得逼真。利用 CG 技术和实时光线追踪渲染技术把数字人做得像真人一样，比如发布会上出现 14 秒的黄仁勋数字人分身。这一阶段的代表技术就是 Omniverse，已经非常成熟到位。第二阶段，通过要素驱动数字虚拟人。第三阶段，实现真实和虚拟世界的交互，包括数字人和真实人类之间，以及数字人和数字人之间的沟通交互。

当然，瞄准建模技术入局元宇宙的公司肯定不止英伟达，随着建模技术的不断迭代，也仿佛我们现实中工程建设技术的进步，会支持我们更快更高水平地构建元宇宙。

（4）人工智能。人工智能是研究、开发用于模拟、延伸和扩展人的智能的理论、方法、技术及应用系统的一门新的技术科学。它是一门涉及广泛的技术，甚至可以说几乎所有学科都可以结合 AI 进行新方面的探索。在元宇宙领域，人工智能可以无处不在，在渲染技术中也都用到了 AI 技术。在此，我们重点提及人工智能在构建元宇宙丰富性上的能力。

在黄仁勋的虚拟发布会上，短短的 14 秒钟却需要总共 34 个 3D 美术师和 15 个软件研究人员参与，如果真要用人工的方式去构建丰富的元宇宙，那得需要多少的时间和人力。所以，光靠 UGC（用户生产内容）和 PGC（专业生产内容）来构建元宇宙是十分耗时费力的，因此，一种以 AI 技术作为支撑的内容生产方式 AIGC 正在悄然兴起中。

一方面，可以通过 AI 为元宇宙自动生成相关的图形构建元宇宙，而再辅以人工去微调精修元宇宙的重要组件，大幅降低构建元宇宙的周期和人力。另一方面，AICG 还能利用算法训练 AI，让 AI 有能力脱离编剧与策划，对玩家的行为作出实时反馈，从而实现无穷的剧情分支并节省大量的开发成本。如此一来，元宇宙里的虚拟人物就可以跳出游戏 NPC 那种设定的既定模式，而是变成比 Siri 更智能的一个虚拟人，没有固定的模式，还能根据玩家的反馈而作出不同的反应，形成真正的完全自由、完全沉浸的元宇宙，这就如同《失控玩家》里男主角 GUY 在觉醒后的反应。

14.4.3 Network（网络计算）

（1）网络传输（5G/6G）。我们常说的 5G、6G，即第五代移动通信技术和第六代移动通信技术，很多人会认为它们只是在 4G 的基础上加大了带宽和网速，但是移动通信技术的进步，与我们的生活和经济甚至是元宇宙的发展有着密不可分的联系。

5G 具有高速度、低功耗、低时延、万物互联的特点，拿实时互动的游戏来说，低时延很大程度上决定了用户的游戏体验，而随着智能设备、可穿戴设备等联网需求的增加，万物互联能让我们更快地迈入智能时代，VR/AR/MR 作为打开元宇宙大门的第一把钥匙，5G 一定是实现元宇宙落地的基础。

6G 的流量密度和连接密度比 5G 提升至少 10 倍不止。此外，还能在 5G 万物互联的基础上实现万物智联，在物理世界和虚拟世界的交互中，进一步增强沉浸化、智慧化、全域化。6G 技术还在布局当中，一旦实现，将会带领元宇宙实现跨越性的进步。

（2）网络计算（云计算、雾计算、边缘计算）。Web 3.0 时代的到来，离不开计算的支撑，尽管云计算已经走过了十年的历程，但是随着物联网的快速发展，数据传输量的增大，信息传输延时，数据安全性等问题日益凸显，于是雾计算、边缘计算等概念应需而生。

云计算是一种在短时间内完成大量数据处理的集中式的计算，它能利用互联网将数据上传到远程中心进行分析、储存和处理，为全世界提供服务，就好比是全国交通指挥中心。

与云计算相比，边缘计算更靠近设备端，数据不必再上传到云端，比如智能手机、ATM 机、智能家居等设备上都可以完成边缘计算。因此，边缘计算更像是某一个十字路口的交通警察。

雾计算就是地方的交通指挥中心，可以理解为是本地化的云计算，一方面减轻了云计算的承载压力，另一方面分散式的特点使得其运算速度更快、时延更低。

作为实现元宇宙重要的后端基础设施，未来元宇宙的实现一定伴随着巨大体量的数据处理需求，图像渲染需求以及高拟真的用户体验，这些计算能在不同的环境和场景中提供不同的功能，是元宇宙发展中不可或缺的一环。

14.4.4 网络相关硬件

虚拟现实（Virtual Reality，VR）、增强现实（Augmented Reality，AR）和混合现实（Mixed Reality，MR）实际上并不是指某种技术，而是一种概念。代表了真实的物理世界和虚拟的数字世界共同组成的时空连续体。我们可以简单地将其理解为，VR 是纯虚拟数字画面（2D/3D），AR 是裸眼现实 + 虚拟数字画面（2D/3D），MR 是数字化现实 + 虚拟数字画面。

VR/AR/MR 是元宇宙重要的基础设施，是其实现的基础，并为 Game 提供了更多的可能性。VR/AR/MR 的实现意味着阿凡达可以与真实存在的人或物进行交互，实现用户心目中的“理想世界”。

14.4.5 体感技术

体感技术是人们直接的使用肢体动作与周边的装置或环境互动，而无需使用任何复杂的设备，支撑起了用户在互联网中的 3D 沟通。当前，主流的体感技术可以分为三大类：惯性感测、光学感测以及联合感测。

在体感游戏中应用最广泛的是联合感测，通过在手柄中添加重力传感器以及红外线传感仪和动感 IR 照相机，识别物体的大小和形状，实现具有增强效果的体感游戏功能，厂商代表为任天堂和索尼公司。

体感技术和 VR/AR/MR 技术的结合可能会使得《头号玩家》的出现不再需要 VR 跑步机，用户可以通过一种更加简便易得的方式进入到元宇宙的世界。同时，肢体动作可以更好地反映到虚拟世界当中，实现本体与“化身”的完美适配。

14.4.6 全息影像

全息影像是通过光学的手段呈现物体真实的三维图像的记录和再现技术，是一种视频、交互、软件工程共同提供的创新性的视觉解决方案。早在电影《钢铁侠》中，就有钢铁侠托尼利用全息投影检修自己的设备。而在 2018 年，“The Escape” 在美国《达人秀》上首次亮相，演员通过选择全息投影的“另一个世界”在舞台上进行起飞、坠落和翻转。这场精彩的表演由 Front Pictures、Red Rabbit Entertainment 和 PROFI LTD 三个创意团队联合创作完成。

全息影像技术模糊了物理世界和虚拟世界的边界，也许有一天，我们会化身蝴蝶呈现在亲朋好友的身旁，真正意义上的领略庄周梦蝶的境界。

14.4.7 物联网与智能硬件

物联网与智能硬件通过各种信息传感器、射频识别技术、全球定位系统、红外感应器、激光扫描器等各种装置与技术，实时地采集需要监控的物体或互动的事物的声、光、热、电、力学、化学、生物、位置等各种需要的信息，实现物与物、物与人、人与人之间的广泛链接，实现物品的智能化管理。它是泛互联的重要组成部分，也是未来元宇宙世界不可或缺的一部分。

当前，小米旗下智联万物的 AI 虚拟助理“小爱同学”已支持控制 70 个品类，2 400个设备，拥有超过 1 400 个功能。我们回到家就可以通过呼唤“小爱同学”播放喜爱的音乐，查询快递、食谱、控制各类家居设备。当元宇宙和物联网与智能硬件结合，我们能够在元宇宙中对物理世界的设备进行指令。

14.4.8 脑机交互

脑机交互始于人类的遗憾，当我们眼睁睁地看着霍金先生逐渐失去了行动的能力，非常具有天赋的人因为病症失去的不仅仅是现实的行动力，还有非凡的想象力。很多人由于肢体的残疾而导致生活品质的急剧下降，引发了人性中的善良与悲悯，也推动着脑机交互的发展。科学家试图通过人或动物与设备之间的某种联系，让信息得以传递和表达。将想法转化为行动，将感觉转化为知觉。

当前，已经有很多公司在这些领域获得了成功，马斯克的 Neuralink 在脑机接口技术方面取得了重大突破，找到了高效实现脑机接口的方法。而法国里昂的一位高位截瘫患者在经过 20 多个月的训练后，依靠介入头部的 2 个传感器，实现了操控外骨骼设备来助力行走。然而，未来的脑机交互可能会为我们带来更多。借助脑机交互可以让用户无需 AR/VR 设备，就可以在视觉皮层感受到元宇宙。用户可以通过意念对元宇宙进行控制，而无需额外的设备和操作。毫无疑问，脑机交互的出现和落地应用会是元宇宙升级版的基础。

14.5 多种技术的协同发展

元宇宙有如此多的技术作为基础，从另一个侧面也可以看出，元宇宙很难靠单一的技术突破而实现，现阶段的元宇宙项目更多的是停留在元宇宙的入口处或最初级的阶段，只是解决了元宇宙某个方面的一些问题。

从现实看，包括人工智能、虚拟现实（VR）、增强现实（AR）、5G 和区块链（以及相关数字货币）在内的新兴技术都随着时间取得了相应的进步，并实现了一定的价值。每个领域都找到了与其发展相适应的应用，而这其中人工智能领域的进步最为明显。在区块链技术克服能源消耗、VR 克服引起的眩晕感等挑战的同时，每项技术都在不断成熟。在现在无处不在的云计算的可扩展和规模化的支持下，这些技术可能会在未来几年内齐心协力共同发展。在技术的协同发展中，获得的价值远远超过了单个技术独自发展创造的价值的总和。而这种融合的催化剂就是元宇宙，一个永远在线的 3D 虚拟世界连接网络。

元宇宙概念具有广泛的潜力。在某种层面上，它可以是一个 3D 社交媒体渠道，通过人工智能完美地针对每个用户进行消息传递。与此同时，它还具有成为信息、娱乐和工作的全方位平台的潜力。最初将会有多个元宇宙，其中一些是针对特定兴趣（例如游戏或体育）量身定制的。当前的科技与元宇宙之间主要的区别在于元宇宙提供的沉浸式可能性，而这就是 Meta、Microsoft、Nvidia 和其他一些公司大量投资元宇宙的原因。

《华尔街日报》指出，现在金融行业正在竞相将这项技术扩展到所有类型的资产，基于区块链的支付相较于我们传统的金融基础设施更有优势。同样，《纽约时报》报道也称，风险投资基金在 2021 年向 Crypto 和区块链公司投资了约 270 亿美元，超过了过去 10 年投入的总和。

元宇宙的构建和发展需要资本的驱动，更需要技术的创新。对于 VR 来说，大多数头显仍需要连接到 PC 端或游戏机，以实现其流畅性和身临其境的体验所需的处理能力和通信速率。到目前为止，只有 Meta 的 Oculus Quest 2 摆脱了这种电缆限制。

虽然一些品牌已经开始急于利用元宇宙的热潮，但元宇宙的发展仍然是充满坎坷的，距离其被广泛采用还有几年的时间。这是因为能够优化元宇宙的功能、易用性并降低其成本的技术还有一段路要走。

一家半导体公司表示，与当今最先进的处理器相比，真正的沉浸式虚拟世界需要将计算效率提高 1 000 倍。虽然这是一个巨大的增长额，但该公司在最近的“建筑日”上表示，他们预计到 2025 年才能实现这一目标。无论是需要 3 年还是 10 年，元宇宙背后都有着看似无限的资金支撑的巨大动力。即使在目前的阶段，波音公司也致力于使用数字孪生和 Microsoft HoloLens 头显在元宇宙中设计其下一代飞机。风险投资公司 Ascend 的创始合伙人 Kirby Winfield 将元宇宙视为“不断向日益数字化的生活转变的最新发展”。当它完全到来时，这种转变将实现许多人身临其境的科幻愿景。

第 15 章
元宇宙中的虚拟现实产品和市场

在元宇宙发展中觅商机，在开发商机中谋创新。与元宇宙相关联的商机有三类，简单地讲，就是到宇宙中做生意，在元宇宙中做生意，在现实世界和虚拟现实中间做生意。

15.1 元宇宙中的 NFT 和虚拟产品

每一项新技术的进步都提出了一个关键问题：谁会最早看到它的价值并获得最大的利益，谁会在为时已晚之前急于赶上？NFT 最近一直在流行，但大多数人不知道它代表什么——不可替代的代币——更不用说它是什么了。然而，这并没有阻止 NFT 成长为一个广阔的市场。虽然一些证据表明这个特定的市场已经过了高点，但有令人信服的证据表明它将成为虚拟现实市场上的主流产品。而且，无论我们是否意识到，新的虚拟市场热潮已经在进行中，有一件事是肯定的：那些理解和使用 NFT 和其他即将到来的技术的人将获得丰厚的利润。对于大多数人来说，这说起来容易做起来难。可以把虚拟产品市场的基本原理解构为公司需要掌握的基本概念，以便在该领域获得早期优势。

虚拟现实曾经是科幻小说的领域，目前已经发展到科学事实的领域，从 Fortnight 到 Roblox 再到 Animal Crossing，全球数以亿计的游戏玩家在持久的网络虚拟世界中度过了大量时间。

然而，在游戏面前更需要看到，区块链平台上的 DApp 等应用程序远远超出了游戏，在众多独特的虚拟生态系统中争夺有限的虚拟资源。随着增强现实变得越来越普遍，虚拟叠加影响我们对现实世界的感知，越来越真实。

今天的虚拟世界主要限于个人电脑和平板电脑界面，因此受到硬件缺乏沉浸能力的限制——与科幻小说中难以区分的替代现实相去甚远。随着虚拟现实硬件的进步和变得更容易访问，这些虚拟体验将变得更加“真实”，模糊了我们的物理世界和我们占据的虚拟世界之间的界限。

眼前的元宇宙在不断转型之中，除了硬件之外，虚拟现实扩展的主要障碍是缺乏统一的跨世界生态系统。虽然一些虚拟世界寻求普遍性，但大多数流行的虚拟世界都被故意限制在特定的游戏、目标或社区中。

追求元宇宙之梦的人总是在开发一个共享界面，通过增强现实将虚拟区域连接到增强的物理世界。虽然现实世界和虚拟现实之间的链接将采取的确切路径尚不清楚，但专家们一致认为，虚拟现实和增强现实以及协作性元宇宙现在是人类体验的普遍元素。这也是为什么精明的企业在这个领域下大赌注的原因。大多数企业尚未达到这种投资水平，主要是由于缺乏对从哪里开始的知识。

15.1.1 提供虚拟产品出售

虚拟产品是完全以数字形式存在的产品。它可以是对实物产品的虚拟描绘，也可以是完全虚拟的产品。虽然这些东西不是典型意义上的“真实”，但它们足够真实，让真实的人花钱购买。

对于很多企业来说，虚拟产品的应用是不言而喻的。不难想象有人购买虚拟高端法拉利以在虚拟赛车模拟器中获得优势。在虚拟环境中穿着昂贵西装的人与在现实生活中穿着昂贵西装的人获得的好处相似。

更难以想象像 Taco Bell 这样的公司利用虚拟物品。Chalupa Supreme 的某些优势似乎无法很好地过渡到虚拟环境。这并没有阻止他们在上个月制作和销售价值数万美元的虚拟物品。

如果你在现实世界中制造和销售物品，则几乎可以肯定有一种方法可以在虚拟世界中制造和销售它们。随着我们越来越接近于创造一个沉浸式的多元宇宙，这些东西的价值只会越来越大。

15.1.2 保护知识产权

大多数人对虚拟产品的首要关注是如何在更容易复制或伪造的环境中保持其价值。假冒显然是现实世界中的一个问题，从鞋类到艺术品。在虚拟世界中，它将变得更具挑战性。在现实世界中，区分假劳力士手表与真品的方法是看材料和结构的细节。

可是，在虚拟环境中制作“几乎”相同的虚拟产品副本，而产品文件本身没有明显差异。如何确保和保持虚拟产品的稀缺性和排他性？这就是 NFT 发挥作用的地方。

对大众而言，区块链可能看起来非常复杂，但最好的方式是将其视为特定虚拟物品的所有权记录，无论是虚拟产品还是加密货币都是一个道理。区块链与另一种所有权记录（例如你银行账户中的分类账）之间的区别在于区块链不归任何人所有。它是分布式的，没有人有权更改、修改或销毁它。

因此，如果你拥有 1 个比特币，则该单位与区块链记录相关联。由于不可能为该硬币创建相同的记录，因此你不能将其花费两次。当你向另一个人花费或赠送一个比特币时，你实际上给予他们的是对其区块链记录的唯一参考。NFT 与比特币单位一样，是使用区块链技术生成和保护的。它们的区别在于 NFT 本身不具有“可替代的”或“可交易”的价值。因为，每个比特币可以被认为与现有的所有其他比特币具有相同的价值，所以它们可以与其他货币或商品交换。NFT 本身毫无价值，它本质上是一个不可更改且不可逆转的所有权记录，可能代表任何虚拟资产，从一件 3D 数字艺术作品到一段视频。同时，NFT 还可以代表现实中的物理资产。NFT 的重大作用是打通了物理资产和数字资产的隔阂，让彼此间具备了互操作性。正是这种互操作性，达到了：

1 物理空间 + 1 虚拟空间 > 2 的虚拟现实空间效果，在其中提供无限多的商机，正等待您的开发。

NFT 是一种建立虚拟资产所有权的安全方法。当虚拟产品由 NFT 保护时，NFT 直接指向产品的文件，而不是产品的任何其他副本或假冒产品。当你出售 NFT 时，你实际上是在出售资产所有权证明。NFT 使知识产权所有者能够在虚拟场所销售和执行其知识产权的许可。NFT 只是识别和保护虚拟所有权的一种方法，许多其他的——很可能是最终的标准——目前正在开发中。

除了保护虚拟领域中的知识产权外，NFT 还可用于保护物理对象免受伪造和未经授权的转售。例如，当今电子商务企业面临的最大挑战之一是在大型市场上与未经许可的经销商竞争。解决此问题的一种选择是通过授权销售渠道提供与 NFT 连接的商品虚拟描述，作为经过验证的真实性证明。

总之，当我们进入智慧城市和虚拟世界时，我们进入了一个数字环境，我们过去所学的知识已经增强了这个环境。元宇宙为新经济和生态系统提供了潜力，同时也提供了重视道德和隐私的机会。这不会是一项简单的任务。元宇宙梦想者的目标是构建一个开放性、协作性、透明性和可访问性，既持久又包容的充满活力的元宇宙。

15.2 在构建元宇宙中觅得商机

人们对元宇宙的未来充满希望。但是，要为个人、品牌、企业和社区建立它，还有更多的工作要做。我们必须做出许多重要的决定，以确保元宇宙蓬勃发展，从而带来有利的影响和商机。

15.2.1 需求量最大的是元宇宙 Avatar（虚拟人的）身份 ID

设想一个你在其中度过大部分工作日的虚拟世界。在这个世界中，你可以工作、购物、看电影、学习、玩游戏、旅行、约会，并分享你在现实世界中会进行的所有常见活动。换句话说，这是一个恒定的、身临其境的、包罗万象的空间，包含了一切事物和个人。虽然元宇宙距完成还有数年的时间，预计它最终将成为你可以在虚拟的在线环境中工作、娱乐、学习、创作、购物和与朋友交流的地方。但无论怎么变，虚拟人的身份 ID 始终与元宇宙同行。所以，在未来的许多年里，元宇宙中的数字识别和定制仍将是一个热门话题。无论走到哪里，我们都戴上了不同的面具。

虚拟人及身份 ID 的制作与销售就是一大商机，并创造出一条长长的产业链。在过去的二十年里，每个人都建立了一个在线身份。个人通过 YouTube 视频、TikTok 舞蹈、Instagram 作品集和幽默的 Vine 视频获得了网红地位。元宇宙将使我们能够创建一个永久的身份，无论我们走到哪里都可以随身携带。在元宇宙中构建的身份与我们的物理角色密不可分，可以被善恶利用。

Daniel Garcia 和他在 Polygonal Mind 的团队现在正在从事各种跨越多个虚拟世界的项目。他们在 Crypto Avatars 方面的工作是一项能够将所有内容联系在一起的方案。加密头像是一种独一无二的头像，可通过 OpenSea 购买。

Crypto Avatars 目前适用于广泛的应用程序。所有这些数字化身都是代币化的，为代币持有者提供了真正的所有权证明。这些头像在以太坊或 Matic 区块链上进行了验证。他们目前每周拍卖两个头像。当你从 Crypto Avatars 收藏中购买角色并自定义你的数字身份时，你将成为元宇宙中的唯一所有者。这些头像只是在元宇宙中自定义你的在线角色的一种方式。许多应用程序都支持加密头像，其中包括基于区块链的虚拟世界 Samnium Space 和流行文化现象 VR Chat。

15.2.2 便携性和互操作性

市场创新正在以极快的速度推动资产类别的发展，例如，虚拟形象、3D 模型、混合现实和空间设置。资产类与信息相结合以构建填充元宇宙的许多平台的内容包。许多这些格式要么是专有的，要么是平台相关的。虽然特定于平台和专有的方式可能是扩展创新的更快方式，但元宇宙将需要资产和内容的可移植性和跨系统的互操作性。

便携性的几个基本组成部分包括书面和透明的文档、持久的旅行唯一标识、平台之间无须大量中介服务的直接资产转移，以及集体便携性，使用户群体能够共享和转移资产。

互操作性支持跨多个平台和网络共享资产和数据，存在许多标准，但它们还没有充分考虑当今出现的所有不同媒体类型，更不用说为未来的资产和数据形式做好准备了。现有标准也没有考虑到大量的非结构化数据。它也没有使用简单和最低限度可行的技术来考虑各种类型的数字化资产。

目前没有用于元宇宙的通用数据模型。但是，如果其他人在扩展的开放生态系统中采用增强型通用数据模型（例如 Microsoft 开发的模型），则可以代表朝着更全面的数据和元数据方法迈出的下一步。应该优先考虑企业、政府和非营利组织之间更集中的参与和合作，以便快速建立开放标准，就像之前在开放数据倡议中所做的那样。为了确保元宇宙对尽可能多的人可用，它必须是跨平台的，无缝集成合作伙伴和平台。

15.2.3 虚拟仿真

为了在数字化和原生数字化的现在和未来保持充满活力的元宇宙，资产和数据必须在其整个生命周期中持续处理，从源软件和硬件环境到随着技术的发展而出现的新环境。将使用仿真、迁移和重新呈现来创建一个具有丰富历史和当代输出范围的元宇宙。仿真尝试在其原始上下文中复制信息的体验和呈现，同时还包括技术变更。

迁移将资产和数据置于新的环境和位置，经常会发生条件或经验的重大变化，从而导致含义和解释与来源根本不同。就计算环境中发生的事情以及用户执行的活动和交互而言，将数据和资产以及元宇宙本身视为具有表演性的，这一点至关重要。

15.2.4 版权影响创新的速度

版权可能是对元宇宙的扩展和合理使用的重大限制。在美国，版权保护的通常标准是，1978 年 1 月 1 日之后创作的作品在作者的有生之年加上额外的 70 年受到保护。即使是美国国会的 1790 版权法案，提供了 14 年的保护期，但也可能过长了。

随着时间的推移，一些知识产权可能会为其作者保留价值，但考虑到使用易于访问和灵活的数字工具制作的内容量，创作速度和版权结构并不总是在元宇宙中起作用。元宇宙中的许多专家都是消费者，他们根据自己的要求进行定制。这些消费者被称为产消者。在数字社会中，产消者重新混合和复制数字资产和数据的能力和倾向可以提高知名度、品牌影响力和市场扩张。

随着内容生命周期缩短到从仅仅几分钟至不到两年，元宇宙明显需要更短的版权期限，以跟上数字优先内容创作所带来的创新。使用和重用内容的清晰、明确和全球性的权利至关重要，这些内容可以促进创新，同时支持创作者和推动新的内容创作，当人类和机器生产者共同创建元宇宙时更是如此。

借助云计算的可扩展资源，机器有时几乎可以立即创建新媒体。此外，一些司法管辖区可能对自由的全球交换施加额外的限制，例如遗产和精神权利。这限制了那些渴望并拥有通过互联网连接的人、地方和物体进行全球协作，并且限制了生产工具的创作者和企业家的代理权。与互操作性和可移植性一样，参与者之间需要加强国际合作，以建立灵活且对创新作出反应的版权结构和许可框架。

15.2.5 元宇宙的全球公地

元宇宙可能需要基于全球可操作框架的新全球公共资源，例如人类和机器可读的知识共享法律文书。公共资源是每个人都可以贡献和利用的共享资源的集合，是元宇宙创新的源泉，在与市场的联系中起着至关重要的作用。元宇宙的公共资源将需要来自个人创作者、公司和社区等的协调政策和重要的财政支持。

公地是人们协作、共享和协同工作的聚集空间。元宇宙的全球公地应该是一个允许表达个性、身份和自我实现的可扩展机会的平台。目前，最有利于促进全球元宇宙中开放访问的法律机制是知识共享署名许可证和知识共享零公共领域奉献许可证，因为它们允许商业重用、重新混合、共享和创建新的内容。

Crucible Networks、Outlier Ventures 和 OpenMetaverse Interoperability Group 是追求建立开放元宇宙目标的公司和团体之一。Crucible Networks 的目标是通过建立共享标准，使个人能够跨平台使用相同的头像和虚拟身份，从而提供“开放元世界的蓝图”。Outlier Ventures 开发了他们所说的开放元宇宙操作系统。它是一个基于 DeFi、NFT 和密码学的去中心化操作系统。开放元宇宙互操作性小组致力于通过探索可互操作的身份以及开发社交图和库存协议来连接虚拟世界。

15.2.6 可持续性的要求

元宇宙的繁荣必须与经济和环境的可持续性相匹配。用于在元宇宙中构建交互的材料应由可重复使用或可生物降解的物质制成。修改和修复设备的能力对于增加全球参与元宇宙至关重要。由于公共卫生、气候和安全问题，资源和生产能力将对他们所在地的用户产生重大影响。

我们需要在元宇宙中开发软硬技术能力，以增强和升级我们的网络设备套件。硬件和软件需要尽可能耐用，以便允许大量用户使用他们的工具加入。从一开始，元宇宙就应该齐心协力管理其对污染、气候变化、浪费和后遗症的影响。对物理世界和元宇宙的管理责任是每个人参与其创造的先决条件。

15.2.7 可访问性和包容性设计

为了向多样化的用户群提供服务，元宇宙应该是使数据、资产和平台可访问的且更具包容性的网络空间，包括残疾人在内的不同群体都受益于包容性设计。可访问性是元宇宙构建的先决条件。将可访问性融入元宇宙的底层基础设施、应用程序和规则中是至关重要的。

与具有不同需求和观点的人合作并向其学习将加强对元宇宙的研究。拥有丰富经验和重要专业知识的个人、企业和社区将引导可访问性和包容性元宇宙的发展。与本文中提到的其他问题一样，成功需要全球合作和资源共享。

15.3 元宇宙的经济逻辑与商业模式

15.3.1 Nike 的思路

除了个别虚拟产品，耐克在 Roblox 上开了家虚拟大型旗舰店“Nikeland”。在“Nikeland”中，顾客除了可以在商店里尽情购物，用各种耐克定制产品装扮自己外，还可以玩各种体育类的小游戏，甚至可以利用互动体育材料来设计自己的迷你游戏。

“Nikeland”这个世界的构建色彩非常卡通，篮球场、网球场、足球场、田径场一应俱全，还有一个科幻感十足的耐克商店，巨大的耐克标志漂浮在空中。耐克表示，此次“Nikeland”的内部建筑物和场地的搭建灵感直接来自于耐克位于美国俄勒冈州的现实总部，可以说是目前耐克在虚拟世界中的全球总部基地。而跟“Just do it”相对应，“Nikeland”主打的宣传口号则是“Dream it. Make it. Play it.”，试图将品牌的边界在虚拟世界中扩大。

2020 年 9 月，耐克任命前创新工程总监 Andrew Schwartz 为元宇宙工程总监，并开始招募多位虚拟材料设计师。有了虚拟空间自然也就需要虚拟商品。12 月 13 日，Nike 宣布收购虚拟时尚平台 RTFKT 继续扩大在元宇宙的布局，RTFKT 是一家知名的虚拟运动鞋制造商。

15.3.2 元宇宙中的时尚行业

时尚大牌不甘落后，已有多家时尚品牌宣布进军元宇宙，并推出了相关的产品及业务。

（1）Louis Vuitton

2021 年，为了纪念品牌创始人路易·威登先生 200 周年诞辰，Louis Vuitton 特别推出“LOUIS THE GAME”NFT 手游，且在上架短短一日内便登顶休闲类游戏 App 的下载榜。玩家通过扮演 LV 的经典玩偶 Vivienne，操作角色在包括以巴黎、伦敦、北京、东京和纽约等地点为背景的场景中进行冒险和搜寻，寻找总计 200 张可以代表路易·威登先生生平重要事迹的纪念卡片。

（2）Balenciaga

Balenciaga 2021 年的秋冬系列推出了《After World》的 Video Game，让观众通过游戏，在虚拟世界中体验新装。在游戏里，玩家可以自己选择形象，有 50 位身穿 Balenciaga Fall/Winter 2021 服装的建模人物可供选择。进入 2031 年的游戏世界，可以在末世氛围中的摩登商店、繁华街道、雨夜城市、寂静森林和荒山野岭五个区域，边走边欣赏设计师的大作。

2020 年 9 月，Balenciaga 还与游戏《Fornite 堡垒之夜》合作，在游戏中插入品牌的联名系列服装供角色在游戏中使用。Balenciaga 还在游戏中开设了虚拟商店，出售虚拟服饰，同时这些服饰会与线下同步销售。在这之前，Balenciaga 曾以游戏视频的方式发布了 2021 年的秋季系列，在虚拟世界中的角色都穿着品牌的系列新品。之后，Balenciaga 还在 2022 年的春季系列中以“克隆”为主题，通过平面跟踪、CG 扫描、

AI 和 3D 建模等技术，将模特 Eliza Douglas 的脸，克隆到不同的身体上。

（3） Burberry

Burberry 与洛杉矶游戏开发商 Mythical Games 合作，在区块链游戏《Blankos Block Party》中，推出了专属的 NFT 角色——Sharky B。这只全身 TB Summer Monogram 的时尚小鲨鱼，可以在游戏中购买、升级和出售，一个售价约 300 美元。玩家可以在游戏中收集背包、徽章、鞋等配件，给丑萌的鲨鱼装扮起来，实现养娃的乐趣。竞技类玩家可以展开竞速、射击等对战，开发技能、提升战斗力，赚取金币，可玩性很高。

（4） Gucci

2021 年 2 月，Gucci 与虚拟社交平台 Zepeto 进行跨界合作，打造出了 Gucci 梦幻别墅。用户可在 Zepeto 应用程序内购买 Gucci 系列服装、手袋、鞋履等（当然价格很感人），为 3D 虚拟形象穿上。

2021 年 3 月，Gucci 发布过首款数字运动鞋——Gucci Virtual 25。这款由 Gucci 创意总监 Alessandro Michele 设计的运动鞋，售价 78 美元，以 AR 形式呈现。

2021 年 5 月，Gucci 又和游戏平台 Roblox 开发了 Gucci Garden 空间。在虚拟空间中，用户可以花费 1.2 美元到 9 美元购买收藏和限量版 Gucci 配饰，“打扮”自己在平台上的虚拟形象。

2021 年 8 月，Gucci 在游戏平台 Roblox 上推出了第一款数字酒神包。第一个在元宇宙里卖包的，大概只有 Gucci 了。这款包一开始的售价只有 5 美元。甚至为了庆祝品牌 100 周年，Gucci 还拍了第一个 NFT 数字加密艺术片。这部长达 4 分钟的电影短片，最后被拍卖，以 25 000 美元成交。

（5） Givenchy

2021 年 6 月，纪梵希首次推出 NFT 虚拟作品。该系列由纪梵希、伦敦画廊所有者 Amar Singh 及 Rewind Collective 的艺术家共同合作完成，作品采用动画肖像形式。据了解，该 NFT 系列虚拟艺术品将于 6 月 21 日至 26 日在 VeVe 平台发售，限量发售 1 952 件，收益用于支持 LGBTQIA + 社区。

2021 年 11 月，纪梵希 Givenchy 与数字艺术家 Chito 合作推出 NFT 系列，包含 15 个不同版本，以宣传该品牌 2022 年的春季新品。

（6） Adidas

2021 年 11 月 23 日，基于区块链的虚拟游戏世界“The Sandbox”宣布阿迪达斯将在 Sandbox 元宇宙中建立一个“adiVerse”。随后，Adidas Originals 又宣布与加密货币交易所 Coinbase 建立合作伙伴关系，进军元宇宙。

2021 年 11 月 29 日，阿迪达斯又与 NFT 项目 Bored Ape Yacht Club、NFT 漫画 Punks Comic 和 NFT 收藏家 G - Money 率先合作推出了“无聊猿”，备受瞩目。

2021 年 12 月 17 日，阿迪达斯推出了一个 NFT 系列的 Adidas Originals 服装，以“Into the Metaverse”（进入元宇宙）为名正式进军元宇宙。据悉，NFT 买家将获得“数字和实体”阿迪达斯产品及其体验。其中，实物商品将包括 Indigo 运动服、印有区块链地址的连帽衫和橙色无檐小便帽。

2021 年是时尚业进军元宇宙的一年。据麦肯锡与《时装商业评论》（BoF）发布的《2022 年时尚状况》，线上商业模式在疫情期间大获成功。该报告预计，2022 年企业将继续投资数字创新领域，并尝试新的创意和商业形式。NFT、游戏皮肤和虚拟时装等数字资产将向主流靠拢，一些品牌将扩展到数字元宇宙的领域。据外媒报道，元宇宙中最赚钱的正是 NFT 商品，其最吸引人的地方在于利润率非常高，毕竟制造一个数字手表或手袋的成本要比实物手表或手袋低得多。

恒生研究院院长、上海证券交易所前总工程师白硕认为，从区块链到 NFT 再到元宇宙，体现的是人类要在虚拟世界中引入经济活动，从而引入真实价值的努力。受疫情影响，线下活动停滞，在客观上促进了线下活动向线上转移，诸如演唱会、品牌店的销售都向元宇宙所在的虚拟世界转移。

15.3.3 元宇宙中的经济行为

电子游戏 Entropic Universe 中的一家夜总会以 635 000 美元的价格售出。2007 年，虚拟版阿姆斯特丹在《第二人生》中以 50 000 美元的价格售出。同年，精灵 Zeuzo 在《魔兽世界》中以 9 500 美元的价格售出。一名 21 岁的年轻人因管理另一个人的身份一小时获得 125 美元，一名 16 岁的年轻人在 Fortnite 世界杯中获得 300 万美元。

2009 年，一些精明的玩家在 EVE Online 建立了电子银行。他们基本上建立了一个 Vostro 账户结构，与现实世界中央银行中存在的结构相同，他们提供贷款和收取利息，有一个 CEO 和一个董事会，而且组织得非常好。然后，CEO 偷走了 2 000 亿 ISK（EVE 的钱），换来了将近 6 000 澳元。

25 亿人通过手机、游戏机、笔记本电脑、台式机和虚拟现实耳机在虚拟环境中进行互动，同时在线生活和交易。当人们关注一些很可能对社会和经济产生现实影响的事情，模糊了这两个领域之间的障碍时，一个发生的事情会对另一个产生影响，亿万富翁将被创造出来，企业将破产。

目前，创造者经济、NFT（不可替代的代币）以及使用户能够购买、出售和交易的基于分布式账本的交易所越来越流行。据报道，NFT 市场价值超过 7 亿美元，而 OpenSea 有望在创纪录的时间内达到 1 000 亿美元的估值。

这就是元宇宙的经济，现在正在人们的周围发生。人们出于各种原因寻找虚拟游戏商品的市场。根据牛津互联网研究所数字经济专家 Vili Lehdonvirta 的说法，人们获得数字商品的原因通常与他们做实物的原因相同：声望、认可以及对特定子群体和社区的认同。这就是像 Exclusible 这样的 NFT 市场存在的原因。

元宇宙能够创建反映现实世界的各种社会。购买和交易数码产品是一个投机市场，与你拥有的东西没有什么关系。要在元宇宙中建立功能性经济体，就必须能够控制自己的所有权。不同的虚拟世界正在兴起，每个世界都有自己的基于代币的经济，但它们之间没有现实世界的价值或资产交换。例如，如果有人想用 Ember Swords 中的一块土地进行交易，那么在 Decentraland 的一块土地可能绝对没用。

同样，在交易所购买、出售和交易的流程需要加密货币的工作知识，例如，Metamask 钱包的使用。要交换山寨币，它们必须首先转换为以太币或另一种更知名的加密货币，然后再转换为另一个元宇宙的山寨币——每次都会产生成本。我们正处于开发一个与法币一样易于使用的功能性交易市场的早期阶段，但排除了大量希望参与元宇宙但不熟悉元宇宙经济的人。

Gumundsson 博士和他的经济学家团队管理和领导 EVE Online 经济。他们以这样一种方式创造了市场，它可以在它存在的整个虚拟环境中收集无限量的材料。当然，收集材料需要时间和资金。换句话说，收集材料总是涉及机会成本和权衡。由于这种权衡，材料获得了价值。Eve Online 的游戏内经济是一种开放的经济，主要由玩家驱动。非玩家角色（NPC）商人出售技能书，玩家可以利用这些书来获得新能力，以及建造船只和模块的蓝图。玩家挖掘资源、发明新商品、用虚拟货币换取服务并协商合同。在玩家分组和他们所属的派系之间，EVE 有一个非常有效的政治系统。NPC 商人也买卖贸易产品——这不仅是游戏的特色，也是元宇宙经济的概念——人工智能驱动的参与者继续推动经济发展。

该研究表明，EVE 与现实世界中的微观经济假设一致。博弈论和拍卖理论似乎都是 EVE 中可测试的媒介。此外，数据表明供需关系符合微观经济理论。经济学家多年来一直对 EVE Online 进行研究，以了解它为何如此有效。

15.3.4 元宇宙的商业模式

元宇宙旨在创造一个数字世界，但元宇宙作为一种商业模式，还没有完全发展起来。

目前，电子游戏通过出售数字资产产生了 1 758 亿美元的收入。据 Tether（USDT）的联合创始人 William Quigley 称，Metaverse 中的数量可能更大，因为它完全是通过视频游戏生成的。Tether 是一种稳定币，它的价值与美元的法定货币挂钩。随着 NFT 的引入，总数可能会超过 10 万亿美元。

William Quigley 是 WAX 的联合创始人，WAX 是一个致力于创建和开发 NFT 的碳中和区块链。根据威廉的说法，NFT 将改变元宇宙的商业战略。除了增加产生的收入数量外，NFT 的特性使其能够多样化以适应各种业务领域。WAX 的使命是产生新的数字收藏品，以扩大可用数字资产的范围和不同创作者可用的利基。

加密货币资深人士已与 WAX 合作开发 NFT 并吸引更广泛的投资者。他打算生产更便宜的 NFT，以扩大代币的市场份额。他对单个 NFT 的价格表示不满，表示他宁愿看到 100 万个 NFT 以 1 美元的价格出售。这是因为将有更多的人可以访问代币，将 NFT 纳入元宇宙的收入模型对投资者和开发者都有利。当目标实现时，数字世界将经历巨大的增长。

（1）国际经济：世界品牌已经获得了巨大的利润，一些人从这些虚拟商品中赚取了五到六位数的收入。这些商品和服务在元宇宙独家提供，Dreamland 的虚拟房地产、Solange 的数字时装设计都是例子。

（2）业务整合：电子邮件、Skype 和即时通信工具都已成为我们日常工作中的一部分。在一对一或一对多对话方面，虚拟世界提供了许多优势，某些公司正在探索虚拟世界可以为他们实现的目标。利用通信的好处来加快管理内部教育、企业对企业通信或支持组织业务流程的任何其他应用程序。例如，IBM 使用 Second Life 进行虚拟会议并正在开发他们自己的元宇宙，而 Cisco 使用 Second Life 进行内部通信。

（3）内容创作：通常，公司缺乏建立三维存在所需的专业知识。其他企业专门为这些企业进行三维传播和内容创作。他们建议和构建虚拟基础设施，其他企业可以通过这些基础设施行使他们的品牌影响力。Millions of Us 就是一个例子，他们为庞蒂亚克、HBO 和英特尔开发了三维产品。

（4）虚拟创业服务：虚拟领域的兴起为个人创造了开发元宇宙内容的机会。为了帮助所有这些在线企业家，有些公司已经开发了新的应用程序和服务。OnRez 和 SLeXchange 支持在 Second Life 之外销售虚拟商品，Electric Sheep 公司的 the Loop 将热门地点聚合到一个网站中，并且许多混搭将 Second Life 客户端与 Web 2.0 应用程序（如 Twitter 和 WordPress）相结合。

（5）自定义所需的虚拟环境：各种公司构建了众多“品牌世界”，用户可以在“品牌世界”中互动和玩耍，前者以他们独特的细分市场（主要是儿童）建立品牌亲和力。他们以独特的方式与品牌互动，创造“首选广告”或他们积极寻找的广告。芭比世界和可口可乐就是两个例子。

15.4 元宇宙设计中的专利导向

为了自己的元宇宙大计，社交巨头 Meta 已经砸入了 100 亿美元的资金！近期，无论是 Meta 的硬件设备，还是其元宇宙市场布局都不断有新的消息在爆出。Meta 招聘网站信息显示，他们正在招聘大中华区通信经理，预计正为进入大中华区元宇宙市场作准备。当 Quest 系列打入国内 VR 硬件市场时，可能会在国内 VR 行业引起又一场骚动。

2022 年才刚过 20 天，Meta 就已经至少获得了 57 项专利授权，涉及社交方式、显示技术、场景应用等多个方面。

在 57 项专利授权中，专利涉及零部件生产和制造、产品设计等多个方向，其中数量最多的还是零部件的生产和制造。同样，还有在社交领域上的探索，比如说，如何生成一个虚拟头像，并保留一定的用户特征。

从 57 项专利中，以社交、硬件和广告三个专利数量为最多。专利的成功申请，意味着一条新的产业链即将诞生，新产品市场与商机相伴而行。

根据最新的专利文件来看，Meta 仍然在发力社交领域。2022 年，Meta 共获批了 13 项和社交有关的专利。

像是基于听音识曲的用户显示界面和用户显示界面的图形设计两项专利中，我们可以看到 Meta 对于未来社交软件将会侧重在语音交互方面。

Meta 如何在元宇宙里加强人与人之间的社交属性？2022 年 1 月 4 日获批的序号 42“虚拟头像的定制化和保真度”、序号 46“社交网络互动”两项专利能给我们一些新的启发。

15.4.1 Meta 利用一张照片打造你的虚拟头像

根据美国专利及商标局发布的信息，Meta 在 2022 年 1 月 4 日获得这项名为虚拟头像的保真度和个性化（Avatar Fidelity and Personalization）的专利。该项专利主要通过头像个性化引擎，用一张或多张用户自己的照片创建的 3D 用户模型来生成个性化头像。当你提交一张自己的照片后，头像个性化引擎系统会为你建立一个 3D 模型，然后将你的 3D 模型和由数据库建立的“普通人”3D 模型进行比较，看看有哪些不同之处。

之后，该系统会依照这些特征对通用 3D 模型进行个性化调整，比如说，发型、眉毛、脸型，甚至是眼睛的颜色，都尽可能做到“还原”。

15.4.2 Meta 帮你管理人脉系统

在序号 46“社交网络互动（Social Network Interactions）”的专利中，Meta 认为多个社交网络之间信息共享不但操作复杂，并且浪费时间。比如说，你在微博上看到的某条新闻，无法直接分享给小红书和推特上的朋友，你只能将相关的截图发给你的朋友，然后他们自己再打开对应的平台去搜索相关内容。整个流程既烦琐又耗时，同时也降低了用户的分享乐趣。

针对这一痛点，Meta 打造了一款应用程序，简化了用于与亲密朋友、最频繁通信的人等特定联系人之间的信息共享流程。用户可以将自己的联系人进行分类，在与亲密朋友或者家人交流的界面，你可以分享更多的平台信息。但是与一些不太熟悉的人交流时，你所使用的界面将比较简洁。

不仅如此，Meta 还注意到了两个界面之间可能存在重复信息的问题，他们认为需要优化两个不同软件之间的信息通知问题，以便更好地帮助用户打造自己的社交网络。

15.4.3 专利诱导出更多的创新思维与商机

从盈利模式中，我们往往能看到一个公司真正想要发力的方向，其公司业务也基本上多数都基于此展开。如何在元宇宙里赚钱，Meta 可是已经准备了好几个方案。

（1）机器学习、定制推荐。此次获批的专利中有 5 项专利都和定制化用户推荐有关，看样子 Meta 认为定制化服务仍在未来时间内是主要的信息服务方式。序号 45“利用来自多个事件类别的机器学习和复合实用模型来改善数字内容分发”是 Meta 为定制化信息服务方面做出的新尝试。

在该专利文件的摘要中提到："虽然传统的数字内容分发系统可以执行数字内容活动，并向选定的用户（例如目标受众）提供有针对性的内容，但这些系统往往是僵化的。"研究人员认为传统的数字内容分发系统存在分发不准确的问题，效率低下。

新的系统将会打造两个信息模型。第一个信息模型是通过点赞、购买、评论等多个角度为每位用户建立一个实时更新用户的数据库。用户的数据库可以提供每个用户的个人画像，根据最新的画像进行相关内容的推送，而且可以通过机器学习将这些数据建立一个新的培训模型，针对相似画像的用户培训其购买、评论等行为，提高转化率。在专利文件中，研发人员通过用户购买举了个例子。第一模型主要记录用户已购买东西的信息，并记录购买哪些东西，以此通过机器学习预测用户可能对哪些领域感兴趣。

第二个信息模型是通过机器学习，对具有相同特征的用户推送相关的数字内容，培训用户加入购物车的行为，来提高用户的购买率。新的机器模型可以及时根据用户的选择偏好调整，对某个群体都及时调整推送内容，不再仅限于某个一成不变的用户特征。

（2）元宇宙中的广告营收

广告营收一直是 Meta 重要的收入来源。Meta 继续将其"广告大业"发展到元宇宙中。序号 12"图片内容中选择性的打广告"，该项专利综合此前 Meta 多项专利内容，具体描述了一种广告方式，该方法可以将人们社交网络中的图片信息增添商品标签。

比如，你发了一张今日穿搭的照片。某品牌的市场负责人看到你这张照片中穿着他们家新鞋，他可以在你的这张图上加上自己家的产品链接到标签中。当另一个用户看到这张照片时，就可以直接点击标签里的链接进入到线上商店，或者到元宇宙的商店。

该专利充分利用社交网络本身的资源，充分发挥用户的产品带货能力，但这同样也涉及用户照片的使用权问题。在随后的专利说明中，研究人员表述可以将链接的范围涵盖到新页面、背景页面、应用程序、小程序、弹出式窗口或其他界面或菜单，用户可以通过这些界面或菜单访问其他产品信息。

无论是通过增强自己的电商属性，还是扩大自己的广告效益，Meta 依靠着现有的模式，优化相关服务，希望能继续获益于元宇宙的社交网络。

总之，从 2022 年获批的 57 项专利中，可以看到 Meta 仍然专注于自己的社交属性，想要在广告和电商业务上获得大量利润。同时，在布局下一代互联网时，Meta 也在发力硬件领域，希望能打造软硬一体服务体验，以弥补社交互联网自己的短板。尽管这些专利只是 Meta 在该方向的一个想法，但同时也启示一种商机。无论是软件上加强社交网络连接，还是硬件上优化各类器件，都存在着更多的创新空间，来深化自身的元宇宙布局。

第 16 章

元宇宙产业发展的特征、重塑效应及前景

过去几年，人工智能、区块链、VR、AR 等技术的进步引发了元宇宙的发展，进而不断推动着产业形态发生变化。元宇宙的发展给生产及生活方式带来巨大的改变，对人们的社交娱乐方式、金融交易形式以及产业发展产生了巨大的重塑效应。本章将探讨元宇宙的体系内涵、产业链生态，概述了元宇宙产业发展的背景和机遇，总结了元宇宙产业基本特征和三个发展阶段。同时，重点分析了元宇宙对产业发展的重塑效应。最后，对元宇宙产业发展的演进前景进行了讨论。元宇宙这场新一轮的互联网变革将推动数字经济与实体经济更加深入地融合。

16.1 数字经济与元宇宙产业发展

“十三五”以来，随着新一代信息技术的不断成熟，以大数据、新一代人工智能、云计算为代表的数字科技深度赋能国民经济各个领域，数字经济取得高质量发展。中国的数字经济发展较快，但呈现出不平衡的态势，东部地区的数字经济发展水平显著高于中西部地区，且有拉大趋势。发展数字经济不仅在整体上可以促进经济高质量发展，数字经济还能通过拉动消费水平间接驱动经济高质量发展。

国民经济和社会发展“十四五”规划纲要中明确提出要加快数字化发展，建设数字中国。具体包括要加强关键数字技术应用，推进数字产业化和产业数字化，大力支持发展云计算、区块链、人工智能、虚拟现实和增强现实。根据中国信通院的定义，数字经济包括数字产业化、产业数字化、数字化治理和数据资产化运营四个重要组成部分。

元宇宙作为数字经济发展的核心部件，进入 2021 年，其成为产业经济和资本市场

热点。现如今大多数省份已触及数字经济增长瓶颈，必须融入新技术和新业态来提升数字经济效率，这也是为什么元宇宙在这个背景下受到热捧的原因之一。

目前，元宇宙在数字经济业界已经成为热门话题，对元宇宙产业发展背景、元宇宙产业阶段特征、元宇宙产业演进前景以及元宇宙对产业具有何种影响效应尚不清楚。现实中的虚拟现实发展将引发现实世界在诸多方面的演化。

首先，它将打开互联网行业发展的空间，不仅能打破互联网流量红利见顶的僵局，还能创造出诸多的就业机会以及收入来源。人们可能通过元宇宙来探索诸多现实世界和精神世界。比如探讨生命的价值及其意义，探讨如何实现人类自由而全面发展等问题。

其次，它也将带来数字世界和物理世界的深层次融合。比如脑机连接、资源共享，还有一并产生的元宇宙基础设施建设、平台搭建等。特别是作为元宇宙基础技术支持工具的区块链，这种演化将会涉及金融监管、加密交易、数据安全等一系列方面的讨论。

再次，元宇宙将对各个产业产生重塑效应。元宇宙不仅会通过技术革新、社交生态演进对社交和娱乐进行重塑，而且还会对现有金融交易以及产业形态产生重塑效应。

作为新一代互联网技术，元宇宙技术本身具备像电气革命、互联网革命一样的推动生产力变革的力量。历史上的科技革命革新了人类的生产力并重塑了生产关系，因此可以预见元宇宙技术同样具备这样的能力。元宇宙技术产生了如熊彼特所说的“创造性破坏”，不仅产生了新的业态，同时还具备重塑原有产业的能力。

作为一项新兴前沿的技术，其融合了包括虚拟现实技术、区块链技术、人工智能技术等一系列新兴技术，在原有的产业基础上呈现出自己的特征并对经济产生影响。也正是由于元宇宙技术的前沿，目前国内国外的现有学术文献对其的发展背景、阶段特征、产生的产业重塑效应以及演进前景探讨较少。因此，本章从元宇宙产业发展视角出发，总结国内和国际元宇宙产业发展的背景、阶段特征，并梳理元宇宙技术可能带来的产业重塑效应以及演进前景，丰富学术界元宇宙产业发展相关的理论体系，为元宇宙如何促进数字产业经济发展提供理论依据，为政府进一步布局元宇宙产业发展提供建议参考。

16.2 元宇宙产业发展背景与产业链生态

16.2.1 元宇宙的经济学内涵

从供给端看，元宇宙依托 5G 网络环境、云计算数据处理技术、区块链认证机制等主要关键技术生产出数字孪生的虚拟内容供消费者消费。元宇宙体系可以被视作数字经济的一个子集，其所塑造的元宇宙生态本质上是一个数字化世界，在数字化世界中可以完成数字产品的生产、交换、流通，有着数字经济特征。

在元宇宙经济体系中，区别于传统物理世界中的经济，生产资料是数字，在理论上是无限的，因此不存在在物理世界中的资源稀缺性问题，但是通过算法可以人为地制造出稀缺性。在元宇宙的经济体系中，生产与消费是统一的，用户不仅仅是数字产品的直接消费者又是数字产品的直接生产者。在这样的体系内，依托区块链认证机制，商品经济交换可以从原有的公司与公司的行为变为个人与个人的行为，真正逼近古典经济理论所构造的理想的无摩擦的世界。

作为下一代互联网的元宇宙被认为是互联网的究极形态。但是，元宇宙不会一夜之间出现，而且也不会是由一家公司运营。元宇宙将由许多互联网设施，独立开放平台、开放式编辑工具和其他基础设施、标准协议及规则支撑的小宇宙不断汇聚融合而产生。元宇宙最核心的特质之一便是沉浸式体验。传统的电子产品很难做到真假难辨的沉浸式体验。在元宇宙中，可以进行沉浸式娱乐休闲，教育学习、旅行购物等，而且可以在其中进行生产与交换，创造出一个更为完美的数字经济世界。

16.2.2 元宇宙产业发展的背景与机遇

（1）元宇宙市场空间大，突破新领域

虚拟现实技术和增强现实技术是互联网行业研究的前沿阵地，其使命是让用户沉浸式体验互联网所创造出的虚拟世界。随着算力的加强，大型互联网企业具备良好的基础设施以满足 5G 时代万物互联所需要的计算能力，让沉浸式体验成为可能。目前，元宇宙技术的前沿应用阵地即是游戏领域，中国以腾讯为主要代表的互联网企业正投入大量资金用于元宇宙技术在游戏领域的应用。毋庸置疑，信息技术革命改变了世界，但时至今日，网络流量空间增长已经见顶，流量红利已所剩无几。

CNNIC 的数据显示，直至 2021 年上半年，中国网民数量达 10.11 亿人，相比于 2020 年末增长 2 175 万人，网络普及率高达 71.6%，相比于 2020 年末的 70.4% 增长了 1.2 个百分点。国民移动端互联网接入比例达到 99.6%。Mob 研究院的资料显示，2021 年上半年中国网民手机每日平均使用时间约为 5.8 小时，始终未能突破 6 小时这一瓶颈。如今，互联网的普及率已经非常之高，网民人口规模已经很难再上一个台阶，移动互联网流量的增长也趋于平稳。互联网人口流量红利已经所剩无几。

截至 2021 年第二季度，百度、阿里巴巴以及腾讯（BAT）渗透率均超过了 80%，其中腾讯和阿里的用户渗透率均超过了 90%。今日头条渗透率也超过了 60%。此外，内容端流量红利同样已经触顶，各个内容生产商争相争夺存量用户。手机游戏、手机视频和手机音乐的渗透率分别超过了 85%、70% 和 60%。而元宇宙未来发展前景和规模巨大，将开启一个全新的互联网成长空间。

彭博研究所的研究显示，十年后元宇宙市场规模将达到 1.5 万亿美元，未来十年的年复合增长率将达 240% 以上。普华永道同样认为元宇宙产业经济将可能从当前的 500 余万美元在十年内跃升至 1.5 万亿美元，2020—2030 年的年复合增长率达 253%。移动互联网流量存量争夺之战已至终局，元宇宙红利将逐步展现。

元宇宙已经呈现出新形态互联网雏形，随着科技的进步，元宇宙逐渐从人们的畅想走向现实。元宇宙这一概念无论从经济还是生活方式上将在未来 20 年内对世界产生较大影响。

作为元宇宙雏形的沙盒游戏平台 Roblox 于 2021 年 3 月成功登陆纽交所上市，上市首日市值突破 400 亿美元。作为第一个将“元宇宙”概念写进招股书的企业，Roblox 吸引了 4 200 万日活用户和超过 700 万名内容创作者，并开发了超过 1 800 万种游戏体验，玩家参与时长超过 222 亿小时，其活跃的开发者生态和用户生态以及商业模式为市场展现了元宇宙未来的发展潜力。Roblox 在市场的成功及强劲的股价表现，促使“元宇宙”概念迅速引爆科技圈和资本圈。在其他海外平台方面，游戏平台 Rec Room 于 2021 年 3 月底完成新一轮融资. 总额达 1 亿美元，该企业以 VR 社交游戏起家，用户已突破 1 500 万。4 月中旬，Epic Games 融资 10 亿美元用于元宇宙相关业务开发，创下元宇宙赛道最高融资纪录。在中国，腾讯集团通过投资 Epic Games、Roblox 等企业布局元宇宙赛道。2021 年 3 月，移动沙盒平台开发商 Meta App 宣布完成 1 亿美元 C 轮融资，成为目前国内元宇宙赛道最大规模的单笔融资。2021 年 5 月，小元世界和云游戏技术服务商海马云分别完成 400 万美元和 2.8 亿元人民币新一轮融资。

（2）反垄断背景下解决思路需要依靠科技创新

随着近年来反垄断呼声高涨，无论是国内还是国外都在加强反垄断立法，对各个科技平台加强监管。美国于 2020 年 10 月颁布《数字化市场竞争调查报告》；同年 12 月，欧盟委员会也出台了《数字市场法》《数字服务法》两部法律；次年 2 月，中国也发布了《关于平台经济领域的反垄断指南》。同时，包含 Facebook、亚马逊、谷歌、苹果在内的美国多家科技巨头企业均遭受到反垄断调查。从国内来看，电商巨头阿里巴巴因涉嫌滥用市场支配地位而遭到市场监管总局调查，并处以 182.28 亿元的巨额罚款，美团平台因为实施“二选一”策略涉嫌垄断也被市场监管总局立案调查。

新一轮的反垄断运动已经在世界范围内席卷，而只能依赖科技创新才能解决好反垄断问题。当前存在于反垄断中最重要的三个问题为：市场效率、公共权利和科技创新。科技巨头企业凭借其垄断地位掌握了话语权，定价权、用户数据、流量限制、平台排斥等问题，影响到市场公平和效率，解决这个问题也成为反垄断的重点。此外，垄断平台也会影响社会舆论，集体意识以及裹挟公共权利，遏制平台对公权力的影响也是反垄断重要的考量。反垄断最重要的目的之一就是要释放创新活力，减少初创企业的发展受到垄断平台遏制，打造良好的创新环境。要实现这些目标，就需要各大科技企业进一步开展技术革命，反垄断政策不仅能保护初创企业，更能倒逼头部企业放弃垄断利润加入到创新的运动中来。而元宇宙正好为创新提供了广阔的前景和发展方向。元宇宙是众多互联网技术的集合体，其中包括区块链、AI、大数据等在内的前沿技术。作为元宇宙最重要的底层架构之一的区块链技术具有去中心化特性，自然具有解决中心化带来的垄断问题的属性。科技巨头的垄断行为表现在利用自身优势滥用消费者数据，强迫消费者进行选择等。庞大的消费者群体在互联网巨头面前微不足道，市场达不到帕累托最优。但是，由于信任机制问题，消费者又不得不依托互联网巨头进行交易，区块链技术孕育而生。区块链技术的产生即是解决信任问题的技术，在区块链技术下所有的行为被如实地记录并进行分布式存储，个人进行篡改的可能性较低。因此，在反科技巨头垄断的背景下，元宇宙技术的发展不计较为自身业务发展拓宽了渠道，同时本身又提供了一套工具使得反垄断在技术上提供了解决方案。

（3）智能化趋势下，元宇宙重塑就业机会

元宇宙技术是萨伊定律的体现，以新的技术形式创造了原本没有的岗位。席卷全球的新冠疫情不仅影响到几乎所有行业的正常运转，而且推动了自动化制造、无人化制造的发展。疫情期间，美国的失业率创大萧条以来最高记录，达到 14.8%。在向自动化、无人化迈进的同时，众多传统行业职工面临失业的风险。纵观世界，互联网的发展创造了大量就业岗位，如 BAT、字节跳动、京东、滴滴、美团、拼多多、快手这七家互联网头部企业，创造了中国近 25% 的就业岗位，技术的发展虽然会使一些行业的就业岗位有所缩减，但会带来更多更高质量的新就业机会。元宇宙的发展很可能将带来大量的就业机会和收入来源。比如歌手拉维斯·斯科特用巨大的虚拟角色在游戏《堡垒之夜》中举办了一场音乐会，参与人数超过 1 200 万人，收获超 2 000 万美元，而 Roblox 和 Unity 两大平台则有共计超过 950 万的创作者。不仅如此，在新的技术的革新下，原有的产业会被重塑，其岗位需求也会被重塑。从经济系统视角看，当经济系统不再有外部冲击，封闭的经济系统必然走向熵值增加，系统混沌性增加，在经济学上就是从增量市场转为存量市场博弈。在增量市场上，劳动与资本生产要素存在高边际收益与低边际成本，市场可以达到新的均衡，可以进行帕累托改进，整体福利水平得以提升。而在存量市场上，生产要素不再有新的投入增长，市场变为零和博弈，要素不再有自由流动的空间，市场摩擦加大，无法达到帕累托最优。元宇宙技术带来的不仅仅是一项技术的改变，而是整个产业链生态的重塑，以此为契机创造了原本没有的岗位需求，推动经济进一步发展。

（4）元宇宙的发展匹配马斯洛人类需求理论中的不同需求

元宇宙本质是数字孪生，在元宇宙技术所创造的数字世界中，人们可以根据规则按照自己的偏好进行创造。马斯洛将人类的需求大致分为五个层次，包括位于基层的生理和安全需求，即对食物、衣服、安全等的基础需求。还有位于上层的社交，尊重和价值实现需求。在基础的生理需求和安全需求得到实现后，人类会追求更高层次的精神层面的需求，元宇宙的发展能够帮助更好地满足这些需求。例如，采用分布式记账的经济系统能满足人的财产安全需求，元宇宙提供的立体化、沉浸式的社交平台满足人的社交需求，比现实世界更加真实的超虚拟空间提供沉浸式体验、开放性创造体系、由参与者共建的文明形态满足人的尊重需求和自我实现需求。在现实的物理世界中有着各式各样的约束，而在数字世界中行为人的想象力得到了充分的创造，行为人在数字世界中可以实现在现实生活中可能无法实现的偏好，满足自己不同的需求。

16.3 元宇宙产业链生态

元宇宙的产业体系可以分为四个层级：感知层、算法层、平台层及应用层，其中感知层、算法层、平台层为物理世界产品，应用层为元宇宙内虚拟世界产品。

16.3.1 感知层

当前 PC 端和手机端都无法给用户带来沉浸式体验，都无法让人准确地感知到虚拟场景所要投射的信息。作为通向元宇宙的接口，虚拟现实设备和增强现实设备可以解决现实世界与虚拟世界的交互问题。其中，VR 设备能让用户沉浸于虚拟场景之中，与虚拟物体，虚拟 NPC 进行实时交互。而 AR 设备则是在现实世界的真实场景当中叠加虚拟场景，从而获得增强现实体验。目前，VR 技术主要应用于游戏及影视娱乐行业，而 AR 技术则主要用于制造业和军事方面。

据 eMarketer 一项调研，目前市面上的 AR 和 VR 设备基本上都不能完全满足沉浸式体验的要求。一方面，现在市面上占据主要份额的 Oculus 产品，其分辨率只能达到 4K 水平。而要达到使人眼感到自然的水平，分辨率则至少需要达到 16K 才能满足要求。另一方面，显示设备的刷新频率也是影响体验的重要因素，如果刷新频率达不到 180Hz，使用者很可能会产生眩晕感。但是，目前最新一代的 Oculus 的刷新频率也仅为 90Hz，远远没有达到理想水平。

从 2016 年至今，全球 VR 和 AR 设备的出货量大致呈现持续增长态势。2020 年全球 VR 设备出货量同比增长 72%，超过 670 万台。其中，VR 头戴式显示设备的增长份额主要是头部企业的新品推出贡献的，如脸书旗下 Oculus 在 2020 年销量就高达 250 万台。脸书通过价格补贴的方式进行促销，加之掌握核心技术，使得 Oculus 在价格方面和用户体验方面都具备较强的竞争优势，再加上公司在内容生产方面的大量投入，极大地推动了 VR 走向 C 端。2020 年全球 AR 眼镜出货量为 40 万台，同比增长 33%，当前 AR 技术尚未成熟，相关产品性价比不高，尚未有爆款消费级应用，目前主要在 B 端应用市场，如工业、军事领域。2019 年以前，VR 设备非常昂贵，因为只能作为发烧级产品，无法向 C 端蔓延。行业龙头被索尼的 PSVR 系列占据，索尼、Oculus、HTC 三大巨头占据了全球近 80% 的市场份额。从 2020 年第二季度开始，Oculus 出货量逐渐超越索尼的 PSVR 并取得行业出货量领先的位置，在 2020 年末，其出货量在业内遥遥领先，约 250 万台，市占率约 40%；其次是 Sony 和 Pico，市占率约 22% 和 9.2%。目前，众多科技企业都在 VR 设备的开发上大量投入，行业呈现出多元化的发展趋势。苹果、华为等巨头企业不断加大在虚拟现实和增强现实软硬件设备上的投资与布局，或将成为未来该行业发展的主要推动力。

16.3.2 算法层

区块链通过分布式存储实现去中心化，使得用户的数字资产不被某一个中心机构所掌控，这使得用户的虚拟资产更接近现实世界的真实资产。

区块链的去中心化有助于元宇宙经济体系的建立。自从 2009 年比特币上线以来，区块链发展迅速，尤其是以太坊，搭建了去中心化的通用计算平台后，各种去中心化应用层出不穷，最具代表性的是 DeFi 和 NFT。区块链去中心化的特点，使得用户可以摆脱中心机构对其处置其数字资产权利的限制，这更有利于数字资产的生产、流通及保值。以太坊帮助数字世界实现点对点货币的支付功能，无需借助第三方实现零信任背景下的可信交易，为数字世界建立了基础的交易规则、行为规则，从而衍生出各种各样的应用，形成区块链的元宇宙。

元宇宙可以通过 DeFi（Decentralized Finance）搭建起一套全新的金融系统。DeFi 通过程序化的金融契约定立模式，通过区块链技术建立起一套高效的金融系统，衍生出类似现实世界交易所、衍生品、博彩、保险等金融产物。用户可以通过 DeFi 对其元宇宙中的数字资产进行金融相关操作，对其数字资产进行资本配置，实现风险分散、套期保值等。

NFT 使虚拟商品的服务性质转变成交易实体。在当前模式下，游戏内的各种道具本质上并不能算作真正意义上的数字资产。腾讯甚至声称玩家只拥有游戏道具的使用权而并不享有所有权。所以，与其说是资产，游戏道具更像是一种服务。玩家也只是为游戏商提供的这种服务付费。内容生产平台也是如此，用户为使用创作者的作品而付费。而 NTF 使得用户可以脱离游戏平台自由进行 NFT 资产的交易，从而彻底改变了以往数字资产交易的逻辑，用户可以通过基于分布式记账的虚拟交易获取数字商品实实在在的所有权。

16.3.3 平台层

元宇宙的平台层为创作者提供内容创作工具，用户可在平台上通过数字创作获得收益，并提升元宇宙内容的丰富度。

在国外，Unity 是实时 3D 互动内容创作和运营平台，开发者可以在平台上构建各种 AR 和 VR 互动体验，以及借助平台进行建筑设计、汽车设计、游戏开发、影视制作、艺术等领域的相关创作。目前，PC 端和移动端所有游戏中有超过一半都是使用 Unity 创作的。在苹果的 APP Store 和 Google Play 上排名前 1 000 的游戏当中，超过一半都是用 Unity 创作的。Epic Games 的虚幻引擎是全球领先的实时 3D 创作工具，可制作照片级逼真的视觉效果和沉浸式体验。虚幻引擎不仅应用于游戏、影视等领域，在工业化和自动化生产领域也得以广泛应用。

Roblox Studio 是游戏 UGC 创作工具，推动了平台内容多元化。作为 Roblox 自研的游戏引擎，向平台用户免费开放。其将编程语言进行封装和模块化，降低游戏创作过程中的编程门槛，为创作者提供“乐高式”的创作体验，进而提升平台内容供给的丰富度。

Omniverse 是英伟达专为虚拟协作和物理属性准确的实时模拟打造的开放式平台。该平台基于皮克斯通用场景描述语言，拥有出色的渲染能力和逼真的物理模拟引擎。通过 Omniverse，NVIDIA 将虚拟世界带入了更广泛的实际生产中（如建筑设计场景，室内装饰场景，施工模拟场景等），让元宇宙概念在一定程度上实现了真正意义上的落地。

16.3.4 应用层

元宇宙的雏形发端于游戏，元宇宙化程度高的游戏一般具备下列五个特征：基础的经济系统、虚拟身份认同强、强社交性、开放自由的创作体系和沉浸式体验。

（1）基础的经济系统：元宇宙化程度高的游戏有着能良好运行的经济系统，其功能和运行机制脱胎于现实世界的经济系统，而且比现实世界的经济系统更为高效，玩家的数字资产和其他权益得到保障，玩家创造或获取的数字资产可在游戏中自由流通。

（2）虚拟身份认同强：在元宇宙化程度高的游戏中，用户将拥有一个代表其身份的虚拟 ID，从而使其虚拟身份具有一致性，例如，NFT 头像就可以作为元宇宙世界的身份标识。早期的“加密朋克”的 NTF 头像售价甚至高达 1 000 万美元，它们是 24 × 24 像素的艺术图像，通过算法生成一共只有 10 000 个，而且没有两个是完全相同的，都是存储在以太坊链上。但现在的 NFT 头像的成本其实并没有那么高，可能只需花费千元甚至百元成本就可以获得一个类似的头像通行证。由于这些头像具有高辨识度及其独一无二的特性，可以使用户产生独特感与代入感。

（3）强社交性：元宇宙化程度高的游戏都有极强的代入感，玩家能在游戏中面对面地进行交流，能置身于虚拟场景中进行各种社交活动，且比真实世界更加丰富多彩和便捷，而不单单是隔着屏幕通过文字、语音、视频进行交流。

（4）开放自由的创作体系：元宇宙的游戏世界会提供给用户编辑创作平台，玩家不仅仅只是游戏的参与者，也可以是元宇宙世界的创作者，这种开放式游戏开发模式，将有利于元宇宙共建共享机制形成，从而促进元宇宙的发展，带来更加丰富的游戏体验。

（5）沉浸式体验：游戏虚拟现实设备提供了沉浸式体验的解决方案。同时，游戏也是 VR 头显设备最佳的应用场景。通过体感设备、动作捕捉设备以及虚拟现实信息处理技术，能将玩家的动作反应投射进虚拟世界；同时，体感设备能将虚拟世界中的声、光、热、触觉，甚至嗅觉反馈给使用者，从而带来身临其境的沉浸式体验。

目前，在世界范围内尚未出现一款应用能够达到较为理想的元宇宙水平。Roblox 作为当前拥有较多元宇宙要素的游戏，可以被认为是元宇宙的雏形。Roblox 不仅是一款代入感强的娱乐游戏，更重要的是它是一个在线游戏创作平台，所有玩家可以以极高的自由度参与到游戏创作当中来。除此之外，平台还开发了与现实世界互联互通的经济系统，数字资产可以和现实资产实现自由兑换。不仅如此，这款游戏还具有较强的社交功能，玩家甚至可以在游戏中设计商业模式。因此，Robolx 被视为是目前元宇宙化程度最高的游戏。

16.4 元宇宙产业基本特征及发展阶段

16.4.1 元宇宙产业具有先导性和渗透性

元宇宙被广泛认为是互联网以及工业生产的下一个变革方向：每一次重大的技术革新都具有划时代的意义，比如，由蒸汽机的发明而引发的工业革命，使人类社会步入蒸汽时代，电磁感应的发现推动人类进行第二次工业革命从而进入了电器时代。计算机的发明则让人类迈入了信息时代。每一个时代的跨越，不仅带来生产力的巨大提升，而且会带来人们生活方式、价值观念的巨大改变。元宇宙聚集了诸多先进的互联网和工业制造技术，可能会发生不可预测的反应，从而推动人类进入元宇宙时代。虽然理想中的元宇宙世界距离我们可能还相当遥远，但是我们已经步入了元宇宙的起步阶段。

即使我们对元宇宙的畅想秉承了比较严谨的态度，但是元宇宙会发展成什么样子，没有人能给出准确的定论。因为，元宇宙不是完全被设计搭建出来的，它将在时间的维度上不断地自我迭代。但是，科技的大致发展方向是可追寻，可预测的。通过回顾以往的工业及互联网变革，我们也能大致推测元宇宙的演化方向。除了探讨元宇宙具体会发展成什么样子，探讨元宇宙可能会进入的误区也尤为重要。

元宇宙的渗透率可能会达到 100%，届时全民都将介入元宇宙，线上线下的生活将被全面打通，元宇宙的数字流向生态也将全天候开放，人们可以自由地在两个世界穿梭，实现万物互联，数字生活一体化。当前人们可以利用 PC 端在家进行办公，但是将来人们可能会穿越到元宇宙中进行生产活动。在 2021 年 11 月，微软就推出了一套基于“元宇宙”概念的线上办公世界 Horizon Workrooms。这套系统基本实现了多人实时会议、线上方案共享、甚至其内嵌了实时翻译和转录文字等办公实用功能。该套系统可以支持微软自家的 HoloLens 头盔以及第三方 VR 头盔，预计这套系统将会在 2022 年上半年上线。

元宇宙可能将引发第三次生产力变革，这场变革可以被称作元宇宙革命。量子计算机的诞生将会使得算力产生质的飞跃，如果 Real World AI 能够发展到一个较为理想的水平，机器就能更出色的代替人力劳动，一些重要的核心劳动力也能被 AI 所替代。而将生产试验及研发搬迁到元宇宙的数字世界，将能大幅提高对人工智能的训练效率，并将极大程度上缩减人工智能开发及训练的成本。在元宇宙世界中，人与人、人与机器、机器与机器的交流也将变得更加高效便捷。

16.4.2 元宇宙产业发展阶段

元宇宙对产业的影响不但体现在对产业现状的影响，同样对产业未来也会产生影响。元宇宙被广泛认为是互联网以及工业生产的下一个变革方向。

元宇宙产业聚集了诸多先进的互联网和工业制造技术，元宇宙产业的发展不仅将带来生产力的巨大提升，而且会带来人们生活方式、价值观念的巨大改变。元宇宙产业发展同样也是一个循序渐进的过程，随着互联网技术和信息技术的发展不断更新完善，其发展阶段及主要特征如表 16－1 所示，主要包括：多个独立虚拟产业平台阶段、元宇宙产业经济系统确立阶段、多个独立虚拟产业平台聚合阶段。

表 16－1　　元宇宙产业发展阶段及特征

发展阶段	多个独立虚拟产业平台阶段	元宇宙产业经济系统确立阶段	多个独立虚拟产业平台聚合阶段
主要特征	1. 各大互联网巨头和一些游戏、社交的头部企业将搭建起一系列虚拟产业平台	1. 元宇宙将向更多的体验扩展，部分消费、教育、会议、工作等行为将转移至虚拟世界	1. 各个子元宇宙产业平台逐渐形成一套完整的标准协议，实现各个虚拟产业平台聚成
	2. 以游戏＋社交＋内容的泛娱乐形式为主	2. 随着数字货币资产化，元宇宙产业经济系统开始确立	2. 各个子虚拟产业平台在元宇宙产业平台汇流，进入虚实共生阶段
	3. 人工智能实现 AI 辅助内容生产	3. 部分虚拟产业平台实现跨平台交易	

（1）多个独立虚拟产业平台阶段

随着信息技术的不断发展，各大互联网巨头企业和一些专注于游戏、社交的头部企业将发展出一系列独立的虚拟产业平台。这些产业平台将以“游戏＋社交＋内容”的泛娱乐形式为主，并且随着通信和算力、VR/AR 设备和人工智能等领域的升级，体验和交互形式将更加趋于沉浸。元宇宙产业在这一阶段将会有着长足的发展，5G 渗透率将会大幅度提高；云游戏平台、AR 和 VR 技术更为成熟，应用普及更为广泛；人工智能实现 AI 辅助内容生产；中美等主要经济体产生结合内容创作、游戏体验、社交互动的沉浸式体验平台，且渗透率在不断提升。

（2）元宇宙产业经济系统确立阶段

在多个独立虚拟产业平台阶段后，预计在 2026 年至 2030 年，随着虚拟现实技术的成熟以及各种元宇宙平台的完善发展，部分现实世界的活动将会逐渐向元宇宙搬迁，包括工作、会议、消费、教育、娱乐等都将转移至元宇宙世界，并且由于元宇宙世界消费场景的成熟，以 NFT 等数字货币为载体的经济金融系统也将逐步建立，随之而来的跨平台交易也将成为现实元宇宙达到这一阶段的指标。其中包括：

在技术上，5G 实现 90% 以上覆盖；虚拟现实技术实现更多感官信息传导；人工智能可以进行内容的生产，虚拟平台向娱乐之外的领域扩展，平台的渗透率达到 50% 以上，部分平台可以进行交互甚至发生融合。数字内容创作、虚拟资产、数字市场和加密货币支撑起整个元宇宙的经济体系。

在元宇宙中，人们进行“数字内容创作”，产出数字化的产品，并作为可供交易的商品。以短视频 APP 为例，用户拍摄短视频进行素材创造．拍摄好的短视频也视为用户的资产，也可作为数字化商品卖给平台或其他用户。元宇宙经济市场的繁荣程度很大程度上取决于数字创造者的数量和活跃度。

元宇宙中的虚拟资产是可以进行交易的，通过区块链技术可以对虚拟资产进行确权。也就是说，虚拟资产将拥有类似实体资产的产权属性。但是，这又伴生出一个问题，在现实世界中，各种资产拥有其价值是因为其稀缺性和所有权的排他性。但是在虚拟世界中，所有物体本质上是代码创作的产物，理论上是可以无限复制无限分享的。因此，很可能不具备稀缺这一属性。如果丧失稀缺性，资产可能在数字市场上变得没有价值。因此，即使在理论上可以通过代码编辑获得一切实物的元宇宙世界，也必须保留这种稀缺性。虚拟经济学的先驱 Edward Castronova 教授认为，稀缺性的存在，其实是人们为了提升在虚拟世界中的体验而作出的一种人为设定。即使从技术上看，人们完全可以在虚拟世界中获得任何自己想要的东西，他们也必须人为地制造出差异化和稀缺来。

除此之外，我们认为人为创造稀缺性，还有一个重要的理由，就是只有建立稀缺性，才能建立起元宇宙世界的激励机制，从而才能让元宇宙世界焕发出现实世界中的生机，才能促进人与人之间的协作配合。元宇宙并不是一个一次性建成的整体世界，它本身需要不断迭代、演化。这需要参与其中的用户进行相互协作、共同建设。大家协作得越好，这个虚拟世界就会建设得更好，发展得更快。例如现在的数字水印、DRM（Digital Rights Management）、NFT（Non – Fungible Token）等重要技术，其实都是为了构建稀缺的技术。

拥有了稀缺性，虚拟资产就拥有了交换价值，可以在数字市场上进行交易。数字市场是作为虚拟资产的交易场所，是整个元宇宙经济系统的核心。交易产品的生产过程和交易过程都在云宇宙中完成。当各种虚拟资产的价值属性和交易平台被确定后，接下来要解决的就是货币问题。当随着交易市场的发展，庞大的交易量就不再可能维持以物换物的交易方式。元宇宙货币的使用就成为一种必然。根据马克思的观点“金银天生不是货币，但货币天生是金银”，作为元宇宙内使用的代币，也必然需要拥有稀缺性这一特点。而区块链技术则为这一问题提供了解决方案，但是由区块链技术衍生出来的比特币其价值波动巨大，不符合充当一般等价物的条件。而且，如果利用比特币进行交易，每完成一笔交易都需要对全网进行声明，不仅耗时长，而且会消耗大量的算力，其效率也非常低下。为了保证元宇宙中货币价值的稳定和交易效率，可以考虑将代币与某种资产价值进行锚定。类似于建立起金块本位制度，但寻求一种在元宇宙当中充当金块的资产仍旧是一个问题，当前的设想是锚定现实世界的货币或是一篮子加密货币。

最后，在元宇宙世界中还需要建立起经济规则。在传统游戏中，游戏运营商拥有游戏币的发行权，氪金玩家通过充值游戏币使得游戏角色获得快速成长而碾压非氪金玩家，而自己投入游戏中的财富也被游戏运营商所创造的无尽通胀所洗劫。所以，元宇宙中虚拟资产的流转也需要建立在区块链的基础之上，区块链去中心化的特点能有效保证中心化的公司对玩家财富的掠夺。同时，代码开源不仅能推动玩家自治，而且也拨正了经济规则的透明和公平。分布式金融（DeFi）以及智能合约的出现也将联通数字世界和真实世界的金融系统。

拥有了去中心化的运行机制以及云宇宙中的货币体系，用户可以在元宇宙中进行生产经营活动、消费活动甚至投资活动，从而满足用户在元宇宙中的经济金融需求。

（3）多个独立的虚拟产业平台聚合阶段

在经过多个独立虚拟产业平台阶段和元宇宙产业经济系统确立阶段后，将步入元宇宙产业发展的第三阶段。在该阶段，作为子元宇宙的各个产业平台将逐渐聚合或者产生连接，即各个子元宇宙产业平台通过一系列标准化协议相互联通，聚合成真正的元宇宙产业平台。一方面，各个子元宇宙产业平台仍旧保持较高的独立性。另一方面，各个元宇宙产业平台之间又可以实现自由的交互。各个子元宇宙产业平台都遵循一些共同的规则，形成不同宇宙之中货币兑换机制甚至使用同一种货币，可以实现部分数字商品的流通，元宇宙产业平台也会随着科学技术的进步而不断成长，产业生态愈加丰富，元宇宙产业世界观逐步形成，元宇宙产业治理也会趋于完善，现实产业和元宇宙产业将共同呈现出一种虚实共生的数字世界。

16.5 元宇宙产业的重塑效应分析

元宇宙相关底层技术的进步对产业发展存在着深远影响，会对产业发展产生重塑效应。社交娱乐产业、金融产业、一二三产业等都会受到元宇宙的深远影响，在元宇宙的重塑效应下，纷纷建立虚拟产业平台，逐渐从虚实孪生走向虚实共生，最后奔赴虚实融生，形成虚实共生的元宇宙产业生态，进而引发全产业的协同发展，带来全方位的联动式变革。

16.5.1 元宇宙对“社交+娱乐”产业的重塑效应

游戏是元宇宙重要的引用场景，它交互灵活、内容丰富、自由度高、用户基数大、传播范围广。而且像 war3 等游戏提供的地图编辑器，支持玩家自己编辑地图，创作游戏内容和游戏方式。从而形成了魔兽争霸 RPG 游戏模式。像如今国内人气最高的 LOL、王者荣耀等游戏都是从 war3 的玩家自定义地图 Dota 地图演化而来。元宇宙的自定义创作平台应当比 war3 的地图编辑器自由度更高，提供给玩家更大的地图编辑权限，近而创作出更加丰富多彩的元宇宙世界地图，进而形成玩家创作主导的内容生产模式。产生多样化的社交场景、游戏体验场景及丰富的 IP 内涵，将极大提升玩家的游戏体验，重塑人们对于虚拟世界的概念。

市场对元宇宙的观念还存在一种误区，认为元宇宙不过是一种借助 VR、AR 和人工智能产生沉浸感更强的网络游戏或者社交平台，或者将元宇宙当作是一种更高级的游戏，认为游戏和元宇宙的构成要素相同，只是发展级别不同而已。但事实上，并不止于此。准确地来说，元宇宙是人以数字身份参与的数字世界。在广义的元宇宙中，或者说是在各式各样的子宇宙当中，一个人可以拥有多个数字身份，在不同的元宇宙之中拥有不同的生活。有人认为，现在的游戏也是如此，在不同的游戏中玩家可以拥有不同的角色。但是，这和元宇宙还是有相当距离的，游戏绝不是我们所描述的元宇宙。

最主要的区别在于，元宇宙的价值系统和身份系统与通常意义上的游戏存在着重大差异。关键区别就在于“中心化”。比如说身份系统，虽然在游戏中创建角色时，有一些自定义选项，但是整个身份系统都是由游戏商事先预设的，玩家并不能左右什么。而且，中心化意味着游戏公司存在着超级权限，玩家的一切数据都掌握在游戏商手中，理论上游戏商可以任意处置甚至删除你的数据。换句话说，你的虚拟身份是否存在甚至都不是有你自己决定。价值系统更是如此，游戏里有什么内容，官方推出的游戏道具的定价都由游戏商来决定，玩家只能被动地接受，只是按照既定的规则去完成特定的任务而已。这就是中心化。

而元宇宙是“去中心化”的。没有写好的剧本，没有非得按照剧情完成的任务，也没有什么设定好的角色，也不存在什么大结局式的终章。从早期的开拓地图，到后期的各种玩法，都是由玩家自己主导的。元宇宙给予玩家充分的自由度。这也是我们前文提到过的 Roblox 这款游戏一经上线就广受追捧的原因。正是因为它采用了元宇宙去中心化的游戏发展模式，因此被视作元宇宙的雏形。并且，Roblox 将“Game”重新定义为“Experience”，不妨将其理解为承载真人意识的数字体验。

16.5.2 元宇宙对金融产业的重塑效应

元宇宙拥有数字经济体系和货币系统。存在于元宇宙中的去中心化经济系统不同于以国家信用背书的货币为基础的经济系统，它是可以独立运行的经济体系。用户在元宇宙中的创作活动将被其数字代币所认可，用户既可以用元宇宙中的数字代币在虚拟世界中进行存取、理财、消费、借贷，也可以通过兑换系统将数字代币与现实货币进行兑换。但是，将元宇宙中的数字代币与现实世界的货币挂钩也会产生一定的副作用。这意味着元宇宙中数字代币的发行将会丧失部分独立性，如果有个人或者机构将大量现实货币兑换成元宇宙中的数字货币，极有可能引起元宇宙世界的通货膨胀，而且也会导致元宇宙资源的分配失衡，但如果采用兑换限制机制又会阻碍两个世界金融系统的连通性。因此，引用汇率机制就显得尤为重要。通过汇率机制，由市场自动调节元宇宙数字代币和现实世界货币的兑换比例，这既防止了元宇宙世界因大量现实货币兑换所带来的通胀效应，也有利于元宇宙中数字资产的保值，从而使元宇宙经济系统成为促进元宇宙发展的引擎，不断为元宇宙发展注入活力。

在元宇宙中，区块链是虚拟世界和现实世界的通路，NFT（非同质化代币）是元宇宙中充当经济载体的数字代币。它是表示数字资产（包括 jpg 和视频剪辑形式）的唯一加密货币令牌。元宇宙的概念在极大程度上独立于现实世界的平行世界，元宇宙是去中心化的自治体系，也需要一定的相关运行规则。元宇宙不再需要一个中心化的平台来集中管理，NFT 可以为元宇宙中的盗版问题提供完美的解决方案。NFT 使得元宇宙中的资产归属、身份认证、商品流通、资产变现成为可能。NFT 作为元宇宙的经济载体，其具备安全、稳定、高效、透明等特质，改变了以往数字商品的交易模式。

在传统的网络世界中，用户并不把虚拟生活当作自己真正的人生，而只是将其当作一种娱乐消遣模式，其原因主要在于：

（1）虚拟世界的数字代币难以兑换成现实货币。

（2）虚拟世界中所获取的物品甚至角色全部存储于运营平台的数据库中，用户只能在运营商授权的情况下使用，从本质上讲，用户并没有实际拥有这些虚拟资产，而运营平台拥有超级权限，理论上将可以任意处置甚至销毁用户的虚拟数据。

区块链技术则可以完美解决这两个问题，使虚拟世界从根本上实现蜕变：

（1）从区块链技术上建立起来的虚拟数字经济系统，使打破经济系统和虚拟经济系统之间的壁垒成为可能，使得数字代币和现实货币之间的兑换变得现实。

（2）区块链去中心的特质解除了中心化平台的超级权限，使得元宇宙体系不再受到中心化平台的垄断控制。

图 16－1 展示了数字加密货币的划分，NFT（非同质化代币）具有独一无二的特性。因此，它可以代表特定资产的所有权，比如一块土地的产权或者卢浮宫中的“蒙娜丽莎”。虽然比特币和以太坊这类原生币也记录在区块链中，但是 NFT 和它们的本质区别在于，NFT 具有不可替代性和不可拆分性。由于 NFT 是数字世界中“独一无二”的资产，它可以被买卖、被用来代表现实世界中的一些商品，自然也可以用来代表和交易数字世界的资产。同质化代币 FT（Fungible Token）相互之间可以替代，而世界上不存在两个完全一样的 NFT。因此，非同质化代币可以用来标记资产的所有权，而且这种标记并不是存在于一个中心数据库中，NFT 可以脱离平台，用户可以方便地自由交易相关资产。

NFT 可以成为元宇宙中的权限秘钥，系统能通过识别 NFT 来确认用户所拥有的权限，这也是元宇宙世界去中心化治理的一种体现，无需中心化平台登记就可以实现数字资产的产权交易，可以提升数字资产流转效率且不需要第三方程序的参与。

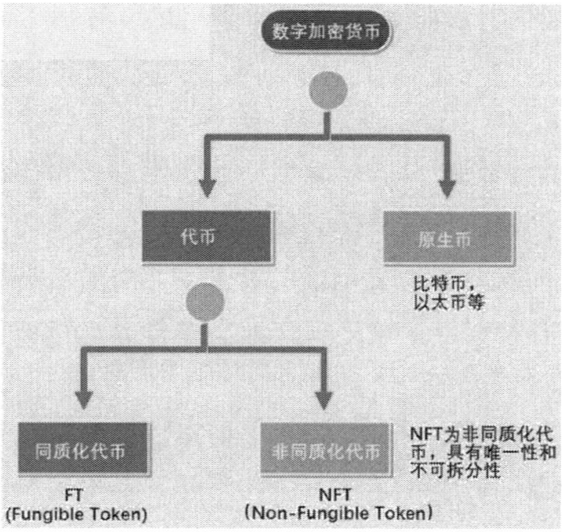

图 16－1　数字加密货币划分

16.5.3　元宇宙对农业的重塑效应

对于农业市场而言，“VR/AR＋农业”还是一个空白点，但 VR/AR 技术应用于农业领域的前景非常广阔。主要包括：元宇宙＋农村电商、元宇宙＋农业生产以及元宇

宙 + 农业体验（如表 16 – 2 所示）。

表 16 – 2　　元宇宙赋能新型智慧农业

应用前景	作用	应用场景
元宇宙 + 农村电商	解决食品安全和供需矛盾等痛点	消费者和渠道经销商可以更好地了解农产品源头的整体情况，大大降低了消费者和渠道商对农产品质量信息的获取成本，提升消费者的体验感
元宇宙 + 农业生产	帮助缩减农业创新周期和成本	通过虚拟植物快速获取植物生长数据，通过模拟害虫获得害虫活动规律以确定农药喷洒时间，通过 VR 场景提高奶牛产奶量
元宇宙 + 农业体验	使得消费者更愿意参与农业生产过程	将 VR 技术应用于农庄休闲体验项目中。通过使用 VR 技术，可以尽情激发游客的想象力、创造力以及增强他们的立体空间感，成为一个人们游戏娱乐的空间

（1）农村电商

由于农业生产者和农产品消费者之间不存在直接有效的沟通，所以会产生农产品的供需矛盾以及消费者对食品安全的担忧。农村电商可以利用 VR 设备来解决上述问题。通过 VR 技术，消费者和经销商能够对原产地果蔬生长环境和种植情况有一个直观的了解，这极大地减少了信息不对称，比现存的农产品溯源方式更加直观和有效。除此之外，VR 技术还能提升客户的体验感和参与感，有利于农产品分级定价和产品销售。

（2）农业生产

在虚拟现实技术产生之前，农业创新突破非常困难，由于植物生长周期较长，天气环境不可控，地质条件多样且复杂。因此，农业创新技术验证起来费时费力。虚拟现实技术的出现可以帮助农业科研工作者在很大程度上缩短试验周期并节约成本，并且支持在虚拟环境中对各种气候参数，水文地质条件等进行微调。其具体应用场景包括以下几个方面：

①植物生长模拟：虚拟现实技术可以在虚拟环境中模拟植物的全生命周期，而且可以将整个生命周期的模拟过程加速至短短几十分钟或更短时间，还可以精确调节生长环境参数，因而可以在短时间内快速获得不同环境，不同条件下植物生长的各种数据，为农业生产提供指导。

②模拟害虫：利用虚拟现实技术还能对害虫的活动进行模拟，包括对害虫的活动规律、害虫的活动轨迹及害虫的繁殖扩散速度等进行模拟，从而选择农药的用量及农药的喷洒时机。农户可以根据虚拟试验数据及 AI 的计算结果进行施药操作即可。

③农场养殖：通过采集真实数据整合到一个虚拟环境当中，对动物的行为、动物的成长以及从动物个别器官到系统整体的模拟，对动物的成长过程进行监控，并记录

动物对环境变化的反应，确定人工光照、饲料补给时间以及人工辅助繁育时机、品种选育等。

莫斯科农业与粮食部门在一项研究当中给奶牛佩戴搭载夏季田野风光的 VR 设备，为奶牛提供良好的虚拟场景，为奶牛减轻焦虑，改善奶牛情绪，使得奶牛产奶质量和产奶量都得到了可观的提升，证实了奶牛情绪与产奶情况之间确实存在关联。

（3）农业体验

久居城市中的人们越来越向往农村归园田居式的生活，但他们更注重的是对农村生活的体验而不是真正想参与面朝黄土背朝天的农业体力劳动。通过 VR 设备，客户可以体验到夏日田园风光，在虚拟休闲农场中打造自己的庄园。他们可以在虚拟农场中播种感兴趣的植物，对自己的作物精心关照，观察它们从破土萌发到收获的全过程。麦当劳公司就曾经发起过一项名为 Follow our Food Steps 的虚拟现实内容创作活动，该活动旨在告诉消费者他们在菜单上看到的实物是如何种植、成长、收获、加工，最终成为餐桌上的样子的。我们期待元宇宙中的农场能为这个数千年的传统行业带来变革。

16.5.4 元宇宙对制造业的重塑效应

范济安 2021 年在 GDEC 主论坛上表示，德国在 2013 年就提出了工业 4.0 的概念，在工业 4.0 中 CPS（Cyber Physical System）被认为是智能制造的核心。CPS 是一个综合物理环境、算力、网络的多维复杂系统。它注重控制性，信息物理系统通过人机交互接口实现和物理进程的交互，使用网络化空间以远程的、可靠的、实时的、安全的、协作的方式操控一个物理实体。

事实上，借助 CPS 以及 AR/VR 及人工智能技术，通过 5G 的低延迟网络可以实现“元宇宙”和制造产业的深度融合，将涉及开发、管理、制造、物流等各个环节。各国工程师可以登入元宇宙世界中，在虚拟环境中进行协作，进而控制现实工厂中的制造过程。由于元宇宙世界之中沟通成本更低，可以自由调集参数，拥有实时翻译辅助系统、AI 助手等，在元宇宙中的协作势必比现实世界中更为高效。

工业元宇宙是一次中国弯道超车的机会。工业互联网是实现智慧制造的关键，而工业软件又是智慧制造的关键。元宇宙则是打通开发、制造、销售、客户反馈四个环节，使其成为高效迭代闭环的关键。

由于工业元宇宙的去中心化特质，数字化后的生产资源将变成共享资源，在元宇宙世界中实现生产资料公有制。因此，大量的企业将会轻资产化。根据元宇宙提供的大数据，按照需求借助共享生产资源进行设计制造，并通过区块链合约将上下游生产过程无缝连接起来。

元宇宙革命也被视为新一轮的信息革命，其代表着第三次生产力革命。我们正从电力时代步入算力时代，衡量一个国家或地区发展实力的指标，逐渐由电力消耗变成算力消耗。元宇宙将使得算力向水和电一样，一点可取，随取随用。随着人工智能自我学习迭代进化，部分核心劳动也将为人工智能所取代，生产力的主体将变成 AI。但这一切的基础是 AI 发展在智能化水平上能够更上一个台阶。在元宇宙世界里，人工智能的训练效率将大幅提升，而且其训练成本也将大幅下降，从而使人工智能成为智能制造的主体。

16.5.5 元宇宙对服务业的重塑效应

工信部政策指出，要推动服务业智能化、数字化，推动大数据、人工智能等前沿技术与现代化服务业相融合，推动现代化服务业高质量发展，形成新的经济增长点。智能化服务业是将 AI、云计算、大数据、物联网等新技术融合起来的创新性服务模式，而元宇宙则是 AI、云计算、大数据、物联网等新一代信息技术融合应用的集大成者，应用元宇宙将对服务业进行重塑，形成智慧化服务业。

智能化现代服务业体现服务业发展趋势，而元宇宙又代表着智能化现代化发展的趋势，智能化服务业的发展既包括对传统服务业的改造升级，也包含在新技术的催化下孕育出的新服务生态。智能化服务将在不同细分领域下分头演进，将呈现出一些新的特质：（1）个性化，智能化服务可以向着多样化和个性化的方向发展，并降低定制成本；（2）协同化，智能化服务业与农业、制造业逐步融合，变得更专业和更细化，并与各个产业协同发展；（3）分享化，通过高效的物联网、云计算、大数据等信息技术的分享服务将闲置资源整合起来进行二次匹配，创造新的价值。

16.6 元宇宙产业发展前景分析

16.6.1 元宇宙产业总体规模预判

随着虚拟现实（VR）和增强现实（AR）的不断兴起，元宇宙概念正在渗透互联网的各个角落。据估计，到 2021 年，大约有 8 500 万用户每月至少体验一次 AR 或 VR。虽然元界并不完全是科幻所描绘的那样，但它作为一种新的计算平台仍然继续产生着难以想象的价值。

一方面，顶级媒体似乎都在全力投入。福布斯甚至与著名的科技未来学家和元宇宙战略家凯西·哈克尔（Cathy Hackl）一起开设了元宇宙专栏。不仅如此，美国还成立了一个名为 Metaverse ATF 的元宇宙投资基金。所有这些都表明元宇宙的重要性正在上升。

另一方面，消费者非常关注元宇宙的发展。关键字“Metaverse”在谷歌上产生了超过 677 000 个结果。与此同时，Metaverse 标签在 Instagram 上被广泛使用，在社交媒体平台上有超过 60 000 个帖子，在 Twitter 上每小时发布超过 500 次相关推文。

环球新闻社 2021 年 11 月发布报道称，2020 年全球 Metaverse 市场价值为 434 亿美元，预计到 2028 年将达到 8 142 亿美元，2021 年至 2028 年的复合年增长率为 44.3%。人们对社交、娱乐和创意等领域的兴趣日益浓厚，这些领域正在蓬勃发展全球元宇宙市场。推动该市场增长的另一个因素是跨公司合作和在游戏、广告、共享业务等领域合作的优势。

Meta（Facebook）公司计划在 2021 年投资 100 亿美元来开发支持增强现实和虚拟现实的产品——机械手、高科技 VR 眼镜和复杂的软件应用程序等。分析师预计该公司至少要花费 500 亿美元来实现其对虚拟现实未来的承诺。事实上，除 Meta 以外，谷歌、微软、苹果、Valve 和其他公司已经开始构建下一代虚拟交互的硬件和软件，这些公司会带动大量投资资金涌入元宇宙市场，一些初创企业也可能会加入他们的行列。华尔街认为这是一个价值 1 万亿美元的市场。

16.6.2 元宇宙产业链演进前景

作为对人类未来数字生活的重要展望，我们认为，元宇宙的实现依赖于多个行业的发展和突破，在这个过程中，预计游戏作为体验性强、参与度高的内容载体，将是第一个进入元宇宙的行业。随着虚拟世界真实性、交互性、经济性的不断发展以及和现实世界界限的不断模糊，元宇宙将对人类社会经济活动产生越来越重要的影响。

从当前的情况来看，元宇宙像是个过度炒作的投资概念，但无论是互联网大场还是初创企业都已经开始了对元宇宙的积极探索和布局。就细分领域而言：

（1）游戏与社交

全球 25 亿游戏玩家正在通过三种主要方式访问他们的虚拟世界：移动设备、游戏机和 pc，这三种方式的力量和速度都在增加，5G 推出后，移动速度将提高至 4G 的 100 倍，5G 的速度足以在我们的现实世界和 Metaverse 之间建立无缝连接，笨重的 VR 头显设备现在正被智能眼镜所取代。

仅在过去的大约 15 年里，Roblox 就开发并完善了以虚拟世界为中心的 Metaverse 理念，并取得了巨大成功。像 Fortnite 这样追随 Roblox 探索元宇宙脚步的游戏也收获了一批狂热用户。Fortnite 作为元宇宙概念的游戏，在最近三年内吸引了 3.5 亿玩家，这些玩家每个月在这个虚拟世界中花费超过 30 亿小时。元宇宙游戏正在从游戏市场中脱颖而出。

这类新兴元宇宙游戏不再注重故事情节的引导，转而打造让玩家能够获得近乎沙盒的体验的世界。随着电子游戏新兴平台中 UGC（User Generated Content）的兴起，我们看到玩家正在创造自己的故事，并在这些宇宙中建立自己的记忆，形成超级社交体验。

（2）VR/AR

五年前，一些风险投资公司在 AR/VR 上下了很大的赌注，但由于市场尚未发展，因此没有成功。但现在，带宽、芯片、软件和新硬件平台的巨大进步为 VR/AR 的发展打下了基础。

2019 年以来的新冠肺炎疫情从很大程度上推动了 VR 和 AR 的发展，以前阻碍 VR/AR 发展的因素之一是头显设备和体感设备高昂的成本以及不友好的设备尺寸。但随着头显设备尺寸的缩小以及成本的降低，VR/AR 的渗透率将随之逐步提升。据 IDC 预测，到 2021 年底，VR/AR 市场价值将达到 44.3 亿美元，到 2025 年将增长到 361.1 亿美元，复合年增长率为 68.4%。

当前在 VR/AR 领域，最近更名为 Meta 的 Facebook 仍处于领先地位。Apple 也计划推出 Apple Glass 以争夺 AR 市场份额。2021 年初，微软首席执行官萨蒂亚纳德拉表示，苹果公司正在构建一个“企业元宇宙”。目前，美国 1.69 亿游戏玩家中只有 29% 表示他们拥有 VR 套件，因此，虚拟现实装备还存在着巨大的待开发市场。

（3）Metahuman

到目前为止，3D 内容创作中最艰巨的任务之一是构建真正令人信服的数字人类。即使是最有经验的艺术家也需要为了一个角色消耗大量的时间、精力和设备，Epic 经过数十年的研发，并且将 3Lateral、Cubic Motion 和 Quixel 等公司引入 Epic 家族，目前虚拟引擎正在消除这一障碍，并推出了技术成果 MetaHuman Creator。

传统的 3D 虚拟偶像逼真度不高，而且制作成本高昂。虽然预计 2021 年虚拟偶像市场规模将有望突破 1 000 亿美元，但局限于初代虚拟偶像的低逼真度，以及简单的动作模式，其商业应用场景也非常受限。随着 MetaHuman 相关技术的发展，不仅会提高虚拟人物的真实程度，而且会降低其制作成本和难度，使其更加贴合真实世界的应用场景，让虚拟形象通过各种技术投射进现实世界。

Epic 表示 MetaHuman Creator 可以与现代动作捕捉和动画技术结合使用，为视频游戏、电影、电视和其他格式构建逼真动作和人类交互场景。该公司表示，这些逼真的人物可以在几分钟内生成，并配备独特的发型和服装，然后可以通过进一步定制以满足制作的需求。而且，角色的制作是基于云平台在云端生成，并不需要用户拥有性能卓越的电脑。

（4）区块链

NFT 是区块链技术在元宇宙中的主要应用之一，NFT 除了可以标记艺术品，还可用于企业的用户验证、活动票务、现实世界资产的标记化等。根据 NonFungible. com 的统计，与 2019 年相比，2020 年 NFT 市场增长了 299%。

随着 Gucci 等品牌推出纯数字运动鞋以及 Beeple 等艺术家将数字艺术品拍卖到创纪录的数百万美元，非同质化代币市场在美国一路蓬勃发展。NBA 与加拿大的 CryptoKitties 游戏制造商 Dapper Labs 合作，制作可收藏的数字资产 NBA Top Shot，消费者可以使用 NFT 购买这种加密收藏品。

在这次元宇宙浪潮中，法国到处都是 NFT 初创公司。2021 年 3 月，认证虚拟奢侈品所有权的 NFT 初创公司 Arianne 筹集了 900 万欧元的风险投资。随后，基于 NFT 的梦幻足球平台 Sorare 筹集了 4 000 万欧元的 VC，由 Benchmark 和 Accel 等国际一流投资者领投。从亚洲来看，印度比特币和加密货币交易平台 WazirX 宣布，它将为印度艺术家和创作者推出一个 NFT 市场，用于拍卖他们的数字资产并赚取版税。NFT 在中国也正在成为一种趋势，但中国艺术市场对加密艺术的理解极其贫乏，与西方同行相比，中国 NFT 艺术家还有很多工作要做。此外，中国法规对加密货币领域的限制也尤为严格。

总的来说，随着虚拟世界真实性、交互性、经济性的不断发展以及和现实世界界限的不断模糊，元宇宙将对人类社会经济活动产生越来越重要的影响。从当前的情况来看，元宇宙像是个过度炒作的投资概念，但无论是互联网大场还是初创企业都已经开始了对元宇宙的积极探索和布局。如图 16－2 所示，元宇宙产业链将不断演进，首先是游戏产业和社交产业，其次是金融产业，最后演进到一、二、三产业的各个行业。

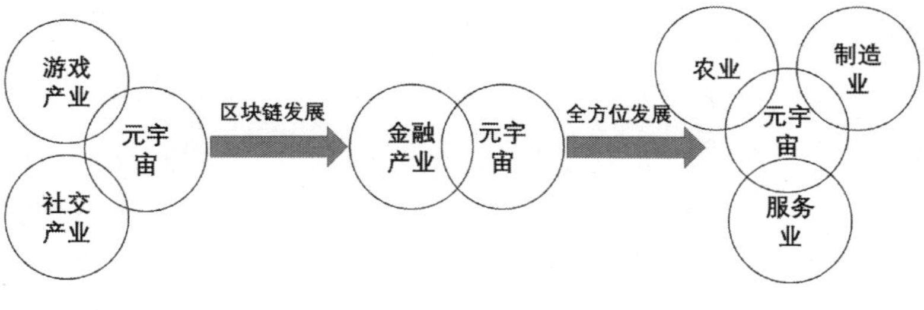

图 16－2　元宇宙产业链演进前景

参考文献

1. Andrew, Targowski. Informing Systems as the Transformers of Information Wave into Virtual Civilization and Their Ethics Question [J]. Informing science: The international journal of an emerging transdiscipline, 2015 (18): 177 - 204.

2. Animesh, Animesh, et al. An Odyssey into Virtual Worlds: Exploring the Impacts of Technological and Spatial Environments on Intention to Purchase Virtual Products [J]. Mis Quarterly, 2011: 789 - 810.

3. Ball, Matthew. The Metaverse: What It Is, Where to Find it, and Who Will Build It, https://www. matthewball. vc/all/themetaverse, 2020.

4. Barassi, Veronica, and Emiliano Treré. Does Web 3. 0 come after Web 2. 0? Deconstructing theoretical Assumptions through Practice [J]. New Media & Society, 2012, 14 (8): 1269 - 1285.

5. Bonnard, Renan, Jean - Yves Hascoët, and Pascal Mognol. Data Model for Additive Manufacturing Digital Thread: State of the Art and Perspectives [J]. International Journal of Computer Integrated Manufacturing, 2019, 32 (12): 1170 - 1191.

6. Bourlakis, M., S. Papagiannidis, F. Li, Retail Spatial Evolution: Paving the Way from Traditional to Metaverse Retailing [J]. Electronic Commerce Research, 2009, 9 (1): 135 - 148.

7. Bowman, Doug A., and Ryan P. McMahan. Virtual Reality: How Much Immersion is Enough? [J]. Computer, 2007, 40 (7): 36 - 43.

8. Brekke, K., Fischer, A. Internet Policy Review: Journal on Internet Regulation [J]. Digital Scarcity, 2021, 10 (2): 1 - 9.

9. Burt, Ronald S. Network - related Personality and the Agency Question: Multirole Evidence from a Virtual World [J]. American Journal of Sociology, 2012, 118 (3): 543 - 591.

10. Burton, Nicholas, and Troy Schlieman. User Response to Extended Reality Sponsorship Activations on Social Media: Exploring Impressions of GoPro's Use of 360° Video in Marketing [J]. Journal of Interactive Advertising, 2021, 21 (2): 93 - 107.

11. Chaturvedi, Alok R. , Daniel R. Dolk, and Paul Louis Drnevich. Design Principles for Virtual Worlds [J]. Mis Quarterly, 2011: 673 -684.

12. Choudhury, Nupur. World Wide Web and Its Journey from Web 1. 0 to Web 4. 0 [J]. International Journal of Computer Science and Information Technologies, 2014, 5 (6): 8096 -8100.

13. Çöltekin, Arzu, et al. Extended Reality in Spatial Sciences: A Review of Research Challenges and Future Directions [J]. ISPRS International Journal of Geo - Information, 2020, 9 (7): 439.

14. Dionisio, J. D. N. , W. G. Burns, R. Gilbert, 3D Virtual Worlds and the Metaverse: Current Status and Future Possibilities [J] . ACM Computing Surveys, 2013, 45 (3) : 1 -38.

15. Doležel, Lubomír. Possible Worlds of Fiction and History [J]. New Literary History, 1998, 29 (4): 785 -809.

16. Freud, Sigmund. Civilization and Its Discontents [M]. Broadview Press, 2015.

17. Duan, H. , J. Li, S. Fan, Z. Lin, X. Wu, W. Cai. Metaverseforsocial Good: Auniversity Campus Prototype [C]. //Proceedings of the 29th ACM International Conference on Multimedia, 2021: 153 -161.

18. Fuchs, Christian, et al. Theoretical Foundations of the Web: Cognition, Communication, and Cooperation. Towards an Understanding of Web 1. 0、2. 0、3. 0 [J]. Future Internet, 2010, 2 (1): 41 -59.

19. Girvan, Carina. What is a Virtual World? Definition and Classification [J]. Educational Technology Research and Development, 2018, 66 (5): 1087 -1100.

20. Gort M, Klepper S. Time Paths in the Diffusion of Product Innovations [J]. The Economic Journal, 1982 (92): 630 -653.

21. Grieves, M. W. Product Lifecycle Management: the New Paradigm for Enterprises [J]. International Journal of Product Development, 2005, 2 (1 -2): 71 -84.

22. Hendler, Jim. Web 3. 0 Emerging [J]. Computer, 2009, 42 (1): 111 -113.

23. Huntington, Ellsworth. Civilization and Climate [M]. Yale University Press, 1924.

24. Jaynes, C. , W. B. Seales, K. Calvert, Z. Fei, J. Griffioen. The Metaverse: Anetworked Collection Ofinexpensive, Self - configuring, Immersive Environments [C]. //Proceedings ofthe workshop on Virtual environments, 2003: 115 -124.

25. Lassila, Ora, and James Hendler. Embracing "Web 3. 0" [J]. IEEE Internet Computing, 2007, 11 (3): 90 -93.

26. Messinger, Paul R. , et al. Virtual Worlds—past, Present, and Future: New Directions in Social Computing [J]. Decision Support Systems, 2009, 47 (3): 204 -228.

27. Liu, Y. , Feng, J. Does Money Talk? The Impact of Monetary Incentives on User – Generated Content Contributions [J]. Information Systems Research, 2021, 32 (2): 394 –409.

28. Lehdonvita, V. , Castronova, E. Virtual Economies: Design and Analysis [M]. Cambridge: MIT Press, 2014.

29. Matsubara, M. , M. Oguchi. Evaluation of Metaverse Serverin a Widely – distributed Environment [C]. //OTM Confederated International Conferences, Springer, 2010 : 307 –316.

30. Meyer, H. Tips for Safeguarding Your Digital Assets [J]. Computers & Security, 1996, 15 (7): 588.

31. Moore, Michael G. Three types of interaction [J]. American Journal of Distance Education, 1993, 3 (2): 1 –7.

32. Mumford, Lewis. Technics and Civilization [M]. University of Chicago Press, 2010.

33. Murugesan, San. Understanding Web 2.0 [J]. IT Professional, 2007, 9 (4): 34 –41.

34. Reilly T O . What is Web 2.0 [OL]. wesley. nnu. edu, 2005.

35. Piascik, R. , Vickers, J. , Lowry, D. , Scotti, S. , Stewart, J. , & Calomino, A. Technology Area 12: Materials, Structures, Mechanical Systems, and Manufacturing Road Map [M]. NASA Office of Chief Technologist, 2010.

36. Pike, William A. , et al. The Science of Interaction [J]. Information Visualization, 2009, 8 (4): 263 –274.

37. Poole, S. Trigger Happy: Videogames and the Entertainment Revolution [M]. Arcade Publishing, 2004.

38. Ronen, Ruth. Possible Worlds in Literary Theory [M]. No. 7. Cambridge University Press, 1994.

39. Russell, Stuart. Artificial Intelligence: The Future is Super Intelligent [J]. Nature, 2017, 548 (7669): 520 –521.

40. Schwarz, Andrew, et al. Towards an Understanding of Assimilation in Virtual Worlds: the 3C Approach [J]. European Journal of Information Systems, 2012, 21 (3): 303 –320.

41. Schwarz, Andrew, et al. Towards an Understanding of Assimilation in Virtual Worlds: the 3C Approach [J]. European Journal of Information Systems, 2012, 21 (3): 303 –320.

42. Sghaier Omar A, Basir O. Capability – based non – fungible tokens Approach for a Decentralized AAA Framework in IoT [M] //Blockchain Cybersecurity, Trust and Privacy. Cham: Springer, 2020.

43. Smart, J. , J. Cascio, J. Paffendorf, Metaverse Roadmap Overview [R] . Creative Commons Attribution – Noncommercial – Share Alike 3 . 0 License, 2007 .

44. Sparkes, Matthew. What is a Metaverse [M]. 2021: 18.

45. Stephenson, N. Snow Crash: A Novel [M]. Spectra, 2003.

46. Stockwell, Peter. Cognitive Poetics: An Introduction [M]. Routledge, 2019.

47. Suh, Kil – Soo, Hongki Kim, and Eung Kyo Suh. What if Your Avatar Looks Like You? Dual – congruity Perspectives for Avatar Use [J]. Mis Quarterly, 2011: 711 – 729.

48. Tao, Fei, et al. Digital Twin in Industry: State – of – the – art [J]. IEEE Transactions on Industrial Informatics, 2018, 15 (4): 2405 – 2415.

49. Targowski A S. Virtual Civilization in the 21st Century [M]. Nova Science Publishers, 2015.

50. Toygar, A., Rohm Jr, C. E., & Zhu, J. A new asset type: digital assets [J]. Journal of International Technology and Information Management, 2013, 22 (4): 7.

51. Uribe D. Privacy Laws, Non – fungible Tokens, and Genomics [J]. The Journal of the British Blockchain Association, 2020, 3 (2): 1 – 10.

52. Yang W, Aghasian E, Garg S, et al. A Survey on Blockchain – based Internet Service Architecture: Requirements, Challenges, Trends, and Future [J]. IEEE Access, 2019 (7): 75845 – 75872.

53. Derek Yoo. Choosing a Platform: A Comparison of Ethereum vs Polkadot [EB/OL]. https: //www. purestake. com/blog/ethereum – vs – polkadot/. 2019.

54. 麦克卢汉，何道宽．理解媒介：论人的延伸［M］. 北京：商务印书馆，2000.

55. 尼尔·斯蒂芬森，郭泽译．雪崩［M］. 成都：四川科技出版社，2018.

56. 司马贺．人工科学［M］．上海：上海科技教育出版社，2004.

57. 赵国栋，易欢欢，徐远重．元宇宙：互联网的未来就是元宇宙［M］. 北京：中译出版社，2021.

58. 白雪洁，宋培，李琳，廖赛男．数字经济能否推动中国产业结构转型？——基于效率型技术进步视角［J］. 西安交通大学学报（社会科学版），2021，41（06）：1 – 15.

59. 蔡晓晴，邓尧，张亮，史久琛，陈全，郑文立，刘志强，龙宇，王堃，李超，过敏意．区块链原理及其核心技术［J］. 计算机学报，2021，44（01）：84 – 131.

60. 曹凡．国内外 VR 技术研发现状综述［J］. 中国科技信息，2019（05）：36 – 37.

61. 陈伟钢．区块链与文明进程［J］. 中国金融，2019（24）：104.

62. 方凌智，沈煌南．技术和文明的变迁：元宇宙的概念研究［J/OL］. 产业经济评论，2022（01）：1 – 14［2022 – 01 – 21］.

63. 高钢．物联网和 Web 3.0：技术革命与社会变革的交叠演进［J］. 国际新闻界，2010（2）：68 – 73.

64. 郭菊娥，陈辰．区块链技术驱动供应链金融发展创新研究［J］. 西安交通大学学报（社会科学版），2020，40（03）：46－54.

65. 何帅，黄襄念，刘谦博，江杨靖. DPoS 区块链共识机制的改进研究［J］. 计算机应用研究，2021，38（12）：3551－3557.

66. 何宏庆. 区块链驱动数字金融高质量发展：优势、困境与进路［J］. 兰州学刊，2021（01）：25－35.

67. 胡海波，周洁，卢海涛. 数字化转型推动制造企业高质量发展：基础、挑战与对策［J/OL］. 企业经济，2022（01）：17－23［2022－01－21］.

68. 李博，郑博，郭子阳，王宏志. 区块链技术在金融方向应用的发展及展望［J］. 应用科学学报，2019，37（02）：151－163.

69. 刘大同，郭凯，王本宽，等. 数字孪生技术综述与展望［J］. 仪器仪表学报，2018，39（11）：1－10.

70. 刘达禹，徐斌，刘金全. 数字经济发展与区域经济增长——增长门槛还是增长瓶颈？［J］. 西安交通大学学报（社会科学版），2021，41（06）：16－25.

71. 刘婷，张建超. 数字主线应用于航空发动机的初步探讨［J］. 航空动力，2021（2）：30－34.

72. 吕鹏. "元宇宙"技术：促进人的自由全面发展［J/OL］. 产业经济评论，2022（01）：1－8［2022－01－21］.

73. 聂辉华，李靖. 区块链经济学的形成与展望［J］. 浙江工商大学学报，2021（05）：66－76.

74. 秦蕊，李娟娟，王晓，朱静，袁勇，王飞跃. NFT：基于区块链的非同质化通证及其应用［J］. 智能科学与技术学报，2021，3（02）：234－242.

75. 邵奇峰，金澈清，张召，钱卫宁，周傲英. 区块链技术：架构及进展［J］. 计算机学报，2018，41（5）：969－988.

76. 司晓. 区块链数字资产物权论［J］. 探索与争鸣，2021（12）：80－90，178－179.

77. 孙其博，刘杰，黎羴，等. 物联网：概念、架构与关键技术研究综述［J］. 北京邮电大学学报，2010，33（3）：1－9.

78. 谭敏生，杨杰，丁琳，等. 区块链共识机制综述［J］. 计算机工程，2020，46（12）：1－11.

79. 吴江，曹喆，陈佩，贺超城，柯丹. 元宇宙视域下的用户信息行为：框架与展望［J/OL］. 信息资源管理学报，2022（01）：1－17.

80. 吴桐，王龙. 元宇宙：一个广义通证经济的实践［J/OL］. 东北财经大学学报，2022（01）：1－11.

81. 吴晓怡，张雅静. 中国数字经济发展现状及国际竞争力［J］. 科研管理，2020，

41（05）：250－258.

82. 徐硕，孟坤，李淑琴，丁濛，邬丽君．VR/AR 应用场景及关键技术综述［J］．智能计算机与应用，2017，7（06）：28－31.

83. 杨文溥．数字经济与区域经济增长：后发优势还是后发劣势？［J］．上海财经大学学报，2021，23（03）：19－31，94.

84. 叶雅珍，刘国华，朱扬勇．数据资产相关概念综述［J］．计算机科学，2019，46（11）：5.

85. 喻国明．未来媒介的进化逻辑："人的连接"的迭代、重组与升维——从"场景时代"到"元宇宙"再到"心世界"的未来［J］．新闻界，2021（10）：54－60.

86. 袁勇，王飞跃．区块链技术发展现状与展望［J］．自动化学报，2016，42（4）：481－494.

87. 张家龙．可能世界是什么？［J］．哲学动态，2002（8）：12－17.

88. 赵磊，石佳．依法治链：区块链的技术应用与法律监管［J］．法律适用，2020（03）：33－49.

89. 赵明，董大治．基于区块链技术的数据资产管理机制研究［J］．大数据，2021，7（4）：49－60.

90. 赵毅衡．三界通达：用可能世界理论解释虚构与现实的关系［J］．兰州大学学报（社会科学版），2013，41（2）：1－7.

91. 郑磊，郑扬洋．"元宇宙"经济的非共识［J/OL］．产业经济评论，2022（01）：1－10［2022－01－21］.

92. 湖南省中国特色社会主义理论体系研究中心．新知新觉：广泛培育智能化现代服务业［J/OL］．人民日报［2019－09－05］.

93. 陈刚，董浩宇．元宇宙特征与属性 START 图谱［EB/OL］．www.gmw.cn，2021－11－19.

94. 陈永伟．元宇宙的经济逻辑［R］．深圳：国信证券，2021.

95. 程莞芬．2021 中国 VR/AR 产业研究报告［R］．北京：亿欧智库，2021.

96. 黄海琪．元宇宙系列报告：元宇宙产业链及核心厂商发展路径分析［R］．南京：头豹研究院，2021.

97. 廖义军，曾天雄．广泛培育智能化现代服务业［R］．北京：人民日报，2019.

98. 刘泽晶．元宇宙报告：下一个生态级科技主线［R］．成都：华西计算机团队，2021.

99. 马天诣，方继书．通信：元宇宙核心六问六答，如何看待它就是下一代互联网［R］．上海：民生证券，2021.

100. 毛云聪，孙小雯，陈星光．四探元宇宙，深挖互联网未来形态的核心价值［R］.

上海：海通证券，2021.

101. 孔蓉等．探索元宇宙框架，生产力的第三次革命［R］．武汉：天风证券，2021.

102. 申万宏源．元宇宙，全球巨头入局，下一代互联网启程［R］．新疆：申万宏源证券，2021.

103. 唐隆基．新的数字冲击波：元宇宙正在来临 从元宇宙看未来智能制造和供应链［R］．上海：罗戈研究，2021.

104. 王儒西，向安玲．2020—2021 年元宇宙发展研究报告［R］．北京：清华大学新媒体研究中心，2021.

105. 魏炜，焦娟，等．元宇宙 2022——蓄积的力量［R］．北京：北京大学和安信元宇宙研究院，2022.

106. 央企区块链合作平台．中央企业区块链创新发展报告（2021）［R］．2021.

107. 张衡，夏妍．NFT：初露峥嵘的区块链应用，元宇宙的重要支柱［R］．国智清创雄安机器人研究院，2021.

108. 朱成祥，梁枭．"元宇宙"时代来了！数字化进程加速 数据安全领域有哪些机遇和挑战［R］．每日经济新闻，2021.

109. 独角兽智库．元宇宙深度研究报告：新奇和未来，开启元宇宙营销时代，2021 年 9 月，https：//www. shangyexinzhi. com/article/4182124. html.

110. 元宇宙中心，融资超 10 亿美元的游戏巨头 Epic Games 为何坚定看好元宇宙，2021 年 11 月，https：//baijiahao. baidu. com/s？id = 1716094090670810090&wfr = spider&for = pc.

111. 腾讯网企鹅号：Metaverse 元宇宙，AR 增强现实技术全解读，2021 年 11 月，https：//new. qq. com/omn/20211116/20211116A0B2ZL00. html.

112. VRAR 星球，全球顶尖专家发表 2022 年 VR/AR 发展预测，2022 年 1 月，https：//www. sohu. com/a/517351158_ 120998866.

113. 电科技，AR 增强现实的应用领域及表现方式，2022 年 1 月，http：//www. diankeji. com/vr/58270. html.

后　　记

完成《元宇宙——理论、范式和实践》的撰写后，我们又将这本书的前言读了一遍，总体上感觉总算完成了构成元宇宙的四大模块，以及对四大模块间逻辑关系的阐述。这四大模块分别是：（1）数字孪生与接口技术；（2）Web 3.0 下一代互联网；（3）运行元宇宙的区块链平台；（4）虚拟人的构造技术。

遗憾的是，虚拟人的构造技术这一模块，没有很好地展开撰写。其实，虚拟人对于元宇宙来说极其重要，没有虚拟人的元宇宙就是一片寂静的虚空。有了虚拟人，元宇宙就热闹起来，在虚拟现实中不但有人类的各种活动踪迹，还将产生新的社会道德、两性关系、宗教、哲学等上层建筑领域的方方面面。这些问题的产生和解决又如何影响现实生活呢？现实社会和虚拟现实的交互发展，将会碰撞出什么样的火花，又如何影响着人类的下一代，这不是拭目以待的憧憬，而是当下正在发生的事。

在原写作计划中，写完了 16 章，还有两章要完成，一是元宇宙将催生哪些行业，二是元宇宙的产业链生态如何发展。但考虑到元宇宙的生态体系庞大，又在急速发展过程中，新的理论、范式在不断涌现，现在来讨论新行业的诞生，元宇宙产业链生态的发展，也只是一种预测和期望罢了。而敏锐的企业家、创业家、投资家的实践脚步比展望中发生的事件还来得更快，看得更远。在某种意义上说，参与元宇宙的构建，实践比理论与范式更重要。

这本书已成稿，但总有一种言犹未尽的感觉，如果继续写下去，还有许多内容，比如：虚拟人的构建与应用；GameFi；以太坊以外的区块链平台发展；稳定币与代币经济体系；数字经济的经济逻辑；DAO 的分类与应用……

从实践上说，元宇宙火爆之后，各种不同类型的实验室、研究院（所）如雨后春笋般地涌现，从不同方向和应用场所展开对元宇宙的探索与实践。元宇宙的起点不是平台，而是内容。从内容起步，从内容走向平台，元宇宙将在

“后疫情时代”的教育、文旅、社交、社区建设、多媒体、智慧城市、智能政府、数字生产、游戏娱乐内容产业诸多方面发力。

元宇宙包括物质世界和虚拟世界，元宇宙是整合多种新技术而产生的新型虚实相融的下一代互联网应用和虚拟现实的社会形态，其基于扩展现实技术提供沉浸式体验，是基于数字孪生技术生成现实世界的镜像，是基于区块链技术搭建数字经济体系，将虚拟世界与现实世界在经济系统、社交系统、身份系统密切融合，并且允许每个用户进行内容生产和编辑，催生出巨大的新经济生态，创造庞大数量的新元宇宙工作机会，将极大地丰富人类物质文化生活。

随着元宇宙的发展，元宇宙的研究和应用领域越来越拓展，内容越来越丰富，包括但不限于：元宇宙基础技术架构、元宇宙虚拟人（数字身份）、NFT与著作权、元宇宙底层逻辑与内部衍生过程的相关专利权。应用研究领域包括：在产业公益领域，研究在元宇宙场景下推动科技手段与公益慈善方法的结合，探索元宇宙服务于乡村振兴及教育、养老、健康、环保等领域的跨界融合；在商业领域，元宇宙可以用于虚拟办公平台，用户可以在模拟办公的3D环境中进行虚拟协作，应用工业数字孪生系统，降低建设与运营成本；在教育领域，元宇宙可以被用来在任何地方和任何历史点进行实地考察，克服时空的局限性并通过元宇宙重新构建人类未来教育体系，在多元空间与无限资源加持下，有效解决教育资源分配不均衡问题，促进教育平等；在房地产领域，元宇宙可用于拟真的虚拟房屋参观、物业装修与运营等。著者所在的“南域元宇宙孵化中心（海南）”专注于元宇宙关键技术研究与应用落地，将与各参与单位及全球相关科研机构和企业开展全方位、多层次、高效率地合作共赢，不断提高中国时尚科技和元宇宙研究、应用水平，实现健康可持续发展目标，让中国在世界未来科技领域占据更佳的地位。

南域元宇宙孵化中心（海南）将优先服务于海南自由贸易港的建设，打造海南元宇宙，面向国际、面向“一带一路”、面向东盟，在宣传海南，促进国际贸易，跨境支付等方面发挥作用。

长期看，元宇宙的核心在于数字资产与数字经济体系的形成。南域元宇宙孵化中心（海南）又是元宇宙创业人才发展的孵化中心，为全国各地培养、输送元宇宙创业人才。南域元宇宙孵化中心（海南）还将与各国著名大学合作交流，携手共进，培养、输送元宇宙创业人才。

元宇宙是一张白纸，每位元宇宙的追梦人都在描绘自己心中的蓝图。但是，人类元宇宙初期毕竟是现实世界在虚拟现实中的映射，它源于数字孪生，又超越数字孪生，在现实世界与虚拟现实之间需要有高度的互操作性，而这则依赖于高新技术的创新与发展，高新技术的发展需要有超量资本的投入，资本的投入势必影响着元宇宙社会的经济行为与道德规范，资本会成为元宇宙发展的强大驱动力，同时又积聚着阻碍元宇宙发展的负能量，这就是元宇宙发展的悖论。在很长的一段时间里，发展中心化的元宇宙，还是去中心化的元宇宙？始终需要在两难之间作出选择。实乃当断不断，理还乱。

刘平　何诚颖

记于 2022 年初夏之时